소유,

행복의 터전인가 굴레인가

소유,
행복의 터전인가 굴레인가

박찬욱 · 윤희조 기획, 한자경 편집 ┃ 권석만 · 김영식 · 이진경 · 정준영 · 황금연 집필

운주사

소유에 대한 정견 확립을 통하여
이고득락 하시길 기원하며

인간의 삶은 욕구에 기반하고 있습니다. 인간이 갖는 다양한 욕구 중 가장 원초적인 것은 생존 내지 안전과 관련된 욕구일 것입니다. 인간은 삶을 보다 안전하고 편안하게 유지하기 위하여 돈을 모으고 각종 재산을 소유합니다. 또 다른 욕구인 사랑, 인정, 자기실현 등을 위해서도 어느 정도의 돈과 재산의 소유는 불가피해 보입니다. 이런 사정이다 보니 사람들은 돈을 벌고 재산을 축적하는 일에 몰두하게 되어, 삶의 수단인 돈과 재산을 벌고 모으느라 삶의 질을 제대로 살피지 못하는 자가당착에 빠지는 경우가 허다합니다.

많은 사람들이 행복을 추구하는 과정에서 마음공부 내지 수행에 관심을 갖게 됩니다. 그러나 먹고사는 문제, 돈과 소유로부터 완전히 자유로운 상태에서 정신 수양에만 매진할 수 있는 사람은 매우 드뭅니다. 재가와 출가를 막론하고 먹고사는 문제, 돈과 소유는 마음공부와 수행을 위하여 해결하여야 할 중요한 과제임에 틀림없습니다.

이번 제16회 학술연찬회에서는 인간의 원초적인 과제 중 하나인 소유에 대하여, 초기불교, 선불교, 서양철학, 경제학, 심리학에서의

6

관점들과 연구 결과들을 입체적으로 살펴봄으로써, 현대인들의 이고득락에 도움을 주고자 합니다.

밝은사람들연구소는 2006년부터 매년 한두 차례 개최하는 학술연찬회에서 논의되는 내용을 '밝은사람들총서'로 출간하고 있으며, 2012년부터는 서울불교대학원대학교 불교와심리연구원과 공동으로 추진하고 있습니다. 학술연찬회와 밝은사람들총서 내용을 더욱 알차게 꾸미기 위하여, 두 기관과 출판사 관계자들이 좌장 등 주변 학자들과 함께 주제 선정 과정부터 머리를 맞대고 함께 고민하고, 거의 1년에 가까운 시간 동안 꼼꼼히 준비하고 있습니다.

주제 발표자로 확정된 이후 여러 준비 과정에 진지한 태도로 참여하시고, 각자 전문분야의 관점과 연구 성과를 일목요연하게 정리하신 정준영 교수님, 황금연 교수님, 이진경 교수님, 김영식 교수님, 권석만 교수님, 그리고 다섯 분의 주제 발표 원고를 조율 정리하시고 학술연찬회 좌장 역할을 하시는 한자경 교수님께 진심으로 감사드립니다. 그리고 옥고를 단행본으로 출간해 주신 운주사 김시열 사장님과 직원 여러분의 노고에도 감사드립니다.

특히 2006년 초 밝은사람들연구소 발족 이래 지금까지 불교와 사회의 상생적 발전을 촉진하는 연구소 사업을 물심양면으로 적극 지원해 주고 계신 수불 스님과 안국선원에 깊이 감사드립니다.

일상에서 늘 행복하시길 기원하며

2017년 11월

박찬욱, 윤희조

소유, 행복의 조건인가 장애인가?

한자경(이화여자대학교 철학과 교수)

1. 행복의 조건으로서의 소유

인간은 생명체이므로 생존을 위해 의식주와 약을 필요로 한다.[1] 배고프면 먹고 추우면 입으며 피곤하면 자고 질병에 걸리면 치료받아야한다. 과도하게 배고프고 춥고 피곤하거나 병이 나면 결국 죽는다. 그러므로 인간은 죽지 않기 위해 먹을 음식, 입을 옷, 잠잘 처소, 치료할 약이 있어야 한다. 그래서 우리는 소유를 생존의 기본조건으로 생각하게 된다. 그러나 본래는 살기 위해 무엇인가를 반드시 소유해야만 하는 것은 아니었을 것이다. 자연상태에서 인간은 나무에 열리는 과실을 따먹고 강에서 헤엄치는 물고기를 잡아먹으며 살아갔을 것이다. 그렇게 소유하지 않은 채 살아가는 삶이 가능했을 것이다.

그러나 오늘날 우리가 소유하지 않은 채 자연으로부터 취할 수 있는 것은 거의 아무것도 없다. 바람이나 공기나 햇볕처럼 손에 잡히지

---

[1] 불교는 이 네 가지를 인간이 살기 위해 갖추어야 할 4사事라고 부른다. 기본 생존권에 의료가 포함되어야 함을 보여주는 부분이다.

않는 것들만이 내가 소유하지 않고도 취할 수 있는 것들의 전부이고, 그 외에 눈앞에 존재하는 것들, 손에 잡히는 것들은 모두 이미 누군가의 소유로서 존재한다. 음식과 옷, 집과 차뿐만 아니라 땅과 나무, 산과 강 심지어 하늘과 바다까지도 이미 모두 누군가의 소유, 즉 개인이나 국가의 소유로 되어 있다. 이제 존재하는 것은 곧 누군가에게 속하는 것, 누군가의 소유로서만 존재한다. 따라서 그 누군가의 소유를 나의 소유로 바꾸지 않는 한, 나는 그것을 마음대로 취할 수가 없게 되어 있다.

결국 나는 살기 위해 먹을 것, 입을 것, 잠잘 곳을 나의 것, 나의 소유로 만들어야만 한다. 나의 것, 나의 소유가 되어야만 내가 그것을 마음대로 취할 수 있기 때문이다. 나는 소유를 통해서만 의식주를 해결할 수 있으며, 따라서 이제 소유는 살아남기 위한 기본조건, 삶의 기본조건이 된다. 이처럼 살아남기 위해 꼭 필요한 소유는 '생존을 위한 소유'라고 할 수 있으며, 이러한 소유는 삶의 행복을 위해서는 반드시 갖추어져야만 하는 필수불가결의 조건, '행복의 필요조건'이라고 할 수 있다.

그렇다면 생존을 위한 소유를 우리는 어떻게 얻는가? 마땅히 수고로운 일, 노동을 통해 얻는다. 불교는 소유를 얻기 위해 하는 일(직업)은 바른 일, '정명正命'이어야 함을 강조하며, 기독교에서도 "먹고 살기 위해 땀 흘리며 일해야 한다."고 말한다. 서양 근대철학자 로크도 사적 소유권의 근거를 '신체적 노동'으로 규정하였다.

육체의 노동과 그의 손이 하는 일은 바로 그의 것이다. 자연이 제공해준 대로의 상태에 있는 것으로부터 끄집어낸 것은 무엇이든 그가 그의 노동력을 투입한 것이며, 그가 거기에다 자신의 것을 첨가한 것이므로 따라서 그것은 그의 소유물이 된다.[2]

자연에다 내 노동력을 첨가하여 얻어낸 것은 나의 소유라는 말이다. 예를 들어 내가 딴 사과는 내가 자연에 나의 노동력을 투입하여 얻은 것이기에 나의 소유이다. 그러나 실제 소유에서 문제가 되는 것은 노동의 직접적 산물이기에 앞서 그러한 노동이 거기 투입될 수 있는 터전인 토지이다. 사과나무가 심겨 있는 땅의 소유권 내지 사용권이 내게 없다면, 거기서는 내가 아무리 노동하여도 그 산물이 내 것이 아닐 뿐 아니라 나는 아예 거기에서 노동할 수조차 없기 때문이다. 그렇다면 토지는 어떻게 해서 누구의 소유가 되는가? 토지에 대해서도 로크는 그 소유권의 근거를 '노동'으로 제시한다.

한 사람이 밭을 갈고 씨를 심고 개간하고 재배하며 그 수확물을 이용할 수 있을 정도의 토지의 한도가 바로 그 사람의 소유가 된다. 그는 자신의 노동으로써 그러한 정도의 토지를 공유지로부터 떼어내어 울타리로 둘러싸는 셈이다.[3]

---

2 로크, 『통치론』, 제5장, 27절.

3 로크, 『통치론』, 제5장, 32절. 여기에서 로크의 설명은 물론 명확하지 않다. 오늘날 토지는 개간하고 재배함으로써 내 깃이 되는 게 아니라, 일단 토지가 나의 것이어야 내가 개간하고 재배할 수 있기 때문이다. 로크식 주장은 토지가 아직 그 누구의 것으로도 사유화되지 않은 상태에서 사유화를 시작할 때 할 수 있는 말이다. 말하자면 백인이 아메리카 대륙에 침입하여 총칼로 그곳 원주민

인간이 자신의 노동력을 투입하여 개간하고 재배하는 토지는 자신의 소유가 된다는 것이다. 이처럼 인간은 노동을 통해 그 노동의 산물과 노동의 터전을 소유해야 생존할 수 있다.

그런데 우리가 살면서 필요로 하는 것은 생존을 위한 소유가 모두가 아니다. 의식주는 신체를 살리기 위한 조건이지만, 우리의 정신은 그것으로 다 채워지지 않는다. 정신의 풍요를 이루고자 우리는 진리를 찾아 학교에도 가고 아름다움을 찾아 전람회에도 가고 사교를 위해 카페에도 가고 새로운 경험을 위해 여행도 간다. 이런 욕망이 충족될 때 우리는 행복을 느낀다. 그런데 이런 욕망을 만족스런 방식으로 충족시키려면 또 소유, 즉 돈이 있어야 한다. 학교에다 등록금을 내야 하고, 전람회에도 입장료를 내야 하며, 카페에선 커피를 사 마셔야 하고, 여행을 가자면 기차표를 사야 한다. 돈이 없으면 이런 것들을 즐길 수가 없다. 이처럼 소유는 단지 생존을 위해서 뿐 아니라, 생존을 넘어 인생을 즐기고 행복해지기 위해서도 필요하다. 다만 이러한 즐김의 방식은 사람마다 문화권마다 다르며, 따라서 이런 즐김을 위해 필요로 하는 소유의 양은 경우마다 많이 다를 것이다. 먹고 살 것만 충분하다면 혼자 산길을 걷거나 친구와 들판에 앉아 담소하는 것만으로도 충분히 행복하여 더 이상의 소유가 필요치 않을 수도 있다. 이처럼 생존이 아니라 그 이상의 즐거움을 누리기 위해 필요한 소유를 '향락을 위한 소유'라고 할 수 있다. 어떤 방식으로 삶의 향락을 느끼는가가 사람마다 문화마다 다를 수 있기에, 향락을 위해 얻고자

을 몰아내면서 그 땅을 자신들의 것으로 사유화할 때 내세운 논리라고 볼 수 있다.

하는 소유의 양은 사람에 따라 문화권에 따라 크게 다를 것이다.

생존을 위한 소유나 향락을 위한 소유를 통해 얻는 행복은 둘 다 소유자가 그 소유를 직접 소비함으로써 얻는 행복이다. 그런데 소유를 통해 얻는 행복에는 소유를 직접 소비함으로써 얻는 행복 이외에 소유의 소비와 무관하게 소유 자체로부터 얻는 행복도 있다. 예를 들어 나의 삶을 풍요롭게 만드는 소유를 나 스스로 확보한다는 데에서 오는 성취감, 내가 남들보다 더 많이 소유하고 있다는 데에서 오는 우월감도 소유가 가져다주는 행복에 포함될 것이다. 나아가 나의 소유를 스스로 소비하지 않고 그것을 필요로 하는 빈궁한 자에게 기부하는 베풂의 뿌듯함도 소유한 자만이 향유할 수 있는 소유의 행복에 속할 것이다. 이런 종류의 소유를 자기성취감이나 우월감 내지 뿌듯함을 주는 소유라는 의미에서 '긍지를 위한 소유'라고 할 수 있다.

①생존을 위한 소유: 의식주를 위한 소유 - 행복의 필요조건
②향락을 위한 소유: 여유로운 소비를 위한 소유
③긍지를 위한 소유: 성취감 등을 위한 소유

소유는 신체적으로나 정신적으로나 우리의 삶을 편안하고 즐겁고 여유롭게 만드는 조건, 한마디로 행복의 조건이라고 할 수 있다. 그러므로 누구든 자신이 원하는 만큼의 소유를 확보하면 된다. 생존에 만족하며 안빈낙도할 사람은 그만큼의 소유를 하면 되고, 향락을 누리고자 하는 자는 그 향락을 위해 필요한 만큼의 소유를 하면 된다. 소유의

확대나 기부의 뿌듯함에 의미를 두는 자는 또 그만큼 소유하면 된다. 그런데도 우리가 소유를 문제 삼는 이유는 무엇인가?

2. 행복의 장애로서의 소유

우리는 대개 소유가 행복의 조건이라고 생각하고 또 소유가 쌓이는 만큼 행복도 커질 것이라고 기대하며, 따라서 소유하기 위해, 즉 돈을 벌기 위해 열심히 일한다. 그러나 일과 소유, 소유와 행복이 반드시 나란히 가는 것은 아니다. 노동은 늘어나지만 그것이 가져다주리라고 예상했던 소유는 오히려 점점 더 줄어들기도 하고, 또 소유는 늘어나지만 그것이 가져다주리라고 예상했던 행복은 오히려 점점 더 줄어들기도 한다. 노동이 소유의 조건이 아니고, 소유가 행복의 조건이 아닌 경우가 허다한 것이다. 이럴 경우 소유는 오히려 행복의 장애로 작용할 수 있다. 소유가 행복의 장애가 되는 경우는 개인적 차원과 사회적 차원 둘로 구분해볼 수 있다.

1) 개인적 차원에서의 장애

생존에 필요한 것은 의식주와 약이다. 생존을 위한 소유가 갖추어지면, 그것이 곧 행복의 조건이기에 우리는 행복할 것이라고 기대하게 된다. 실제로 배가 고프다가 배부르게 먹을 수 있는 음식이 생기고, 헐벗고 있다가 입을 수 있는 옷이 생기면, 쉴 곳이 없다가 살 수 있는 집이 생기고, 몸이 아프다가 그 아픈 몸이 치료되면 인간은 누구나 행복하게 느낄 것이다. 생존의 필수품이 갖추어지기까지는 소유의 증가가 곧 행복의 증가가 될 것이다. 그렇다면 수십 년 전보다 먹을 것과 입을 것이 훨씬 더 풍부해진 오늘날 우리는 과연 그만큼 더 많은 행복을 누리며 살고 있는가? 만약 그렇지 못하다면, 그것은 왜일까?

우리의 의식에는 자극이 의식되기 위해 넘어야 할 문턱, '의식의 문턱'이 있다. 그런데 자극이 많으면 많을수록, 우리에게 소유가 많으면 많을수록 그것을 행복으로 알아차릴 수 있는 의식의 문턱은 점점 더 높아지기 마련이다. 굶주렸다가 먹는 밥, 헐벗었다가 입는 옷은 그저 배를 채우고 추위를 막을 정도이기만 하면 행복을 위해 충분할 것이다. 그러나 그 다음 단계에서 행복해지기 위해서는 좀 더 맛있는 밥이어야 하고 좀 더 멋진 옷이어야 한다. 이미 맛있는 밥과 멋진 옷을 갖고 있다면, 그 다음은 어떻게 해야 행복할까? 아무나 먹을 수 없는 희귀한 것, 상어 지느러미나 제비집을 먹든지, 아무나 입을 수 없는 비싼 것, 여우 가죽이나 밍크 털을 걸쳐야 행복할 것이다. 이처럼 자극이 많고 가진 것이 많을수록, 한마디로 소유가 많을수록 실제로 행복을 느낄 수 있는 가능성의 폭은 점점 더 감소한다. 만 원짜리 한정식은 없는 자에게는 맛있고 행복한 성찬이지만, 있는 자에게는 아무 감흥도 일으키지 않는 초라한 음식일 수 있다. 소유가 많아질수록 행복해지는 것이 아니라 오히려 행복을 느낄 수 있는 의식의 문턱이 높아지고, 그에 따라 결국 행복을 느낄 수 있는 능력이 감소하고 그만큼 실제로 행복을 느끼는 경우도 감소할 수 있는 것이다.

소유로 인한 행복감은 비교를 통해 얻어진다. 과거에 내게 없던 것을 내가 지금 갖고 있거나, 지금 남이 가지지 못한 것을 내가 지금 갖고 있어야 그 차이를 통해 행복을 느낀다. 현재의 나를 과거의 나와 비교하든 아니면 현재의 남과 비교하든, 현재의 내게서 비교우위가 발견되어야 비로소 행복을 느끼는 것이다. 따라서 소유를 통해 행복해지기 위해서는 오늘의 내가 어제보다 더 많은 것을 소유해야 하고, 또 남들보다 더 많은 것을 소유해야 한다. 어제보다 더 많은 것, 남들보다 더 많은 것을 갖고자 하는 마음을 우리는 '욕망' 내지 '탐욕'이라고 부른다.

탐욕은 내게 필요한 것을 내가 바라는 것이 아니라, 거꾸로 내가 바라는 것을 내가 필요로 하는 것으로 삼는 마음이다. 현대 자본주의 사회는 바로 이러한 탐욕을 부추기는 사회이다. 이러한 탐욕에 따라 우리는 끊임없이 더 많은 것을 소유하고자 하며, 그렇게 더 많은 것을 소유하기 위해 끊임없이 더 많은 것을 생산하고, 다시 또 더 많은 것을 소비한다. 문제는 탐욕에서 나오는 소유욕은 끝이 없다는 것이다. 욕망의 기차에 몸을 싣고 그 가속도를 즐기며 질주하는 동안 우리는 과연 행복한가? 부귀영화를 누리는 사람이 그 다음 쾌락을 좇아 마약이나 도박에 빠지는 것, 자기 자신이 평생 소모할 수 있는 것의 수십 수백 배에 달하는 소유를 이미 확보하고도 다시 또 더 많은 소유를 기획하며 안달하는 것, 이것은 우리의 무한한 탐욕의 기제를 잘 보여준다. 욕망은 그저 다음 욕망으로 나아갈 뿐, 그 욕망을 끝없이 따라가는 한 행복은 늘 비껴가고 그 자리에는 오히려 고통이 지리난다. 욕망의 질주 속에서 우리가 느끼는 것은 만족이기보다는 불만족이며, 행복이기보다는 오히려 불행이다. 무한한 탐욕의 종착점은 결국 파멸이다.

소유가 행복의 조건이라는 말은 결국 소유는 행복에 이르는 수단일 뿐 그 자체가 목적은 아니라는 것을 말해준다. 문제는 우리가 종종 수단에 매몰되어 목적을 망각하거나 오히려 목적에 반하는 길을 간다는 것이다. 아름다운 경치를 바라보면 우리는 행복을 느낀다. 눈앞에 아름다운 경치가 펼쳐져 있으면 그냥 그것을 바라보며 행복해할 수 있다. 그런데 탐욕에 사로잡혀 있으면 저 경치를 포함한 집을 사고 싶고, 저 집이 있는 땅을 사고 싶어 당장 느낄 수 있는 관조의 행복을 놓치고 오히려 충족되지 않은 욕망으로 인한 불만족과 고통에 빠져버린다. 소유욕에 이끌려 소유 자체가 목적이 되는 순간, 존재를 향유하는 행복의 기회를 오히려 놓쳐버리고 마는 것이다. 이처럼 소유 내지 소유욕은 행복에 기여하는 것이 아니라 오히려 행복을 가로막는 장애가 될 수 있다.

2) 사회적 차원에서의 장애

소유가 행복의 수단이 아니라 오히려 행복의 장애가 되고 문젯거리가 되는 것은 소유자 개인의 차원보다 소유가 성립하는 사회적 차원에서 보면 더욱 분명하게 드러난다.

소유는 누군가가 가지는 것, 누군가에게 속하는 것, 소유물이다. 소유가 일개인에게 속하면 그것을 사적 소유, 사유私有라고 하고, 소유가 일상생활을 함께하는 마을 공동체 또는 문화와 역사를 함께하는 국가 공동체에 속하면 그것을 공적 소유, 공유公有라고 한다. 그런데 소유는 사유이든 공유이든 기본적으로 배타성을 띤다. 소유자만이 소유물에의 접근권, 사용권, 처분권 등을 가지며 비소유자는 그런 권리로부터 배제된다. 배타적 소유권자가 일개인이면 사유이고 그 배타적 범위를 마을 내지 국가까지 확장한 것이 공유이다. 그런데 공유도 소유를 누리는 자나 소유에서 배제되는 자가 결국 개인이기에 소유는 기본적으로 사유이며, 공유는 단지 사유의 확장 내지 집단적 사유라고 할 수 있다.

소유의 배타성은 소유가 기본적으로 나와 너, 우리와 너희를 이원화하여 분별하면서 타를 배제한다는 것을 말해준다. 소유권에서 배제되는 자가 없다면, 즉 모두가 그것을 누릴 수 있다면 우리는 그것을 소유라고 말하지 않고 공유라고도 말하지 않는다. 그것은 그냥 있는 것, '존재'이지, 누군가 가지는 것, '소유'가 아니다. 공기나 태양, 밤하늘 별들은 그냥 존재하는 것이지 누구에게 속하는 소유가 아니다. 따라서 어느 누구도 그것에 대해 배타적 소유권을 주장하지 않고 또 어느 누구도 그것의 향유로부터 배제되지 않는다. 지구 위의 모든 생명체는 공기를 마실 수 있고 햇볕을 쬘 수 있고 별을 바라볼 수 있다. 자연상태에서는 아마도 이보다 훨씬 더 많은 것들이 그냥 그렇게 존재했을 것이다. 들과 숲, 산과 강, 하늘과 바다가 소유화되지 않은 채 모두에게 열려 있고 모두가 그것을 함께 누릴 수 있었을 것이다.

어떤 것이 누군가의 소유로 된다는 것은 곧 그 소유자 이외의 다른 모두가 그것의 향유로부터 배제된다는 것을 의미한다. 소유는 내가 딴 사과나 내가 잡은 물고기처럼 직접적 노동의 산물일 수도 있고, 그런 노동이 가해길 수 있는 디진이 되는 산, 들, 깅과 같은 도지일 수도 있다. 사회적 차원에서 소유를 논할 때 문제가 되는 것은 결국 토지이다. 만약 토지가 누군가의 소유가 되면 그 위에서 자라나는

모든 것이 그 소유자의 소유가 되기 때문이다. 그 땅에서 자란 사과나무
의 사과는 그 땅의 소유자만 취할 수 있고 다른 누구도 손대어서는
안 된다. 대지 위에 부는 바람과 햇볕과 달빛은 본래 모두가 향유할
수 있는 모두의 것인데, 그것들을 머금고 자라난 사과가 오직 그만의
것이 되고 마는 것이다.

그래도 땅이 많이 남아 있으면 그러한 배제가 문제되지 않는다.
그가 저 땅을 가지면, 나는 이 땅을 갖고 여기에서 나의 의식주를
해결하면 되기 때문이다. 문제는 소유를 제한 없이 무한히 허용하는
경우이다. 사적 소유가 무한히 확장되면 결국은 모든 땅, 모든 삶의
터전으로부터 완전히 배제되는 사람들이 생겨나게 되기 때문이다.
소유는 욕망의 산물이고, 인간의 욕망은 끝이 없다. 인간 이외의 다른
생명체들은 자연적인 욕망조절 능력이 있는데, 소유에 관한 한 인간은
이 능력을 상실한 것 같다. 자본주의 사회는 오히려 욕망을 끝없이
부추겨서 모두를 내달리는 욕망의 전차 속으로 밀어 넣고, 그 안에서
끝없는 욕망으로 서로 치열하게 경쟁하고 투쟁하며 소유를 확장해가게
만든다. 물론 대부분의 사람은 오로지 생존하기 위해 경쟁과 투쟁을
감수할 것이다. 문제는 자본주의가 부추기는 무한한 욕망, 그러면서
허용하는 무제한의 소유이다. 소수가 토지와 자본의 대부분을 소유하
면 남은 대다수의 사람은 생존을 위해 필사적으로 경쟁해야 하고,
그 경쟁에서 밀린 자는 결국 생존의 위협에 직면하게 된다. 무한한
탐욕에서 오는 무제한의 소유가 문제가 되는 것은, 가진 자가 누리는
무제한의 소유는 생존과 무관한 '향락을 위한 소유' 또는 '긍지를 위한
소유'이지만, 그로 인해서 못 가진 자가 놓쳐버린 소유는 '생존을 위한

소유'이기 때문이다. 누군가의 향락이나 긍지를 위해 누군가의 생존이 위협당하는 것은 자연스런 현상도 아니고 또 바람직한 현상도 아니다. 이처럼 누군가의 무제한의 소유는 다른 누군가의 생존, 행복을 위협하는 장애가 될 수 있다.

사회 대다수의 생존을 불안정하게 만드는 소유의 불균형은 못 가진 자뿐 아니라 결국 가진 자의 행복에도 장애가 된다. 욕망, 탐욕의 이면은 바로 화, 분노이다. 그래서 불교는 인간 마음을 병들게 하는 3독심毒心에 탐貪과 진瞋을 나란히 놓는다. 자본주의 사회는 욕망을 무한히 부추기며, 이에 길들여진 우리들은 대부분 욕망조절 능력을 상실한 채 살아간다. 우리는 대개 끝없는 탐욕으로 무제한의 소유를 지향하지만, 지구 위의 토지와 자원은 유한하게 제한되어 있다. 누군가의 소유가 무제한이 되면 결국 누군가는 결핍에 시달리게 되고, 무한히 부추겨진 욕망의 좌절은 결국 무한한 분노로 되돌아온다. 누군가의 무제한의 소유로 많은 사람들이 무한한 박탈감을 느끼게 되면, 사회에는 결국 분노의 감정, 분노의 기운이 만연할 것이다. 무한한 탐욕의 사회, 그 안에서 좌절된 욕망은 분노로 회귀하며, 욕망조절 장애는 결국 분노조절 장애로 표현된다. 오늘날 우리 사회에 분노조절 장애 환자가 많은 것은 이 때문일 것이다. 가진 자의 욕망조절 장애는 그로 인해 강화되는 못 가진 자의 분노조절 장애와 짝을 이룬다. 분노의 화는 타오르는 불 화火와 통한다. 불이 수십 년 쌓아온 재산을 한꺼번에 보소리 태울 수 있듯이, 분노는 일평생 쌓아온 공덕을 한순간에 무너뜨린다. 분노가 넘치는 사회는 불안한 사회이고 불행한 사회이며, 그 안에서는 어느 누구도 진정으로 행복할 수 없다. 이처럼 무한

소유를 지향하는 무한한 욕망, 무한한 소유욕은 결국 사회 전체의
행복을 가로막는 장애가 된다.

3. 불교에서의 소유: 무아와 무아소(무소유)

소유는 왜 우리를 행복하게만 만들지 않고 우리의 행복을 가로막는
장애가 될 수 있는 것일까? 소유가 왜 문제일까? 소유에서 문제가
되는 것은 과연 무엇인가? 불교는 어떤 의미에서 소유 아닌 무소유無所
有를 말하는가?

불교는 처음부터 무아無我를 논해왔다. 불교 4법인法印 중의 하나가
제법무아諸法無我이다. 모든 존재는 자기 자신만의 개별적 본질, 자성
自性 내지 실체, 아트만, 한마디로 아我를 가지고 있지 않다. 내가
나라고 여기는 나는 본래 나라는 개별적 실체가 아니라 색·수·상·행·
식 5온蘊의 인연화합물이며 상의상관적 연기緣起의 산물이다. 사과나
무가 그 옆의 사과나무의 씨와 그 씨를 품어주는 대지와 그 대지
속의 물과 양분, 새싹에 부어지는 햇빛과 공기 등 무수한 우주만물의
인연화합으로 존재하듯이, 모든 생명체는 그렇게 서로 연기緣起로
맺어져 있고 모두 하나의 생명을 이루고 있다. 어디서부터 어디까지를
잘라내어 이것은 나고 이것은 나 아닌 남이라고 경계선을 긋겠는가?
그러므로 아我가 없다는 무아가 성립한다.

불교에서 소유는 아我에 속하는 것, 아소我所이다. 그런데 아가
없는데 아소가 어떻게 있겠는가? 아가 없는데 이것은 나의 것이고
너의 것이 아니라는 분별, 나 이외의 그 누구도 거기 다가갈 수 없다는

배타적 소유권이 어떻게 성립하겠는가? 그래서 불교는 무소유를 말한다. 소유는 너와 나를 가르는 분별과 배타성, 나의 영역 내지 세력을 확장하려는 욕망에서 나오는데 반해 불교는 분별과 탐욕을 극복하고자 한다. 따라서 불교는 무아와 더불어 무소유를 말하는 것이다. 불교는 무한 소유로 치닫는 욕망의 극대화가 개인적 차원에서 결국은 자기 마음의 안정과 평화, 행복과 지혜를 저해한다는 것을 안다. 또한 사회적 차원에서 모든 존재가 하나로 연결되어 있기에 자타분별 위에 성립하는 배타적 소유권이 허구라는 것을 알며, 무엇보다도 무한한 욕망과 무제한의 소유가 개인뿐 아니라 사회 전체의 평화 유지에 위험하다는 것을 안다. 불교는 욕망과 분노, 탐심과 진심이 한 짝이 된다는 것을 알고, 그 둘이 모두 무아와 무소유의 진리를 알지 못하는 어리석음, 치심癡心의 결과라는 것을 안다.

불교에 따르면 우리의 일, 노동, 업業조차도 개별적 자아가 단독으로 짓는 업이 아니다. 무아에 입각해서 불교는 "업과 보는 있지만, 업 짓는 자는 없다."[4]고 말한다. 업 짓는 자가 따로 없는데 어떻게 나의 업 또는 너의 업이 성립하겠는가? 인간이 짓는 업은 따라서 모두 공업共業이다. 인간이 짓는 행위, 그런 행위를 할 수 있는 능력, 그리고 그런 행위로 인해 얻어지는 성과, 그 일체가 모두 일개인 단독의 것이 아닌 것이다. 가까이의 부모와 형제와 조상뿐 아니라 이웃과 동포와 인류, 심지어 바람과 해와 달까지도 모두가 모두를 서로 도와 지금 이 순간이 존재하는 것이다. 그러므로 모든 업은 공업이고, 따라서

---

4 『잡아함경』, "有業報, 無作者."

모든 업을 통해 얻어지는 모든 보報 또한 그 고통과 즐거움을 모두가 함께 나누어야 할 공보共報인 것이다.

업 짓는 자가 따로 없기에 모든 업은 공업이며, 공업의 산물이기에 보 또한 공보이다. 공보는 노동의 직접적 산물뿐 아니라 토지나 자본 등 존재하는 모든 것이 우리가 모두 함께 나누어야 할 모두의 것임을 말해준다. 우리는 공업으로 함께 일하고 공보를 함께 나누며 공생共生으로 함께 살아가는 운명공동체인 것이다.

이와 같이 불교는 무아無我와 무아소無我所에 근거해서 공업과 공보를 말하고 무소유를 주장한다. 이 무소유의 정신을 전파하기 위해 출가자들은 처음부터 스스로 무소유 방식의 삶을 살아가며 생존을 위한 식량을 걸식을 통해 얻었다. 걸식은 타인에게 보시의 기회를 주는 것이며, 보시자는 자신의 아와 아소의 경계를 허물어 자신의 소유를 내어줌으로써 무소유의 정신을 실현한다. 보시는 본래 내 것인데 너한테 주는 것이 아니라, 본래 모두 함께 나누어야 할 모두의 것인데 잠시 내게 머물러 있기에 나로부터 너에게로 흘러가게 하는 것이다. 그러므로 주는 자는 내가 준다는 상相을 내면 안 된다. 내가 주고 네가 받는다는 상을 내는 순간 보시의 공덕은 사라진다. 무소유를 통해 실현하고자 하는 것이 바로 상 없는 삶, 무아의 삶이기 때문이다.

그러나 불교적 무아와 무소유의 정신은 우리의 구체적인 세속의 삶에서는 단지 하나의 이념이고 이상일 뿐 우리의 현실은 그런 방식으로 영위되지 않는다. 우리는 무아와 무아소가 아닌 철저한 자타분별 위에서 일체를 돈으로 거래하는 시대, 물질뿐 아니라 정신, 생각과 아이디어까지도 모두 돈으로 사고파는 시대, 무한한 탐욕, 그리고 그에 상응하는 거대한 분노의 시대에 살고 있다. 이 탐욕과 진노의 세계 속에서 그래도 우리가 공멸하지 않고 다 함께 살아남는 길은 무엇일까?

4. 모두가 행복해지는 길: 소유 제한의 원칙

생존을 위해 사적 소유가 반드시 있어야 한다면, 그런 사적 소유의 근거를 노동으로 삼는 것은 타당해 보인다. 입고 먹고 자기 위해 내가 노동해서 얻은 것은 마땅히 나의 것이어야 하며, 따라서 마을이나 국가는 당연히 나의 소유를 지켜줘야 한다. 그런데 만약 어떤 힘센 자가 마을의 과실을 모조리 혼자 다 따고 강의 고기를 모조리 혼자 다 잡아서 그것을 모두 자기 소유로 삼는다면, 그것도 타당할까? 로크는 앞에서 말한 바와 같이 소유의 근거를 노동으로 규정하되, 그러한 소유에 다음과 같은 두 가지 제한을 가한다.

> 적어도 자연의 산물이 공유물로서 다른 사람들에게도 충분하게 여겨질 정도로 언제나 많은 양이 남겨져 있는 경우에는 일단 노동력 이 가해진 것에 대해서는 그 이외의 다른 어느 누구도 권리를 가질 수 없다.[5]

> 적어도 물건이 상하어 못쓰게 되기 진에 생활에 도움이 되도록 이용할 수 있는 한에서는 누구나 그것에 자기 노동력을 투입함으로

---

5 로크, 『통치론』, 제5장, 27절.

써 자기의 소유권을 확정시킬 수 있다. 그러나 그것을 초과하는 것은 모두 그에게 할당된 몫 이상의 것이며 그것은 결국 다른 사람의 것이다.[6]

자연에서 내가 몸소 따거나 집는 노동력을 가해 어떤 것을 얻으면 그 노동의 산물은 당연히 나의 소유라고 할 수 있지만, 그러한 소유에도 분명히 제한이 있다는 것이다. 첫째 제한은 내가 노동을 통해 내 것으로 삼는 것을 제외하고도 자연 안에 남겨지는 것이 충분해서 남들도 노동으로 그들의 것을 얻을 수 있어야 한다는 것이다. 여기서 그들의 것으로 남겨져야 할 것을 그들의 생존에 필요한 것으로 최소화하여 생각해보자. 예를 들어 사과 100알이 있는데 그것을 따서 먹고자 하는 자가 50명이고 각자 2알은 먹어야 생존할 수 있다고 하면, 각자 취할 수 있는 양은 당연히 100/50인 2알일 것이다. 만약 각자 1알만 먹어도 생존할 수 있다면, 누군가 모두의 생존에 필요한 50개만 남기고 나머지 50개를 모두 자기 소유로 삼아도 될까? 그렇지 않다. 그런 사람이 둘만 있으면 나머지 48명이 생존할 수 없기 때문이다. 누구나 취해도 되는 최대 소유량을 4개로 제한할 경우 그런 사람이 25명이면 나머지 25명이 생존할 수 없으므로 안 되고, 3개로 제한할 경우에도 그런 사람이 34명이면 나머지 16명이 생존할 수 없으므로 안 된다. 결국 각자가 가져올 수 있는 것은 최대 2알이다. 이 경우에도 내가 나의 소유로 삼을 수 있는 것은 100/50인 2알 이하여야 한다는 말이 된다. 그래야 남들에게도 충분히 남겨지는 것이 된다. 이렇듯 남들에게

---

6 로크, 『통치론』, 제5장, 31절.

도 충분한 것이 남겨진다는 것은 곧 모두에게 균등하게 배분된다는 말이다. 누군가 그 이상을 탐내면 다른 누군가는 생존이 어려워진다. 이를 '균등한 배분의 원칙'이라고 하자. 둘째는 내가 노동을 통해 나의 소유로 삼는 것은 내가 모두 다 사용할 수 있을 정도여야지 그 이상이어서는 안 된다는 것이다. 소유하되 사용하지 못해 썩혀버린다면 그것은 누군가 취할 수 있는 것을 빼앗은 것과 같기 때문이다. 이를 '소모량 불초과의 원칙'이라고 하자.

로크는 토지의 소유에 대해서도 노동을 소유의 근거로 제시하되 그러한 토지 소유에 대해서도 위에서와 마찬가지의 두 가지 제한을 가한다.

누군가 자기 자신을 위해 공유지를 울타리로 둘러싸서 점유한다고 해도 다른 사람의 몫으로서 남겨진 토지가 조금도 감소되는 것은 결코 아니다. 왜냐하면 다른 사람이 충분히 이용할 수 있을 정도의 것(토지)을 남겨놓기만 한다면, 그는 전연 아무것도 점유하지 않은 것과 같기 때문이다.[7]

한 사람이 밭을 갈고 씨를 심고 개량하고 재배하며 그 수확물을 이용할 수 있을 정도의 토지의 한도가 바로 그 사람의 소유가 된다.[8]

---

7 로크, 『통치론』, 제5장, 33절.
8 로크, 『통치론』, 제5장, 32절.

토지가 직접 노동의 산물은 아니어도 내가 그것을 노동으로써 개간하여 이용하면 토지 또한 나의 소유가 된다는 것이다. 다만 자연산물과 마찬가지로 토지의 소유에도 제한이 따른다. 우선 내가 점유한 토지를 빼고서도 남겨지는 토지가 충분히 많아 남들도 얼마든지 자기 몫을 가질 수 있어야 한다는 것이다. 그러니까 나로 인해 다른 사람이 점유할 수 있는 토지가 부족해져서는 안 된다는 것이다. 이는 앞서 말한 '균등한 배분의 원칙'에 해당한다. 그리고 내가 점유하는 토지는 거기에서 나오는 수확물을 내가 썩히지 않고 모두 이용할 수 있을 정도여야 한다는 것이다. 이것은 앞서 언급한 '소모량 불초과의 원칙'에 해당한다.[9]

결국 노동의 직접적 수확물이든 노동의 터전으로서의 토지이든 그것의 소유는 무제한적일 수 없으며, 적절한 제한이 필요하다. 그래서 그런 소유 제한의 원칙을 '균등한 배분의 원칙'과 '소모량 불초과의 원칙'으로 제안해보았다. 첫째 원칙은 지구 위에 현재 살고 있는 우리 모두의 생존을 위한 최소규칙이고, 둘째 원칙은 지구 위에 살게 될 미래 세대를 위한 지구자원 및 쓰레기 문제를 고려한 규칙이다. 정확히

---

9 사실 로크는 사적 소유권의 확립에만 관심이 있었지, 소유의 제한에는 관심도 없었다. 따라서 그것을 심각하게 논하지도 않았다. 그는 우리가 소유하고 축적하는 것이 먹고 입을 수 있는 구체적 자연물이 아니라 화폐이기에 위와 같은 제한의 필요성이 생겨나지 않는다고 본 것이다. 화폐를 소유할 경우 남이 취할 자연물을 감소시키는 것도 아니고, 또 내게서 넘쳐나는 소유(화폐)가 썩는 것도 아니기 때문이다. 그러나 화폐는 문제의 해결이 아니라 오히려 문제의 발단이다. 화폐를 들어 이 문제를 피해갈 수는 없는 것이다. 이 점을 놓친 것이 바로 로크의 한계라고 본다.

이 두 원칙은 아닐지라도, 모두가 다 함께 생존하는 행복한 나라, 평화로운 지구를 원한다면 사적 소유가 무제한적으로 허용되어서는 안 되고 필히 적절한 제한이 가해져야 할 것이다. 오늘날 우리가 '최소임금'을 논하듯이 이제는 '최대임금' 및 '최대소유'라는 제한이 필요하다고 본다. 이것을 통해서만 우리는 우리의 잃어버린 '욕망조절 능력'을 되찾을 수 있고, 그렇게 해야지만 지구 위 모든 사람이 적어도 생존에 위협받지 않고 다 같이 평화롭게 살아갈 수 있을 것이다.[10]

그러나 오늘날 자본주의의 논리에는 이러한 제한이 없다. 굶주림에 대해서는 그들이 노동하지 않기 때문이라고 말하고, 노동해도 굶주리는 것에 대해서는 그들 또는 그들 조상이 미개하기 때문이라고 말한다. 싼값에 사들인 노동력으로 자손 대대를 위한 엄청난 부를 축적하고 향락과 자만에 빠져 있으면서 그것을 마땅한 자기 몫이라고 주장하고 당당한 자기 소유라고 강변한다. 진정한 자기 몫은 과연 어디까지일까? 우리는 언제쯤이나 우리 자신의 탐욕에 대해 부끄러움을 갖게 될까? 내가 없는데도 나의 소유를 쌓아가는 이 어리석음을 언제쯤

---

10 자본주의 사회에서 '최대소유'를 정해 놓으면 사람들이 더 이상 기술혁신이나 산업개발에 힘쓰지 않고 따라서 사회발전의 동력이 사라지지 않겠는가라는 반문이 있을 수 있겠다. 이런 반문을 들으면 지금으로부터 무려 70년 전(1947년) 김구 선생이 『나의 소원』에서 했던 말이 떠오른다. "지금 인류에게 부족한 것은 무력도 아니요 경제력도 아니다. 자연과학의 힘은 아무리 많아도 좋으나, 인류 전체로 보면 현재의 자연과학만 가지고도 편안히 살아가기에 넉넉하다. 인류가 현재에 불행한 근본 이유는 인의仁義가 부족하고 자비가 부족하고 사랑이 부족한 때문이다. 이 마음만 발달되면 현재의 물질력으로 20억이 다 편안히 살아갈 수 있을 것이다."

벗어나게 될까?

5. 이 책의 전개

이 책은 소유의 문제를 다룬다. 소유가 과연 인간의 행복에 기여하는지 아니면 오히려 행복을 방해하는지, 행복의 조건이고 터전인지 아니면 오히려 행복의 장애이고 굴레인지를 밝혀보려는 것이다. 이를 위해 초기불교(정준영)와 선불교(황금연), 서양철학(이진경)과 경제학(김영식), 그리고 심리학(권석만) 분야의 전공자로부터 그 각 분야에서 소유의 문제가 어떻게 다뤄지고 있는지를 들어본다.

"붓다의 소유"라는 제목 아래 초기불교 분야에서의 소유문제를 다루는 정준영은 우선 초기경전(빨리-니까야)에서 '소유'가 얼마나 다양한 개념으로 논의되고 있는지를 밝힌 후, 소유를 재가자를 위한 소유와 출가자를 위한 소유로 크게 양분하여 논한다. 그의 글을 통해 우리는 어떤 방식의 소유가 우리에게 정신적 만족을 줄 수 있는지를 살펴볼 수 있을 것이다.

선불교 분야에서의 소유문제를 논하는 황금연은 "선가의 존재와 소유"라는 글에서 선가에 속하는 출가 수행자들의 삶에 나타나는 소유와 무소유의 문제를 다룬다. 그는 산중 암자에서 참선수행하는 경우, 사찰을 꾸려 보시공양을 받는 경우, 도심에서 포교하는 경우, 총림의 경우 등 다양한 경우를 논하면서 수행자들이 진성으로 소유로부터 자유로울 수 있기 위해서는 불안한 미래를 떨칠 수 있을 양질의 외호가 뒷받침되어야 함을 역설한다.

앞의 두 글이 불교사상을 중심으로 소유를 논한 것이라면, 그 다음 두 글은 오늘날 우리의 삶의 방식과 보다 더 긴밀히 연관되어 있는 서양에서의 소유권 사상의 확립 및 현대 자본주의사회에서 소유를 둘러싼 국가 경제정책 방향에 관한 논의를 담고 있다.

현대의 우리 삶과 연관해서 서양철학을 중심으로 소유문제를 논하는 이진경은 "사적 소유의 계보학: 사적 소유 발생의 연기적 조건에 관하여"라는 글에서 로크의 소유권 개념을 비판적으로 검토하며 오늘날 우리가 가지는 사적 소유권 개념이 그렇게 자명하거나 당연한 것이 아니라는 것을 밝힌다. 이어 4차 산업시대에 자본주의 발달이 정점에 이를수록 생산이 탈물질화되고 한계비용이 제로화되어 결국 소유권보다는 접근권, 사유화보다는 공유화가 더 우세해질 것이라는 전망을 내놓고 있다.

김영식은 "부와 동반성장"이라는 제목 하에 경제학 분야에서의 소유문제를 다룬다. 애덤 스미스의 '보이지 않는 손'이 전제한 동감과 마음 속 공정한 관찰자가 자본주의 시장 안에서 어떻게 작동하는지를 살핀 후, 그러한 고전적 자본주의가 19세기 후반 대량실업과 기업의 독점 및 1930년대 미국 대공황을 거치면서 케인즈식 자본주의로 수정되었다는 것, 그렇지만 다시 1980년대 들어 신자유주의의 무한경쟁 체제로 바뀌면서 우리나라를 포함한 전 세계가 심각한 빈부격차 문제에 직면하고 있다는 것을 논한다. 그는 낙수효과 아닌 분수효과를 기대하며 이익공유제를 지향하는 동반성장만이 우리 모두가 다 함께 행복할 수 있는 길이라고 역설한다.

앞의 두 글이 소유의 사회 경제적 측면을 논한 것이라면, 마지막

글은 소유에 있어 개인적인 심리적 차원의 문제를 다룬다. 심리학 분야에서의 소유문제를 논하는 권석만은 "소유의 심리적 의미: 소유와 행복의 관계"에서 소유가 어떤 의미에서 인간을 행복하게 만드는지를 설명한 후, 그럼에도 불구하고 소유가 인간의 행복을 방해할 수도 있음을 여러 측면에서 논한다. 소유가 인간의 탐욕을 부추기면서 무수한 심리적 장애를 일으킨다는 것을 심리학적 관점에서 분석하며, 이를 바탕으로 우리가 소유를 어떻게 지혜롭게 활용해야 하는지에 대한 구체적 방안을 제시한다.

서양철학에서의 소유 | 사적 소유의 계보학-사적 소유 발생의 연기적 조건에 관하여
　　이진경 · 207

경제학에서의 소유 | 부(富)와 동반성장　　　　　　　　　김영식 · 283

붓다의 소유

정준영(서울불교대학원대학교 불교학과 교수)

1. 행복을 위한 소유

"기업은 도덕으로 하는 게 아니다."

뉴스를 보니, 10년간 음식점을 열심히 운영했던 가맹점주가 브랜드 본사로부터 가맹해지를 통보받았다. 본사 지시에 따라 인테리어까지 새로 한 상황이었다. 그는 본사 직원에게 "90일 전에 가맹해지 통보가 도덕적으로 문제되지 않겠느냐?"고 물었고 담당자는 "기업은 도덕으로 하는 게 아니다"라고 내답했다고 한다.[1] 평소에 가족과 즐거 가는

---

1 헤럴드경제 http://biz.heraldcorp.com/culture/view.php?ud=20170726190626
2732318_1 (검색일자 2017년 7월 27일); 주간동아 http://weekly.donga.com/

곳이었고, 착한 기업으로 알려져 있었기에 아쉬움이 컸다.

'기업은 도덕으로 하는 것이 아니다'라는 말은 많은 생각을 하게 만든다. 기업은 무엇보다도 이윤추구를 목표로 한다. 많은 사람들이 이익을 위해 직장에서 열심히 일하는 것이 사실이다. 만약 기업에 추가적인 이익이 생긴다면 대부분의 고용인은 사회에 환원하기보다 개인의 임금인상을 바랄 것이다. 잘 보이지 않는 사회보다는 잘 보이는 나의 이익이 우선시된다. 이것이 현실이라고 말한다. 하지만 대부분의 기업은 사회를 통해 이윤을 추구한다. 인간을 대상으로 수익을 만들고 인간을 통해 수익을 창출한다. 따라서 인간이 지켜야 할 도리나 바람직한 행동을 기본으로 삼지 못한다면 언제 무너질지 모르는 사상누각과 다를 바 없을 것이다. 그렇다면 우리는 어떻게 가져야 하는가? 그리고 어떻게 나눠야 하는가? 이 글은 이러한 의문에서 시작된다. 필자는 현실세계의 이윤추구 방법에 대해서는 잘 모른다. 따라서 초기불교적인 입장에서 이러한 문제를 어떻게 다루고 있는지 살펴보고자 한다.

초기불교는 깨달음을 추구하는 종교이다.[2] 붓다는 깨달음으로 향하는 길을 중도中道, 혹은 팔정도八正道로 설명한다. 누구든지 괴로움을 치유하고 지혜를 통하여 깨달음으로 향하고자 한다면 이 길(道)을 갈 수 있다. 붓다는 궁극으로 향하는 팔정도를 '여덟 겹(aṭṭhangika)'이라 표현했다. 여덟 가지가 모두 함께 있어야 그 기능을 발휘한다.

3/all/11/1003255/1 (검색일자 2017년 7월 27일).

2 정준영, 「붓다의 깨달음, 해탈, 그리고 열반」, 『깨달음, 궁극인가 과정인가』, 운주사, 2014, p.49.

여덟 가지는 특징에 따라 다시 계정혜戒定慧 삼학三學으로 구분된다.[3]

일반적으로 불교수행에 대해 정학定學의 집중(正定, sammā-samā
dhi)이나 마음챙김(正念, sammā-sati)을 강조하는 경향이 있다. 하지만
집중이라는 마음의 수행과정에 앞서 준비과정이 필요하다.[4] 그것은
바로 계(sīla, 戒)의 확립이다.[5] 계는 인간이 지켜야 할 기본적 윤리를

---

3 Paul R. Fulton & Ronald D. Siegel *"Buddhist and Western Psychology"*
   Mindfulness and Psychotherapy. The Guilford Press, 2005, p.35.

4 불교를 통한 수행의 시작은 계학이다. 계학은 정학을 위한 기반이자 뿌리가
   된다. 계학을 갖추어야 육근에 대한 조절과 알아차림이 가능해진다. 점진적으로
   수행의 영역이 확장되는 것이다. 이것이 불교수행의 과정이다. 따라서 계학
   없는 정학은 뿌리 없는 줄기와 같다. 서양의 심리치료가 집중이라는 명상적인
   요소만을 강조한다면 명상의 부작용을 해결하기 어려울 것이다. 명상이 치유효과
   가 있는 것은 분명하다. 그러나 대상의 수준과 점진적 과정을 신중히 고려해야
   한다.; M. III. 1; 전재성, 『맛지마니까야』, 한국빠알리성전협회, 2009, p.1205:
   『맛지마니까야(Majjhima-Nikāya)』의 「Gaṇakamoggallāna sutta」는 수행자에게
   권유되는 단계적 수행의 실천과정에 대해서 설명한다.: 바라문이여, 가르침에도
   단계적인 배움, 단계적인 실천, 단계적인 발전을 설하는 것이 가능합니다. 이를테
   면, 현명한 조련사가 성질이 좋은 우량한 말을 얻어서 먼저 고삐에 능숙해지도록
   하고 길들이는 것과 같이, 여래가 길들일 사람을 얻으면 먼저 이와 같이 '오라,
   수행승이여, 모름지기 계행을 닦고 계율을 갖추어라……'라고 길들입니다. 바라
   문이여, 수행승이 모름지기 계행을 갖추고, 계율의 항목을 수호하고 지켜서
   행동규범을 완성하고, 사소한 잘못에서 두려움을 보고 학습계율을 받아 배우면,
   여래는 그를 다시 이와 같이 길들입니다. '오라 수행승이여, 그대는 감각능력의
   문들을 수호하라.'

5 다니엘 브라운과 잭 엥글러는 위빠사나 수행에 대해서 계정혜 삼학을 통하여
   진행된다고 설명한다. Daniel Brown & Jack Engler, "The States of Mindfulness
   Meditation: A Validation Study" in Transformation of Consciousness:

의미한다. 수행자는 집중력을 키우기에 앞서 윤리적인 삶을 실천해야 하는 것이다. 계학에는 크게 3가지가 있다.[6] 이들은 정어(正語, sammā-vāca),[7] 정업(正業, sammā-kammanta),[8] 정명(正命, sammā-ājīva)[9]이다. 이들 중에 정명의 '명命'은 빠알리어 '아지바(ājīva)'로 '삶', '생계수단', '삶의 방식' 등의 의미를 지닌다.[10] 그리고 정명은 '올바른 삶', '올바른 직업' 등으로 번역한다.[11] 이처럼 초기불교는 올바른 직업을 계학의 범주에, 윤리적 실천 안에 포함하고 있다.[12] 초기불교

Conventional and Contemplative Perspectives on Development, New Science Library, 1986, p.145.

6 Henepola Gunaratana(2001), *Eight Mindful Steps to Happiness*. Wisdom Publication p.113; 오원탁 옮김, 『부처의 길 팔정도』, 아름드리미디어, 2006, p.191.

7 M. Ⅲ. 74: 1)거짓말을 삼가, 2)이간질하는 말을 삼가, 3)거친 말을 삼가, 4)쓸모없는 말을 삼가.

8 1)살생하지 않음, 2)주지 않는 것을 가지지 않음, 3)삿된 성행위를 하지 않음

9 M. Ⅲ. 75: "비구들이여, 잘못된 생활(삶, 생계)이란 무엇을 말하는가? 비구들이여, 기만, 사기, 점술, 요술, 고리대금으로 살아가는 것이다. 이것이 잘못된 생활이다." "비구들이여, 올바른 생활이란 무엇인가? 비구들이여, 올바른 생활에 대하여 나는 두 가지가 있다고 말한다. 비구들이여, 번뇌에 영향을 받지만 일정한 공덕이 있고, 집착의 대상에 의존하기 때문에 그 과보가 따르는 올바른 생활이 있고, 비구들이여, 번뇌에 영향 받지 않기 때문에 세상을 뛰어넘는 고귀한 길의 고리인 올바른 생활이 있다."

10 PED. p.111: livelihood, mode of living, living, subsistence.

11 PED. p.770: Vin. I. 10; S. v.421; D. Ⅱ. 312; M. I. 42; A. Ⅱ. 89.

12 혹자는 팔정도를 출가자를 위한 수행법이라고 말하기도 하지만, 정명의 내용을 살펴보면 직업을 다루기도 하기에 출가자로서의 올바른 삶과 재가자로서의

에서의 직업은 물질적 소유를 위한 가장 기본적인 수단이자 윤리적 실천의 과정이다. 정명의 자세한 내용은 본문에서 다루겠지만, 적어도 초기불교 안에서 직업은 도덕이란 토대에서 진행된다.

불교는 다른 종교보다 속세를 떠난 삶을 강조한다. 특히 우리나라는 산중불교의 사찰형태가 발달되어 출세간적 이미지가 강하다. 출세간은 일반적으로 소유所有보다는 무소유無所有의 뉘앙스를 지닌다. 무소유는 단순하게 물질적 소유를 부정한다기보다 탐욕을 벗어나라는 의미로도 이해할 수 있다. 물론 물질적 소유를 줄이는 것이 무탐無貪에 도움이 될 수 있다. 하지만 대상에 따라 상황이 조금씩 다르다. 붓다의 가르침을 따르는 사람에는 네 부류가 있다. 이들을 사부대중四部大衆이라고 부른다.[13] 즉 불교는 출가出家와 재가在家, 남성과 여성으로 구성된다. 출가의 경우는 출세간적인 삶의 형태가 수월하지만 재가의 경우는 다르다. 물질자본이 권력이 되어버린 세상에서 재가불자가 소유를 내려놓는다는 것(無所有)은 쉽지 않다.

인간은 소유를 통해 만족하고 탐욕을 키운다. 또한 소유하지 못함으로 인해 좌절하고 분노하기도 한다. 동시에 인간은 소유를 통해 생활에 필요한 재화나 용역을 생산, 분배, 소비하고 사회적 관계를 이룬다. 경제활동이 시작되는 것이다. 소유가 없는 상태로 산다는 것은 경제활

올바른 직업의 의미를 모두 포함하고 있다. 따라서 팔정도를 가지고 출가와 재가를 분리하는 것은 적절하지 못하다.

13 四部大衆: 출가한 남녀 수행승인 비구·비구니와 재가在家의 남녀 신도인 우바새(優婆塞: 거사)·우바이(優婆夷: 보살)를 통틀어 가리키는 말.

동을 포기하는 것이라 해도 과언이 아닐 것이다. 이처럼 현대사회에서 소유는 중요한 역할을 맡는다. 최근 사회적으로 심각하게 발생하는 독거사, 청년실업, 자살, 이혼, 사기, 데이트 폭행, 우발적 살인, 학대 등의 사건사고들 역시 소유의 불균형에서 기인한 결과라고 볼 수 있다. 가난과 함께 소유의 분배가 원활하지 못한 것이 이유가 될 수 있다. 특히 양극화라는 불균형은 현대인들이 가지는 소유문제의 심각성을 키우고 있다. 이처럼 물질적인 소유는 삶 속에서 경험하는 괴로움의 실상임에도 불구하고 그 해결을 위한 불교적 논의는 활발하지 못한 것이 사실이다. 당장에 먹을 것이 없는 자에게 무탐無貪의 교설이 얼마나 도움이 되겠는가. 따라서 본 연구는 정신적인 소유(만족)에 앞서 물질적 소유(재물)에 대한 논의부터 시작하고자 한다.

물질적인 소유의 중요성을 살피기 위해 본문을 크게 3개의 장으로 구성했다. 이들은 '2. 소유의 의미와 종류', '3. 재가자를 위한 소유', 그리고 '4. 출가자를 위한 소유'이다. 먼저 2장인 '소유의 의미와 종류'에서는 초기불교에 나타나는 소유의 의미에 집중하고자 한다. 소유의 의미를 이해하기 위해서는 빠알리(Pāli) 문헌에서 나타나는 소유의 종류들을 알아보고, 소유에 대한 초기불교의 입장을 살필 것이다. 두 번째로 3장에서는 재가자의 소유를 크게 두 가지 범주로 나눌 것인데, 하나는 1) 개인의 소유이고, 다른 하나는 2) 국가의 소유이다. 개인의 소유에서는 재가불자가 재물을 얻는 방법, 사용하는 방법, 그리고 유지하는 방법을 알아볼 것이다. 이 과정에서 물질적 소유가 개인의 행복과 안녕에 얼마나 큰 역할을 하는지 확인하게 될 것이다.

그리고 국가의 소유에서는 국가가 국민을 위해 어떻게 소유하고 분배하며, 통치해야 하는지에 대한 붓다의 제안을 살펴볼 것이다. 특히 국가가 가난에 대처하지 못했을 경우 생기는 문제들에 대해 다룰 것이다. 마지막으로 4장인 '4. 출가자를 위한 소유'에서는 1) 출가자의 소유, 2) 승가의 소유, 3) 소유로 인한 승가의 분열문제를 다루고자 한다. 재가와 출가의 물질적 소유개념은 큰 차이를 보인다. 본장에서는 출가자 개인이 소유할 수 있는 물품에는 어떤 것들이 있는지, 승가단체에서의 공동소유물에는 어떤 것이 있는지, 그리고 시간이 흐름에 따라 소유의 기준이 어떻게 변질되었는지 알아보고자 한다.

본고는 초기경전(Pāli-Nikāya)을 중심으로 소유하고 분배하고 만족하는 방법, 그리고 소유에 대한 재가와 출가의 차이 등을 살피는 데 집중한다. 주로 경장(經藏, Sutta Piṭaka)을 중심으로 살펴보고자 하며, 율장 그리고 기존의 불교학계에서 다루던 소유의 경제학적 논의는 필요에 따라 부수적으로 살피겠다. 소유를 다루는 불교경제학에 대해서는 다양한 논의가 진행되었다. 피터 하베이(Peter Harvey)는 『An Introduction to Buddhist Ethics』을 통해 불교의 경제학을 구체적으로 다루고 있다. 특히 재가불자의 경제윤리, 사원의 경제, 불교와 자본주의의 관계 등 초기불교에서부터 시작하여 대승불교를 거쳐 현대 상좌부 전통에 이르기까지 체계적인 연구를 진행했다.[14] 그의 연구는 본고가 진행되는 데 많은 아이디어를 제공해 주었다.[15] 또한

---

14 Peter Harvey(2000), *An Introduction to Buddhist Ethics*. Cambridge Univ press.

슈마허Schumacher의 『Small is Beautiful』 역시 불교경제와 현대경제
의 차이점을 설명하고 불교경제는 탐욕이 아닌 윤리를 바탕으로 하고
있음을 강조한다. 그의 연구는 오래된 불교의 경제관이 오히려 현대의
경제관념을 넘어서는 수승한 수준임을 보여준다.

불교의 경제관에 윤리적 실천을 포함하고자 하는 것은 불교학자들이
가지는 공통적인 시각으로 보인다. 본 연구가 기존의 연구들을 보다
세심히 살피지 못한 점이 아쉽다. 하지만 빠알리 문헌에서 보여주는
소유와 분배문제에 더욱 집중할 것이다. 이 과정을 통해 소유(재물)에
대한 일반적 이해를 벗어나 보다 순수하고 창의적인 해석이 가능해질
것을 기대한다.

본고에서 논거로 다루는 초기경전은 누구나 볼 수 있는 한글로
출판된 번역서를 중심으로 활용한다. 다만 일부 용어나 번역문장에
대해서는 필자의 번역을 사용할 것이다. 또한 직접인용의 경우에
이해를 돕고자 번호, 괄호, 밑줄, 빠알리(Pāli)어 등을 삽입할 수 있다.
마지막으로 본고 안에서 사용되는 소유는 대부분이 재물과 같은 물질
적인 소유에 가깝다.[16] 그리고 승가는 편의상 출가 승가를 의미하겠다.

2. 소유의 의미와 종류

굶주림은 아주 심각한 질병이다. 형성된 것들은 극심한 괴로움이

---

15 Ernst Friedrich Schumacher(1972), *Small is Beautiful*. Harper Collins pub.

16 심리적인 소유와 욕망은 기존의 연구가 참고하길 바란다. 참고) 정준영, 「욕망의
　　다양한 의미」, 『욕망, 삶의 동력인가 괴로움의 뿌리인가』, 운주사, 2008.

다. …… 건강이 최상의 이익이고, 만족이 최상의 재물이고, 신뢰가
최상의 친구이고, 열반이 최상의 행복이다.[17]

붓다는 『법구경』을 통하여 굶주림은 아주 심각한 질병이라고 설한다.
이러한 설명은 굶주림에서 벗어나는 것이 인간을 건강하고 성숙하게
만드는 데 중요한 토대가 된다는 것을 의미한다. 가난을 벗어나는
물질적 소유가 필요하다는 설명은 소유와 탐욕을 동일시하는 듯한
출세간적 견해와 입장을 달리한다. 붓다는 가난을 괴로움의 근본원인
으로 보고 가난으로부터 벗어날 것을 강조한다. 부모는 자식이 보다
나은 직업을 구할 수 있도록 교육을 시켜야 한다고 설법한다.[18] 뿐만
아니라 자손에게 제때에 재산을 물려줘야 한다는 설명도 보인다.[19]
초기불교 안에서 물질적 소유는 중요하다. 『앙굿따라니까야(Aṅgut-
tara Nikāya)』는 가난이 불러올 다양한 괴로움에 대해 설명한다.

"비구들이여, 세상에서 감각적 쾌락을 즐기는 자(재가불자)에게
가난은 괴로움인가?" "세존이시여, 그렇습니다."
"비구들이여, 가난한 자, 무일푼인 자, 재산이 없는 자가 빚을
진다면, 비구들이여, 세상에서 감각적 쾌락을 즐기는 자에게 빚은

---

17 Dhp. 203f; 전재성, 『법구경-담마파다』, 한국빠알리성전협회, 2008, p.146.
18 이나경 옮김, 『무소유로는 행복해질 수 없다』, 아이비북스, 2010, p.131;
Basnagoda Rahula(2008), *The Buddha's Teaching on Prosperity*. Wisdom
pub.
19 D. III. 189.

괴로움인가?" "세존이시여, 그렇습니다."

"비구들이여, 가난한 자, 무일푼인 자, 재산이 없는 자가 빚을 지고 이자를 약속한다면, 비구들이여, 세상에서 감각적 쾌락을 즐기는 자에게 이자는 괴로움인가?" "세존이시여, 그렇습니다."

"비구들이여, 가난한 자, 무일푼인 자, 재산이 없는 자가 빚을 지고 이자를 약속하고 이자의 독촉에도 불구하고 갚지 못한다면, 비구들이여, 세상에서 감각적 쾌락을 즐기는 자에게 독촉을 당하는 것은 괴로움인가?" "세존이시여, 그렇습니다."

"비구들이여, 가난한 자, 무일푼인 자, 재산이 없는 자가 독촉에도 갚지 못해 추궁을 당하면, 비구들이여, 세상에서 감각적 쾌락을 즐기는 자에게 추궁을 당하는 것은 괴로움인가?" "세존이시여, 그렇습니다."

"비구들이여, 가난한 자, 무일푼인 자, 재산이 없는 자가 추궁을 당해도 갚지 못해 밧줄에 묶인다면, 비구들이여, 세상에서 감각적 쾌락을 즐기는 자에게 밧줄에 묶이는 것은 괴로움인가?" "세존이시여, 그렇습니다."[20]

경전의 설명에 따르면 가난은 빚으로, 빚은 이자로, 이자는 독촉으로, 독촉은 추궁으로, 추궁은 밧줄에 묶임으로 확장되었다. 이들은 모두 괴로움을 증폭시키는 사건들로 시작은 재물이 없는 가난에서 비롯되었다. 소유는 가난에서 벗어날 수 있는 중요한 터전이다. 특히

---

20 전재성, 『앙굿따라니까야』 6권, 한국빠알리성전협회, 2007, p.157f; A. III. 351.

재물을 기반으로 살고 있는 재가불자에게는 더욱 중요한 삶의 동력이
된다. 그러다 보니 초기경전은 다양한 용어를 통해 소유를 설명한다.
초기경전에서 소유(所有, possession)의 의미를 가지고 있는 빠알리어
(Pāli)는 매우 다양하다. 이들로는 '아디가따(Adhigata)', '아비빳띠까
(Abhipattika)', '우빠상하라(Upasaṁhāra)', '꼬위다(Kovida)', '캇따
(Khatta)', '켓따(Khetta)', '빠리가하(Pariggaha)', '반다(Bhaṇḍa)', '바
따까(Bhaddaka)', '보가(Bhoga)', '복가(Bhogga)', '모나(Mona)', '라바
(Lābha)', '윗따(Vitta)', '위니요가(Viniyoga)', '사보가(Sabhoga)' 등이
있다. 이들은 물질적인 소유와 정신적인 소유의 의미로 분리될 수
있으나 대부분이 재산의 의미를 담는 물질적 소유의 개념들이다.
초기경전 안에서 물질적인 소유의 의미로 가장 자주 등장하는 용어는
'보가(Bhoga)'이다. 보가(Bhoga)는 'bhuñj'에서 파생된 명사로 소유,
부富, 재산, 즐거움, 향유 등의 의미를 가지고 있다.[21] 본 연구에서는
주로 '보가(Bhoga)'를 통해 초기경전에서 나타나는 소유의 의미와
특징을 살펴보고자 한다.

　또한 소유는 재산이나 돈으로도 표현된다. 돈(money)의 의미를
지닌 빠알리어도 다양하다. 이들은 '아미사(Āmisa)', '아야(Āya)', '까
하빠나(Kahāpaṇa)', '다나(Dhana)', '빠리바야(Paribbaya)', '라자따
(Rajata, 銀)',[22] '왓디(Vaḍḍhi)', '해란니까(Heraññika)', '빠바띠(Pābha-
ti)' 등이다. 여기서 '이나(Iṇa: 빚, 부채)'는 돈의 의미를 지니지만,
앞서 경전에서 괴로움의 원인으로 나타났던 '빚(debt)'을 졌을 경우에

---

21 PED. p.566.

22 Rūpiya와 함께 '은(silver)'이라는 의미를 가지고 있다.

사용하는 용어이다. 그리고 '까하빠나(Kahāpaṇa)'는 금이나 은으로 만든 동전을 의미한다. 이를 통해 붓다의 시대에 동전이 상용되었음을 알 수 있다. 특히 '다나(Dhana)'는 곡식을 가지고 있다는 의미에서 시작되었는데, 재물, 부유함, 돈, 보물 등을 의미하는 용어로 자주 사용된다. 이를 통해 붓다의 시대에도 돈이나 같은 기능의 화폐 형태가 있었음을 알 수 있다. 초기경전에는 돈을 대치하는 금의 의미를 가진 단어들도 나타난다. 이들은 깡사(Kaṃsa), 깐짜나(Kañcana), 까나까(Kanaka), 짜미까라(Cāmikara), 잠보나다(Jambonada), 자따루빠(jātarūpa), 닉카(Nikkha), 넥카(Nekkha), 빔비(Bimbi), 삿투완나(Satthuvaṇṇa), 신기(Singī), 수완나(Suvaṇṇa), 손나(Soṇṇa), 하리따(Haritā), 하따까(Hāṭaka), 히란냐(Hirañña), 헤마(Hema) 등이다. 물론 이들이 모두 경장(經藏, Sutta piṭaka)에 나타나는 것은 아니다. 대부분의 용어들은 경우에 따라 합성어로 사용되거나 후대에 발전된 빠알리 문헌에서 나타난다. 하지만 소유, 돈, 금 등의 의미를 가진 단어들이 상당히 많다는 것도 알 수 있다. 이를 통해 붓다의 시대에는 사회적으로 소유라는 경제논리가 활성화되어 있었으며 시간의 흐름에 따라 더욱 발전해 나아갔음을 알 수 있다.

인간의 대부분의 활동과 동기는 물질적 소유를 원하는 경제적 측면과 관계한다. 따라서 필연적으로 인간이 지닌 기본적 윤리와 연결될 수밖에 없다. 이러한 자연적 연계에도 불구하고 현대의 일부 경제학자들은 경제와 관련된 인간의 행동을 통해 윤리적 인세성을 직접적으로 찾아보기 어렵다는 견해를 보인다. 하지만 붓다는 돈과 재물이라는 소유의 문제를 향한 인간의 욕구가 무엇이든 상관없이 소유와 윤리가 상호 밀접한 영향을 가진다고 보았다. 초기불교는 소유를 통한 삶을 이해하기 위해 단순히 경제적 측면이 아닌 윤리적 측면을 함께 고려해야만 한다.[23] 모든 인간의 활동은 도덕적 진보에 의한 윤리에 종속되어야 한다. 따라서 수많은 인간의 소유 활동으로 구성된 경제학은 윤리적 평가에 개방적이어야 한다. 초기불교는 정신적 발전을 위한 바탕으로 기본적 소유를 장려하고 경제적 안전을 위한 소유를 권장한다. 물론 붓다가 궁극적 목표인 열반을 얻기 위한 일환으로 소유의 확대를 강조하지는 않았다. 붓다는 소유나 경제에 관련된 복잡한 이론이나 경우의 수보다는 소유의 윤리적 측면에 더 많은 관심을 보였다. 소유가 정신계발의 터전이 되어줄 수 있다는 것이다.

초기불교의 시대는 기존의 농업과 가축사육에서 벗어나 무역 중심의 경제발전시기였다고 한다.[24] 이러한 경제적인 변화와 발전은 장자(seṭṭhi: 長子, 富豪)라고 부르는 새로운 부유계급을 형성했다. 결과적으로 국가는 민간의 자본과 함께 성장했다.[25] 국가의 토지 대부분은 정부가 관할했고 경제나 무역은 민간의 손에 의해 발전했다. 민간의 이익창출은 국가의 세금과 함께 풍성해졌다. 그럼에도 불구하고 대부

---

23 참고) Lloyd Field(2007), *Business and the Buddha*. Wisdom Pub. p.128.

24 Uma Chakravarti(1987), *The Social Dimensions of Early Buddhism*. Oxford University Press. p.65; 박제선 옮김, 『고대 인도사회와 초기불교』, 민족사, 2004.

25 Greg Bailey, Ian Mabbett(2003), *The Sociology of Early Buddhism*. Cambridge University Press. p.56.

분의 국민들은 노동계급이었다.[26] 이 과정에서 붓다는 소유를 통한 경제적 손익에 있어 수정이 필요한 부분들을 알고 있었다. 초기경전은 붓다가 이러한 경제적, 종교적 운영체계에 문제점을 지적하고 있다는 사실을 보여준다.

붓다의 가르침은 가능한 많은 사람이 물질적 안정과 함께 정신적 발전을 도모하도록 구성되었다. 그는 소유의 문제에 있어 기본적으로 경험적인 방법론을 선택한 것으로 보인다. 사실 그는 경제뿐만 아니라 모든 인간이 직면하는 문제에 가장 기본적이고 현실적인 방법으로 접근한다. 예를 들어 모든 존재가 음식으로 존속한다는 기본전제를 받아들이는 것은 경험적 접근의 하나로 볼 수 있다. 『상기띠 숫따 (Saṅgīti sutta)』에서 붓다는 음식을 기본으로 하는 하나의 법(eko dhammo)에 대해 설명한다. 사리뿟따는 붓다의 가르침을 제자들에게 전한다.

"벗이여, 아는 님, 보는 님, 거룩한 님, 올바로 원만히 깨달은 님께서 올바로 보이신 하나의 법(一法)이 있습니다. 그것에 대하여 모두가 합송해야 하며 분쟁해서는 안 됩니다. 그것은 청정한 삶의 길이 오랫동안 영속하여 지속하도록 하기 위한 것이고, 그것은 많은 사람의 이익을 위하고 많은 사람들의 행복을 위하고 세상의 신들과 인간들의 이익과 안녕과 행복을 위한 것입니다. 하나의 법(一法)이 란 무엇입니까? 모든 중생은 음식으로 생존합니다. (sabbe sattā

---

26 G.P. Malalasekera(ed.) *Encyclopaedia of Buddhism*, vol. v. Government of Sri Lanka, 1990, p.8.

āhāraṭṭhitikā)"[27]

"모든 중생은 음식으로 생존합니다"에서 음식이라는 단어인 '아하라(āhāra)'는 가장 기본적인 소유물에 해당한다. 이런 내용을 통해 붓다는 인간의 생존을 위해 기본적인 소유가 필요하다는 것을 전제하고 있다. 이 과정에서 붓다는 일반사람들이 채택한 방법과 수단을 규제하고 윤리적인 경계 안에서 개입했다. 그는 사람들의 잘못된 행동을 통제하고 바른 행동으로 인도하는 일반적, 윤리적 규범을 적용한다. 따라서 초기불교 안에서의 소유는 윤리적 기반이며, 정신계발의 터전이다.

3. 재가자를 위한 소유

"재물이 지혜롭지 못한 자를 해치지만, 피안을 구하는 자는 해치지 못한다. 지혜롭지 못한 자는 재물에 대한 갈애로 자신뿐만 아니라 타인을 해친다."[28]

1) 개인의 소유

재가불자는 소유의 핵심이자 주체이다. 붓다는 출가자에 비해 재가자의 소유를 적극적으로 설명한다. 본장은 붓다가 설명하는 재물을 얻는 정당한 방법, 정당하게 얻은 재물을 사용하는 방법, 그리고 적절하게 유지하는 방법을 살펴보고자 한다. 먼저 『앙굿따라니까야(Aṅgut-

---

27 전재성, 『디가니까야』, 한국빠알리성전협회, 2006, p.1367; D. III. 211.
28 Dhp. 355; 전재성, 『법구경-담마파다』, 한국빠알리성전협회, 2008, p.198f.

tara Nikāya)』의 「빳따깜마 왁가(Pattakamma vagga)」는 어떻게 정당하게 얻고, 얻어진 재물을 활용해야 하는지 설명한다.

"장자여, 세상의 고귀한 제자(ariyasāvako)는 근면한 노력으로 얻고, 두 팔의 힘으로 모으고, 이마의 땀으로 벌어들인 정당한 원리로 얻어진 재물(bhoga, 재산)로 자신을 즐겁게 하고 기쁘게 하고 행복하게 하고, 어머니와 아버지를 즐겁게 하고 기쁘게 하고 행복하게 하고, 아이들과 아내와 하인들과 일꾼들을 즐겁게 하고 기쁘게 하고 행복하게 하고, 친구와 친지들을 즐겁게 하고 기쁘게 하고 행복하게 합니다. 이것이 재물을 첫 번째로 합리적으로 이용하는 것이고 알맞게 처리하는 것이고 올바르게 사용하는 것입니다. ……불이나 물이나 왕이나 도둑이나 적이나 상속인 등에 의해서 야기되는 여러 가지 재난에서 자신을 방어하고 자신을 수호합니다. 이것이 두 번째로 ……. 다섯 가지 헌공, 즉 친지에 대한 헌공, 손님, 왕, 이미 돌아가신 조상, 왕, 신들에 대한 헌공을 합니다. 이것이 세 번째로 ……. 수행자들이나 성직자들, 교만과 방일을 여의고 인내와 관용을 갖추고 각자 자신을 길들이고 각자 자신을 지멸하고 각자 자신을 완전한 열반에 들게 하는 그러한 수행자들에게 보시를 합니다. 이것이 네 번째로 ……. 장자여, 이러한 고귀한 제자는 근면한 노력으로 얻고 완력으로 모으고 이마의 땀으로 벌어드린 정당한 원리로 얻어진 재물로 이와 같은 네 가지 일을 합니다. 장자여, 누구든지 이러한 네 가지 일 이외에 다른 일로 재물을 낭비한다면, 장자여, 그 재물을 합리적으로 이용하는 것이 아니고 알맞게 처리하는 것이 아니고 올바로 사용하는 것이 아닙니다."[29]

「빳따깜마 왁가」에서 재물은 각자가 근면한 노력으로, 두 팔의 힘으로, 이마의 땀으로 정당한 방법에 의해 얻어야 한다고 설명한다. 그리고 재물의 사용은 1) 부모와 자식을 위해 사용하고, 2) 위험으로부터 보호하고, 3) 친지와 국가에 헌공하고, 4) 수행자를 위해 보시하는 네 가지 방법으로 설명된다. 무엇보다도 중요한 점은 재물의 사용이 대상자들을 즐겁게 하고, 기쁘게 하고, 행복하게 해야 한다는 점이다. 재물의 사용이 단순히 삶의 유지가 아니라 구성원들의 행복을 추구하고 있다. 『앙굿따라니까야』의 「사마나 왁가(Samanavagga)」역시 재물을 모으는 방법과 다섯 가지 사용하는 방법을 설명한다.

"다섯 가지 재물(bhoga, 재산)의 사용이 있습니다. 다섯 가지란 무엇입니까? 장자여, 고귀한 제자는 근면한 노력으로 얻고 두 팔의 힘으로 모으고 이마의 땀으로 벌어들이고 정당한 방법으로 얻어진 재물을 지니고, 자신을 즐겁게 하고, 기쁘게 하고, 바른 행복을 보존합니다. 부모를 즐겁게 하고, 기쁘게 하고, 바른 행복을 보존합니다. 아내와 자식과 하인과 노복과 인부를 즐겁게 하고, 기쁘게 하고, 바른 행복을 보존합니다. 이것이 첫 번째 재산의 바른 사용입니다. …… 친구와 동료를 즐겁게 하고, 기쁘게 하고, 바른 행복을 보존합니다. 이것이 두 번째 재산의 바른 사용입니다. …… 불이나 물이나 왕이나 도둑이나 악의적인 상속으로 재해가

---

29 전재성, 『앙굿따라니까야』 4권, 한국빠알리성전협회, 2007, p.180f; A. II. 67f.

생기면, 그러한 재해로부터 자신을 방어하고 자신의 안녕을 구합니다. 이것이 세 번째 재산의 바른 사용입니다. …… 다섯 가지 헌공, 즉 친지에 대한 헌공, 손님에 대한 헌공, 조상에 대한 헌공, 왕에 대한 헌공, 신들에 대한 헌공을 합니다. 이것이 네 번째 재산의 바른 사용입니다. …… 교만을 삼가고 관대하고 온화하고 오로지 자신을 다스리고 오로지 자신을 고요히 하고, 오로지 자신을 완전한 열반에 들게 하는 수행자나 성직자에게 최상의 결과를 가져오고, 천상에 속하고 행복을 초래하고 하늘로 이끄는 보시를 행합니다. 이것이 다섯 번째 재산의 바른 사용입니다."

"…… 나의 재물은 올바로 사용되었고, 의지하는 자를 부양하였으니 잘못된 사용을 여의었네. 고귀한 성품을 가져오는 보시를 행했으니 곧 다섯 가지 헌공을 베풀었네.

계행을 갖추고 자제하고 청정한 삶을 사는 님들을 섬겼네.
어떤 목적을 위해 현명한 재가자가 재물을 원하는데,
나는 그 목적에 도달했고 그 목적을 이루었으니 후회 없는 일을 행했네.
인간은 이러한 것을 기억하면서 고귀한 가르침에 확고히 발판을 마련하니
세상에서 사람들이 칭찬하고 죽은 뒤에는 하늘에서 기뻐하리."[30]

---

30 전재성, 『앙굿따라니까야』 5권, 한국빠알리성전협회, 2007, p.109; A. Ⅲ. 46.

「사마나 왁가」 역시 근면한 노력, 두 팔의 힘, 이마의 땀이 함께
했을 때 정당한 방법의 소유라고 설명한다. 재물을 얻는 방법은 앞서
「빳따깜마 왁가」의 설명과 같다. 반면에 정당한 방법이 아닌 사기,
점, 예언, 고리대금, 투기, 운이나 특정한 기회에 의한 소득은 정당하다
고 보기 어렵다고 설명한다.[31] 재물의 사용에 대해서는 먼저 자신을
즐겁게 하는 지출이 행복을 유지하게 한다. 그리고 재물의 사용 범위는
점진적으로 확장되는데, 먼저 부모, 아내, 자식, 하인의 순서로 재물이
사용되어야 한다. 즉 집안에서의 사용이 첫 번째이고, 친구와 동료를
위한 사용이 두 번째이다. 세 번째는 재해를 대비하는 지출이 설명된다.
붓다는 재물의 손실을 막는 것도 재물의 적절한 사용이라고 설명한다.
네 번째는 헌공이다. 헌공은 친지, 손님, 조상, 왕, 신들에 대한 다섯
가지 헌공을 말한다. 그리고 마지막 다섯 번째는 진지한 수행자를
위한 보시이다. 이 순서를 보면 재물은 먼저 자신을 위해, 그리고
가족과 친지를 위해 사용되는 것이 우선이며, 재물을 보호하는 것
역시 중요한 사용법이라는 것을 알 수 있다. 그런 이후에 국가적·종교
적 생활을 위해 사용하고, 다른 사람들을 위해 보시하는 것이 적합한
재물의 사용이라는 것이다.

『앙굿따라니까야』의 「니와라나 왁가(Nīvaraṇa vagga)」는 재산을
얻는 방법과 사용하는 방법에 대해 앞서 살펴본 내용과 유사하지만
조금 더 세부적인 설명으로 부연한다. 경전은 재물을 사용할 때의
마음가짐을 추가로 언급한다. 앞서 설명한 두 개의 경전이 고귀한

---

31 M. III. 75.

제자(ariyasāvako)를 대상으로 한다면, 본 경전은 훌륭한 가문의 아들
(kulaputto)을 향하여 설법한 내용이다. 일반적으로 초기경전 안에서
고귀한 제자(ariyasāvako)는 성인聖人이나 아라한(應供)을 얘기하나,
내용상 가족을 이루는 재가불자의 삶이 설명되고 있기에 붓다의 재가
불자를 지칭하는 것으로 보는 것이 적절할 것이다.

"마하나마여, 여기 훌륭한 가문의 아들(kulaputto)은 근면한 노력으
로 얻고 두 팔의 힘으로 모으고 이마의 땀으로 벌어드린 정당하게
원리에 따라 얻어진 재산(bhoga)으로 부모를 존중하고 공경하고
존경하고 공양합니다. 그 존중받고 공경받고 존경받고 공양받은
부모는 선한 마음으로 '오래 살아라, 장수를 누리라.'라고 그를
축복합니다. 마하나마여, 부모에게 축복을 받는 훌륭한 가문의
아들에게는 번영만이 기대되지 퇴보는 기대되지 않습니다. ……
재산(bhoga)으로 처자, 노예, 하인, 일꾼을 존중하고 공경하고
존경하고 공양합니다. 그 존중받고 공경받고 존경받고 공양받은
처자, 노예, 하인, 일꾼은 선한 마음으로 '오래 사세요, 장수를
누리세요.'라고 그를 축복합니다. 마하나마여, 처자, 노예, 하인,
일꾼에게 축복을 받는 훌륭한 가문의 아들에게는 번영만이 기대되
지 퇴보는 기대되지 않습니다. …… 재산으로 밭일을 하는 이웃이나
밭에서 일하는 사람을 존중하고 공경하고 존경하고 공양합니다.
그 존중받고 공경받고 존경받고 공양받은 밭일을 하는 이웃이나
밭에서 일하는 사람은 선한 마음으로 '오래 사세요, 장수를 누리세
요.'라고 그를 축복합니다. 마하나마여, 밭일을 하는 이웃이나 밭에

서 일하는 사람에게 축복을 받는 훌륭한 가문의 아들에게는 번영만
이 기대되지 퇴보는 기대되지 않습니다. …… 재산으로 헌공을
받는 신들을 존중하고 공경하고 존경하고 공양합니다. 그 존중받고
공경받고 존경받고 공양받은 헌공을 받는 신들은 선한 마음으로
'오래 사시요, 장수를 누리시오.'라고 그를 축복합니다. 마하나마
여, 헌공을 받는 신들에게 축복을 받는 훌륭한 가문의 아들에게는
번영만이 기대되지 퇴보는 기대되지 않습니다. …… 재산으로 수행
자나 성직자를 존중하고 공경하고 존경하고 공양합니다. 그 존중받
고 공경받고 존경받고 공양받은 수행자나 성직자들은 선한 마음으
로 '오래 사시요, 장수를 누리시오.'라고 그를 축복합니다. 마하나마
여, 수행자나 성직자들에게 축복을 받는 훌륭한 가문의 아들에게는
번영만이 기대되지 퇴보는 기대되지 않습니다. 마하나마여, 누구
든지 왕권을 부여받은 왕족의 왕에게도, 조상으로부터 물려받은
영토를 다스리는 자에게도, 군대의 장군에게도, 마을의 촌장에게
도, 조합의 장에게도, 혹은 가문의 홀로 지배하는 자에게도, 이와
같은 다섯 가지 원리가 있다면, 번영만이 기대되지 퇴보는 기대되지
않습니다."[32]

훌륭한 재가불자라면 재물을 모음에 있어 근면한 노력, 두 팔의
힘, 이마의 땀으로 정당하게 재산을 얻어야 한다. 그리고 그렇게 모아진
재물은 먼저 부모를 존중하고 공경하고 존경하고 공양하는 데 사용되
어야 한다. 이와 같은 1) 부모, 2) 처자, 노예, 하인, 일꾼, 3) 밭일을

---

[32] 전재성, 『앙굿따라니까야』 5권, 한국빠알리성전협회, 2007, p.169; A. III. 77.

하는 이웃이나 밭에서 일하는 사람, 4)헌공을 받는 신들, 5)수행자나 성직자 등의 다섯 가지 대상에 대해 재물로 존중하고 공경하고 존경하고 공양을 지킨다면 축복받고, 번영만이 기대되며 퇴보하지 않는다는 설명이다. 앞서 경전에서는 재물의 사용이 대상자를 즐겁게 하고 기쁘게 하고 행복하게 하는 데 사용되어야 했다면, 이제는 대상자를 존중하고 공경하고 존경하고 공양하는 데 사용되어야 한다는 설명이다. 나의 재물은 단순히 물질적인 소비의 역할을 하는 것이 아니라, 나와 상대를 즐겁고 행복하게 만들어야 하고, 더 나아가 상대를 위하여 지출할 때의 마음은 그들에 대한 존경의 마음이 함께 해야 한다는 것이다. 내가 이러한 마음으로 상대를 위해 재물을 사용할 때 상대 역시 나의 장수와 축복을 기원해준다. 결과적으로 재물의 사용은 물질적 소비의 형태이지만 나와 상대를 배려하는 마음의 표현이 되는 것이다.

초기불교에서 나타나는 경제발전에 대한 견해는 모든 사람들의 삶의 질 향상에 기여할 수 있는 적합한 조건을 만드는 것이 목적이라고 볼 수 있다. 앞서 설명한 『앙굿따라니까야』의 세 경전이 재물을 정당하게 모으고 사용하는 심리적 자세에 대한 설명이라면, 초기불교 안에는 재물을 얻고 사용하는 데 필요한, 보다 구체적인 방법론과 상황에 대한 묘사도 찾을 수 있다. 붓다는 재가불자에게 그들의 소득을 가장 잘 생성하고 사용하는 방법에 대한 조언을 아끼지 않았다.

"촌장이여, 세 가지 감각적 쾌락의 욕망에 탐닉하는 자가 세상에

존재합니다. 세 가지란 무엇입니까?" "촌장이여, 세상에 어떤 감각
적 쾌락의 욕망에 탐닉하는 자는 정의롭지 못하게 폭력으로 재산
(bhoga)을 구합니다. 정의롭지 못하게 폭력으로 재산을 구하여
자신을 안락하게 하지 못하고 기쁘게 하지 못하고 남에게 나누어
주지 않고 공덕을 쌓지 못합니다." …… "촌장이여, 세상에 어떤
감각적 쾌락의 욕망에 탐닉하는 자는 정의롭게 비폭력으로 재산을
구합니다. 정의롭게 비폭력으로 재산을 구하여 자신을 안락하게
하고 기쁘게 하고 남에게 나누어주고 공덕을 쌓습니다. 그러나
그는 재산을 즐기긴 하지만 그것에 탐착하지 않고 미혹하지 않아서
죄악을 범하지 않고 위험을 보고 여읨을 압니다. 촌장이여, 그
감각적 쾌락의 욕망에 탐닉하는 자는 네 가지 이유로 칭찬받을
만합니다. 네 가지 이유는 무엇입니까? 정의롭게 비폭력으로 재산
을 구하는 것이 첫 번째 칭찬받을 만한 이유입니다. 자신을 안락하게
하고 기쁘게 한 것이 두 번째 칭찬받을 만한 이유입니다. 남에게
나누어주고 공덕을 쌓은 것이 세 번째 칭찬받을 만한 이유입니다.
재산을 즐기긴 하지만 그것에 탐착하지 않고 미혹하지 않아서
죄악을 범하지 않고 위험을 보고 여읨을 아는 것이 네 번째의
칭찬받을 만한 이유입니다."[33]

재산은 삶을 영위하기 위해 필요한 요소로, 재산의 축적 자체에
문제가 있는 것이 아니라 재산을 취하는 방법과 분배의 과정을 통해

---

[33] S. IV. 337; 전재성, 『쌍윳따니까야』, 한국빠알리성전협회, 2014, p.1400; A.
V. 177; 전재성, 『앙굿따라니까야』 10권, 한국빠알리성전협회, 2007, p.324f.

칭찬받거나 비난받을 수 있다. 정의롭게 비폭력으로 재산을 구하는 것이 첫 번째 칭찬받을 만한 이유이다. 그리고 자신을 안락하게 하고 기쁘게 한 것이 두 번째, 남에게 나누어주고 공덕을 쌓은 것이 세 번째, 재산에 탐착하지 않고 미혹하지 않아서 죄악을 범하지 않는 것이 네 번째 칭찬받을 이유이다. 앞서 설명했듯이 초기불교의 핵심 수행법인 팔정도八正道는 계학戒學의 하나로 '올바른 직업(正命)'을 설명한다. 불교를 따르는 수행자의 삶이 다른 중생에 대해 정직하지 못하거나 다른 고통을 초래해서는 안 된다는 것을 의미한다. 『상윳따니까야』의 「가마니왁가(Gāmaṇi vagga)」와 『앙굿따라니까야』의 「우빠사까왁가(Upāsaka vagga)」는 재가불자의 '올바른 직업(삶, 생계, 생활)'과 재산을 모으는 방법에 대해 설명한다.

> "비구들이여, 재가불자는 다음과 같은 다섯 가지를 판매해서는 안 된다. 다섯 가지란 무엇인가? 비구들이여, 무기를 파는 것, 사람을 파는 것, 고기를 파는 것, 술을 파는 것, 독극물을 파는 것이다."[34]

붓다는 재가불자에게 다른 중생을 해칠 수 있는 무기, 사람, 고기, 술, 독극물을 판매하는 것은 올바른 직업이 아니라고 설명한다. 만약 누군가 단순히 재물을 벌어 생계만을 유지하는 삶을 산다면 모르겠지

---

34 A. III. 208; 전재성, 『앙굿따라니까야』 5권, 한국빠알리성전협회, 2007, p.360; MA III 303: 이러한 모든 장사는 자신이 해서도 안 되고 타인에게 시켜서도 안 된다.

만, 마음 편하게 살고 싶은 자라면, 그리고 마음을 닦아 청정함을 추구하는 과정에 있는 자라면 적어도 언급한 것들을 판매하는 직업을 가져서는 안 된다. 재가자에게 직업은 존재뿐만 아니라 삶의 질에 매우 중요한 역할을 하기 때문에 신중하게 고민하고 투자하는 행위가 반복된다. 무엇보다도 직업은 그 종사자가 늘 고민하고 생각하는 주제이기에 어떤 직업을 선택하느냐에 따라 그 직업과 관련된 생각을 지속할 수밖에 없다. 예를 들어 누군가 술집을 한다면 그는 술을 더 많이 팔기 위해 많은 시간 고민하고, 많이 팔기 위한 다양한 방법을 연구할 것이다. 술은 사람의 마음을 혼미하게 하는 것으로, 술을 파는 직업은 다른 사람의 마음을 더욱 혼미하게 만드는 방법을 고민하고 연구하고 장려한 셈이 된다. 따라서 초기불교는 오계五戒를 어기게 하는 직업은 멀리할 것을 권유한다.[35] 『맛지마니까야』의 「마하짜따리사까 숫따(Mahācattārīsaka sutta)」도 올바른 직업(正命)에 대해 설명한다.

"비구들이여, 잘못된 생활(직업, 삶, 생계)이란 무엇을 말하는가? 비구들이여, 기만, 사기, 점술, 요술, 고리대금으로 살아가는 것이다. 이것이 잘못된 생활이다." "비구들이여, 올바른 생활이란 무엇인가? 비구들이여, 올바른 생활에 대하여 나는 두 가지가 있다고

---

[35] D. I. 146: 실로 맑은 마음으로 계율들을 지킵니다. 즉 생명을 해치는 것으로부터 멀리하고, 주지 않은 것을 갖는 것으로부터 멀리하고, 욕망의 잘못된 행위로부터 멀리하고, 거짓말로부터 멀리하고, 술에 취하거나 정신을 혼미하게 하는 것으로부터 멀리합니다.

말한다. 비구들이여, 번뇌에 영향을 받지만 일정한 공덕이 있고, 집착의 대상에 의존하기 때문에 그 과보가 따르는 올바른 생활이 있고, 비구들이여, 번뇌에 영향 받지 않기 때문에 세상을 뛰어넘는 고귀한 길의 고리인 올바른 생활이 있다."[36]

앞선 경전들이 재가불자를 향한 직업 관련의 구체적인 설명이었다면, 「마하짜따리사까 숫따」는 재가불자뿐만 아니라 출가자에게도 해당할 수 있는 잘못된 생활(직업)을 지적한다. 붓다는 기만, 사기, 점술, 요술, 고리대금을 통하여 생활하는 것은 바르지 못하다고 설명한다. 특히 다른 사람의 두려움을 이용하여 점을 본다거나, 예언을 한다거나, 다른 사람의 탐욕을 이용하는 사기, 그리고 다른 사람의 위기를 이용하는 고리대금 등은 바르지 못한 삶의 방식이다. 이러한 삶(직업)은 근면한 노력, 두 팔의 힘, 이마의 땀으로 정당하게 재산을 모으는 것이라고 보기 어렵다. 또한 재물을 얻고 베풂에 있어서도 대상자를 존중하고 공경하고 존경하고 공양하는 조건이라고도 보기 어렵다. 따라서 올바른 삶(직업)이 아니다. 더 나아가 붓다는 올바른 삶이라고 할지라도 번뇌에 영향을 주느냐 주지 않느냐에 따라 과보를 받는 삶의 방식과 과보를 받지 않는 고귀한 삶의 두 가지 방식을 부연한다. 초기불교의 직업이 윤리에 바탕하고 있다는 것을 확인할 수 있는 내용이다. 『앙굿따라니까야』는 올바른 삶과 잘못된 삶을 구분하지 못하는 자들을 맹인의 눈에 비유한다.

---

36 M. III. 75; 전재성, 『맛지마니까야』, 한국빠알리성전협회, 2014, p.1298.

"비구들이여, 이와 같이 세상에 발견되는 세 종류의 사람이 있다. 세 종류란 무엇인가? 비구들이여, 맹인, 애꾸눈, 양쪽 눈을 모두 지닌 사람이다." "비구들이여, 누가 맹안을 지닌 사람인가? 비구들이여, 이 세상에 어떤 사람은 얻지 못한 재산(bhogas)을 얻게 하고 얻은 재산을 증가시키는 그러한 눈도 갖추고 있지 않으며, 착하고 건전한 것과 악하고 불건전한 것을 알고 비난받을 만한 것과 비난받지 않을 만한 것을 알고 저열한 것과 수승한 것을 알고 어둡고 밝은 상대적인 것을 아는 그러한 눈도 갖추고 있지 않다. 비구들이여, 이와 같은 사람이 맹안을 지닌 사람이다."[37]

올바른 삶을 살기 위해서는 착하고 건전한 것과 악하고 불건전한 것, 비난받을 만한 것과 비난받지 않을 만한 것, 저열한 것과 수승한 것, 어두운 것과 밝은 것 등의 상대적인 것들을 분명히 구분할 수 있어야 한다. 이들을 구분하지 못하는 삶은 맹인의 눈과 같다.

이러한 소유와 분배의 과정을 통해 개인과 사회는 안정적인 성장을 이룰 수 있다. 이처럼 붓다는 재가불자의 윤리적 경제원칙을 옹호했다. 그는 개인이 국가경제의 발전에 중요한 역할을 담당할 책임이 있음을 알고 있었다. 따라서 자율적인 헌공과 보시를 장려하고 잘못된 방식으로 축적한, 혹은 소수에 의해 쌓여 있는 부의 집중을 견제했다. 그 과정에서 사람들의 생활패턴을 확인했고, 많은 사람들의 삶의 질 향상을 위한 필수적인 전제조건으로 가계경제의 관리에 중점을 두게 되었다. 이러한 내용을 담고 있는 대표적인 초기경전이 『디가니까야

---

37 A. I. 128; 전재성, 『앙굿따라니까야』 3권, 한국빠알리성전협회, 2007, p.78.

(Dīgha Nikāya)』의 「싱가로와다 숫따(Siṅgālovāda sutta)」이다. 재가 불자의 소유와 삶의 방식을 제안하는 대표적인 경전이라 해도 과언이 아닐 것이다. 먼저 「싱가로와다 숫따」는 소유를 만들어내는 주체인 고용주와 고용인의 적절한 관계에 대해서 설명한다.

"장자의 아들이여, 주인은 이러한 다섯 가지 경우를 통하여 아래 방향인 하인이나 일꾼을 잘 보살펴야 합니다. 1) 능력에 맞게 일을 안배하고, 2) 음식과 임금을 지불하고, 3) 병이 들면 보살펴주고, 4) 아주 맛있는 것은 함께 나누고, 5) 적당한 때에 휴식을 취하게 합니다.[38]

…… 그리고 하인이나 일꾼은 이러한 다섯 가지 경우를 통하여 주인을 잘 섬겨야 합니다. 1) 먼저 일어나고, 2) 늦게 자고, 3) 주어진 것에 만족하고, 4) 일을 잘 처리하고,[39] 5) (주인의) 명성을 날리게

---

38 SV. 955: 1) 젊은이가 해야 할 일을 노인에게, 노인이 할 일을 젊은이에게 맡겨서는 안 된다. 여성이 해야 할 일을 남성에게 남성이 해야 할 일을 여성에게 맡겨서도 안 된다. 각각의 능력에 맡게 일을 안배한다. 2) '이 사람은 작다, 이 사람은 혼자 산다.'라고 각각의 사람에 맞도록 관찰하여 음식과 임금을 지불해야 한다. 3) 아플 때는 일을 시키지 않고 적절한 약 등을 주어 보살핀다. 4) 귀하고 아주 맛있는 음식이 있으면 혼자 먹지 말고 함께 나눈다. 5) 상시와 적시에 휴식을 취하게 한다. 참고) 전재성, 『디가니까야』, 한국빠알리성전협회, 2016, p.1331 각주 2388.

39 SV. 956f. 3) 도둑질한 것은 어떠한 것이든 받지 않고 주인이 준 것만을 받아들이고, 4) '이 일을 어떻게 하는가, 아무도 할 수 없을 것이다.'라고 불평하지 말고 만족한 마음으로 그 일을 잘 처리하고. 참고) 전재성, 『디가니까야』, 한국빠알리성전협회, 2016, p.1331 각주 2390.

하고 칭송합니다."[40]

앞서 보았던 하인과 일꾼들을 즐겁게, 기쁘게, 행복하게 하고, 서로를 존중하고 공경하고 공양하는 방법에 대한 구체적인 설명이 제시된다. 붓다는 고용주나 고용인 중 어느 한쪽의 입장을 옹호하는 것이 아니라 이들의 원만한 상호관계를 제안했다. 고용인의 불만은 전체적인 사기를 깎아내리고 업무의 효율을 떨어뜨리며 생산에 악영향을 줄 수 있다는 것을 알았다. 그리고 고용주의 욕심은 오히려 고용인의 부패와 실수를 유도할 수 있음도 알았다. 따라서 초기불교는 생산을 담당하는 고용인이 만족해야 한다는 사실을 받아들인다. 불교가 고용인의 복지를 강조한다는 것은 이런 종류의 문제발생을 미연에 방지하여 고용주의 재산을 보호하고 늘리는 방법이 된다. 고용주는 고용인을 위해 노동의 양, 근무시간, 휴가, 의료 등을 지원해야 한다. 또한 업무의 적절한 할당, 연령, 성별 및 체력 등도 고려해야 한다. 이처럼 불교는 고용주의 착취로부터 고용인을 보호하고, 고용주의 안전한 사업을 통해 부를 유지하고 존경받는 대상이 될 수 있는 방법을 제안하고 있다. 원만한 도덕적 상호관계를 통해 정당한 소유의 길을 제안한 것이다.

재물은 모으고 사용하는 것도 중요하지만 보호하는 것 역시 중요하다. 앞서 『앙굿따라니까야』는 능동적인 사용도 중요하지만 재해를 대비한 방어 역시 중요한 재물의 사용법이라고 설명했다. 재해로부터

---

40 전재성, 『디가니까야』, 한국빠알리성전협회, 2016, p.1331; D. III. 190f.

자신을 방어하고 재물의 손실을 막는 것이 재물을 유지하는 것이다. 「싱가로와다 숫따」는 여섯 가지 재물의 파멸에 대해서 경고한다.

"여섯 가지 재물(bhogānaṃ)의 파멸문은 무엇입니까?" "장자의 아들(gahapati putta)이여, 1) 방일의 근본이 되는 곡주와 과일주 등의 취기가 있는 것에 취하는 것은 재물의 파멸문입니다. 2) 때가 아닌 때에 거리를 배회하는 것도 재물의 파멸문입니다. 3) 흥행거리를 찾아다니는 것도 재물의 파멸문입니다. 4) 방일放逸이 근본이 되는 노름에 미치는 것도 재물의 파멸문입니다. 5) 악한 친구를 사귀는 것도 재물의 파멸문입니다. 6) 나태에 빠지는 것도 재물의 파멸문입니다."

"1) 장자의 아들이여, 이와 같이 여섯 가지 방일의 근본이 되는 곡주와 과일주 등의 취기가 있는 것에 취하는 것에는 여섯 가지 위험이 있습니다. ① 현세에서 재산을 손실하고, ② 불화를 조장하고, ③ 질병의 소지가 있고, ④ 불명예를 낳고, ⑤ 뻔뻔스럽게 되고, ⑥ 지혜를 약화시키는 여섯 가지의 경우가 생겨납니다."

"2) 장자의 아들이여, 이와 같이 여섯 가지 때가 아닌 때에 거리를 배회하는 것의 위험이 있습니다. ① 자신을 보호하거나 수호하지 못하고, ② 처자식을 보호하거나 수호하지 못하고, ③ 재산을 보호하거나 수호하지 못하고, ④ 범죄의 의심을 받고, ⑤ 헛소문이 퍼지고, ⑥ 많은 괴로운 것들이 앞에 놓입니다."

"3) 장자의 아들이여, 이와 같이 여섯 가지 흥행거리를 찾아다니는 것의 위험이 있습니다. ① 어디에 춤판이 있을까? ② 어디에 가요가 있을까? ③ 어디에 음악이 있을까? ④ 어디에 낭송이 있을까? ⑤ 어디에 동라銅鑼가 있을까? ⑥ 어디에 태고太鼓의 연주가 있을까? 라고."

"4) 장자의 아들이여, 이와 같이 여섯 가지 노름에 미치는 것의 위험이 있습니다. ① 이기면 원한을 낳고, ② 지면 잃은 것을 한탄하며, ③ 현재의 돈을 낭비하고, ④ 모임에서 진술의 효과가 없으며, ⑤ 친구와 동료의 경멸을 사고, ⑥ '도박꾼이다. 이런 자는 아내를 부양할 자격이 없다'라고 결혼상대로 원하는 자가 없습니다."

"5) 장자의 아들이여, 이와 같이 여섯 가지 악한 친구를 사귀는 것의 위험이 있습니다. ① 어떤 도박꾼이든지, ② 어떤 도락가이든지, ③ 어떤 음주가이든지, ④ 어떤 사기꾼이든지, ⑤ 어떤 협잡꾼이든지, ⑥ 어떤 폭력배이든지, 그들이 그의 친구가 되고 그의 동료가 됩니다."

"6) 장자의 아들이여, 이와 같이 나태에 빠지는 것의 위험이 있습니다. ① 너무 춥다고 일을 하지 않고, ② 너무 덥다고 일을 하지 않고, ③ 너무 이르다고 일을 하지 않고, ④ 너무 늦다고 일을 하지 않고, ⑤ 너무 배고프다고 일을 하지 않고, ⑥ 너무 배부르다고 일을 하지 않습니다."

"술친구가 있지만, 친구라고 말할 뿐입니다. 친구가 필요할 때에 친구가 되어주는 자가 친구입니다. ①해 뜬 뒤에 잠자는 것, ②남의 아내를 범하는 것, ③원한에 집착하는 것, ④손해를 끼치는 것, ⑤악한 친구들이 있는 것, ⑥인색한 것, 이러한 여섯 가지는 사람을 파멸시킵니다."

"악한 친구이자 악한 동료, 악한 활동영역을 가진 자라면, 이 세상으로부터 저 세상 양자로부터 그 사람은 파멸합니다. ①도박과 여자, ②술, ③춤과 노래, ④낮에 잠자고 때 아닌 때에 돌아다니는 것, ⑤악한 친구들이 있는 것, ⑥인색한 것, 이러한 여섯 가지는 사람을 파멸시킵니다."[41]

붓다는 재산을 유지하는 데 있어 여섯 가지 위험한 상황에 대해 설명하고, 악한 친구와 관련하여 두 가지 위험성을 추가로 부연한다. 여섯 가지는 1) 곡주와 과일주 등의 취기가 있는 것에 취하는 것, 2) 때가 아닌 때에 거리를 배회하는 것, 3) 노래나 춤 등의 놀이거리를 찾아다니는 것, 4) 노름에 미치는 것, 5) 악한 친구를 사귀는 것, 6) 게으름과 나태함에 빠지는 것을 말한다. 이들은 대부분 감각적 욕망에 의한 게으름과 나태가 주원인이다. 나태한 마음으로 술에 취해 노름이나 놀이거리를 찾아 배회하는 것이 재산을 보호하는 데 가장 위험한 행위라고 볼 수 있다. 그리고 이러한 여섯 가지 위험성을 보다 심각하게 부추기는 것은 나쁜 친구의 영향이 크다. 「싱가로와다 숫따」는 좋은

41 전재성, 『디가니까야』, 한국빠알리성전협회, 2016, p.1321; D. III. 182f.

친구, 좋지 않은 친구의 역할에 대해 강조하며 동시에 소유하는 방법, 소유를 유지하는 방법에 대해서도 설명한다.

"도움을 주는 친구, 즐거우나 괴로우나 한결같은 친구, 유익한 것을 가르쳐주는 친구, 연민할 줄 아는 친구. 이러한 네 친구가 있다. 현자라면 그 가치를 알고서 어머니가 친자식을 대하듯 성실하게 섬겨야 하리. 계행을 갖춘 현자는 타오르는 불꽃처럼 빛납니다.

벌들이 행동하는 것처럼 부지런히 재물을 모으면, 개미집이 쌓아올려지듯 재물이 모여 쌓아집니다. 이처럼 재물을 모아서 재가자는 가문에 유익하게 사용합니다.

재물은 네 등분으로 나누는 것이 좋습니다. 그는 실로 이렇게 친구들을 결속합니다. 한 몫으로는 생계를 누리고, 두 몫으로는 사업에 쓰고, 남은 네 번째 몫으로는 저축을 합니다. 재난의 시기에 대처해야 합니다."[42]

경전은 네 가지 친구에 대해 강조한다. 이들은 도움을 주는 친구, 즐거우나 괴로우나 한결같은 친구, 유익한 것을 가르쳐주는 친구, 연민할 줄 아는 친구이다. 이러한 친구들은 재산을 유지하는 데 있어여섯 가지 위험한 상황에서 벗어날 수 있도록 도와주는 친구이다. 따라서 재산을 유지하는 데 있어 개인의 성실함도 중요하지만, 그

---

42 D. III. 188; 전재성, 『디가니까야』, 한국빠알리성전협회, 2016, p.1327.

한계를 만났을 때는 좋은 친구가 보완해 줄 수 있음도 알 수 있다.

상기 경전은 친구에 대한 이야기뿐만 아니라 재산을 모으고 소유하는 방법에 대해서도 설명한다. 특히 재물을 모으는 작업을 꿀벌과 개미에 비유했다. 꿀벌과 개미는 성실함과 부지런함을 대표하는 곤충으로 재물을 모으는 방법에 대한 붓다의 비유로 볼 수 있다. 재물을 얻기 위해 노력 없이 일확천금을 노려서는 안 되며, 재물을 모으는 과정에서 다른 중생에게 피해를 주어서도 안 된다. 『수망가라위라시니(Sumaṅgalavilāsinī)』는 상기 내용에 대해 벌이 꽃에 상처를 주지 않고 꿀을 모으듯이 상대를 다치게 하지 말고 차츰차츰 재산을 모으라는 설명이라고 부연한다. 마치 개미가 집을 쌓아올리듯 재가불자가 재물을 모으는 일은 비난받을 일이 아니다. 다만 그 과정에서 자신과 타인에게 상처를 남긴다면 적당한 방법이 아니라는 설명이다.[43]

그리고 붓다는 사분법이라고 알려져 있는 재산의 활용에 대해서도 설명한다. 수입을 네 등분으로 나누어 1/4은 음식을 먹는 등의 생계의 용도로 활용하고, 2/4는 농업, 상업 등의 사업을 위한 투자와 비용으로 사용하고 나머지 1/4은 위기를 대비하여 저축해야 한다는 것이다.[44] 이러한 설명을 통하여 초기불교는 재가불자의 재산증식과 그 적절한 지출에 대하여 보다 적합한 소비 형태를 고민했던 것으로 보인다. 적절한 소비방법에 대해서는 『앙굿따라니까야』의 「사 아다나왁가(Sa ādhāna vagga)」를 통해 구체화된다. 경전은 앞서 살핀 훌륭한 가문의 아들(kulaputto)이 재산을 모으고 소유를 유지하는 방법을 설명한다.

---

43 SV. 951.
44 참고) 대정장 권1, p.642.

"디가자누여, 이와 같은 네 가지 원리가 훌륭한 아들을 현세의 이익으로, 현세의 행복으로 이끕니다. 네 가지란 무엇입니까? 1)부지런함을 갖춤, 2)수호를 갖춤, 3)선한 벗을 갖춤, 4)올바른 생활을 갖춤입니다. …… 디가자누여, 5)올바른 생활을 갖춤이란 무엇입니까? 디가자누여, 세상에 훌륭한 가문의 아들이 재산이 늘어나는 것을 알고 재산(bogha)이 줄어드는 것을 알아 사치스럽지도 곤궁하지도 않고 균형 있게 '이와 같이 나의 수입이 지출을 넘어서고, 지출이 수입을 넘어서지 않을 것이다.'라고 생각하여 생계를 영위합니다. 예를 들어 디가자누여, 귀금속 상인이나 귀금속 상인의 제자가 저울을 달면 이 정도로 내려가고 이 정도로 올라간다고 알 듯, 세상의 훌륭한 가문의 아들이 재산이 늘어나는 것을 알고 재산이 줄어드는 것을 알아 사치스럽지도 곤궁하지도 않고 균형 있게……. 디가자누여, 이와 같이 갖춘 재산에 대한 네 가지 손실의 출구가 있습니다. 1)여자에 탐닉하는 것, 2)술에 취하는 것, 3)도박에 빠지는 것, 4)악한 벗을 사귀고 악한 친구를 사귀고 악한 동료를 사귀는 것입니다. 디가자누여, 커다란 호수에 네 입수구가 있고 네 배수구가 있는데, 사람이 입수구를 닫고 배수구를 열어놓았고, 하늘이 소나기를 내리지 않는다면, 디가자누여, 그 커다란 호수는 반드시 낮아지고 증가하지 않습니다. 디가자누여, 이와 같이 갖춘 재산에 네 가지 손실의 출구가 있습니다." "디가자누여, 이와 같이 갖춘 재산에 네 가지 증가의 입구가 있습니다. 1)여자에 탐닉하지 않는 것, 2)술에 취하지 않는 것, 3)도박에 빠지지 않는 것, 4)선한 벗을 사귀고 선한 친구를 사귀고 선한 동료를 사귀는 것입니다."[45]

「사 아다나왁가」는 수입이 지출보다 많아야 하고, 지출이 수입보다 적어야 함을 강조한다. 앞서 보았던 여섯 가지 위험성과 연결하여 재산의 증식을 소나기에, 소유한 재물을 커다란 호수에, 수입과 지출을 입수구와 배수구에 비유한다. 여자, 술, 도박, 친구 등에 빠져 배수구의 유출이 늘어나는 것은 올바른 생활로 보기 어렵다. 현세의 이익으로, 현세의 행복을 추구하는 올바른 삶을 위해서는 균형 잡힌 지출이 필요하다. 지출이 수입보다 늘어나면 빚을 지게 되며, 빚은 또 다른 불행의 씨앗이 된다.

"장자여, 감각적 쾌락의 욕망을 즐기는 재가불자가 얻을 수 있는 네 가지 행복이 있다. 네 가지란 무엇인가? 소유의 행복, 향유의 행복, 빚 없음의 행복, 허물없음의 행복이다. 장자여, 고귀한 가문의 아들은 근면한 노력으로 얻고, 완력으로 모으고, 이마의 땀으로 벌어들인 정당한 원리로 얻어진 재물을 소유한다. 그는 이와 같이 '나는 근면한 노력으로 얻고, 완력으로 모으고, 이마의 땀으로 벌어들인 정당한 원리로 얻어진 재물을 소유하고 있다.'라고 생각하며 행복을 얻고 기쁨을 얻는다. 장자여, 이것을 소유의 행복이라고 한다. …… '재물을 향유하며 공덕을 베푼다.'라고 생각하며 행복을 얻고 기쁨을 얻는다. 장자여, 이것을 향유의 행복이라고 한다. …… '나는 누구에게도 어떠한 것도 많건 적건 빚을 지고 있지 않다.'라고 생각하며 행복을 얻고 기쁨을 얻는다. 장자여, 이것을

---

45 전재성, 『앙굿따라니까야』 8~9권, 한국빠알리성전협회, 2007, p.246f; A. IV. 281.

빚 없음의 행복이라고 한다. …… '나는 신체적으로 언어적으로 정신적으로 허물이 없다.'라고 생각하며 행복을 얻고 기쁨을 얻는다. 장자여, 이것을 허물없음의 행복이라고 한다."

…… "빚 없음의 행복을 이루고 소유의 행복을 새기리. 향유의 행복을 누리며 인간은 그것에 대해 지혜로써 통찰하네."[46]

경전은 네 가지 행복을 설명한다. 이들은 소유의 행복, 향유의 행복, 빚 없음의 행복, 허물없음의 행복이다. 지출이 수입보다 늘어나면 빚을 지게 되며, 이 빚은 불행의 씨앗이 된다. 2017년 대한민국은 1인 평균 2,600만 원 정도의 가계부채를 갖는다고 한다. 상황이야 많이 다르겠지만, 2,500여 년 전 붓다는 이 빚의 위험성에 대해 불행의 씨앗이라고 강조했다. 과거나 현재나 이 삶의 행복을 추구하기 위해서는 수입과 지출의 적절한 균형이 필요하다는 것이다. 그리고 이 균형을 위해서는 탐욕에 대한 조절이 필요하다. 피터 하베이(Peter Harvey)는 불교의 소유에 대해 다음과 같이 정의한다.

"불교의 경우, 소유는 악한 것이 아니다. 중요한 것은 그것이 어떻게 만들어지고 사용되는지에 있다. 하지만 소유가 도덕적인 방법으로 만들어지고 자신과 다른 사람들에게 이익을 주기 위해 사용된다고 할지라도 탐욕을 품지 말아야 한다."[47]

---

46 전재성, 『앙굿따라니까야』 4권, 한국빠알리성전협회, 2007, p.183f; A. Ⅱ. 69.

47 Peter Harvey(2000), *An Introduction to Buddhist Ethics*. Cambridge Univ press. p.195.

초기불교는 물질적 소유를 그 자체로서의 목적이 아니라, 만족과 행복을 위한 수단이자 정신적 발전을 위한 지원이라고 본다. 경제적 삶 안에서 '좀 더' 누리기 위해서는 탐욕을 기반으로 삼아야 하지만, 자칫 탐욕은 지출을 늘려 빚을 지게 만들기도 한다. 결국 불교경제 안에서의 탐욕은 건강한 소유에 방해가 된다. 소유욕(탐욕)이 물질적인 소유(재물)와 정신적인 소유(만족)의 균형을 깨는 것이다. 소욕지족少欲知足이라는 말처럼 만족하지 않으면 행복은 불가능하게 된다. 정의롭게 비폭력적으로 재물을 구하고 자신과 가족, 친지를 기쁘게 하고, 탐욕을 내려놓고 만족한다면 이제 남에게 나누어주고 공덕을 쌓는 일이 남는다. 그리고 공덕은 다시 만족을 키워줄 것이다. 재가불자가 어떻게 소유를 공유하고 나누느냐의 문제는 『이띠웃따까(Itivuttaka)』에서 설명하고 있다.

"비구들이여, 중생들이 보시와 나눔의 과보를 안다면, 그들은 보시하지 않고는 먹지 않을 것이고, 인색의 더러움으로 물든 마음을 붙잡고 있지 못할 것이다. 가령 최후의 한 입, 최후의 한 모금이라도, 그것을 수용하는 자들이 있다면 나누지 않고는 먹지 않을 것이다."[48]

붓다는 많은 사람의 행복을 위해 소유의 적절한 보시를 강조한다.[49] 자신의 소유를 나누는 것이 얼마나 큰 선한 과보를 만드는지 설명한다. 재물의 직질한 사용을 위해서는 자신뿐만 아니라 타인에게 나누어주고

---

48 전재성, 『이띠붓다까-여시어경』, 한국빠알리성전협회, 2012, p.80.
49 이미령, 『붓다 한 말씀』, 불광출판사, 2013, p.88f.

공유해야 한다. 나눔은 소유의 가장 아름다운 미덕이다. 『싱가로와다 숫따』는 재가불자들이 실천할 수 있는 진정한 예배에 대해 설명하며 경전을 마무리한다.

> "부모는 동쪽 방향이고 스승은 남쪽 방향이고 처자식은 서쪽 방향이고 친구나 동료는 북쪽 방향입니다.
> 하인과 일꾼은 아래 방향이고 수행자와 성직자는 위 방향입니다.
> 훌륭한 가문의 제자라면 이러한 방향으로 예배해야 합니다.
> 현명하고 계향을 갖추고 온유하고 재치 있고 겸손하고 유연한 자, 이러한 자는 명성을 얻습니다.
> 용맹정진하고 게으르지 않고 재난에 처했을 때 동요하지 않고 흠 없는 삶을 사는 슬기로운 자, 이러한 자는 명성을 얻습니다.
> 보시를 행하고 사랑스런 말을 하고 세상에 이익을 베푸는 삶을 살고 모든 것에 협동하여 행하고 어디서든지 가치 있는 것을 행합니다. 마치 수레 자축의 쐐기처럼. 이러한 것들이 세상을 돌아가게 합니다.
> 이러한 것들이 없다면 어머니도 아버지도 자식 때문에 자식으로부터 존경과 공경을 받지 못합니다.
> 현자는 이러한 것들을 올바로 관찰하기 때문에 위대성을 얻고 또한 칭송을 얻습니다."[50]

경전은 재가자가 재물을 얻고, 보호하고, 사용하기 위한 구체적인

---

[50] D. III. 192; 전재성, 『디가니까야』, 한국빠알리성전협회, 2016, p.1332ff.

74

행동요령을 제안할 뿐만 아니라 개인의 소유가 아닌 모두의 소유를 강조한다. 더 나아가 대승불교의 실천덕목으로 발전한 사섭법(四攝法, cattāri saṅgahavatthūni)을 소개한다. 이들은 보시(布施, dāna), 애어(愛語, peyyavajja), 이행(利行, atthacariya), 동사(同事, samānattatā)로 불자에게 필요한 삶의 지혜를 말한다.[51] 개인의 재물이 나눠지는 과정을 통해서 소유뿐만 아니라 자애의 마음이 확장되는 것이다. 초기경전의 설명에 따르면 재가불자는 자신과 타인을 돌보고, 정신적 생활을 성숙하게 만드는 물질적 소유(재물)와 정신적 소유(만족)를 필요로 한다.

〈개인의 소유〉

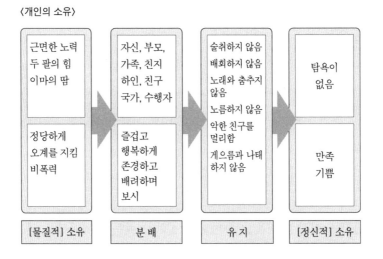

[물질적] 소유	분배	유지	[정신적] 소유
근면한 노력 두 팔의 힘 이마의 땀	자신, 부모, 가족, 친지 하인, 친구 국가, 수행자	술취하지 않음 배회하지 않음 노래와 춤추지 않음 노름하지 않음 악한 친구를 멀리함 게으름과 나태하지 않음	탐욕이 없음
정당하게 오계를 지킴 비폭력	즐겁고 행복하게 존경하고 배려하며 보시		만족 기쁨

초기불교의 소유는 지극히 현실적이다. 개인과 사회를 향한 소유의 윤리적 원칙은 오히려 경제안정과 발전에 효과적으로 기여할 수 있다.

_____
51 A. IV. 219.

이제는 개인을 넘어 사회의 소유를 살펴봐야 할 때이다. 초기불교 당시의 사회와 국가는 어떻게 재물을 소유하고 분배하였을까? 이들에 대한 붓다의 입장은 무엇이었을까?

2) 국가의 소유

초기불교는 공화국의 시대에 존재했다.[52] 붓다는 중생의 행복을 바랐고, 많은 사람들의 행복을 위해서는 국가의 통치이념에 불교적 접근이 필요하다는 사실을 알고 있었다. 초기경전 안에는 붓다가 직간접적으로 국가운영에 대해 설법한 내용들을 찾아볼 수 있다.[53] 물론 불교를 정치적인 종교라고 부르는 자는 드물 것이다. 하지만 불교가 정치에 관여하고 있었다는 것 또한 사실이다. 붓다는 마하삼마따(Mahāsam- mata), 마하수다싸나(Mahāsudassana), 짜까왓띠(Cakkavatti) 왕 등을 통한 정의로운 통치자와 그들의 이념에 대해서 강조했다. 이러한 가르침은 전륜성왕을 모시는 이상적인 국가, 정의로운 세계의 추구로 귀결된다. 전륜성왕의 나라에는 사람과 동물을 떠나 모든 중생들이 행복과 평화를 누릴 권리가 있다.[54] 그렇다면 붓다가 설명하는 이상적인 국가의 소유와 분배는 어떻게 이루어지는가? 『디가니까야』의 「짝

---

52 Uma Chakravarti(1987), *The Social Dimensions of Early Buddhism.* Oxford University Press.; 박제선 옮김, 『고대 인도사회와 초기불교』, 민족사, 2004.

53 대표적인 경전으로는 『디가니까야』의 「악간냐 숫따(Aggañña sutta)」, 「짝까왓 띠시하나다 숫따(Cakkavattisīhanāda sutta)」, 「꾸따단따 숫따(Kūṭadanta sutta a)」 등이 있다.

54 김재영, 『초기불교의 사회적 실천』, 민족사, 2012, p.309.

까왓띠시하나다 숫따(Cakkavattisīhanāda sutta)」는 과거 국가가 경험한 빈곤, 그리고 빈곤으로 인하여 발생한 문제들에 대해서 설명한다. 특히 인간의 수명이 어떤 문제에 의해 100세까지 줄어들게 되었는지 설명한다. 먼저 도둑들에 대한 왕의 처벌문제이다.

"폐하, 이 자는 남들이 주지 않는 것을 빼앗는 도둑질을 하였습니다." 비구들이여, 이렇게 말하자 왕위를 물려받은 왕족 출신의 왕은 그자에게 말했다. "이놈, 그대가 남들이 주지 않은 것을 빼앗는 도둑질을 한 것이 사실인가?" "폐하, 그렇습니다." "왜 그랬는가?" "폐하, 먹고 살 수가 없습니다." 비구들이여, 그러자 왕위를 물려받은 왕족 출신의 왕은 그자에게 재물을 나누어 주었다. "이보게, 이 재물로 먹고 살아라. 부모를 봉양하고, 처자를 부양하고, 일을 하여라. 비구들이나 성직자들에게 경건하고 행복을 가져오고 천상으로 이끄는 훌륭한 보시를 행하라." "폐하, 알겠습니다."

가난으로 인하여 먹고살지 못하는 백성이 도둑질을 하다가 잡히자, 왕은 그에게 벌을 주기보다 재물을 나누어주는 방법을 선택한다. 하지만 시간이 흘러 왕은 고민한다. 가난한 자에 대한 왕의 배려가 오히려 도둑을 늘리는 역할을 하지는 않을까 하는 염려에서이다. 왕은 도둑들에 대한 태도를 바꾼다. 무서운 벌을 주기로 결심한 것이다.

(왕은) '내가 만약 남들이 주지 않는 것을 빼앗은 도둑질한 사람마다 재물을 나눠준다면 주지 않는 것을 빼앗는 사람이 늘어날 것이다.

내가 이 사람에게 최고의 형벌을 내리고, 극형에 처하여 그들의
목을 자르는 것이 어떨까?'라고 생각했다.

왕의 태도가 바뀌어 무서운 처벌을 내리자 도둑들도 태도를 바꾸어
무서운 무기를 만든다. 잡히면 무서운 처벌을 받기에 잡히지 않도록
자신들을 강화하고, 신고하지 못하도록 상대를 죽이기 시작한 것이다.

······ (도둑들은) '우리도 날카로운 무기를 만들면 어떨까? 날카로
운 무기를 만들어 우리가 도둑질을 하려 할 때 주지 않는 그들에게
형벌을 내리고, 극형에 처하여, 그들의 목을 자르면 어떨까?'라고
생각했다. ······ 비구들이여, 이와 같이 하면서 재물 없는 자들에게
재물을 나누어주지 않자, 빈곤이 늘어났다. 빈곤이 늘어나자 주지
않는 것을 빼앗는 것이 늘어났다. 주지 않는 것을 빼앗는 것이
늘어나자 무기가 늘어났다. 무기가 늘어나자 살아 있는 생명을
빼앗는 것이 늘어났다. 살아 있는 생명을 빼앗는 것이 늘어나자
중생들의 수명도 줄어들고, 용모도 퇴락했다. 중생의 수명이 줄고
용모가 퇴락하자 수명이 팔만사천 년이었던 인간은 자손 대에
와서 사만 년이 되었다.

살아 있는 생명을 존중하지 못하고 서로가 서로를 죽이는 일이
발생하자 인간의 용모는 퇴락하고 수명은 반이 줄어 사만 년이 된다.
그리고 살인은 더 비윤리적인 사회문제로 확장하여 인간의 수명을
백 세의 수준으로 떨어뜨린다.

…… 무기가 늘어나자 살아 있는 생명을 빼앗는 것이 늘어났다. 살아 있는 생명을 빼앗는 것이 늘어나자 거짓말을 하는 것이 늘어났다. 거짓말을 하는 것이 늘어나자 이간질하는 것이 늘어났다. 이간질하는 것이 늘어나자 사랑을 나눔에 잘못을 범하는 것이 늘어났다. 사랑을 나눔에 잘못을 범하는 것이 늘어나자 두 가지 성품, 욕설을 하고 꾸며대는 말을 하는 것이 늘어났다. 두 가지 성품, 욕설을 하고 꾸며대는 말을 하는 것이 늘어나자 탐욕과 분노가 늘어났다. 탐욕과 분노가 늘어나자 잘못된 견해가 늘어났다. 잘못된 견해가 늘어나자 세 가지 성품, 불법적 탐욕, 부정적 탐착, 도착된 상태를 추구하는 성품이 늘어났다. 세 가지 성품이 늘어나자 어머니를 공경하지 않고 아버지를 공경하지 않고, 수행자를 공경하지 않고 성직자를 공경하지 않고, 가문의 연장자를 공경하지 않는 성품이 늘어났다. 이러한 성품이 늘어나자 중생의 수명이 줄고 용모가 퇴락하여 수명이 이백오십 년이었던 인간은 일백 년이 되었다.

살생은 결국 거짓말과 이간질로, 잘못된 성행위와 욕설, 탐욕과 분노, 부모님과 수행자를 공경하지 않는 삶의 형태로 확장되었다. 이러한 성품으로 인해 중생의 수명이 줄고 용모가 퇴락하여 수명은 일백 년이 되었다. 이제 이러한 성품은 더 악화되어 인간과 축생이 구분되지 않는 말세로 치닫게 된다.

비구들이여, 이 인간들 가운데 자손 대에 와서 수명이 열 살이 되는 때가 출현할 것이다. …… 인간의 수명이 열 살이 될 때는

'어머니이다', '이모이다', '고모이다', '사모이다', '존경하는 자의 처이다'라는 생각이 사라지고 세상은 염소, 양, 닭, 개, 자칼이 그렇듯이 문란해진다. …… 중생들은 서로 날카로운 공격, 날카로운 분노, 날카로운 마음의 원한, 날카로운 살의를 드러낼 것인데 곧 어머니가 아들에게, 아들이 어머니에게, 남형제가 여형제에게, 여형제가 남형제에게 날카로운 살의를 드러낼 것이다. 비구들이여, 인간의 수명이 열 살이 될 때는 칠 일간 무기의 중첩이 있게 될 것이다. 그들은 서로 짐승의 지각을 얻게 되어 날카로운 무기들이 그들의 손마다 생길 것이다. 그들은 날카로운 무기로 '이 놈은 짐승이다. 이놈은 짐승이다'라고 하면서 서로 목숨을 빼앗는다. …… 비구들이여, 그 중생들 가운데 어떤 자들은 '우리는 아무도 죽이지 맙시다. 그리고 아무도 우리를 죽이지 말아야 합니다.…… (수명이 다시 열 살, 마흔 살, 여든 살로 늘어난다.)'[55]

결과적으로 가족과 친지를 구분하지 못하고 살생이 난무하는, 축생과 같이 문란한 수명 10세인 세상이 올 것이라는 설명이다. 그럼에도 불구하고 그 안에는 희망의 씨앗이 보인다. 살생을 싫어하는 사람들이 모여 다시 올바른 성품을 찾고자 할 때 수명을 늘려갈 수 있는 것이다. 여기서 수명은 윤리적 삶과 비례한다. 윤리가 멀어질수록 수명도 줄어드는 것이다. 수명이 줄고 세상이 살인으로 가득하는 세상은 가난에서 시작했다. 가난한 자가 도둑질을 한 것이 문제의 발단이다. 즉 국가가 굶주리고 가난한 자를 보살피지 못하면 사회적인 고통은

---

55 D. III. 65ff; 전재성, 『디가니까야』, 한국빠알리성전협회, 2016, p.1144ff.

늘어난다. 게다가 굶주린 자의 실수를 강하게 벌하면 오히려 사회의
부정행위와 폭력이 늘어난다는 설명이다. 붓다는 경제적인 안전의
결핍이 불러올 수 있는 사회적 위험에 대해 지적한다. 왜냐하면 빈곤은
결국 개인뿐만이 아닌 사회, 국가의 고통이기 때문이다. 이와 관련하여
「짝까왓띠시하나다 숫따」는 고귀한 전륜성왕의 의무를 설명한다.
국가에 가난한 자들이 있으면 그들에게 재물을 베풀어야 한다는 것
이다.

"왕이여, 가르침(dhamma)에 의지하고, 가르침을 존경하고, 가르
침을 존중하고, 가르침을 숭상하고, 가르침을 경배하고, 가르침을
공경하고, 가르침을 기치로 삼고, 가르침을 표지로 삼고, 가르침을
선구로 삼고, 여법하게 내부의 사람들을 살피고 보호하라. ……
여법하게 군대를 살피고 감싸고 보호하라. …… 여법하게 왕족과
신하들을 살피고 감싸고 보호하라. …… 여법하게 바라문들과 장자
들을 살피고 감싸고 보호하라. …… 여법하게 도시인들과 지방민들
을 살피고 감싸고 보호하라. …… 여법하게 수행자들과 성직자들을
살피고 감싸고 보호하라. …… 여법하게 짐승들과 새들을 살피고
감싸고 보호하라. …… 왕이여, 그대의 영토에서 여법하지 않은
행위가 퍼지게 하지 말라. 왕이여, 그대의 영토에 가난한 자들이
있으면 그들에게 재물을 베풀어라."[56]

붓다는 전륜성왕이 해야 할 의무 중에 하나로 모든 사람들, 심지어

---

[56] 전재성, 『디가니까야』, 한국빠알리성전협회, 2016, p.1115ff; D. III. 60f.

동물까지도 감싸고 보호해야 한다고 설명한다. 그리고 가난한 자들에게는 재물을 베풀어야 한다. 즉 소유의 적절한 분배가 전륜성왕의 역할이다. 그리고 더 나아가 국가의 모든 지역에 일반적 윤리규범을 적용하도록 하는데, 수레바퀴가 굴러갈 수 있는 동서남북의 모든 영토에 오계五戒의 가르침이 전달될 수 있도록 하라고 설명한다.[57] 국가의 통치에 있어서 윤리는 중요한 기반이 된다.

붓다는 「꾸따단따 숫따(Kūṭadanta sutta)」를 통하여 소유의 분배감소가 전체 사회구조에 악영향을 미치고, 경제구조를 무너뜨려 한 나라가 혼란과 파괴로 몰릴 수 있음을 설명한다. 붓다는 이러한 비참한 결과를 피하기 위해 치료와 예방 조치를 제안한다. 불교는 국가가 경제체제를 재건하기에 충분한 자본을 투입함으로써 체계적으로 개선 조치를 취할 것을 권고한다. 이야기를 살펴보면 다음과 같다.

바라문 꾸따단따는 바라문 장자들이 무리를 지어 붓다를 뵈러 가는 모습을 보고 자신도 뵙기를 청한다. 그는 붓다가 자신이 모르는 3가지 확립과 16가지 요건을 갖춘 제사를 알고 있다는 점에 대해 흥미를 느낀다. 꾸따단따와 함께 제사를 지내기로 했던 다른 나라의 500여 바라문들은 구따단따가 붓다를 만나러 가는 것을 반대한다. 하지만 꾸따단따는 붓다의 훌륭함을 여러 가지로 소개하며 오히려 바라문들에게 붓다를 함께 만나러 가자고 설득한다. 붓다를 만난 꾸따단따는 자신이 모르는 3가지 확립과 16가지 요건을 갖춘 제사가 무엇인지

---

57 D. III. 63ff.

질문한다. 붓다는 과거 '마하비지따'라는 왕과 왕립사제의 대화를 통해
답변한다.

(마하비지따) "바라문이여, 나는 인간이 누릴 수 있는 막대한 부를
얻었고, 광대한 영토를 얻어 생활하고 있습니다. 내가 오랜 세월
이러한 이익과 행복을 누리기 위하여 성대한 제사를 지내보면
어떨까?라고 생각했습니다. 바라문이여, 내가 성대한 제사를 지내
면 어떨까요? 존자는 내가 오랜 세월 이익과 행복을 누릴 수 있도록
가르침을 주십시오." 이와 같이 말하자, 왕립사제는 마하비지따
왕에게 다음과 같이 말했습니다.

(왕립사제) "폐하의 국토에는 장애가 있고 억압이 있습니다. 마을
이 약탈되는 것도 보이고 도시가 약탈되는 것도 보입니다. 노상에서
의 약탈도 보입니다. 그러나 폐하께서 이러한 장애가 있고 억압이
있는 나라에 (제사를 지내기 위해) 세금을 올린다면 폐하께서는
해야 할 일을 행하는 것이 아닙니다. 그런데 폐하께서는 이와 같이
'나는 이 위난을 사형, 구속, 몰수, 고문, 추방으로 제거하리라.'라고
생각하실 것입니다. 그것 역시 위난에 대한 바른 자세가 아닙니다.
사형을 면한 자들은 나중에 폐하의 나라를 해칠 것입니다. 그러나
이와 같은 조치를 취하신다면 위난에 대한 바른 제거가 이루어집니
다. 폐하께서는 폐하의 나라에 경작이나 목축에 힘쓰는 자들이
있다면 그들에게 씨앗과 먹을 것을 제공하십시오. 폐하의 나라에
상업에 힘쓰는 자들이 있다면 그들에게는 자금을 제공하십시오.
폐하의 나라에 공무에 힘쓰는 자들이 있다면 그들에게는 먹을

것과 임금을 제공하십시오. 그 사람들이 자신의 일에 종사하면서
폐하의 나라를 해치지 않을 것입니다. 또한 왕국의 재산이 증가하고
국토는 안정되어 나라에는 장애가 없고 억압이 없을 것입니다.
사람들은 기뻐하고 환희하며 가슴에 자식을 안고 춤을 추면서
문을 열어놓고 살 것입니다."[58]

붓다는 왕립사제의 입을 통하여 왕은 개인의 이익과 행복을 위한
제사를 지내기에 앞서 국민들의 이익과 행복을 챙겨야 한다고 설명한
다. 이 과정에서 국가는 사형, 구속, 몰수, 고문, 추방의 벌을 축소하고,
제사를 위한 세금을 걷기 이전에 농업, 목축, 상업, 공무를 보는 자들에
게 씨앗, 먹을 것, 자금, 임금을 지원해야 한다. 국민들이 자신의
일을 편안하게 진행할 수 있을 때 오히려 왕국의 안정되고 재산이
늘어날 것이며 사람들이 모두 문을 닫지 않고 즐겁게 살 수 있다.
이러한 안녕이 국가의 이익과 행복을 오랜 세월 누리기 위한 조건이
되지 화려한 제사가 이익과 행복을 주지 않는다는 것이다. 이러한
내용은 국가의 소유와 적절한 분배의 필요성, 윤리적 통치의 중요성에
대해 깊은 의미를 담고 있다. 국가의 소유는 개인의 행복을 위해서가
아닌 모두의 행복을 위해 분배하고 재생산되어야 한다.[59]

앞서 인용된 경전의 내용 이후에 진행되는 이야기를 살펴보면,
왕은 왕립사제에게 이제 국민들이 행복과 안정을 찾았으니 성대한
제사를 지내고 싶다고 말한다. 왕립사제는 다시 왕족, 대신, 신하,

---

58 전재성, 『디가니까야』, 한국빠알리성전협회, 2016, p.284; D. I. 135f.
59 참고) 윤성식, 『부처님의 부자수업』, 불광출판사, 2016, p.182.

성 안팎의 바라문, 장자들에게 동의를 구하는 작업이 선행되어야 한다고 말한다. 그리고 이들의 동의가 이루어지자 본격적인 제사방법이 설명된다. 우선 왕은 8가지 조건을 갖추어야 하고[60] 사제도 4가지 조건을 갖추어야 한다.[61] 그리고 왕은 제사를 '지내려 할 때', '지내면서', '지내고 나서'의 3가지 경우에 절대로 '나의 큰 재산이 사라질 것이다.' '……사라지고 있다.' '……사라졌다'라고 후회해서는 안 된다. 동시에 왕은 제사에 참여할 선하고 악한 다양한 사람들 중에서 다음의 10가지 경우의 사람들에게 보시하고 희사하고 기뻐하고 마음을 청정하게 해야 한다. 이들은 1) 살아 있는 생명을 죽이지 않는 자들, 2) 주지 않은 것을 가지지 않는 자들, 3) 감각적 욕망에 의해 잘못된 행위를 하지 않는 자들, 4) 거짓말을 하지 않는 자들, 5) 이간질하지 않는 자들, 6) 욕하지 않는 자들, 7) 꾸며대는 말을 하지 않는 자들, 8) 탐욕을 부리지 않는 자들, 9) 성냄을 부리지 않는 자들, 10) 올바른 견해를 지닌 자들이다. 붓다는 보시를 할 때 필요한 자세 3가지를 설명한다. 소유를 분배함에 있어 후회가 따라서는 안 된다는 것이다. 후회에는 보시의 결과를 바라는 탐욕이 숨어 있다. 이러한 탐욕은 오히려 자존감에 상처를 줄 수 있다.[62] 그리고 보시를 받으려고 하는 자들의 10가지

---

60 D. I. 137: 1) 혈통의 청정함, 2) 뛰어난 외모와 위엄 등, 3) 막대한 자산, 4) 막강한 4종류의 군대를 소유, 5) 믿음을 지니고 보시하는 공덕을 지닌 자, 6) 많은 지혜를 갖춘 자, 7) 이런저런 말의 의미를 파악하는 자, 8) 현명하고 슬기로워 과거 현재 미래의 의미를 파악할 수 있는 자.

61 D. I. 138: 1) 혈통의 청정함, 2) 베다와 학문에 능한 자, 3) 계행과 덕성을 갖추고 지키고 성취한 자, 4) 현명하고 슬기롭고 제사의 국자를 지닌 자.

62 박성현 외, 『자비의 심리학』, 학지사, 2014, p.349ff.

자격을 설명한다. 이들은 인간이 지켜야 할 윤리적 태도를 말한다.

또한 제사를 지냄에 있어 1)도시 안팎의 왕족들에게 사실을 알리고, 2)대신과 신하들에게도 알려야 하며, 3)부유한 바라문들에게 알리고, 4)장자들과 부호들에게도 전해야 한다. 이와 같은 제사를 지내는 왕은 5)혈통이 청정하고, 6)뛰어난 외모와 위엄을 지녔고, 7)막대한 자산, 8)막강한 4종류의 군대를 소유, 9)믿음을 지니고 보시하는 공덕을 지닌 자, 10)많은 지혜를 갖춘 자, 11)이런저런 말의 의미를 파악하는 자, 12)현명하고 슬기로워 과거 현재 미래의 의미를 파악할 수 있는 자여야만 한다. 그리고 이와 같은 제사를 지내는 사제는 13)혈통의 청정함, 14)베다와 학문에 능한 자, 15)계행과 덕성을 갖추고 지키고 성취한 자, 16)현명하고 슬기롭고 제사의 국자(도구)를 지닌 자만이 가능하다. 국가의 소비는 자격이 있는 자들에 의해 투명하게 진행되어야 한다. 진행과정을 모두에게 밝히고 구성원들의 동의에 의해 화합이 전제되어야 한다.

이처럼 붓다는 「꾸따단따 숫따」를 통하여 국가가 소유한 부의 활용이 전체 사회구조에 어떠한 영향을 미치는지 설명하고 통치자와 구성원 간의 갖추어야 할 마음가짐을 설명한다. 그리고 그 결과는 평화적이다.

"바라문이여, 그 제사에서는 소들이 희생되지 않았고, 염소도 희생되지 않았고, 양도, 닭도, 돼지도 희생되지 않았으니 결코 여러 종류의 생명들이 희생되지 않았습니다. 나무도 제사용 기둥으로 사용되기 위해 베어지지 않았고, 답바풀도 제사용 깔개로 쓰기

위해 잘라지지 않았습니다. 노예들이나 심부름꾼이나 하인일지라
도 그들이 몽둥이에 위협받거나 공포에 위협받아 눈물을 흘리면서
울면서 준비하는 일은 없었고, 원하는 일을 행했고 원하지 않는
일은 하지 않았습니다. 그 제사는 단지 버터, 기름, 생 버터, 요구르
트, 꿀, 당밀로 완료되었습니다."[63]

희생제는 없었고 어느 누구도 괴롭힘을 당하지 않았다. 오히려
이와 같이 제사가 진행되자 도시 안팎의 왕족, 대신, 신하, 장자,
부호들은 막대한 재물을 가지고 마하비지따 왕에게 봉헌한다. 하지만
왕은 정당한 세금으로 거두어들인 재물만으로도 충분하니 오히려
그들에게 여기서 더 많은 것을 가지고 가라고 말한다. 왕이 받지
않는 재물에 대하여 가지고 돌아가지 않기로 한 자들은 새로운 제사를
지내기로 합의한다. 부호들의 지원으로 국가의 사회적 재산이 늘어나
는 것이다. 이처럼 마하비지따 왕은 뛰어난 사제의 도움으로 폭력을
사용하지 않고 모두를 만족시키며 소유를 분배하는 새로운 제사를
지낼 수 있게 된다. 바라문 꾸따단따는 붓다에게 그 뛰어난 사제가
누구인지 묻고, 붓다는 자신이 과거(전생)에 그 제사를 주관했던 왕립
사제였음을 밝힌다. 기존에 왕의 이익과 만족을 추구하기 위해
진행했던 희생제의 방식을 전환한 현명한 사제는 붓다가 보살이었을
때를 말하는 것이다.

국가는 소유를 적절히 분배함으로서 더 많은 재물과 안정을 찾을
수가 있었고, 폭력 없는 진정한 제사를 추구할 수 있게 된 것이다.

---

63 전재성, 『디가니까야』, 한국빠알리성전협회, 2016, p.294; D. I. 141f.

이 경전은 살아 있는 생명을 바치는 파괴적인 제사와 왕족 개인의
이익을 위해 국부를 소비하는 것이 얼마나 어리석은 일인지를 보여주
고 있다. 특히 국가가 경제침체로 인한 사회적 불안을 겪고 있을지라도
국민의 마음에는 윤리적 편안함을 누릴 수 있는 조건이 갖춰져 있다는
점에 대해 유념해야 한다. 즉 행복과 이익은 소유에서만 나오는 것이
아니라 소유의 분배, 그리고 윤리적인 삶의 증장에서 보완될 수 있다.
우리는 이미 이러한 능력을 지니고 있다.

〈올바른 제사를 지내는 과정(꾸따단따 숫따)〉

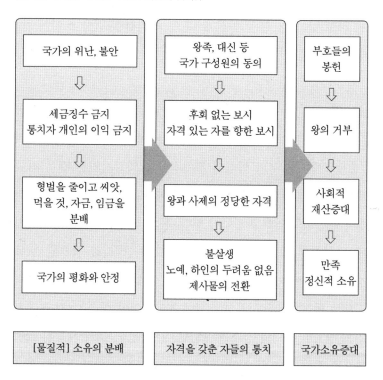

붓다의 이야기를 들은 바라문 꾸따단따는 그의 가르침을 따르기로 결심한다. 그와 동시에 그는 3가지 확립과 16가지 요건을 갖춘 과거의 제사보다 덜 번거롭고 더욱 큰 공덕을 쌓는 제사가 있는지 묻는다. 붓다는 앞선 제사보다 '보시', '사원을 세우는 일', '오계를 지키는 일'이 더 수월하고 큰 공덕을 쌓는 제사라고 설명한다. 그리고 더 나아가 붓다는 계정혜戒定慧의 삼학三學을 닦는 구체적인 과정을 설명하며, 선정禪定수행과 지혜智慧를 닦는 과정이 더 큰 제사라고 설한다. 꾸따단따는 700마리의 황소, 700마리의 수송아지, 700마리의 암송아지, 700마리의 염소, 700마리의 양을 풀어 목숨을 살려주고 초록의 풀을 먹게 하고, 시원한 물을 마시게 하고, 시원한 바람을 쏘이게 했다. 그리고 불교에 귀의한다.

초기불교는 국가가 경제적 발전을 이루기 위해서 현재의 실상을 인지하는 것이 얼마나 중요한지 지적한다. 자신의 인기를 위해 낭비적인 경제정책으로 이미 약화된 경제상황을 악화시키는 것은 적합한 정치방법이라고 보기 어렵다. 또한 통치자는 국가의 위난과 국민의 상황을 분명히 파악하고 있어야 한다. 본 경전이 제시하는 국가위기의 처방은 단순히 대규모 고용증장이 아니다. 적절히 활용된 노동이 총생산의 증진에 기여할 수 있도록 경제구조의 총체성에 따라 계획된 방식으로 인적자원을 사용하는 것이 장려되어야 한다. 그것은 국가의 지원이 필요한 지역의 선택을 포함한 전체 경제구조의 계획된 조정을 기본으로 한다. 필요한 지원의 유형을 선별하고 지원의 적절한 활용이 균형을 이루어야 하는 것이다. 국가는 힘없고 가난한 자들을 위해

폭력 없는 윤리적 제사를 추구해야 한다.

붓다는 『디가니까야』의 「마하수다싸나 숫따(Mahāsudassana sutta)」를 통해 주변의 만류에도 불구하고 선택한 열반지에 대해 부연한다. 붓다는 과거(전생)에 자신이 가난한 사람들에게 음식, 음료, 교통, 피난처, 돈, 심지어는 결혼 동반자까지 구해주는 아름다운 연못을 세운 영광스러운 도시의 왕이었고, 그곳이 이제 자신이 열반할 '꾸시나라(Kusinārā)'라는 설명이다.

"아난다여, 옛날에 마하수다싸나라는 전륜왕이 있었는데 그는 일곱 가지 보물을 갖춘 자였다. 이 꾸시나라(열반지)는 그 왕이 다스리던 꾸사바띠라는 도시였다. …… 왕은 그 연못의 언덕에서 이와 같이 보시를, 음식을 원하는 자에게 음식을, 마실 것을 원하는 자에게 마실 것을, 옷을 원하는 자에게 옷을, 탈것을 원하는 자에게 탈것을, 잠자리를 원하는 자에게 잠자리를, 배필을 원하는 자에게 배필을, 금화를 원하는 자에게 금화를, 황금을 원하는 자에게 황금을 베풀게 했다. 그러자 아난다여, 바라문들과 장자들은 많은 재물을 가지고 왕 마하수다싸나에게 다가와 이와 같이 말했다. '폐하, 이 많은 재물은 폐하에게 바치려고 가져온 것입니다. 받아주십시오.' '존자들이시여, 충분합니다. 저에게는 정당한 세금으로 얻은 많은 재물이 있습니다. 가지고 온 것은 그대들이 가져가고, 여기서 재물을 더 많이 가져가시오.'"[64]

---

64 D. II. 179f; 전재성, 『디가니까야』, 한국빠알리성전협회, 2016, p.830f.

초기불교에서 기대하는 이상적인 왕은 법의 수레바퀴를 굴리는 전륜성왕이다. 과거 마하수다싸나라는 전륜왕은 소유의 분배와 보시에 적극적으로 나섰다. 초기불교의 소유를 위해서는 어떻게 가지느냐 뿐만 아니라 어떻게 나누느냐가 중요한 요소이다. 부유한 장자의 개인적이고 산발적인 기부로 국가의 빈곤에 대응하려는 왕의 정치는 효율적 통치방식이라고 보기 어렵다. 왕에게는 빈곤을 예방하는 것이 더욱 중요하며, 빈곤에 대해 체계적이고 효과적으로 대처해야 한다. 초기불교는 소유와 빈곤에 대해서 추상적으로 접근하지 않는다. 왜냐하면 이들은 모두 인간이 경험하는 현실의 문제이기 때문이다.

4. 출가자를 위한 소유

"작은 재물을 버리고 큰 재물을 버리고, 적은 친지를 버리고 많은 친지를 버리고, 머리카락과 수염을 자르고 가사를 입고 집에서 집 없는 곳으로 출가했습니다. 그는 신체적으로 언어적으로 정신적으로 자제하고, 작은 음식과 의복에 만족하며 멀리 여읨을 즐깁니다."[65]

1) 출가자의 소유

붓다는 45년간 설법했다. 그리고 그 설법은 출가자들을 통해 결집과 전승의 과정을 거쳐 현재까지 전해지고 있다. 붓다의 가르침을 유지한 주체는 재가자가 아닌 출가자이다. 붓다의 설법이 대부분 사원에서

---

65 D. II. 61f; 전재성, 『디가니까야』, 한국빠알리성전협회, 2016, p.158f.

이루어졌다는 점에 있어, 그리고 오랜 시간을 함께 나누는 출가제자들을 지도함에 있어, 설법내용이 출가자 중심으로 진행되었음이 분명하다. 초기경전 대부분의 내용은 출가자와 수행자를 위한 설법이라고 말해도 과언이 아닐 것이다. 하지만 소유의 문제에 한정해서는 상황이 조금 다르다. 재물의 소유는 재가자를 위한 설법내용이 상대적으로 많아 보인다. 왜냐하면 기본적으로 출가자에게는 소유가 제한되었기 때문이다. 붓다는 『앙굿따라니까야』를 통하여 네 종류의 사람을 설명한다. 이들 중에 가장 아름다운 수행자는 신구의 삼행을 통해 친절함을 유지하는 출가수행자이다. 출가수행자는 자신의 요구가 아닌 타인이 보시한 옷과 음식과 일용품을 받아쓴다. 그리고 그 품목의 소유에 제한이 있다.

"비구들이여, 세상에 발견되는 네 종류의 사람이 있다. 네 종류란 무엇인가? 흔들림 없는 수행자(사문), 흰 연꽃 같은 수행자, 붉은 연꽃 같은 수행자, 가장 아름다운 수행자이다.

…… 비구들이여, 가장 아름다운 수행자란 누구인가? 비구들이여, 세상에 비구가 항상 간청하면 옷을 받지 간청하지 않으면 옷을 받지 않는다. 항상 간청하면 탁발음식을 받지 간청하지 않으면 탁발음식을 받지 않는다. 항상 간청하면 와좌구, …… 필수약, …… 그리고 동료 비구들과 함께 지내면서 항상 친절하게 신체적으로 대하지 불친절하게 대하지 않는다. 항상 친절하게 정신적으로 대하지 불친절하게 대하지 않는다. 항상 친절하게 언어적으로 대하지 불친절하게 대하지 않는다."[66]

출가자인 비구와 비구니는 단순한 삶의 방식으로 살기 위해 최소한의 소유를 추구한다. 출가자의 소유물로 취급되는 필수품 목록에는 가사, 발우, 허리띠, 면도기, 바늘, 자, 이쑤시개 등이 있으며, 실제로 스님들은 샌들, 수건, 여분의 작업복, 어깨 끈, 우산, 서적, 시계 등의 소유물을 가지고 있다. 이러한 삶은 재가불자와 같은 소유욕에 얽매인 삶으로부터 벗어나 자유로운 정신적 성장의 기회를 맞이하기 위한 방식으로 보인다.[67] 『맛지마니까야(Majjhima Nikāya)』의 「쭐라핫티빠도빠마 숫따(Cūḷahatthipadopama sutta)」는 출가자가 지켜야 하는 삶의 특징에 대해 설명한다.

"그는 하루에 한 번 식사하고, 밤에는 식사하지 않으며, 때 아닌 때에 먹는 것을 떠납니다. 노래, 춤, 음악, 연극 등을 보는 것을 떠납니다. 꽃다발, 향료, 크림을 가지고 화장하고 장식하는 것에서 떠납니다. 높은 침대, 큰 침대에서 떠납니다. 금은을 받는 것에서 떠납니다. 날곡식을 받는 것에서 떠납니다. 날고기를 받는 것에서 떠납니다. 여인이나 여자아이를 받는 것에서 떠납니다. 닭이나 돼지를 받는 것에서 떠납니다. 코끼리나 소나 암말, 숫말을 받는 것에서 떠납니다. 전답이나 땅을 받는 것에서 떠납니다. 심부름을 보내거나 받는 것에서 떠납니다. 사고파는 것을 떠납니다. 저울을 속이고, 화폐를 속이고, 도량을 속이는 것을 떠납니다. 사기, 기만을

---

66 전재성, 『앙굿따라니까야』 4권, 한국빠알리성전협회, 2007, p.224f; A. II. 89.

67 참고) Jotiya Dhirasekera(2007), *Buddhist Monastic Discipline*, Buddhist Cultural Centre.

떠납니다. 절단, 살육, 포박, 약탈, 폭행을 떠납니다. 그는 옷은
몸을 보호하는 것으로 족하게 걸치고, 식사는 배를 유지하는 것으로
족하게 하고, 어디에 가든지 오로지 이것들만 가지고 갑니다."[68]

출가라고 하는 것은 단순히 집을 떠나는 것이 아니라, 세간적인
삶으로부터 벗어나는 것을 의미한다. 경전은 일정한 시간 외에 먹는
것을 떠나는 것에서부터 보고 즐기는 것, 몸을 장식하고 치장하는
것, 좋은 침상, 금과 은(돈), 날곡식과 날고기, 살아 있는 동물을
받는 것에서 떠나는 것이 출가라고 설명한다. 또한 부동산, 심부름(전
령의 역할), 매매, 사기, 절단, 살육, 포박, 약탈, 폭행 등이 일어나는
삶으로부터 떠나는 것을 출가의 특징이라고 설명한다. 결국 출가자는
재가자처럼 재물을 소유할 수가 없다. 출가자가 소유하는 것은 삶을
영위하기 위한 최소한의 것들로 제한되어 있다. 우선 비구가 소유할
수 있는 기본용품으로는 삼의일발三衣一鉢이 있다. 즉 세 종류의 옷과
발우를 의미한다. 비구니의 경우는 두 종류의 옷을 더해 오의일발이
필요하다.[69] 이들이 출가자에게 허용되는 최소한의 소유물임과 동시에
필수품이라고 볼 수 있다. 그 밖에 출가자가 지켜야 하는 계행에
대해서는 「사만냐팔라 숫따(Sāmaññaphala sutta)」를 통해 구체적으로
설명되고 있다.[70]

---

68 M. I. 180; 전재성, 『맛지마니까야』, 한국빠알리성전협회, 2014, p.359.

69 Vin. I. 286f; Vin. II. 112; Vin. II. 272.

70 D. I. 63~70; 참고) 전재성, 『디가니까야』, 한국빠알리성전협회, 2016, pp.160
~166.

물론 이들 외에도 사치품이 아닌 일상용품의 소유는 허용되었다. 삼의일발 외에 출가자가 소유할 수 있는 일상용품으로는 1) 우욕의 (vassikasāṭkā), 2) 복의(kaṇḍupaṭicchādi), 3) 방석(nisīdana), 4) 시트 (paccattharaṇa), 5) 수건(mukhapuñchanaḷka), 6) 직물품(parikkhāra-coḷaka), 7) 월경의(āvasathacīvara)가 있다. 삼의가 반드시 자신의 소유로 해야 하는 반면에 이들은 개인이 소유하기도 하고 공유품으로 관리하기도 한다. 1) 우욕의는 일종의 우비인데 우기에 옷을 입고 비를 맞으며 몸을 씻을 수 있도록 입는 옷이다. 2) 복의는 속옷의 일종으로 피부병 등이 생겼을 때 사용하는 옷이다. 3) 방석은 깔개를 말하고, 4) 시트는 잠자리에 까는 천을 말한다. 5) 수건은 몸을 닦기 위한 천이고, 6) 직물품은 주머니나 끈 등을 말한다. 7) 월경의는 비구니의 생리기간 중에 사용하는 옷이다.[71] 이처럼 직물품 외에도 작은 칼, 바늘, 바늘통, 골무, 약봉지, 가죽신발, 식수여과기, 모기장, 발판, 부채, 우산, 지팡이, 걸망, 삭발용 칼, 족집게, 귀이게, 칫솔 등은 소유할 수 있었다.[72]

앞서 재가자가 재물을 모음에 있어서는 근면한 노력, 두 팔의 힘, 이마의 땀으로 정당하게 재산을 얻어야 한다고 설명했다. 그리고 그렇게 모아진 재물은 부모를 존중하고 공경하는 데, 가족과 친지, 그리고 출가수행자 등을 존중하고 공경하고 즐겁게 하고 기쁘게 하고

---

71 원영 옮김, 『출가, 세속의 번뇌를 놓다』, 민족사, 2007, p.195.

72 Oskar v. Hinuber(1991), *The Oldest Pāli manuscript, Four Folios of the Vinaya Piṭka from the National Archives*. p.35.

행복하게 하는 데 사용되어야 했다. 하지만 출가자의 경우는 다르다. 초기불교 안에서 출가자는 근면한 노력, 두 팔의 힘, 이마의 땀으로 정당하게 재산을 얻을 수 없다. 왜냐하면 그들이 소유할 수 있는 재물은 한정되어 있으며, 그들에게는 수행에 전념하는 것 이외의 노동도 허락되지 않았다. 출가자는 철저하게 재가에 의지하여 살아가야 했고 재가는 출가를 지원해야 했다. 출가는 감각적 욕망을 통해 진행되는 재가의 삶이 행복을 추구하는 데 있어 어려움이 더 많다고 보았다. 따라서 출가와 관련된 독신과 무소유의 가치는 정상적인 (재가) 사회에서 나타나는 (탐욕이 지니는) 한계에 대한 비판으로 볼 수도 있다. 재가가 지니는 한계를 초월한 길이 곧 출가이다. 과연 오늘날의 출가가 재가의 한계를 극복했는지에 대해서는 여전히 의문이 남는다. 출가는 승가를 통하여 소유한다. 출가자 개인의 소유에 비해 승가의 소유는 그 폭이 넓어진다.

2) 승가의 소유

출가자가 소유할 수 있는 일상용품들은 개인이 소유하기도 하고 공유품으로 관리하기도 한다. 반면에 공유물로만 지정된 것은 개인의 소유가 인정되지 않는다. 땅이나 건물에 해당하는 부동산이 그 대표적인 예가 될 수 있다. 초기불교를 기준으로 비구와 비구니는 절과 수행처에 대한 사용권은 있으나 소유권을 가질 수는 없다. 또한 승가를 유지하는 데 필요한 공공도구 역시 개인의 소유물이 되기 이렵다. 예를 들어 솥, 도끼, 삽 등의 금속기기들은 공유물로만 인정받는다.[73] 절 안에 있는 의자, 침대, 카펫, 가구류들도 공유물이며 원칙상 비치된

공간에서 외부로 옮기는 것도 금지되어 있다.[74] 승가가 재가로부터 논이나 밭을 보시 받는 것은 가능하다. 다만 소유권을 행사할 수 없을 뿐이다. 물론 후대에 율장의 기준을 벗어나는 소유의 형태가 나타나기도 했다. 보시 받은 논밭에 소작인을 두어 경작하게 한 후에 수확의 일부를 승가의 소유물로 만드는 것이다. 이러한 방법은 승가가 걸식을 하면서 동시에 자급생활이 가능하도록 만들었다. 승가가 보시물을 통하여 지주의 역할을 할 수 있게 된 것이다. 이러한 특별한 소유의 방식은 율장보다는 『위숫디막가(Vusuddhimagga)』를 통하여 나타난다.[75] 하지만 이러한 부가적 자급생활은 출가가 탁발을 통해 세간에 의지하여 살아가는 원칙이 흔들리게 만들 수 있다.

개인의 소유물이 인정되지 않는 승가 안에서 공유물을 분배하는 작업은 매우 중요한 부분이다.[76] 따라서 승가는 소임이라는 관리책임을 맡게 한다. 거처를 어떻게 배분할 것인지, 신도의 공양을 어떻게 나눌 것인지 등을 처리하기 위해서는 일정의 권한을 가진 사람이 필요했고,

---

73 Vin. II. 170

74 원영 옮김, 『출가, 세속의 번뇌를 놓다』, 민족사, 2007, p.203.

75 Vism. 120.

76 공산주의는 기본적으로 토지와 자본을 활용하는 사유재산을 부정한다. 공동생산을 위한 목표가 중요하다. 능력에 따라 생산하고 필요에 따라 분배한다. 다만 평등한 분배가 중요하다. 하지만 불교는 공동생산을 하지 않는다. 따라서 승가를 공산주의와 비교하는 것은 부적절하다. 또한 부동산을 통한 생산을 공동생산으로 본다면 그것은 지대를 인정하지 않는 공산주의의 기본원칙에 위배된다. 승가공동체는 공산주의와 다르다.

이들을 선출해야 했다. 기본적으로 승가는 만장일치라는 합의제를 통하여 운영했다. 만장일치는 승가의 인원이 늘어날수록 합의하기에 불리한 시스템으로 보인다. 하지만 만장일치를 만들기 위해서는 서로 간에 많은 대화와 설득의 과정이 필요했고, 이러한 과정을 통해 보다 많은 사람들이 이해하는 상태에서 승가의 일들을 결정하고 소임이라는 책임과 권한을 분배할 수 있었다.[77] 이처럼 승가 안에서의 소유는 제한되어 있다.

율장을 기본으로, 이러한 상황에서 출가자가 재물(돈)을 가지는 것은 어렵다. 재가자가 보시로 주는 것이라도 출가자는 돈을 취할 수 없다.[78] 누군가 돈을 지니게 된다면 승가에 사죄하고 부당하게 취한 돈을 포기해야 한다. 출가자 개인이 포기한 돈은 신뢰할 수 있는 재가불자에게 맡겨 공동의 재산이 된다. 그리고 승가 안에서 버터, 기름, 꿀 등의 식료품이 필요한 경우 맡겨둔 재가자에게 부탁할 수 있다. 이러한 경우 공동의 재산으로 얻게 된 식료품은 개인적으로 돈을 취한 위반자를 제외하고 모든 출가자들에게 공평하게 분배한다. 만약 신뢰할만한 재가불자가 없는 경우에는 돈을 버려야 했다. 왜냐하면 승가는 돈을 손으로 만질 수도 없도록 제한하고 있기 때문이다.

---

[77] 승가의 소임: 1)방사 나누는 사람, 2)공양청 받는 사람, 3)죽 나누는 사람, 4)과일 나누는 사람, 5)식사 나누는 사람, 6)생활용품 나누는 사람, 7)옷 수납하는 사람, 8)창고 지키는 사람, 9)옷 나누는 사람, 10)집사, 11)공사를 관리하는 사람, 12)우욕의 나누는 사람, 13)발우 나누는 사람, 14)일시키는 사람, 15)사미에게 일시키는 사람(Vin. II. 177).

[78] Vin. II. 124ff.

하지만 시간이 흘러 화폐경제가 발달하면서 보시를 하는 쪽도 금전을 이용하고 싶어 했다. 편법이 늘어나기도 했는데, 재가신도가 돈을 보시하고 싶은 경우 출가자가 직접 돈을 만지거나 소유할 수 없으니 출가자가 필요한 물건을 파는 상인에게 주는 것이다. 그리고 출가자는 그 상인으로부터 물건을 가지고 오는 방법이다. 이러한 경우 출가자는 금전을 직접 만지거나 소유하지 않고 금전을 사용하게 되는 셈이다. 편법을 쓰는 입장에서 보면 율장은 금전의 물리적 소유만을 부정하고 있기에, 소유하지 않는 형태로 활용한다면 위법이라고 보기 어렵다. 이러한 승가의 복잡한 소유문제는 불교승가의 최초 분열이라는 결과를 낳게 한다.

3) 소유로 인한 승가의 분열

붓다의 입멸 후, 시간이 흐름에 따라 율장에 대한 해석이 달라졌다. 소유에 대한 복잡 미묘한 갈등은 마침내 승가를 분열시킨다. (남방전승) 율장의 설명에 따르면 붓다의 입멸 후 약 100여 년이 지나 칼라소카 (Kālāsoka) 왕의 재임시절 분열이 발생한다. 야사(Yasa) 장로는 우연히 베살리를 방문하였다가 왓지족(Vajjian) 출신의 출가자들이 '십사(十事, dasavatthu, 열 가지 대상)'를 인정하고 시행하는 것을 알게 되었다. 야사 장로는 까깐다까뿟따(Kākaṇḍakaputta)라는 이름을 가진 바라문 까깐다까(Kākaṇḍaka)의 아들로 아난(Ānanda)존자의 제자였다.[79]

　어느 날 그가 마하와나(Mahāvana)의 꾸따가라살라(Kūṭāgārasāla)

---

[79] DPPN. II. p.687: 그는 운이 좋게도 부처님의 생전 모습을 볼 수 있었던 제자 중에 한 사람이었다.

에 도착했을 때 그는 왓지 출가자들이 율장의 기준과는 다른 '십사'들을 주장하는 것을 보았다. 이들은 이 '십사'에 따라 율을 완화해 재가불자들로부터 음식뿐만 아니라 돈을 받고 있었다. 이에 야사는 이러한 행위는 율장에 어긋난다고 지적하였고 붓다의 원래 가르침과 상이하다고 주장했다. 하지만 왓지 출가자들은 이러한 야사의 대항을 무마하고 매수하기 위해 그동안 모은 돈을 야사에게 주었다. 하지만 야사는 돈을 받지 않고 오히려 재가불자들에게 왓지 출가자들의 태도는 붓다의 계율과 다르다고 설하였다. 이에 왓지 출가자들은 무력으로 야사의 발언을 막으려 했으나 야사는 그 자리를 피한다. 야사는 서쪽과 남쪽으로 전갈을 보내어 왓지 승가의 문제를 전한다. 그리고 소레야(Soreyya)에 거주하는 레와따(Revata) 장로를 만나 문제의 해결방안을 논의한다. 논의는 확대되어 다른 출가자들과 함께 왓지 출가자들의 '십사'가 잘못되었음을 지적하고 승가가 함께 모여 율장을 확인할 것을 다짐한다. 이에 야사와 레와따 장로는 그 당시 가장 고승인 삽바까미 (Sabbakāmī) 장로에게 이와 같은 사실을 알린다. 문제를 해결하기 위해 동쪽으로부터 온 4명의 장로(Sabbakāmī, Sāḷha, Khujjasobhita, Vāsabhagāmika)와 서쪽으로부터 온 4명의 장로(Sambhūtasāṇvāsī, Revata, Yasa, Sumana)는 함께 모여 레와따 장로는 질문을, 그리고 삽바까미 장로는 대답을 하는 식으로 율장을 확인해나갔다. 이러한 연구과정 끝에 이들은 왓지 출가자들이 행하는 '십사의 율'이 붓다의 가르침과 다르다는 결론을 내렸고, 700명의 비구들과 모여 다시 율장을 중심으로 합송하게 된다.

역사서의 설명에 따르면 이 결집을 통하여 경장 역시 (1차 결집의 내용을) 다시 확인하였으며 모두 약 8개월에 걸쳐 완성했다고 언급하고 있다. 이것을 '제2차 결집(Dutiya-saṃgaha)'[80]이라고 부른다. 이는 또한 야사(Yasa)에 의해 중요한 결정을 내리게 된 것이기에 '야사 장로의 결집(Yasathera-saṅgīti)'이라고도 부른다. 그리고 이러한 '제2차 결집'은 전통을 고수하는 상좌부에 의해 진행되었다. 이들에게 인정받지 못한 왓지 출가자들도 '십사'를 동의하는 1만여 명의 지지 세력을 얻어 자신들 스스로의 회합을 열었다. 이들은 별도의 결집을 시행하고 문제가 되었던 '십사'를 합법으로 승인했다. 이는 1만여 명이라는 많은 사람들이 참여했기에 '큰 합송(Mahāsaṅgīti)'이라고 부른다.

단일했던 승단은 '십사'와 관련된 율장의 해석에 따라 분열을 일으키게 되었고 이를 최초의 근본분열이라고 부른다. 불교승단은 전통적 계율을 고수하는 보수적 성향의 장로들이 모인 상좌부(Theravāda, 上座部)와 왓지 비구들과 같이 계율을 유연하게 해석하려는 진보적 성향의 대중부(Mahāsaṃghika, 大衆部)로 나누어지게 된 것이다.[81]

---

80 전재성, 『쭐라박가-율장소품』, 한국빠알리성전협회, 2014, p.1080ff.

81 Vin. II. 294; 참고) 권오민, 『인도철학과 불교』, 민족사, 2004, p.213; 한편 북방전승에 따르면 부처님이 입멸하시고 116년(또는 160년)이 지나고 파탈리푸 트라의 대천(Mahādeva, 大天)은 5가지 이유로 불교의 이상인 아라한을 부정했 다.(이러한 내용은 Kathāvatthu(173ff, 187ff, 194, 197.)에서도 보인다.) 그리고 이에 반대하는 전통적인 장로들이 대천의 무리에게 배척받아 서북인도로 쫓겨 감으로 써 상좌부와 대중부의 근본분열이 일어나게 되었다. 이렇게 근본분열한 불교교 단은 그 후에 교법 상의 해석을 놓고 분열의 분열을 거듭한 끝에 불멸 4백 년 무렵 마침내 근본 2부를 포함하여 20여 파로 지말支末분열하기에 이르렀다.

문제가 되었던 '십사'의 내용은 다음과 같다. 1) 각염정(角鹽淨, kappati siṅgiloṇakappo): 일반적으로 먹을 것을 다음날까지 비축해서는 안 되지만, 부패하지 않은 식염은 후일까지 소지하여도 무방하다. 2) 이지정(二指淨, kappati dvaṅgulakappo): 비구들은 태양이 남중하는 정오까지 식사할 수 있지만, 태양이 손가락 두 마디 정도 넘어갈 때까지는 먹어도 무방하다. 3) 타취락정(他聚落淨, kappati gāmantarakappo): 탁발하여 한 번 식사를 마친 후라도 오전 중이라면 다른 마을에 가서 다시 탁발을 할 수 있다. 4) 주처정(住處淨, kappati āvāsakappo): 동일 지역의 비구들은 한 달에 두 번 반드시 한 곳에 모여 포살(참회의식)을 행해야 하지만, 사정에 따라 두 곳으로 나누어 시행해도 무방하다. 5) 수의정(隨意淨, kappati anumatikappo): 정족수에 미치지 않더라도 곧 도착할 비구의 동의를 예상하여 의결한 후, 사후에 승낙 받아도 무방하다. 6) 구주정(久住淨, kappati āciṇṇakappo): 율 규정에 없는 것은 스승의 관례에 따른다. 7) 생화합정(生和合淨, kappati amathitakappo): 식사 이후라도 응고하지 않은 우유는 마셔도 무방하

대천의 5사는 다음과 같다—1)여소유餘所誘: 일체의 번뇌를 소멸한 아라한이라 할지라도 생리적인 욕구가 완전히 없어진 것은 아니므로 천마의 유혹에 의해 몽정하는 경우가 있다. 2)무지無知: 무명을 끊은 아라한이라고 할지라도 번뇌나 열반에 관한 한 어떠한 무지도 없지만 세속에 관해서는 무지한 경우가 있다, 3)유예猶豫: 아라한은 수행과 열반에 관해서는 어떠한 의혹도 없지만, 세속의 일에 관해서는 의혹이 생기는 경우가 있다, 4)타령입他令入: 아라한은 스스로 아라한과를 얻은 것을 알지 못하고 부처나 선배의 교시를 받아 비로소 득과의 자각을 획득하게 된다, 5)도인성고기道因聲故起: '괴롭도다.'라고 외침으로써 세간의 무상, 고, 무아 등을 통감하고 이것에 의해 성도에 들어간다.

다. 8) 무연좌구정(無緣坐具淨, kappati adasakaṃ nisīdanaṃ): 비구가
사용하는 방석의 크기는 결정되어 있지만, 테두리 장식이 없는 것이라
면 크기에 제한이 없다. 9) 음도루가주정(飲闍樓伽酒淨, kappati jalogi
pātuṃ): 비구는 술을 마셔서는 안 되지만, 발효하지 않은 야자즙과
같은 술은 약용으로 마실 수 있다. 10) 금은정(金銀淨, kappati jātarūpar-
ajatan ti): 출가자는 금이나 은을 가져서는 안 되지만, 부득이한 경우
이를 수납하여도 무방하다.[82]

〈출가자의 소유(빠알리 경장, 율장을 기준으로)〉

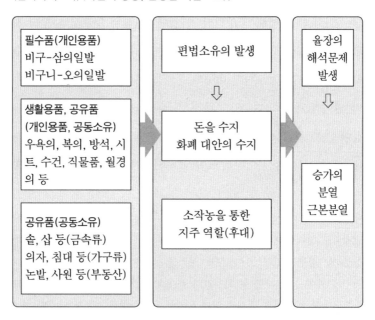

82 정준영, 「테라와다(Theravāda, 上座部) 불교의 발생과 흐름」 『한국불교학』
55호, 한국불교학회, 2009.

십사의 문제는 음식, 방석, 의결권, 돈 등 소유에 대한 인정문제에서 비롯되었다. 초기불교에서 승가의 소유는 극히 제한적이었다. 하지만 시간의 흐름에 따라 그 제한을 풀고자 하는 상황이 발생하였고 율장에 대한 해석의 문제까지로 확장된다. 결국 소유의 문제를 놓고 입장을 달리하던 승가는 분열한다. 붓다 당시 하나였던 승가는 소유에 대한 해석상의 문제로 갈라지게 된 것이다.

5. 소유를 통한 만족

붓다는 재가불자, 국가의 통치자, 그리고 출가자를 향해 소유와 분배를 설했다. 먼저 1, 2장에서는 소유를 위해 윤리가 기반이 되어야 한다는 설명을 했다. 초기불교는 계학을 기반으로 소유의 범주를 확장시켰다.[83] 붓다는 기본적으로 음식의 중요성을 강조했고, 가난하기보다는

---

83 David Brazier(1995), *Zen Therapy* John Wiley & Sons, p.37; 김용환 외 공역, 『선치료』, 학지사, 2007, p.68: 데이비드 브레이저는 동양과 서양문화의 차이점이 이러한 문제를 일으키고 있다고 지적한다.: 이 같은 두 가지 다른 입장 때문에 윤리의 역할에 대한 관점 또한 다르게 받아들이게 된다. 서양의 관점에서 윤리와 도덕은 일반적으로 개인의 과도함을 억누르는 제한요소로 인식된다. …… 선은 이와는 매우 다른 그림을 그린다. 불성은 모든 존재와 따로 떨어질 수 없는 하나이기 때문에 윤리는 속박이 아니라 해방으로 간주된다. 윤리는 우리의 핵심성품을 깨닫도록 이끄는 길이며, 따라서 진리와 행복이다. …… 부처님은 자신이 가르친 도에 대해 알려달라는 요청이 있을 때마다 계율의 문제를 가장 먼저 설파하였다. 계율은 우리의 근본적인 윤리적 성품을 계발하는 것을 의미한다. 이것은 마음을 수련하는 첫걸음일 뿐만 아니라 미래의 행복을 위한 초석이기도 하다.

소유할 것을 주장했다. 세상의 괴로움을 만드는 근본원인이 가난에 있다고 보았고 가난으로부터 벗어날 것을 강조했다. 그리고 빠알리문헌 안에는 생각했던 것 이상으로 소유, 돈, 금 등의 의미를 가진 단어들이 많았다. 붓다의 시대에는 소유라는 경제논리가 활성화되어 있었으며 더욱 발전해 나아갔음을 알 수 있다. 그는 소유의 문제에 접근함에 있어 경험적인 방법론을 통해 현실적인 접근을 최우선으로 선택한 것으로 보인다. 소유와 분배는 윤리와 함께해야 한다는 것이 그의 방침이었다.

3장인 '재가자를 위한 소유'는 개인의 소유와 국가의 소유로 구분할 수 있다. 개인의 소유는 재가불자가 재물을 얻는 방법, 사용하는 방법, 그리고 유지하는 방법으로 구체화했다. 재물은 근면한 노력으로 두 팔의 힘을 이용해 땀을 흘려 벌어야 하며 다른 사람에게 피해를 주는 부적절한 직업으로 소유해서는 안 된다. 또한 재물은 자신뿐만 아니라 부모, 가족, 친지, 이웃, 하인, 그리고 출가수행자들을 즐겁게 하고 존경하며 사용되어야 했다. 특히 재물을 잃게 하는 여섯 가지 파멸의 문을 주의해야 한다. 재가자를 위한 소유의 기본방침은 오계를 지키며 보시하는 것에 있었다.

국가의 소유는 국가나 왕의 재산을 가난한 국민들에게 어떻게 분배하고 위난을 극복해야 하는지에 대해 설명했다. 특히 붓다는 전륜성왕의 통치를 제안하며 동서남북 국가의 모든 지역에 계학을 통한 윤리적 통치의 확장을 강조했다. 사람뿐만 아니라 모든 생명을 **존중하는** 것이 인상적이었으며, 붓다의 생태환경에 대한 배려를 볼 수 있었다. 또한 보시하는 자는 후회해서는 안 되며 보시 받는 자는 (윤리적)

자격을 갖추어야 했다. 이 과정에서 역시 소유는 윤리와 함께하고 있었다. 가난을 벗어난 소유는 윤리를 통해 확장되고 분배되어야 했다. 그것은 개인의 소유와 국가의 소유 모두에서 공통적으로 진행되었으며, 이를 통해 불교의 사회복지가 어떻게 진행되었는지 알 수 있었다. 보다 많은 사람을 위한 소유와 분배, 그 안에는 불교만의 특징이 나타났고, 그것은 바로 사람으로서 마땅히 행하거나 지켜야 할 도리를 벗어나지 않는다는 점이다. 이러한 도리 안에서 만족이라는 기쁨을 찾을 수 있다.

마지막으로 4장은 '출가자를 위한 소유'로 출가자의 소유, 승가의 소유, 소유로 인한 승가의 분열문제를 다루었다. 출가자 개인이 소유할 수 있는 물품은 지극히 제한적이었다. 생존을 위한 최소한의 소유물을 지니는 것이다. 물론 소유물은 개인의 소유물과 공동의 소유물로 구분될 수 있었다. 공동소유물에는 부동산을 포함하여 가구나 집기류 등이 해당되었고, 이들 역시 재가불자의 소유와는 비교할 수 없는 생활의 필수품 수준이었다. 붓다가 인정하는 소유는 재가불자에만 한정한다 할 수 있을 정도로 출가자와의 차이가 분명했다. 다만 재가불자이든 출가자이든 소유에는 반드시 윤리가 바탕하고 있었다. 윤리가 함께할 때 소유는 원활하게 공유되고 만족으로 발전할 수 있다. 그렇지 못한 경우는 탐욕의 굴레에 얽매이도록 만들었다. 안타깝게도 시간이 흐름에 따라 소유의 기준은 변질되었고 승가의 분열까지 발생했다.

지금까지의 내용을 종합해보면, 초기불교는 경제적 문제에 적극 참여했다. 따라서 불교가 돈이나 자본에 비현실적으로 대한다거나,

초월적이라는 표현은 적합하지 않다. 불교의 입장에서는 오히려 현실이라 부르며 경제논리라 칭하는 비윤리적 작태가 달갑지 않다. 무엇보다도 소유만 늘어나면 행복해진다는 경제논리는 행복에 대한 잘못된 이해에서 비롯된다. 현대인들은 더 많은 것을 소비하는 사람이 덜 소비하는 사람보다 잘사는 것으로 생각하며, 연간 소비량을 통해 '생활수준'을 파악하고 있다. 많은 사람들이 행복의 기준을 물질적 소유에 두고 있으며, 소유에 집착한 나머지 정작 행복에 필요하지 않은 일에 열중하며 산다.[84] 소유를 통해 지속적으로 소비를 늘리려는 삶의 방식에는 의문을 제기할 수밖에 없다. 불교의 경제논리는 이러한 접근법에 동의하지 않는다. 소비는 단지 인간행복의 수단일 뿐이므로 최소한의 소비로 최대의 만족을 달성해야 하는 것이다.[85] 소유에 대한 집착은 오히려 더 큰 불안을 키우고 서두르게 만들며, 결국 원하는 만큼 소유하지 못하는 결과를 반복하게 만든다. 특히 오늘날의 경제학은 최적의 생산과정을 통해 소비를 극대화하려고 시도한다. 하지만

---

[84] 서은국, 『행복의 기원』, 21세기북스, 2015, p.104.

[85] Ernst Friedrich Schumacher(1972), *Small is Beautiful*, Harper Collins pub. p.36, "현대 경제학은 소비가 토지, 노동, 자본 등 생산요소를 수단으로 삼아 모든 경제활동의 유일한 목적으로 간주하고 있다. 간단히 말해서 현대경제학은 인간 만족을 극대화하려고 시도한다. 불교경제학은 생산적인 노력의 최적 패턴에 의해 소비를 극대화하려고 시도한다. 최적의 소비패턴을 얻기 위해 노력하는 삶의 방식을 유지하는 데 필요한 노력은 최대한의 소비를 위해 필요한 노력보다 훨씬 적을 것이다." "단순함과 비폭력은 분명히 밀접하게 관련되어 있습니다. 상대적으로 낮은 소비율로 높은 수준의 인간 만족을 생산하는 최적의 소비패턴은 사람들이 큰 압력과 긴장 없이 살면서 불교의 가르침의 주요 계율을 실천할 수 있게 합니다."

불교의 경제학은 윤리적 소유를 통해 가난을 벗어나고 보시를 통해 인간의 만족을 극대화하려고 노력했다.[86]

굶주림은 아주 심각한 질병이다. 형성된 것들은 극심한 괴로움이다. …… 건강이 최상의 이익이고, 만족이 최상의 재물이고, 신뢰가 최상의 친구이고, 열반이 최상의 행복이다.[87]

불교 안에서 진행되는 소유의 기능은 정신적 성장을 위한 견고한 토대가 되어 만족을 제공하는 것이다. 그러므로 만족하지 못하는 것은 소유의 본래 기능을 상실하고 탐욕에 빠진 상태라고 볼 수 있다. 불교에서 가장 큰 소유는 만족이다.[88]

그리고 윤리는 만족의 터전을 마련해준다. 슈마허Schumacher는 현대경제학과 불교경제학의 차이점에 대해 부연한다.

현대경제와 불교경제학의 또 다른 두드러진 차이점은 천연자원의 사용에 있다. 현대경제는 인간의 노력 이외에는 아무것도 지출하지 않는 경향이 있다. 현대경제는 얼마나 많은 광물질을 낭비하고, 훨씬 더 심한 생물체가 얼마나 파괴되는지는 신경 쓰지 않는다. 인간의 삶이 다양한 형태의 삶의 생태계에 종속되어 있다는 것을

---

86 Peter Harvey(2000), *An Introduction to Buddhist Ethics*. Cambridge Univ press. p.220.

87 Dhp. 203f; 전재성, 『법구경-담마파다』, 한국빠알리성전협회, 2008, p.146.

88 Dhp. 204: santuṭṭhiparamaṃ dhanaṃ.

전혀 깨닫지 못하고 있는 것 같다. 반면에 붓다의 가르침은 모든
움직이는 존재(동물)들뿐만 아니라 식물들에게도 경건하고 비폭력
적인 태도를 강조한다.[89]

불교는 수백만 년 이상의 시간을 통해 식물과 생물의 퇴적으로
만들어진 석탄, 석유의 가치가 원자력 등과 비교되며 발전단가를
논의한다는 것 자체에 의문을 갖는다. 현대경제학은 재생 가능 물질과
재생 불가능 물질을 구별하지 못한다. 왜냐하면 돈으로 모든 것을
동등화하고 정량화하기 때문이다. 현대경제는 인간의 삶이 다른 존재
들과 연결되어 있으며 다른 존재에 의존하여 살아간다는 것을 간과하

---

89 Ernst Friedrich Schumacher(1972), *Small is Beautiful*. Harper Collins pub.
 p.36ff: "현대경제학은 재생 가능 물질과 재생 불가능 물질을 구별하지 못한다.
 왜냐하면 돈으로 모든 것을 동등화하고 정량화하기 때문이다. 현대경제에서
 인정하는 유일한 구분점은 해당 단위당 상대비용의 차별성에 있다. 가장 저렴한
 것이 자동으로 선호되며, 그렇지 않은 경우는 비합리적이고 비경제적인 것이
 된다. 물론 불교적 관점에서 볼 때 이러한 판단은 잘못되었다. 불교경제학은
 석탄과 석유와 같은 재생 가능하지 않은 연료와 다른 한편으로는 목재와 수력과
 같은 재생 가능한 연료의 근본적인 차이점을 간과할 수 없다. 재생 불가능한
 제품은 꼭 필요한 경우에만 사용해야 하며, 가장 보살핌과 보전에 대한 가장
 세심한 관심이 아래서 사용해야 한다. 이들을 무분별하게 또는 사치스럽게
 사용하는 것은 폭력행위와 다를 것이 없다. …… 석탄, 석유 및 천연가스와
 같은 재생 가능하지 않은 연료의 세계자원이 지구상에 불규칙하게 분포되어
 있고 의심의 여지없이 수량 면에서 제한적이기 때문에 점차 증가하는 속도로
 그들의 착취가 자연에 대한 폭력 행위임을 분명하다. 그리고 거의 필연적으로
 사람들 사이의 폭력으로 이어질 것이다."

고 있다. 재생 불가능한 연료의 무분별한 착취는 자연에 대한 폭력행위
이며, 마치 「짝까왓띠시하나다 숫따」의 일화처럼 폭력을 확대하고
인간의 수명을 줄일 것이다. 따라서 현대의 경제학을 통한 소유논리가
우리를 행복하게 이끌 수 있을지에 대해 진지한 고민이 필요하다.
현실에서 벗어나고 어린아이의 꿈같다는 불교의 경제논리가 우리의
소유에 더욱 부합할 수 있다. 우리는 오계를 지키며 소유하고 가난을
벗어난다. 그리고 후회 없는 보시를 통해 함께 나눌 때 만족스러운
삶을 살 수 있다. 본고는 두 가지 의문에서 시작되었다. 하나는 '어떻게
가져야 하는가?'의 문제이고, 다른 하나는 '어떻게 나눠야 하는가?'이
다. 우리는 인간이다. 인간의 도리를 지키며 가져야 하고 인간의 도리
안에서 함께 나누어야 한다.

"기업은 도덕으로 하는 것이다."

참고문헌

- PTS Pāli Texts의 약어는 Pāli English Dictionary(PED)의 약어(Abbreviation) 기준을 따랐다.

초기경전

Aṅguttaranikāya. 5 vols. ed. R. Morris and E. Hardy. London: Pali Text Society (PTS), 1985-1990.

Dīghanikāya. 3 vols. T.W. Rhys Davids and J.E. Carpenter. London: PTS, 1890-1911.

Dhammapada. ed. S. Sumangala Thera. London: PTS, 1914.

Itivuttaka. ed. Ernst. Windisch, London: PTS, 1889-1975.

Majjhimanikāya. 3 vols. ed. V. Trenkner and R. Chalmers. London: PTS, 1948-1951.

Manorathapūraṇī. 5. vols. ed. Max Walleser and Hermann Kopp. London: PTS. 1967.

Papañcasūdanī. 5 vols. ed. J. H. Woods and D. Kosambi. London: PTS. 1977.

Saṃyuttanikāya. 6 vols. ed. M. Leon Feer. London: PTS, 1884-1904.

Sāratthappakāsinī. 5 vols. ed. Woodward. F. L. London: PTS. 1977.

Sumaṅgalavilāsinī. 3 vols. ed. T.W. Rhys Davids and J. Estlin Carpenter. London: PTS, 1968.

Sutta Nipāta. ed. D. Anderson and H. Smith. London: PTS, 1948-1965.

Udāna. ed. Paul. Steinthal. London: Oxford University press. 1948.

Vinaya Piṭaka. 5 vols. ed. Hermann Oldenberg. London: PTS. 1969.

Visuddhimagga. ed. C.A.F. Rhys Davids and D. Litt. London: PTS., 1975.

Bodhi, Bhikkhu. and Ñāṇamoli, Bhikkhu. trans. *The Middle Length Discourses of the Buddha. A New Translation of the Majjhima Nikāya.* Kandy: Buddhist Publication Society. 1995.

Ñāṇamoli, Bhikkhu. trans. *The Path of Purification.* (Visuddhimagga). London: Shambhala Publications. 1976.

Rhys Davids, T. W. *Dialogues of The Buddha.* Pali Text Society. 1977.

Walshe, Maurice. trans. *The Long Discourse of the Buddha. A Translation of the Dīgha Nikāya.* Kandy: Buddhist Publication Society. 1996.

Woodward, F. L. Verses of Uplift. *The Minor Anthologies of the Pali canon.* part. II. Oxford University Press. 1948.

각묵, 『디가니까야-길게 설하신 경』, 초기불전연구원, 2006.

____, 『상윳다니까야』, 초기불전연구원, 2009.

대림, 『청정도론』, 초기불전연구원, 2004.

____, 『앙굿따라니까야』, 초기불전연구원, 2007.

전재성, 『숫타니파타』, 한국빠알리성전협회, 2004.

_____, 『쌍윳따니까야』, 한국빠알리성전협회, 2007.

_____, 『앙굿따라니까야』, 한국빠알리성전협회, 2007.

_____, 『법구경-담마파다』, 한국빠알리성전협회, 2008.

_____, 『맛지마니까야』, 한국빠알리성전협회, 2009.

_____, 『이띠붓따까-여시어경』 한국빠알리성전협회, 2012.

_____, 『마하박가-율장대품』 1, 한국빠알리성전협회, 2014.

_____, 『쭐라박가-율장소품』 2, 한국빠알리성전협회, 2014.

_____, 『디가니까야』, 한국빠알리성전협회, 2016.

참고사전

Andersen, Dines and Helmer, Smith. ed. *A Critical Pali Dictionary.* Copenhagen: The Royal Danish Academy Pub, 1924-1948.

Buddhadatta. A. P. Mahathera. *Concise Pali-English Dictionary.* Delhi, Motilal Banarsidass Pub, 1989.

_____. *English Pali Dictionary*. London, Pali Text Society, 1979.

Caesar Chilbers, Robert. *A Dictionary of the Pali Language*. Kyoto Rinsen Book Company, 1987.

Cone, Margaret. *A Dictionary of Pāli*. Oxford: PTS, 2001.

Hare. E. M. *Pali Tipiṭakaṃ Concordance*. London: PTS, 1953.

Malalasekera. G. P. ed. *Encyclopedia of Buddhism*. Vols. Colombo, Government of Sri Lanka.

_____. *Dictionary of Pali Proper Names*. Vols 2. London, Pali Text Society, 1974.

Monier Williams, *Sanskrit English Dictionary*. Oxford. 1988.

Ñāṇamoli, Bhikkhu. *A Pali-English Glossary of Buddhist Technical Terms*. Kandy. BPS, 1994.

Nyanatiloka Thera. *Buddhist Dictionary*. The Corporate Body of the Buddha Educational Foundation, 1987.

Rhys Davids, T. W. and Stede, William. *Pali-English Dictionary*. Delhi: Motilal Banarsidass Pub, 1986.

전재성, 『빠알리어사전』, 한국빠알리성전협회, 2012.

雲井昭善, 『パーリ語佛教辭典』, 山喜房佛書林, 1997.

출판 및 연구물

Bailey Greg, Mabbett Ian, *The Sociology of Early Buddhism*. Cambridge University Press. 2003.

Brazier David, *Zen Therapy*. John Wiley & Sons, 1995.

Brown Daniel & Engler Jack, "The States of Mindfulness Meditation: A Validation Study" in Transformation of Consciousness: Conventional and Contemplative Perspectives on Development, New Science Library, 1986.

Chakravarti Uma, *The Social Dimensions of Early Buddhism*. Oxford University Press. 1987.

Dhirasekera Jotiya, *Buddhist Monastic Discipline*, Buddhist Cultural Centre. 2007.

Field Lloyd, *Business and the Buddha*. Wisdom Pub. 2007.

Fulton Paul R. & Siegel Ronald D. *"Buddhist and Western Psychology"* Mindfulness and Psychotherapy. The Guilford Press, 2005.

Gunaratana Henepola, *Eight Mindful Steps to Happiness*. Wisdom Publication, 2001.

Harvey Peter, *An Introduction to Buddhist Ethics*. Cambridge Univ press. 2000.

Hinuber Oskar v. *The Oldest Pāli manuscript, Four Folios of the Vinaya Piṭka from the National Archives*. 1991.

Rahula Basnagoda, *The Buddha's Teaching on Prosperity*. Wisdom pub. 2008.

Schumacher, Ernst Friedrich, *Small is Beautiful*. Harper Collins pub. 1972.

김재영, 『초기불교의 사회적 실천』, 민족사, 2012.

김용환 외 공역, 『선치료』, 학지사, 2007.

권오민, 『인도철학과 불교』, 민족사, 2004.

박제선 옮김, 『고대 인도사회와 초기불교』, 민족사, 2004.

박성현 외 옮김, 『자비의 심리학』, 학지사, 2014.

서은국, 『행복의 기원』, 21세기북스, 2015.

오원탁 옮김, 『부처의 길 팔정도』, 아름드리미디어, 2006.

윤성식, 『부처님의 부자수업』, 불광출판사, 2016.

이나경 옮김, 『무소유로는 행복해질 수 없다』, 아이비북스, 2010.

이미령, 『붓다 한 말씀』, 불광출판사, 2013.

원영 옮김, 『출가, 세속의 번뇌를 놓다』, 민족사, 2007.

정준영, 「욕망의 다양한 의미」, 『욕망, 삶의 동력인가 괴로움의 뿌리인가』, 운주사, 2008.

_____, 「테라와다(Theravāda, 上座部) 불교의 발생과 흐름」, 『한국불교학』 55호, 한국불교학회, 2009.

_____, 「붓다의 깨달음, 해탈, 그리고 열반」, 『깨달음, 궁극인가 과정인가』, 운주사, 2014.

헤럴드경제 http://biz.heraldcorp.com/culture/view.php?ud=201707261906262732318_1 (검색일자 2017년 7월 27일).

주간동아 http://weekly.donga.com/3/all/11/1003255/1 (검색일자 2017년 7월 27일).

선가禪家의 존재와 소유

황금연(동국대학교 불교학술원)

1. 존재, 그리고 소유

"돈은 가난보다 좋다. 오로지 재정적인 이유뿐이라고 해도."

이 말은 시나리오 작가이자 영화감독인 우디 앨런Woody Allen의 말이다. 가슴에 적지 않은 파장을 일으킬 수 있는 말이다. 언뜻 생각하면 누구나 긍정적 응답을 할 수밖에 없는 말이기도 하다. 자본주의 사회에서 우리의 생존을 가능케 하고, 사람과 사람을 비롯한 일체의 관계성 사이에 매개체가 되어 관계를 이어주거나 관계를 더욱더 돈독하게 하는 역할로 '돈'은 자리를 잡고 있다. 재미있게도 '돈'이라는 우리말은 마치 누군가가 그 속성을 꿰뚫어보고 지어낸 단어처럼 그것이 지닌 속성과 역할에 맞게 이름이 지어졌다. 돈은 그 속성이 결코 고정되어 머물러 있지 않는다. 돌고 돌면서 기쁨의 요인과 슬픔의 이유가 되어 사람과 사람의 관계를 이어주고 있는 것이다. 아마도 자신에게 머물러 있는 시간과 그 양이 많을수록 그 순간만큼의 풍요로움을 누릴 것이다. 누구도 그 고정화된 실체를 보장할 수 없는 것이지만 말이다. 그 속성 자체가 항구적으로 머문다는 보장이 없기 때문에 매일 아침 인간들은 그것을 구하고 축적할 수 있는 일거리를 찾아 지친 몸을 일깨워 자리를 박차고 일어나는 것은 아닐까?

각자 개인의 성향에 따라, 자신이 처한 경제적 또는 환경적 여건에 따라 천차만별의 차이가 있겠으나, 우리의 현재적 삶을 보존하고 지금보다 더 나은 삶을 추구하는 목적의식이 없다면 아마도 인간은 지금보다는 훨씬 더 여유로움을 추구하고 또 누리며 살 수 있을지도 모르겠다. 그렇게 되면 남들이 다 잠든, 동도 트기 전 새벽부터 지하철에 몸을 싣고 일터로 바쁜 걸음을 재촉하는 일도, 다른 사람들이 다 휴식의 세계로 들어간 늦은 밤까지 불을 밝히고 몸을 바삐 움직여야 하는 거꾸로 된 삶도 줄어들지 모르겠다. 이 세상에 우리의 삶을 이어주고 지탱해주는 이 '돈'이란 교환매체는 이제 그 교환매개체로서의 역할을 넘어 인간이 그토록 갈망하고 그것의 축적을 위해 물불을 가리지 않는 매력적인 존재로까지 부상했다. 더 나아가 매우 슬픈 일이지만, 그것을 위해서는 체면도 인륜도, 그 밖의 어떤 것도 힘을 잃는 본말이 전도된 인면수심人面獸心의 삶을 살게 하는 무소불위無所不爲의 힘을 지닌 존재가 되기에 이르렀다. '사람 나고 돈 났지, 돈 나고 사람이 났다더냐?'라는 말은 이제 많은 경우, 그저 노래의 한 구절로 얌전히 읊조리는 경구처럼 되었거나, 가지지 못한 자의 쓰린 가슴을 위로하기 위한 노래가사가 된 지 오래다.

　본고는 소유와 무소유의 상관관계를 중심으로 선가禪家의 생활양식을 통해 엿볼 수 있는 존재와 소유의 문제, 그로부터 파생되는 행복의 문제를 깊이 천착해보는 것이 주된 목표다. 오늘날 자본주의 사회에 살아가고 있는 사람들의 보편적 특성 중 하나는 재화를 끊임없이 소비하고, 끊임없이 생산되는 재화에 커다란 가치를 부여할 수밖에 없는 생활을 하는 것이다. 좋든 싫든 자급자족의 경제구조로부터 탈피하여 대량상품의 생산과 유통망의 한가운데에 놓임으로서 그에 따른 물신화의 경향이 만연해 있고, 본말이 전도되어 소비가 마치 삶의 본질인 양 인식되고 있다. 앞에서 이미 말했듯이, 이런 자본주의 경제체제에서는 삶을 지속시켜가는 경제의 교환수단인 돈의 역할이 그 무엇보다 중요하게 되었다. 심지어 사람에 따라서는 본말이 전도되어 돈이면 무엇이나 다 된다는 인식마저도 갖게 된 것이다. 인간에게 있어서의 가장 큰 욕망이 생명의 지속이라고 할 때, 그것조차도 돈이 아니면 불가능하다는 냉엄한 현실 앞에 인간은 그들이 추구해온 그 어떤 가치보다 돈이란 존재 앞에 나약하고 비굴해지는 경우도 이제 보기 드문 일이 아니다. 우리가 1%에 대항한, 99% 금융자본의 과도한 탐욕과 사회 양극화를 규탄하는 뉴욕 월가의 점령시위에서 보듯이, 오늘날 자본주의[1] 사회의 재화에 대한 지나친 욕망과 배금주의 문화는 이미 지구촌 전체가 안고 있는 일반화된 현상이며, 심각한 문제가 된 지 오래다.

---

1 자본주의를 가장 잘 정의했다고 하는 막스베버에 따르면, 자본주의란 "직업으로써 이윤을 합법적 조직적으로 추구하는 정신"이라 한다.

이런 상황을 좀 더 적나라하게 들여다보기 위해 독일인의 삶의 형태를 들어보자. 독일인들의 경우, '재정적 자유'는 가장 중요한 삶의 꿈이다. 이것이 환상적인 여행이나 정말로 기쁨을 주는 직업마저 큰 차이로 따돌린 것은 물론, 위대한 사랑마저도 5퍼센트의 차이로 제쳐버렸다. 매일 2,100만 명의 독일인들이 여섯 개의 숫자를 맞추려고 기를 쓰고 있으며, 그 밖의 1,070만 명이 특별한 형태의 복권게임에 참여한다. 즉 증권이나 펀드에 투자하는 것이다. 250만의 독일인들이 『재정적 자유로 가는 길』이란 책을 구입하여, 머니 코치인 보도 섀퍼의 돈 버는 방법이 담긴 이 책을 제2차 세계대전 이후 독일 역사상 최고의 베스트셀러 중 하나로 만들었다.[2]

"돈이 없는 사람은 항상 돈을 생각한다. 돈이 있는 사람은 오로지 돈만 생각한다."라는 억만장자 폴 게티의 이 말은 생각하기에 따라선 우리를 매우 서글프게 한다. 하나는 생존을 위한 간절한 필요에 의해서, 다른 하나는 이미 획득한 것을 잘 지키고 더욱 늘려가기 위해서일 것이다. 실제로 돈은 2,500년간 존재해오는 동안 교환과 저장의 수단에서 출발해 가장 중요한 생활수단으로 변해버렸다. 돈은 다른 그 어떤 것보다도 강하게 우리의 생각과 행동을 결정하며, 우리의 삶을 구성하는 너무나도 당연한 요소로 자리를 잡았다. 우리가 돈을 벌고 돈을 늘리기 위해 쏟아 붓는 애타는 노력은 마치 순간순간 숨 쉬는 것처럼 당연한 것이 되어버린 것이다. 그리고 마침내 이제 그 한계조차 모르고 끊임없이 전력을 기울이는 유혹제가 된 것이나.

2 하라드 빌렌 브록 지음, 배인섭 옮김, 『행복 경제학』, 미래의 창, 2007, p.5 참조.

오늘날 '싼 게 최고'라는 태도, 국가적 대량실업문제라는 중대한 문제를 안고서도 많은 산업체의 국외 이전과 그에 따른 높은 실업률 등은 모두 돈에만 집착하는 우리의 속성이 빚어낸 산물이다. 그것은 세계를 바라보는 우리의 시선을 변화시킬 뿐 아니라 세계 자체를 변화시킨다. 돈의 논리는 이런 방식으로 세상을 점점 더 빠른 속도로 돌아가게 만든다. 대규모 기업들은 생산비의 절감을 위해 전 세계를 뒤지고 다닌다. 생산비의 절감을 통해 소비자에게 더 낮은 가격을 제시하는 것이 기업이 지속적으로 살아남는 유효한 길이기 때문이다. 노조는 더 많은 임금을 위해 싸우고, 많이 버는 사람들은 더 낮은 세금을 위해, 경제학자들은 더 많은 성장을 위해, 대중은 우리에게 더 많은 복지를 약속하는 정부를 위해 싸운다. 돈은 언제나 좋은 것이고 더 많은 돈을 갖는 것이 더 좋은 것이다.[3]

하지만 행복이 오로지 돈에 달려 있다고 믿을 만큼 그렇게 단순하고 어리석은 사람은 아무도 없을 것이다. 그럼에도 불구하고 돈에 대한 맹목적 추구에 우리가 온 몸과 마음을 기울이는 까닭은 무엇일까? 여기에는 많은 요인이 있겠지만, 절대적 빈곤층을 제외하고는 아마도 대개 불필요하게 여겨지는 타인과의 끊임없는 비교의식 때문이라

---

3 돈은 언제나 좋은 것이라는 말은 자칫 천박한 정신의 소유자로 오인될 가능성이 크다. 또 실제로 언제나 그렇다고 하기에는 망설여지는 부분도 없지 않다. 하지만 세상의 어려운 사람, 가난하고 핍박받는 많은 사람들을 구제하는 밝은 소비도 결국 돈이 하는 일이라고 생각하면 이렇게 말할 수도 있겠다는 생각을 해본다. 돈은 그 쓰임의 방향에 따라 귀천이 갈린다고나 할까? 노블레스 오블리주 (Noblesse oblige), 기부천사 등의 말도 돈에서 나오기 때문이다.

생각된다. 우리는 언제나 동료와 이웃, 정치가나 사장이 얼마나 많이 버는지를 의혹에 가득한 눈으로 지켜본다. 우리는 과거에 비해 점점 더 많은 것을 가지고 쓸 수 있음에도 불구하고, 또 전 세대에 비해 우리 세대가 훨씬 더 풍요로운 물질을 향유하고 있음에도 불구하고 우리가 소유하고 있는 것이 절대로 충분하지 않다는 두려움을 언제나 떨쳐내지 못하고 키워가며 초조하게 뛰어다니고 있다. 그러나 이런 공포보다 더욱 벗어나기 힘든 것은 그런 공포를 겪으면서도 아무 것도 배울 수 없는 우리의 무능력이다. 우리는 타고난 불량항해사로, 우리가 타고 있는 행복의 배를 잘 조종하지 못한다. 우리가 가진 지도는 이미 너무 낡았고 나침반은 급히 수리를 받아야만 한다. 목에 건 망원경의 렌즈는 흠집투성이여서 바로 근처도 제대로 볼 수 없다. '재정적 자유'라는 장기적 목표는 안개에 휩싸여 희미하지만, 그 때문에 오히려 더욱 매혹적으로 보인다. 그래서 우리는 일과 돈벌이에 지나치게 많은 에너지를 투자한다. 하지만 『행복 경제학』에서 밝혀낸 것처럼, 돈보다 더욱 분명하게 그리고 더욱 지속적으로 우리를 행복하게 만들어주는 요소들이 있다. 친구와 가족, 건강 등이다.[4]

그럼에도 불구하고 "사람들은 물질적인 재화의 이용이 여러 가지 다양한 영향으로 무가치해진다는 것을 인식하지 못한다." 미국의 경제학자 리처드 이스털린은 우리의 상황을 이렇게 비판했다. 그래서 가족이나 건강과 같은 본질적인 목표를 위해 써야 할 시간을 물질적인 목표를 위한 시간으로 사용한다. 결국 삶에 대한 만족감은 더욱 줄어들

4 하라드 빌렌 브록 지음, 배인섭 옮김, 『행복 경제학』, 미래의 창, 2007, p.18 참조.

고 마는 것이다. 우리는 행복을 낭비하고 있다. 또 우리는 사회적·정치적으로, 그리고 개인적으로 잘못된 목표로 이어지는 잘못된 길을 지속적으로 가고 있다. 어째서 우리는 새로운 도시나 더 높은 소득에는 쉽게 적응하면서도 친구나 실업, 결혼 같은 대상에는 훨씬 익숙해지기 힘든가 하는 문제는 아직도 궁극적 해답을 얻지 못했다. 또 하나의 수수께끼 같은 일은 우리의 사회적 지위에 대한 집착은 돈을 사냥하고 모으는 가장 중요한 이유 중 하나로 유사 이래로, 아니 그전부터 달라진 것이 전혀 없다는 점이다. 그것이 더 이상 생존의 문제와 아무런 관련이 없는 것이 되었음에도 말이다.[5]

앞서 말했듯 『행복 경제학』에서는 인간이 끊임없이 맹목적으로 돈을 위해 몸과 마음으로 전력을 다해 투신하는 이유로 행복의 배를 잘 조종하지 못하는 불량항해사인 점, 사회적·정치적으로, 그리고 개인적으로 잘못된 목표로 이어지는 잘못된 길을 가고 있는 인간의 어리석은 성향, 대체로 불필요하게 여겨지는 타인과의 끊임없는 비교의식, 유사 이래 아무 것도 달라진 것이 없는 사회적 지위에 대한 무한 집착 등을 들었다. 이 책의 저자가 지적하듯 네 가지 정도의 이유에서든, 또 다른 그 어떤 이유에서든 재정적인 자유는 그 어느 때보다 중요한 삶의 목표가 되어가고 있다. 재화나 사회적 지위의 추구를 위한 끝없는 우리의 전력투구, 그로 인해 소모하는 우리의 엄청난 에너지의 소비 때문에 초래되는, 정작 우리가 추구해야 할 우리의 건강, 가족, 친구 등의 상실을 뒤로 하고. 더구나 인간의 수명이

---

5 하라드 빌렌 브록 지음, 앞의 책, pp.19~20 참조.

한층 길어져 백세시대를 지향하는 이 시점에 재정적 자유는 더욱더 중요한 필수요소로 점점 더 부각되고 있다. 지금까지의 정년제도는 이미 그 의미를 잃은 지 오래고, 우리의 경우도 100세 이상의 노인인구가 점점 늘어나 그것이 희귀하지 않은 현상이 된 지금, 은퇴 후의 노후설계는 바야흐로 개인의 문제를 뛰어넘어 많은 국가와 사회가 안고 있는 공동의 문제가 되었다.

　이쯤에서 가장 궁금해 할 수밖에 없는 의문은 무엇일까? 그것은 소득의 증가에 따라 우리가 무한히 만족할 수 있을까 하는 것이며, 인간의 행복에 그 영향력을 크게 미치지 않는 소득, 즉 재화의 양은 얼마일까 하는 것이다. 이에 관해 7,800명의 독일인을 선발하여 1년 동안 관찰했던 영국 학자들의 보고가 있다. 소득이 늘면 처음 1년간은 현저한 만족감을, 두 번째 해에도 여전히 눈에 보일 만큼의 영향력을 발견할 수 있지만, 세 번째 해가 되면 만족감을 거의 찾아보기 힘들다. 네 번째 해에는 급기야 만족감은 완전히 사라져버리고 만다. 결국 우리가 지속적으로 더 많은 행복감을 느끼기 위해서는 계속해서 더 많은 돈을 벌어야만 하는 것이다. 하지만 아무리 열심히 일하고 경제적으로 나아지려고 애쓴다 해도 절대로 충분하지 않다. '부의 상대성'은 돈이 우리를 지속적으로 행복하게 만들어주지 못하는 궁극적 이유인 것이다.[6]

　타인과의 지속적인 비교를 통한 부의 상대적 박탈감은 우리의 삶을 설고 만족의 세계로 안주시키지 못할 것이다. 그럼에도 불구하고

---

6 하라드 빌렌 브록 지음, 앞의 책, pp.17~18 참조.

돈은 단기간에 분명히 더 큰 만족을 보장한다. 일본이나 독일과 같은
부유한 나라의 주민은 평균적으로 시에라리온이나 미얀마의 주민들보
다 훨씬 더 만족스런 삶을 살아간다. 생존에 필수적인 요소들이 만족되
지 않는 한 누구도 "가난하지만 행복하다."라고 말할 수 없는 것이다.
하루에 2유로 50센트도 안 되는 돈으로 목숨을 지켜야 하는 인류의
절반에게는 돈을 갖는 것이 죽느냐 사느냐의 문제인 것이다. 돈은
그들에게 순수한 행복을 의미한다. 그렇지만 지구인의 부유한 반쪽은
그런 기본적인 욕구들을 벌써 예전부터 충족해오고 있다. 만족이란
문제에서 그런 욕구들은 더 이상 언급할 의미가 없는 것이다. 연소득
1만 달러 이상의 소득은 돈이 행복에 미치는 영향을 단기간에 쓰러지도
록 만든다. 그런 이유로 매년 미국의 경제 전문지 『포브스』가 발표하는
미국 400대 갑부의 명단에 포함된 억만장자들이 케냐의 초원에서
마른 소똥으로 집을 짓고 소를 키우며 살아가는 동아프리카의 마사이
족과 비슷한 삶의 만족도를 보이는 것이다. 이는 돈이 우리의 삶을
결정하기는 하지만, 그럼에도 더 많은 돈이 우리를 더 행복하게 만들어
주지는 않는다는 사실을 증명한다. 그 원인을 과학자들은 적응력이라
지칭한다. 우리는 더 많은 돈에도 쉽게 적응하고 마는 것이다. 우리는
더 부자가 되기를 꿈꾸지만, 정작 그만큼의 부를 소유하게 되는 순간
더 이상 그것을 부유함이라 생각하지 않는 것이다. 처음 깔 때는
아주 푹신하게 느껴지던 양탄자가 바로 다음 순간 별다른 느낌도
없게 되는 것처럼 말이다.[7]

---

7 하라드 빌렌 브록 지음, 앞의 책, pp.16~17 참조.

　　미국의 억만장자들이 케냐의 초원에서 살아가는 마사이족과 비슷한 삶의 만족도를 보인다는 이 내용을 어떻게 받아들여야 할까? 그렇다면 미국 400대 갑부들은 평생을 쓸데없이 돈을 벌고 축적하는 데에 자신들의 무한에너지를 낭비하고 사는 꼴이 된다. 오늘날 슈퍼마켓에서 판매하는 제품 수는 1만 가지 이상이다. 그 중 일상생활의 필요를 충족키 위해서는 대략 150가지만 있으면 충분하다고 한다. 돈의 가능성 중에는 세계화가 초래하는 암울한 미래에서 자신을 보호할 수 있다는 가능성도 포함된다. 이에 대해 트렌드를 연구하는 다비드 보스하르트는 "단지 돈을 가진 사람만이 미래를 살 수 있다."고 하였다.[8] 이상을 종합해보면, 인간은 150가지 정도의 제품과 연소득 1만 달러 정도의 삶이면 무리 없이 행복한 삶을 누릴 수 있으며, 그 외에는 더 있어도 커다란 의미가 없다는 결론에 도달하게 된다.

　　그렇다면 수행자들, 특히 선 수행자들의 삶은 어떨까? 필자가 관찰해온 바로는 수행자가 자신이 홀로 산속에 들어가 은거의 삶을 선택하는 경우를 제외하고는 대부분의 경우 세간 삶의 흐름과 나란히 변화의 과정을 겪고 있다. 그들의 수행을 뒷받침하는 재가자들은 세간의 삶에 몸담고 살아가는 자들이기 때문이다. 이제부터 출가수행자들, 특히 선가의 삶과 소유관계를 자세히 고찰해보자.

---

8 하라드 빌렌 브룩 지음, 앞의 책, p.13 참조.

2. '출가', 소유로부터의 자유인가?

1) 고독한 선택, 존재의 방식

세속의 집을 떠나 불문에 들어가는 출가라는 행위는 인간이 영위하는 소유로부터 완전히 자유로운 길이 될 수 있을까? 이 문제는 오늘날 간절한 희망과 엄연한 현실이 냉정히 교차하는 쟁점이 아닐 수 없다. 간절한 희망이란, 출가자가 바라는 바로는 세상의 온갖 물질로부터, 일체의 소유로부터 완전히 벗어나기 위해 결단하고 선택하는 길임을 말한다. 하지만 땅에 발을 딛고 살아 숨 쉬는 한, 물질로부터 완전히 자유롭기란 불가능하다. 나아가 그 무소유의 적절한 정도를 유지하기도 매우 어려운 문제이기 때문이다.

출가자의 소유와 관련한 문제를 논하기 이전에, 우선 출가란 어떤 의미를 지니고 있는지부터 살펴보자. 본 논문에서는 초기불교에서의 엄격한 출가의 의미나 방식에서 벗어나 일반적인 출가, 특히 선가禪家 수행자들의 출가를 중심으로 출발할 것이다. 우리가 대체적으로 생각하는 출가는 '세속의 모든 것을 버리고 떠나기'이다. 흔히 '출가입산出家入山'이라고 말하기도 한다. '입산'이란 말이 따라붙는 것은 아마도 옛날의 사찰은 대체로 산에 있었기 때문에 대부분의 출가자가 집을

---

9 '出家'란 글자의 의미는 '집을 벗어남, 또는 떠남'이다. 한자풀이로는 "속가를 떠나 스님이 됨", 또는 "세속의 집을 떠나 불문에 들어가는 행위"라고 서술하고 있다. 현재 우리나라를 비롯한 전 세계 불교는 다양한 출가의 형식을 지니고 있다. 여기서는 중국 선가의 일반적 출가 형태를 바탕으로 하고, '대한불교조계종'의 출가 양식과 형태를 중심으로 범주를 좁혀서 생각해볼 것이다.

나와 산에 있는 절로 간다는 데서 붙여진 것이리라. 집을 나와 무작정 방황하는 것은 '출가'라 하지 않고 '가출家出'이라 한다. 이를 보면 '출가'란 목적의식을 가지고 산으로 간다는 의미를 내포하고 있다[10]고 생각된다. 출가라는 말을 그 원뜻의 분석을 통해 엄격히 보면, pravr-jināa이다. 이 말을 분석하면 pra(=forward)+vrajana⟨vraj(=to go, walk)⟩로 해석되므로 'going abroad'로 옮길 수 있다. 이를 더 구체적으로 이해하자면 ①leaving house(가출), ②leaving home(출가)이 될 수 있다. 따라서 가출이란 일상적인 나가돌아다님을 의미하고, 출가란 사상·철학적 의미의 추상적인 말이다. 출가는 인간이 범하기 쉬운 탐욕, 즉 소유욕을 버리는 일이다. '집을 떠나다'라고 할 때, 그것은 인간이 범하기 쉬운 탐욕, 즉 소유욕을 버리는 일을 말한다. 불교는 무소유를 강조한다. 정신적으로 모든 집착이나 탐욕을 털어버리는 홀가분한 마음상태가 불자의 수행 자세다. 호주머니에 돈 백만 원이 있다고 소유가 아니라, 돈에 얽매이는 정신적 태도가 탐욕스런 소유인 것이다. 즉 돈의 노예, 이것이 탐욕스런 소유이다.[11] ('무소유'의 깊은 의미에 대해서는 뒤의 해당단락에서 더 상세히 생각해볼 것이다.)

---

10 혹자는 출가정신을 다음과 같이 세 가지로 정리하였다. ①효로 대표되는 가부장제 내지 가족중심주의 이데올로기의 탈피 ②좁게는 교단권력, 넓게는 국가권력의 탈피 내지 해체 ③행위의 길, 유행遊行의 길, 그리고 봉사의 길이라 하고 있다. 김호성, 「출가, 재가, 그리고 비승비속非僧非俗」-야나기 무네요시(柳宗悅)의 『나무아미타불』 제17장을 중심으로-, 『불교연구』 제47집, 2017, 사단법인 한국불교연구원, p.254.

11 최현각 저, 「선심으로 보는 세상」, 『최현각선학전집』 10, 동국대학교출판부, 2012, pp.367~368 참조.

위의 정의에 따르면, 출가란 사상이나 철학적 의미를 담고 있다고
하고, 그것은 탐욕이나 소유욕을 버리는 것이라고 하였다. 소유욕을
버린다는 의미를 상정하지 않더라도 출가는 잠깐 일상이 아닌 다른
세계로 가볍게 떠나는 여행이 아니다. 세속의 복잡한 일상을 벗어나
깨달음을 추구하는 다른 삶을 살겠다는 일생일대의 중대한 결단이다.
따라서 세속의 모든 인연관계를 다 버리고 떠나는 마음에는 한 치의
망설임이나 세속의 온갖 일들에 대한 미련이 있어서는 불가능하다.
또한 모든 것을 완전히 버리지는 못하더라도 적어도 출가를 단행하는
순간에는 그 떠나는 행위가 다른 그 어떤 것과도 비교할 수 없는
자기 일생에 있어서 최고의 절박한 선택임은 분명하다. 물론 현실에
있어서는 출가를 결단하는 것이 이런 장대한 목표나 서원이 아닌
갖가지 이유와 동기가 내재되기도 한다. 하지만 적어도 출가의 본질에
있어서는 그러하다. 또한 이유와 동기가 어떠했든지 출가 이후에는
출가자가 지녀야 할 원대한 목표와 원력으로 자신을 명확히 일깨워
가야 할 것이다. 그래서 서산청허(1520~1604) 선사의 『선가귀감』에
서는 출가의 본질을 다음과 같이 말한다.

출가하여 스님 되는 일이 어찌 작은 일이랴. 편하고 한가함을 구해서
가 아니며, 따뜻이 입고 배불리 먹으려고 하는 것도 아니다. 나고
죽음을 면하려는 것이며, 번뇌를 끊으려는 것이고, 부처님의 지혜
를 이으려는 것이며, 삼계에서 벗어나와 중생을 건지기 위해서인
것이다.[12]

---

12 『禪家龜鑑』(卍新續藏 63), p.742a, "出家爲僧豈細事乎. 非求安逸也. 非求溫飽也.

이 글을 통해 보면, 출가의 목적으로 서산청허는 ①죽음을 면하려는 것, ②번뇌를 끊으려는 것, ③부처님의 지혜를 이으려는 것, ④삼계에서 벗어나와 중생을 건지려는 것이라는 네 가지를 목표로 제시하고 있다. 여기서 출가를 단행한 이후의 새로운 삶의 선택요건은 그 순간에 있어서는 전혀 별개의 문제다. 무엇보다 세상에 태어나 자신이 몸담아 왔던 갖가지의 관계성으로부터 완전히 벗어난다는 것은 그리 녹록하고 쉬운 결정이 아닌 것이다.

이쯤에서 출가, 그 내면적 의미를 조금 더 자세히 찾아보자.

『오성론』에 말하기를, "생사生死를 벗어나는 것이 출가이다."라고 하였다. 출가의 궁극목적이 분명히 드러나는 말이다. 불법문중에서 말하는 출가란 그 목적이 '생사의 해결'에 있음을 나타내는 것으로, 위의 서산대사가 말한 삼계에서 벗어난다는 것이 그것이다. 태어나고 죽는 일을 완전히 해결할 때 진정한 출가의 목적이 이루어짐을 의미한다. 이를 이루기 위해 갖추어야 하는 요건으로서 출가는 욕심으로부터 벗어나는 것이며, 집착으로부터 떠남이고, 증애로부터 탈출하여 마침내 생사를 여의는 것이다.[13] 이를 간단히 표현하면 탐·진·치 삼독으로부터 완전히 벗어나야 출가가 가능하다는 의미다. 이는 출가를 단행하는 출발요건인 동시에 궁극적으로 달성해야 할 목표이다. 각자가 처한 생활의 여건에 따라 약간의 차이는 있으나, 일반적으로 속가의 집은 안온한 곳이며 의지할 곳이다. 그렇다면 이는 안온하고 의지할 곳인 집을 버리고 집이 없는 삶, 즉 집착과 욕망을 버리고 의지할

非求利名也. 爲生死也. 爲斷煩惱也. 爲續佛慧命也. 爲出三界度衆生也."

13 월암, 『친절한 간화선』, 담앤북스, 2012, p.63 참조.

곳 없는 삶으로 나아감을 의미한다. 우리는 일반적으로 붓다의 출가를 '유성출가踰城出家'라고 한다. '유성출가'란 성을 넘어 출가했다는 것으로 집을 벗어남에 있어 부모나 친지의 허락이 없었다는 의미를 포함하고 있다. 붓다는 성을 넘으며 "내가 생사문제를 해결하기 전에는 결코 이 문으로 들어오지 않으리라."라고 다짐했다고 한다. 이는 불교의 출가가 지니는 궁극목적이 생사문제의 해결에 있음을 분명히 밝히는 것이다.

예로부터 출가의 형태를 그 성숙의 단계에 따라 다양하게 나누어왔다. 형식과 본질 면으로 나누어 생각한 것이다. 다양한 분류가 있는데, 육친肉親출가·오온五蘊출가·법계法界출가라는 셋으로 나누는 것이 그 한 예이다. '육친출가'란 그야말로 우리가 흔히 얘기하는 출가로서 집을 떠나 애욕으로 맺어진 혈연과의 세속적 인연을 끊는 것이며, '오온출가'란 일체의 육체적 욕망으로부터 떠남을 의미하고, '법계출가'란 번뇌와 업인무명業因無明으로부터 해탈하는 것을 말한다. 우리가 궁극적으로 달성해야 하는 출가의 본질은 오온출가와 법계출가이지만, 이 두 가지를 성취하기 위해 단행하는 일차적 결단이 육친출가임을 알 수 있다. 『사십이장경』에서는 "수염과 머리를 깎고 사문沙門이 되어 진리의 가르침을 받는 자는 세상의 재물을 버리고 밥을 빌어 만족하며, 하루에 한 끼만 먹고 한 나무 밑에서는 하루만 잘 뿐 다시 자지 말라. 사람을 어리석음으로 가리는 것은 애착과 욕심이다."라고 하였으니, 출가한 자가 의식주에 어떤 생활태도를 지녀야 하는지를 매우 자세히 나타내는 말이다.

이상을 분석하면, 출가의 외적 양식은 다음과 같다.

①거추장스러운 머리카락을 깎는다. 번뇌와 집착의 출발이 머리카락이라고 본 것이다.

②세상에서 가졌던 재물은 버리고, 밥은 빌어먹는다. 하루에 한 끼만 먹는다. 즉 걸식을 식생활의 표본으로 제시한 것이다.

③한 나무 밑에서는 단 하루만 잔다.

위의 세 가지를 자세히 들여다보면, 오늘날 우리가 알고 있고 목격하는 출가와 많이 다름을 알 수 있을 것이다. 우선 ①의 경우, 예로부터 중국의 일반적인 출가자나 대한불교조계종(이하 '조계종'이라 칭)의 경우엔 대체로 준수하고 있다. 하지만 많은 다른 종파에서는 성직자라 할지라도 이 양식과 무관하며 각 종파의 자체 규율에 따를 뿐이다. ②의 경우, 통상적으로는 자신이 세속에서 지녔던 재산은 버리고(예: 부모, 형제자매에게 이전 또는 정리) 가는 것으로 알고 있으나, 요사이는 출가 이후의 수행을 위해 지니고 가기도 하는 것으로 알고 있다. 또 세속의 집안이 생활 여유가 있는 경우에는 출가자의 삶을 금전적으로 원조하기도 하고, 심지어 출가 이후에도 세속의 친가에서 생활을 이어가는 경우도 더러 볼 수 있다. 물론 이런 형태의 출가는 그 본질에서 벗어나 있다. 그러한 양식의 옳고 그름에 대한 평가는 여기서 생략한다.

또한 출가문화의 획기적 차이와 변화는 식생활의 양식에 있다고 할 것이다. 우선 붓다 초창기의 수행방식으로 채택했던 걸식은 오늘날엔 개인과 종파에 따라 간간이 남아 있는 실정이다. 심지어 '조계종'의 경우는 걸식을 금하고 있다고 알고 있다. 뒤의 선원청규를 얘기하는 곳에서 자세히 밝힐 것이다. 이는 '걸식'이란 수행의 한 행위가 지닌

의의인 음식에 대한 집착을 여읨과 동시에 자기를 내려놓고 타인에게
구걸하는 행위로부터 얻고자 하는 '하심下心'의 실천이라는 수행적인
의미가 퇴락하고, 일반인들에게 좋지 않은 이미지를 심는다는 이유
때문이다. 이는 불교국가 각 지역의 사회적 여건과 상황에 따라 많이
달라져 왔으며, 중국이나 우리나라의 경우도 일반적으로는 대중이
함께, 혹은 소수의 출가자가 같이 수행하거나 수행자 홀로 재가자와
함께 사찰을 경영하는 형태로 이어져 오고 있으므로 걸식문화는 많이
없어진 상태다.

  또 '1일 1식'의 경우도 국가적 사정이나 출가자 개인에 따라 변경된
부분이 많다. 미얀마와 같은 남방불교를 제외한 많은 국가의 경우,
세속의 양식과 같이 1일 3식이 일반화되어 있다. 대중이 모여 함께
수행하는 큰 사찰의 경우에 이것은 보편화되고 더욱더 잘 지켜지고
있다. 우리나라에서도 초기불교의 수행양식을 본받고자 출가자 개인
적으로 1일 1식을 실천하는 경우를 가끔 목격하는데, 이때에 그 본래적
인 의미보다 형식에 그치는 경우가 더 많은 것을 볼 수 있다. 사찰의
대중 전체가 오후불식을 실천하는 경우에는 대중의 노역부담이 줄고,
평소보다 많은 시간 확보가 이루어져 3식을 할 때보다 훨씬 여유로운
풍경을 목격할 수 있다. 그러나 무엇보다 하루에 한 끼로 식사량을
해결한다는 강박관념 때문인지 한 끼의 식사에 많은 양의 음식을
섭취하게 되므로 지나치거나 모자라지 않는 식사를 권장하는 출가자의
식생활 궤칙에 어긋날 뿐 아니라, 건강에도 오히려 좋지 않은 결과를
초래하게 되는 부작용이 없지 않다.

  마지막으로 '한 나무 밑에서는 하루만 자라'는 것이야말로 출가가

지닌 함의가 소유와 집착으로부터 벗어나기를 얼마나 중시하는가를 가장 잘 나타내주는 부분이다. 설두雪竇 선사는 다음과 같이 말했다.

> 만승천자의 지위가 높아도 허리를 굽히지 않고, 다섯 제후의 문이 고준해도 달려가지 않는다. 눈으로 천산을 대해도 마음은 한 경계에 한가하다. 겹겹의 바위와 나무는 수보리의 문에 그늘을 드리우고, 첩첩으로 둘러싸인 시내의 구름은 유마의 집에 채색을 펼쳤다. 이곳에서 서로 보니, 쾌활하지 않은가.[14]

이것이야말로 출가자의 온갖 소유와 집착을 떠난 한가롭고 편안한 마음의 경계를 읊은 것이라 할 것이다. 이처럼 선가에는 온갖 형태로 주거에 집착하지 않는 모습을 보여준 선사들이 많이 있다. 뒤에 자세히 언급할 당대唐代 우두종의 조과도림(鳥窠道林, 741~824) 선사의 경우, 나무 아래가 아니라 언제나 소나무 가지 위에서 좌선하여 붙여진 이름이라 하니, 그 나무가 하나의 동일한 나무였는지는 알 수 없으나 소유의 개념으로부터 완전히 자유로운 수행자였다는 것은 분명하다.

2) 무엇을 버리고 무엇을 채우나?

위에서 '출가'란 양식이 무엇을 지향하는지, 어떤 생활양식을 영위하는지에 대해 대체적인 내용을 살펴보았다. 이를 한마디로 정리하면 어떻게 말할 수 있을까? "출가란 세속적인 온갖 욕망, 갖가지 인연관계를 다 내려놓고 오직 생사를 벗어나기 위한 수행의 길을 가는 것이다."

---

14 제월통광 역주, 『증도가언기주』, 불광출판사, 2008, pp.116~117.

이 한 줄의 말로 전체를 대변할 수 있을지 모르겠다. 어쨌든 출가란 세속적인 모든 욕락欲樂을 다 내려놓고, 나고 죽는 근원적인 문제(生死大事)를 해결하기 위한 자기와의 고독한 투쟁의 길을 걷는 일이다. 즉 버리는 것은 세속적 욕락과 온갖 번뇌이며, 얻는 것과 채워야 할 것은 이번 한생에 나고 죽는 문제를 해결하겠다는 결연한 의지요 정신이라 할 것이다. 나머지 삶과 관련되어 일어나는 갖가지 일들은 흔히 말하듯이 인연 따라 성취하면 되는 것이다. 동토東土의 초조 달마의 가르침이라고 하는 「이입사행론二入四行論」,[15]에서 행입行入에 들어가는 네 가지 행위 중 둘째의 수연행隨緣行은 이를 잘 말해준다. 그 세 번째가 무소구행無所求行이다. 더 깊이 생각해보면, 인연 따라 행하는 수연행이 잘 실천된다면 그 무엇을 따로 구할 것이 있어 다시 구하는 바가 없는 수행을 별도로 실천할 필요가 있겠는가? 선 수행의 역사에 이름을 남긴 출가수행자들이 흔히 언급하였던 '이번 한생은 태어나지 않은 셈치고'라는 의미는 출가가 지닌 고독하고 결연한 자기 선택을 웅변으로 말해준다.

이쯤에서 생사문제를 해결하기 위한 이 고독하고 결연한 선택은 반드시 집을 떠나는 출가라는 양식을 선택해야 가능한가라는 문제를 생각하게 된다. 그 누구도 단번에 '그렇다'라고 답하지 못할 것이다. 인간의 삶의 양식은 인간 개개인의 숫자만큼 천차만별이며, 개인의 성향과 능력에 따라 재가의 생활을 영위하면서도 얼마든지 초연하게 공부에 매진할 수 있는 이가 있을 수 있기 때문이다. 역사에 드러난

---

15 二入은 이치로 들어가는 '理入'과 행동으로 들어가는 '行入'이며, 행입에는 報寃行·隨緣行·無所求行·稱法行의 네 가지가 있다.

인물로는 인도의 유마거사와 중국의 방거사, 우리나라의 부설거사 정도를 꼽겠지만, 어디 인구에 회자되는 인물뿐이겠는가? 일부에서는 생활의 여유만 갖춰진다면 재가자가 훨씬 더 수행에 유리하다는 견해를 피력하기도[16] 한다. 그럼에도 불구하고 일반적으로는 출가라는 양식이 세속의 번잡함으로부터 조금 더 일상의 번거로움을 경감시켜주어 생활의 간결함을 준다는 것은 부정할 수 없다. 어쩌면 그것은 생활을 영위하는 방식의 일정하고 단조로움에서 오는 것이라 표현해야 할까? 이는 마치 우리가 잘 정돈된 법당이나 도서관에 들어갔을 때, 우리의 마음이 보다 더 차분히 정리되는 것과 같다고 할 것이다. 온갖 사람들의 욕망이 서로 교차하는 번잡한 시장이나 시끄러운 공연장과 같은 곳에서 순일하고 오롯한 정신을 차리기란 용이하지 않은 것과 같다. 마치 우리가 몸담고 있는 사바세계보다 아미타불의 원력에 의해 건설된 극락세계가 그 세계에 존재하는 온갖 사물이 모두 다

---

16 혹자는 어떤 의미에서는 재가야말로, 비승非僧이면서도 비속非俗이어야 하는 것이야말로 상근기라야만 감당할 수 있는 난행難行인지도 모른다고 하고, 나아가 이제 문제는 승이냐 비승이냐가 아니다. 속이냐 비속이냐가 진실로 문제이다. 그리고 비승이면서 비속의 삶을 살아가는 것이 더욱더 어려우며, 상근기라야 감당할 수 있는 일이 되었다. 종래 우리 재가자는 으레 "나는 출가한 스님이 아니다"라는 것을 방패막이로 삼아서, 속에 머무는 것을 당연시하고 비속으로 나아가야 한다는 문제의식 자체가 없었다. 신란과 잇펜의 삶은 그럴 수 없음을, 그렇게 해서는 아니 됨을 말해주고 있다. 출가는 '승'만이 아니라 '비승'까지도, 불교인이라면 누구라도 감당해야 할 성 넘기(踰城)가 아니겠는가!라고 한다. 김호성, 「출가, 재가, 그리고 비승비속非僧非俗」－야나기 무네요시(柳宗悅)의 『나무아미타불』 제17장을 중심으로－, 『불교연구』 제47집, 2017, 사단법인 한국불교연구원, p.252, p.282.

깨달음을 열어주는 법문을 설하므로 성불하기에 훨씬 용이하다고
하는 것과 같다고나 할까?

물론 출가하여 출가대중의 집단에 소속되는 것을 극락세계와 같다고
할 수는 없다. 또 세속보다 훨씬 더 간결하다는 점에 있어서도 반론을
제기할 수행자가 많을 것이다. 왜냐하면 출가해서 대중에 참예하여
대중생활을 영위하는 일은 또 하나의 새로운 작은 사회 속으로 소속되
는 것이어서 결코 그 생활이 간단하지 않기 때문이다. 또한 출가자들도
수행 도중에 있는 사람들이기에 상호간의 관계에서 오는 스트레스
또한 재가 사회의 경우와 비교했을 때 결코 덜하다거나 만만한 것이
아니기 때문이다. 또한 수행 도중에 있는 출가대중의 한 사람으로
지켜야 할 계법戒法 또한 번잡하다면 번잡하여, 그것이 또 하나의
굴레일 수도 있기 때문이다. 그렇다고 혼자서, 또는 인연 깊은 소수가
생활하는 것은 용이할까? 이 또한 그리 호락호락하지 않다. 출가자들
에게 문의해보면 대부분은 쉽지 않다고 한다. 사람이 모여 수행하는
것은 어느 집단, 어느 대중에 소속되어 살더라도 그리 쉽지 않은
것이다. 그 구성원 개개인의 역량에 따라, 전체 구성원들의 성향에
따라 쉽게 말할 수 없는 어려움이 있음이 사실이다. 이러한 내용은
뒤에 가서 더 자세히 논할 것이다. 앞에서 출가를 통해 버리는 것은
세속적 욕락과 온갖 번뇌이며, 얻고 채워야 할 것은 이번 한생에
태어나고 죽는 문제를 해결하겠다는 결연한 의지요 정신이라 하였다.
기왕에 출가라는 양식을 삶의 형태로, 또 수행의 한 방식으로 선택했다
면 수행생활에서 오는 수많은 갈등들도 슬기롭게 극복하고 버려가야
할 것들이 아닐까? 이번 한생에 생사문제를 반드시 결판지어야 하겠다

는 결연한 의지를 가슴 가득 채워야 하는 것처럼 말이다.

3. 수행자의 소유와 무소유

1) 소유와 무소유, 그 경계

일반적으로 삶의 소유양식에 있어서의 개인 간의 기본적 요소는 경쟁과 대립, 공포이다. 소유관계의 대립적 요소는 소유관계의 본질에서 파생된다. 나는 곧 내가 가진 것(I am what I have)이기 때문에 소유가 내 주체성의 근본일 경우 소유하려는 욕망은 필연적으로 많이 소유하려는 욕망, 더 많이 소유하려는 욕망, 나아가 가장 많이 소유하려는 욕망으로 유도된다. 다시 말해 탐욕이 소유지향의 자연스런 결과가 된다. 그것은 수전노의 탐욕일 수도, 이윤추구자의 탐욕일 수도, 난봉꾼의 탐욕일 수도, 또는 바람둥이 여자의 탐욕일 수도 있다. 그 탐욕이 어떤 것이든 탐욕이 많은 사람은 결코 충분히 가질 수 없는 것이며, 결코 만족할 수가 없다. 배고픔 같은 생리적 욕구는 신체의 생리에 따르는 일정한 충족점이 있는 법이지만, 정신적 욕구는(모든 탐욕은 그것이 신체를 통해 만족될지라도 정신적이다) 충족점이 없다. 그 포화점은 그것이 극복하려고 의도된 내적 공허감, 권태, 고독, 우울 등을 채워주지 못하기 때문이다. 더욱이 소유하고 있는 것은 여러 형태로 빼앗길 수 있는 것이기 때문에 그런 위험에 대비하여 자기 존재를 더욱 잘 보호하기 위해서 더욱 많이 소유해야만 한다. 모두가 더 많이 소유하려고 한다면 자기가 소유하고 있는 것을 빼앗아가려는 이웃의 침략적 의도를 항상 두려워할 수밖에 없다. ─ 육체적 건강이나 매력, 소질, 재능을 덜 가진 사람들은 더 많이 가진 사람들에게 떨떠름한 선망을 느낄 것이다.[17]

위의 내용은 생존의 두 가지 양식에 대한 경험적·심리적 및 사회적 분석을 다룬, 우리가 잘 알고 있는 철학자 에리히 프롬[18]의 『소유와 존재』라는 책에 나오는 내용이다. 언뜻 생각하기에 따라서는 대부분 공감할 수 있는 내용일 것이다. "나는 곧 내가 가진 것(I am what I have)"이란 명제命題는 아마도 반드시 물질적 소유만을 나타내는 것은 아니리라. 여기에는 에리히 프롬이 글의 밑 부분에서 들고 있는 육체적 건강이나 매력·소질·재능 등 한 인간이 가지고 있고 누리고 있는 온갖 배경적 요건이 다 포함된 총체적인 것을 말하는 것일 것이다. 또 "생리적 욕구는 신체의 생리에 따르는 일정한 충족점이 있는 법이지만, 정신적 욕구는(모든 탐욕은 그것이 신체를 통해 만족될지라도 정신적이다.) 충족점이 없다. 그 포화점은 그것이 극복하려고 의도된 내적 공허감·권태·고독·우울 등을 채워주지 못하기 때문이다."라는 부분

---

17 에리히 프롬 지음, 홍갑순 옮김, 『TO HAVE OR TO BE(소유냐 존재냐)』, 대일서관, 1982, pp.116~117 참조.

18 에리히 프롬(Erich Fromm, 1900~1980)은 1900년 3월 23일 독일 프랑크프루트에서 태어나, 하이델베르크대학과 프랑크프루트대학에서 사회심리학을 전공하였고 철학박사학위를 취득했다. 나치를 피해 미국으로 망명하여 예일대학과 미시간대학 및 뉴욕대학 등에서 교수로 재직하며 '신프로이트학파'의 태두로서 뛰어난 저술을 남긴 정신분석학자다. 저서로 『건전한 사회』·『희망의 혁명』·『자유에서의 도피』·『사랑의 기술』 외에 다수의 저작이 있다.

에 이르면, 가슴 저 끝에서부터 밀려오는 갑갑함을 어쩔 수가 없다. 불교에서는 어쩌면 이것을 치심癡心, 곧 어리석은 마음으로 정의하고 있는지도 모르겠다. 인간사를 비롯한 세상의 이치를 밝게 보는 안목이 없을 때 우리는 공허와 권태, 고독과 우울 등 전반적인 허망한 망상에 사로잡히게 되는 것이 아닐까?

그러나 요즘 들어와 생각되는 것은 사람에 따라 무수히 많은 편차가 있기 마련이지만, 인간이 소유지향을 하게 되는 동기, 그 시작점이 반드시 탐욕일까 하는 생각을 해보게 된다. 불교에서는 일찍이 인간의 삶에 있어서 가장 큰 독소적 요소를 세 가지로 보고, 그것을 생사를 가져오는 독소적 인자라 하여 탐貪·진瞋·치癡 삼독三毒이란 말로 나타내고 있다. 이 세 가지의 근원을 엄격히 추적해보면 실상實相에 대한 무지에서 탐욕을 일으키게 되고, 그것이 충족되지 않았을 때 진심瞋心을 일으키는 상호연쇄적인 관계에 있다. 이렇게 보면 가장 주된 요인은 '실상에 대한 무지'이다. 조금 더 자세히 말하면, 실상을 잘 모르니 무지와 불안감에 의해 한계를 모르는 맹목적이고 그칠 줄 모르는 소유지향의식을 떨치지 못하는 것이라는 생각이다. 우리가 만약 삶의 실상을 명확히 인식할 수 있다면, 또 우리의 인생을 영위하는 데 각자 얼마만큼의 재화가 소요되는지를 명확히 예측하고 알 수 있다면, 단지 주변인들과의 끝없는 비교의식 때문에, 혹은 맹목적인 경쟁심리 때문에, 아니면 그것도 아닌 어떤 이유에서든 불필요한 에너지를 낭비하면서까지 끝없이 단지 많이 소유하고자 하는 욕망에서 나아가 더 많이 소유하려는 욕망, 더 나아가 가장 많이 소유하려는 욕망으로까지 무분별하게 치닫게 될 수 있을까? 물론 개중에는 탐욕의 업식業識

인자가 지나쳐 실상을 뻔히 알고도 맹목적으로 소유에 집착하는 인간들이 없다고 할 수는 없을 것이다. 그렇더라도 자기 자신을 알고, 삶의 실상을 알며, 자신의 인생에 어느 정도의 재화가 소용되는지를 우리가 예측하고 알 수 있다면 불필요하게 맹목적으로 소유를 위해 치달리는 어리석은 인간의 행보는 한층 줄어들지 않을까라는 것이다. 물론 타인과의 끝을 모르는 비교의식에서 오는 어리석은 축적의식을 제외하고 말이다.

인간이 평생토록 소유라는 것으로부터 큰 구애를 받지 않고 살 수 있는 재화의 한계치, 이를 돈으로 환산하여 볼 때 그 액수는 과연 얼마나 될까? 앞의 '1. 존재와 소유' 단락에서 이미 연소득 1만 달러 이상의 소득은 돈이 행복에 미치는 영향을 단기간에 쓰러지도록 만들며, 그런 이유로 매년 『포브스』가 발표하는 미국 400대 갑부들은 마른 소똥으로 집을 짓고 소를 키우며 살아가는 동아프리카의 마사이족과 비슷한 삶의 만족도를 보인다는 연구결과를 밝힌 바 있다. 물론 연소득 1만 달러 이상의 소득을 이룰 수 있는 자가 지구상에 얼마나 될지 모르겠다. 아직 이 지구상에는 연 소득 1만 달러 이상을 벌거나 억만장자의 대열에 선 사람보다는 케냐 초원의 마사이족과 같은 부류가 훨씬 더 많이 생명을 가까스로 유지하고 있다는 것을 부정할 수 없다. 최근 결혼을 발표한 중국의 톱스타 판빙빙처럼 3천 4백만 원짜리 인형을 청혼의 선물로 받을 수 있는 자들의 삶은 지극히 예외라는 얘기다.

얼마 전에 아직 나이 어린 가수 아이유(이지은)가 매우 의미 깊은 말을 던져 화제에 올랐었다. 즉 "돈을 많이 가졌다고 해서 모두가 행복한 건 아니라는 말이 있다. 이 말이 틀린 건 아니지만, 어떻게 생각하면 돈이 있어서 행복해질 수 있는 가능성이 좀 더 커지는 것 같다. 숫자에 휘둘리지만 않는다면. 확실한 건 돈은 사람에게 뭔지 모를 자신감을 심어준다."[19]라고 한 것이다. 아직은 어린 친구의 이 말은 우리에게 구절구절 많은 공감을 일으킨다. 그런데 소유와 무소유를 논하는 입장에서 무엇보다 궁금한 것은, 그녀가 지금 이상의 재산은 사실상 불필요하다는 결론을 내리는 그 액수는 얼마 정도일까 하는 것이다. 어쨌든 그녀가 말하는 돈에 대한 생각은 한 구절도 틀리지 않고 매우 큰 공감을 일으킨다. 정리하면 이렇다. 첫째, 돈을 많이 가졌다고 하여 모두가 행복한 건 아니다. 둘째, 그렇더라도 돈이 있으면 행복해질 수 있는 가능성이 좀 더 커진다는 것. 그것도 그 숫자에 휘둘리지만 않으면 말이다. 셋째, 가장 확실한 것은 돈은 사람에게 뭔지 모를 자신감을 심어준다는 것이다. 행복해질 가능성과 자신감, 이보다 인간을 더 위로해주고 힘을 실어주는 것이 있을까? 그렇기 때문에 대다수의 사람은 오늘 아침도 피곤한 몸을 일깨워 자리를 박차고 일어나 일터로 향하는 것이다. 오늘날 구직 걱정으로 심신이 지친 청년들에게는 힘내라는 백번 천번의 말보다 단 얼마간이라도 생활 걱정을 덜고 편히 잠잘 수 있도록 부여하는 실업수당이 훨씬 더 영험이 있을 것이다.

이제 소유와 무소유의 경계를 논하기 전에 선정禪定의 수행단계에 '무소유처정無所有處定', 내시 무소유처無所有處란 깃이 있기에, 이를

---

19 [출처] 아이유 기부 "더 이상의 재산은 사실상 불필요하다" | 작성자 일조공인중개
사 | blog.naver.com/yong0997/221083830776

무소유의 의미와 관련해 잠깐 살펴보기로 한다. 무소유처정은 부처님
이 처음 수행 중에 사사했던 아라라칼라마(Ālāra kalama) 선인이 도달
한 최고의 선정으로, 부처님은 직접 이 선정을 체득하고 나서 이것이
고苦로부터 해탈하는 최선의 수행법이 아님을 자각하고, 부처님의
독자적인 선정법을 개발했다고 알려져 있다. 자이나교도의 오서계五
誓戒 가운데 다섯 번째 계로서의 무소유도 무소유처정에 상당하는
것이라 한다.

그렇다면 무소유처정이란 어떤 선정이며, 어떻게 묘사되고 있을까?
무소유처는 선정 수행에 있어서 모든 물질적인 속박을 받지 않게
된 마음의 경계로서 그 세 번째[20]에 해당한다. 이는 그 어떤 것도
대상이 없다고 관찰하는 선정이다.[21] 사선四禪·사무색정四無色定·상
수멸정(想受滅定: 滅盡定)으로 이어지는 불교의 선 수행단계인 구차제
정九次第定의 한 단계로서 모든 색상色想을 넘어 소유, 곧 공무변처空無
邊處와 식무변처識無邊處까지도 텅 비었음을 관상觀想하여 모든 상들에
대한 집착과 아我와 아소我所의 상대개념이 없는 진리를 깨달아 들어가
는 선정을 의미한다. 의식은 대상에 대한 의식이다. 그런데 감각적
지각의 대상인 색色은 공간으로 환원되었고, 공간이라는 대상은 의식

---

20 구차제정은 사선인 ① 초선初禪, ② 제이선第二禪, ③ 제삼선第三禪, ④ 제사선第四
    禪의 사무색정에다가 ① 공무변처空無邊處, ② 식무변처識無邊處, ③ 무소유처無
    所有處, ④ 비상비비상처非想非非想處, 마지막으로 ⑤ 상수멸정想受滅定을 더한
    것이다.〔네이버 지식백과〕「무소유처정無所有處定」(원불교대사전, 원불교100년기
    념성업회)

21 정성본 저, 『선사상사』, 불교사상사, 1993, p.59 참조.

으로 환원되었기 때문에 의식은 대상을 상실한다. 그렇다면 대상이 없는 의식이 있을 수 있을까? 이와 같은 사유의 결과 '존재하는 것은 아무것도 없다'는 생각을 함으로써 성취되는 것이 무소유처이다. 이와 같은 사공정四空定[22]을 닦아 수생受生하는 무색계천無色界天 중 무소유처천無所有處天은 어떤 하늘일까? 하늘 위의 무색계 4천은 색신色身이 없으므로 무색계천이라 하고, 그 가운데 공처천空處天은 내(我)가 걱정이 되나니, 내 몸이 있음으로 인해 고통이 있다 하여 몸을 싫어하고 완전히 빈 데로 돌아가고자 하는 관법을 닦는 까닭에 사후에 식識이 공空을 의지하여 머물러 있으므로 공처천이라 한다. 또 완전히 공을 의지할 것이 아니라 하여 식을 의지하는 까닭에 식처천, 또 하나는 공과 색을 이미 잊었으면 식심識心도 모두 잊을 것이라 하여 모두 다 멸하고 있는 바가 없으므로 무소유처천이라 한다[23]라고 하였다. 마음의 경계를 나타낸 것이므로 더 자세하게 설명하기가 쉽지 않음을 알 수 있다. 간단히 정리하면, 의식이 대상을 상실하여 '존재하는 것은 아무것도 없다'는 생각을 함으로써 성취되는 선정이 무소유처라는 것이다.

　이제 선가의 소유와 무소유를 가르는 그 경계점을 논해보기로 하자. '무소유無所有'는 글자 그대로의 뜻이라면 위의 선정을 나타내는 경지에서 밝혔듯이 '모든 물질적 속박을 받지 않는 마음의 경계'라 할 것이다. 그러나 쉽게 글자가 지닌 의미를 풀이하면 '가진 것이 없음'이

22 공무변처정(空無邊處定), 식무변처정(識無邊處定), 무소유처정(無所有處定), 비상비비상처정(非想非非想處定).

23 백용성조사 어록, 『覺海日輪』, 재단법인 대각회, 1997, pp.123~124 참조.

다. 가진 것이 없다는 의미의 무소유에 정확히 부응할 수 있는 삶은 없다고 생각한다. (물론 그 정의를 어떻게 내리느냐에 따라 다르겠지만.) 인간은 이 땅에 태어나는 순간 자의든 타의든, 많든 적든 무언가를 소유하게 되고, 지속적으로 재화를 소비해야 하기 때문이다. 즉 소유라는 것으로부터 완전히 자유롭기란 거의 불가능에 가깝다고 할 것이다. 그러므로 수행자의 소유와 관련하여 무소유를 가장 잘 나타내는 불교적 의미의 상징은 '일의일발一衣一鉢' 내지 '삼의三衣[24]일발一鉢' 정도일 것이다. 어쩌면 오히려 수행에 있어서, 특히 선가의 수행에 있어서 가장 적절한 소유는 어느 정도를 말하는가라는 표현이 맞을 것이다. 편의상 이것을 적정한 소유란 의미에서 임시로 '적소유'란 표현을 써보자. 이를 기준으로 하여 지나간 역사에 무소유의, 아니 적소유의 표본을 보여준 예화부터 들어서 논의를 전개해볼 것이다.

오직 마음 하나를 챙겨 깨달음을 위해 수행할 뿐, 경전으로부터도 자유로워 온갖 물질에 구애받지 않고, 또 자유로워야 하는 선가의 살림살이에 있어 소유와 무소유의 경계는 과연 어떤 점을 기준으로 해야 할까? 또 그 경계는 분명하게 나누어 정의할 수 있는 것인가? 선가 수행자에게 있어서 소유란 과연 필수인가? 아니면 반대로 장애인

---

24 가사의 종류에는 僧伽梨·鬱多羅僧·安陀會의 삼의가 있다. 가사의 재료는 본래 사람이 버린 옷, 또는 죽은 사람의 옷 등을 모아 조각조각 꿰매어 만드는 것이다. 오늘날은 그대로 실천하는 일이 사라졌고, 우리나라와 중국과 같이 추운지역에서는 삼의만으로 수행하기도 어려운 실정이지만, 검소하고 무소유한 삶을 상징하는 수행자의 의생활이라 할 것이다. 전국선원수좌회, 『대한불교조계종 선원청규』, 대한불교조계종 교육원, 2010, p.302 참조.

가? 이런 문제는 사실 한 번쯤 거론해봄직한 문제이고, 쉽게 말하는 문제이긴 하지만, 엄격하게 그것들을 논하기에는 문제가 그리 간단하지 않다. 또한 선가의 수행자라 하여 일반 사람과 특별히 다른 기준을 가지고 논의할 수 있을까 하는 데는 적지 않은 의문이 드는 것도 사실이다. 우선 원론적인 출가자의 수행지침부터 한번 살펴보자.

부처님이 말씀하셨다.

"대가섭존자는 두타행(頭陀行: 청빈한 수행)을 전일하게 닦으면서 늙도록 쉬지 않는구나." 하시고, "그대가 일체중생에게 의지처가 되어 줄 수 있다면, 나 여래가 세상에 있는 것과 다름이 없으리라. 두타행을 그대처럼 하는 자가 있으면 나의 법이 머물 것이고, 그렇지 않다면 없어질 것이다. 그대는 진실로 대법을 짊어질 만하구나."

찬탄하노라.

"두타행의 존멸에 법의 존망이 달렸다 하시니,
금구로 베푸신 이 말씀이
아직도 귀에 남아 있는데,
요즘의 승려들은 기름지게 먹고 멋진 옷을 입으며
화려한 집에 살고 사지를 편케 하며
좋아하는 장식을 왕공처럼 하면서도 부끄러워할 줄 모른다.
말법시대에 법이 침몰하려 하니
실로 팔을 걷어붙여야 하리라."[25]

---

[25] 운서주굉 저, 백련선서간행회, 『치문숭행록』, 선림고경총서 4, 1989, 장경각, p.135.

위의 글은 두타 제일 대가섭의 수행(두타행)을 찬탄하여 "두타행의 유무에 법의 존망이 달렸다."라고 하신 부처님의 말씀을 가져와, 당시 수행자들의 기름진 식생활과 멋진 옷으로 차려입는 의생활, 화려한 집에 거주하며, 심지어 몸의 장식을 왕공처럼 하고 몸 편히 살면서도(주생활) 부끄러운 줄 모르는 세태를 안타까워하는 글이다. 자세히 살펴보면, 이는 사미 10계에 모두 어긋나는 생활 형태라 할 것이다. 출가자는 이처럼 부처님 당시부터 두타행, 즉 고행인 청빈한 생활을 기준으로 여겼다. 무소유라는 말의 척도도 여기서 말하는 두타행이나 삼의일발과 같은 것들을 내용으로 하고 있다고 생각된다.

여기서 잠깐 일발—鉢이 가지는 의미에 대해 살펴보자. 발우는 '응기應器' 또는 '응량기應量器'라고도 하는 수행자의 공양그릇이다. 『태자서응본기경太子瑞應本起經』에 전하는 것에 따르면, '부처님께서 성도 후 7일간 아무것도 드시지 않아 두 사람의 상인이 음식물을 올렸는데, 부처님께서는 과거의 여러 부처님이 그릇에 먹을 것을 받았다는 사실을 알고 계셨다. 그것을 안 사천왕은 각각 알나산정의 돌 속에서 자연의 그릇을 얻어 부처님께 바치자, 그 네 개의 그릇을 신통력으로써 하나의 그릇으로 변하게 했다.'라고 하였다. 또한 발우는 화룡외도를 항복받은 데서 기인하여 용을 항복받은 발우란 의미로 '항용발降龍鉢'이라고도 한다. 부처님 열반 후 여러 나라로 전해진 발우는 그 재료와 색에 따라 여러 가지 종류로 나뉘는데, 대개 철발鐵鉢과 와발瓦鉢, 목발木鉢 및 협저발夾紵鉢 등을 사용한 것으로 되어 있다. 우리나라에서는 봉암사 결사에서 와발을 원칙으로 하되, 목발 등 그 외 여러 종류의 발우를 사용하고 있다.[26] 발우공양이 가장 잘 지켜지는 것은 아마도

대중이 함께 수행하는 총림에서라 할 것이다. 재미있는 것은 사천왕이
바친 네 개의 그릇을 부처님은 하나로 만드셨는데, 오늘날은 대중공양
을 위해 다시 네 개, 또는 다섯 개의 그릇으로 사용하고 있다는 것이다.
오늘날도 볼 수 있는, 안거를 마친 뒤 해제일의 풍경처럼 걸망 하나
짊어지고 가볍게 산문을 나오는 모습 속에서 우리는 선가 수행자의
간소한 살림살이를 엿본다. 그 간소한 살림 속에 발우가 들어 있다.
그 소탈하고 조금은 빈약해 보이기까지 한 걸망의 내용물을 상상하노
라면, 간소함과 그로부터 오는 자유로움과 경쾌함, 나아가 조금 더
감정이 섞이면 홀홀히 바람 따라 조각구름 따라 흘러가는 우리네
인생길의 정처 없음이 보이는 것 같아 한 조각 파편 같은 짙은 비애가
느껴지기도 한다.

　하지만 돌아서서 조금 더 들어가 깊이 그 살림살이를 궁구하노라면
쉽게 무소유를 찬탄하거나 논할 수는 없을 것이다. 왜냐하면 이 시대가,
지금 우리가 몸담고 있는 세상이 갖가지의 소유물로부터 우리를 그다
지 자유롭게 놔주지 않기 때문이다. 자의 반 타의 반, 이 시대에 존재하
기 위한 도구로 '편리'라는 이름 아래 수행자들도 갖가지 물질에 둘러싸
이기 마련이다. 이러한 현상은 걸망 하나로 짊을 꾸린 선객의 살림살이
라 하여 별로 다르지 않다. 일반인에 비해 조금, 경우에 따라서 훨씬
더 그 짊어진 짐이 가벼울 수는 있겠지만, 그 옛날과 같이 일의일발
또는 삼의일발, 주장자 하나, 물 걸러 마시는 그릇 등으로 소유를
제한하기에는 너무도 많은 제약이 있다. 움직이는 교통수난에서부터

26　전국선원수좌회, 『대한불교조계종 선원청규』, 대한불교조계종 교육원, 2010,
　　pp.297~298 참조.

수행자는 금전으로부터 자유롭지 못하다. 이런 까닭에 우리는 무소유 보다는 적절한 소유인 '적소유'를 논하는 것이 훨씬 더 타당할지 모르겠다.

이쯤에서 역사적으로 소유를 극도로 긴축하고 삶을 살다간 선사들의 생활 형태를 몇 가지 예로 들어보자. 생몰연대가 분명하지 않은 통달通達 선사란 분은 수행을 위해 태백산에 들어가면서 양식을 가져가지 않고, 단지 배가 고프면 풀을 먹고 쉴 때에는 나무를 의지해 단좌하며 공부하기를 5년, 어느 날 나무로 흙덩이를 치다가 흙덩이가 탁 하고 깨지는 소리를 듣고 활연히 크게 깨달았다[27]고 한다. 그의 이 극단의 청빈한 생활에 경외감을 갖기 전에 풀만 먹고도 공부할 수 있는 힘이 나올 수 있었는지, 아니면 옛 선사들은 특별히 좋은 자연환경이어서 그렇게도 건강이 유지될 수 있었는지, 또 아니면 극도로 무소유한 삶을 영위한 선사들은 강철 같은 남다른 체력의 소유자였는지 등등 갖가지 의문이 끊이지 않고 든다. 또 하나의 예를 들어 선가가 말하는 무소유에 가까운 삶이 어떤 것인지 더 자세히 그 향훈을 맡아보자.

송의 도법 스님은 돈황 사람으로 오직 참선에 정진하였다. 그 후 성도에 유람하자 왕휴지王休之와 비갱지費鏗之가 홍락사興樂寺와 향적사香積寺 두 사찰의 주지를 맡아달라고 청했는데, 대중을 훈계하는 데 법도가 있었고, 항상 걸식을 행하며, 따로 청하는 공양을 받아들이지 않았다. 대중이 먹는 모임에는 가지 않았고, 걸식해서 얻은 음식은 덜어내어 벌레나 새들에게 보시하였으며, 밤이면 옷을

---

27 운서주굉 저, 광덕 역, 『선관책진』, 불광출판부, 1967, pp.140~141 참조.

벗고 밖에 앉아서 모기가 피를 빨게 하였다. 그 후 선정에 드니,
미륵불의 배꼽에서 빛이 나와 삼악도의 과보를 밝게 비추는 것을
보았다.[28]

위의 예는 송나라 때 도법이란 스님의 수행을 통해 그의 무소유한
수행가풍을 엿본 것이다. 그는 한 사찰의 경영을 관장하는 주지라는
소임을 맡았음에도 밖에서 청하는 공양에 결코 응하지 않고 항상
걸식을 행하며, 또 그 음식을 덜어 새와 벌레에게 보시하고, 심지어
밤이면 모기에게 피를 보시하기 위해 옷을 벗고 앉아 있었다고까지
하니, 그 극단에 가까운 무소유의 수행정신이 오늘날의 수행자에게
가히 귀감이기에 충분하며, 누구도 그대로 따라 하기란 결코 쉽지
않은 삶의 면면이라 할 것이다. 작든 크든 한 사찰을 경영하는 주지스님
은 시주들의 많은 공양물을 끊임없이 관장하게 된다. 또 만일 그
공양물이 부족할 때엔 책임을 맡은 소임자로서 시주들에게 공양물을
보시 받거나 화주라도 하여 대중의 살림살이를 꾸려가야만 한다.
그럼에도 불구하고 그 많은 물질적인 수용을 보고도 굳이 멀리하기란
견고한 자기 수행의 목표와 원칙, 특별한 서원이 아니면 쉽게 지속하기
어려운 것이다. 여기서 자기에게 수행을 포기하고 벼슬길에 오를
것을 제시한 왕의 청을 끝내 거절한 채 초식으로 연명하며 바윗골에
몸을 숨기고 수행한 선가의 흔적을 하나 더 살펴보자.

---

28 운서주굉 저, 백련선서간행회, 『치문숭행록』, 선림고경총서 4, 장경각, 1989,
p.146.

진晉나라에 도오道悟라는 스님이 있었는데, 진秦의 요흥姚興이 승복을 벗고 자기를 보필해달라고 청했으나 여러 차례 사양하고 가까스로 빠져나와서, "옛사람이 말하길 '나에게 재물을 주는 자는 내 정신을 좀먹게 하는 마군이며, 나를 이름나게 하는 자는 내 목숨을 죽이는 자다.'라고 하더니, 바로 그와 같구나." 하였다. 그 후 더욱 그림자를 바윗골에 숨기고 초식으로 연명하며 오직 선정을 닦으며 일생을 보냈다.[29]

위의 도오 스님은 재가의 삶을 윤택하게 하는 벼슬길을 제시한 왕의 요청도 끝까지 거절하고, 재물과 명예를 제공하는 자를 오히려 정신을 좀먹게 하고 목숨을 죽이는 자라고까지 생각했으니, 청빈한 수행가풍에 투철한 보기 드문 수행자라 할 것이다. 이처럼 선 수행의 역사를 통해서 우리가 찾아 볼 수 있는, 거의 자연에 가까운 소박한 삶을 영위하다 세상을 마친 이런 수행자는 참으로 많이 있다. 어쩌면 이런 수행자들이 수행자로서 본분을 지키고 물욕으로부터 자유로우며, 오직 자기수행의 완성과 중생제도라는 원력을 실천하는 데 투철한 정신력을 가졌기에 불법이 오늘날까지 전해올 수 있었을 것이다.

중국의 선종사 전체를 통해 볼 때, 선종사에서 한 획을 그은 2조 혜가(慧可, 487~593)와 3조 승찬(僧璨, ?~606)의 경우도 걸식과 일의 일발을 고수한 수행자로 알려져 있다. 즉 혜가는 몇 사람의 제자를 거느리고 도시의 집집을 돌며 두타행을 했으며, 그의 제자 승찬은 산속에 은거하며 4조 도신(道信, 580~651) 한 사람에게만 법을 전했고,

---

29 운서주굉 저, 백련선서간행회, 앞의 책, p106.

둘 다 일정한 곳에 머물지 않고 걸식과 유행의 고독한 생활을 영위했다고 한다.[30] 아무래도 걸식과 유행, 즉 비정주非定住의 생활을 유지하게 되면 이동의 편의상 생활이 간소하지 않을 수 없으며, 많은 소유물로부터 자연스레 벗어나야 될 수밖에 없다. 오늘날처럼 자신의 소유물을 다른 곳에 맡겨놓고 결제수행結制修行을 하는 경우가 아니면 말이다.

당대唐代에는 제도적인 필요에 의해 집단사원생활에 들어갔다. 선종은 지금까지와 많이 달라져 경전의 해석이나 생활방식 등 시대에 적응하는 체제가 정비되고 있었던 것이다. 선 수행자가 대중정착생활을 시작한 것은 통상 4조 도신 때부터라고 한다. 물론 이때의 정주생활은 선종사찰 내에서의 것이 아니라, 일부는 산속에 숨어 지내거나 또는 율종사찰에 들어가 공생하기도 하였다고 한다. 하지만 당시 500대중이 운집했다는 것은 많은 양의 시주물이 필요하게 되고, 일의 일발의 정주하지 않는 생활방식은 그 수행양상이 많이 달라질 수밖에 없다. 오늘날 총림의 기원적인 형태라 할 것이다. 도신과 그를 이은 5조 홍인(弘忍, 594~674)이 60여 년에 걸쳐 양자강 일대에서 신도를 모으고 대중의 희망에 부합해가는 동안 그 면모는 나날이 새로워졌다. 사원의 집단생활이 자급자족이라는 형태로 바뀌자, 선종 승려들의 직무가 분담되고, 정해진 일에 대한 불평을 없애기 위해 일 자체를 선 수행이라 여기는 등 완전히 중국적인 사고에 입각한 선의 해석이나 방법이 구체화되어 좌선과 함께 일상생활의 직무 이행, 집단생활의 규율이 자연스럽게 형성되었던 것이다. 이때의 집단생활 규율이 뒷날

---

30 아베쵸이치 외, 최현각 옮김, 『인도의 선, 중국의 선』, 민족사, 1990, p.138 참조.

백장의 시대에 이르러 청규清規라는 형태로 이어진다. 이것이 백장청
규다. 지금 이 청규는 그대로 남아 있지 않지만, 송대의 장로종색(長蘆
宗賾, 생몰연대 미상)이 쓴『선원청규禪苑淸規』의 도처에 남아 있다.[31]
이 부분에 대해서는 뒤의 해당 단락에서 좀 더 상세히 서술할 것이다.

　위와 같이 선 수행자가 개인적으로 홀로 수행생활을 영위하는 것과
필요에 의해 대중생활을 하게 될 때, 그 소유의 양식은 매우 달라질
것이다. 개인적으로 홀로 걸식을 행하는 경우는 가장 소유물이 간편한
형태가 될 것이다. 물론 그날그날 하루의 양식을 구해야 하는 불편함과
약간의 불안함을 감수하면 말이다. 하지만 집단생활인 대중이 함께
수행하는 생활이 되는 경우, 대체적인 물품은 사중寺中 물건으로 사중
에서 모두 충당해 줄 것이므로 자신이 욕심만 부리지 않는다면 개인의
소유물은 매우 간소한 형태로 만족할 수 있을 것이다. 그러나 이
두 가지의 경우가 아니고 한 수행자 개인이 사찰을 운영하고 수행하는
경우는 가장 번잡한 소유물의 굴레 속에 들어가게 될 것이다. 이때는
재가의 경우와 크게 다르지 않게 매우 많고 번잡한 살림살이 가운데
놓이게 된다. 왜냐하면 작든 크든 재가 대중, 즉 신도단월들을 위한
일체의 살림살이가 모두 구비되어야 하기 때문이다. 가끔 그것이
선원이라 할지라도 포교를 겸한 수행자의 처소에 가게 되면 필자는
마음이 무거워진다. '저 스님이 처음 발심하고 출가를 단행했을 때는
꿈에도 저렇게 많은 소유물 속에 복잡한 삶의 형태를 유지할 것이라
생각하고 출가하지는 않았을 텐데' 하는 생각이 들어, 한편으론 측은하

---

31 아베쵸이치 외, 최현각 옮김, 앞의 책, pp.139~141 참조.

고 짠한 마음마저 든다. 자유롭고 걸림 없이 살고자 단행한 출가라는 새롭고 특별한 선택이 재가의 일반인보다도 더 많은 물질을 구비하고, 사찰의 원만한 경영이라는 경제적인 여건을 늘 고려하면서 번거로운 삶을 살아야 하기 때문이다. 이는 모두 재가신도들의 수행을 불편함이 없이 보필하려는 사찰 경영자로서의 회피할 수 없는 배려 때문에 생기는 회피불능의 소유이기도 하다.

재가신도들은 언제나 출가자가 무소유의 청정한 수행자이기를 바라는 마음으로 가득하지만, 자신이 사찰에 방문할 때는 정작 편의시설의 부족에서 오는 불편함을 기꺼이 감당하고자 하지 않는다.[32] 재가자들이 어떤 사찰, 어느 수행자와 맺는 인연은 각기 여러 가지의 인연관계가 있지만, 그런 특별한 인연관계에 의한 만남이 아닌 경우, 이미 세속의 편리함에 익숙해져 있는 재가자들은 통상 자신들을 조금도 불편함 없이 친절히 대해주는 사찰로 발길을 옮기는 것이 현재의 일반화된 경향이다. 이는 대형마트의 편리함에 이미 길든 소비자가 특별한 사유가 아닌 한 재래시장의 불편함을 가능하면 감수하지 않으려는 것과 같다고나 할까. 물론 설악산의 봉정암과 같은 특수한 예도 있다. 봉정의 불편한 잠자리와 소박한 공양을 기꺼이 받아들이고, 여전히 그리 많은 불자들이 오늘도 쉼 없이 그 높은 곳까지 올라가 불편함을 당연히 감수하는 것은 '기도의 성취'라는 특별한 염원이 내재해 있기 때문일 것이다.

---

32 물론 이런 경향에 전체가 다 그렇다는 결론을 내리는 것은 아니다. 출가자이든 재가자이든 사람마다 성향과 기호의 차가 있다는 것은 이 논문의 서술 전반에 깔려 있다.

일반적으로 사찰보다 교회가 훨씬 더 일찍 이런 점에 눈을 떠 장소적 여건을 구비하고, 교회 내에서 친목과 사회적 교류를 원활히 하고, 나아가 전도로 이어지는 궁극적 목적달성을 위한 환경조성에 집중해왔다고 생각한다. 오늘날 산중이나 도심을 막론하고 대부분의 사찰도 절을 찾는 재가대중에게 불편함이 없는 수행도량을 가꾸는 데 많은 노력을 기울여 상당부분 탈바꿈하고 있다. 그러니 사찰의 경영자가 되면 어쩔 수 없이 많은 물질을 구비하여 재화를 비롯한 갖가지 소유물로부터 자유로울 수 없는 큰 살림을 담당하는 수행자가 되는 것이다.

뒤에 보다 상세히 기술하겠지만, 사찰의 주지와 관련한 기술이 심심치 않게 도처에 보이는 것은 사찰의 재정을 담당한 막중한 책임자인 주지라는 직책을 맡은 수행자가 어떤 정신 아래 어떤 자세로 직무에 임해야 하는가 하는 점이 그만큼 중요하고, 그렇기에 그와 관련한 내용이 많은 서책에 실려 전하는 것이다.

우리는 오늘날도 여전히 수행자의 삶의 지침으로 가난하고 무소유한 삶을 가꾸어가기를 바라고 또 요구하는 마음에는 변함이 없다. 이에 대한 다음과 같은 말이 있다.

마음을 가난하게 한다는 것은 일체의 생각을 내지 않는다는 뜻이다. 욕망도 내지 않고 두려움도 내지 않고, 또 다른 걱정거리를 만들지도 않는 것이다. 어떠한 생각도 내지 않는다는 것이다. 또 옛 선사들은 "춥고 배고프게 살아라."라고 했다. 번뇌와 망상을 덜 피우고 물질에 큰 욕심을 내지 말라고 했다. 옷 한 벌, 밥그릇 하나면 족하다 했다. 가난한 마음을 가져 행복을 누리는 것을 안빈낙도라 한다.

가난하고 곤궁하면서도 늘 절제를 지키며 편안한 마음으로 도를
즐기고 청빈과 소욕지족少欲知足하라 했다. 이것이 수행자의 참모
습이다.[33]

이 글은 현재의 선가 수행자가 직접 쓴 글이다. 수행자의 길을
선택한 자라면 지극히 당연한 말씀이라 여길 것이다. 그리고 돌아보면
현실이 그렇지 않음에 우리는 어쩔 수 없이 생각의 절충이란 것을
감수하게 된다. 우선 욕망도 두려움도 내지 않고 다른 걱정거리를
만들지도 않는, 곧 일체의 생각을 내지 않는 뜻으로서 마음을 가난하게
한다는 것은 수행의 힘이 상당히 축적된 자가 아니면 결코 쉽지 않은
것이다. 또 "춥고 배고프게 살아라."라는 의미는 물질의 굴레로부터
초연히 벗어나라는 말로 들린다. 그 깊은 뜻이야 수행자로서 지나치게
따뜻하고 풍족하여 공부에 방해될 만큼 많이 먹지 말라는 내용일
것이다. 하지만 그렇다고 해서 궁핍하여 춥고 배가 고파 정작 수행을
못할 정도를 말하는 것은 아닐 것이다. 산속에서 홀로 수행을 하는
어쩔 수 없는 궁핍한 경우가 아니라면, 굳이 춥고 배고픔을 감수할
필요가 있으랴! 자각종색慈覺宗賾 선사(생몰연대 미상, 송대 스님)의
『좌선의坐禪儀』에 나오는 음식의 지침인 많지도 적지도 않게[34]가 정답
일 것이다. 위의 글에서 나타나는 수행자에게 있어서 무소유란 '일의일

---

33 무여 스님, 『쉬고, 쉬고 또 쉬고』, (주)새로운 사람들, 2009, pp 160~163 참조.

34 『緇門警訓』 권제1, 「長蘆慈覺賾禪師坐禪儀」(대정장 48), p.1047b. "學般若菩薩
先當起大悲心發弘誓願. 精修三昧誓度衆生. 不爲一身獨求解脫. 爾乃放捨諸緣
休息萬事. 身心一如動靜無間. 量其飲食不多少."

발'에서 출발하여 춥고 배고픔, 청빈, 소욕지족 등의 언어로 말해지고 있다. 소유와 무소유의 경계는 이런 정도의 언어로 표출할 수밖에 없는 것인가? '춥고 배고프다는 것', '소욕지족', '청빈', 이 모든 말들은 실제로 매우 상대적이거나 추상적일 수 있다. 편의상 이 정도의 말로 그 경계를 표현할 수밖에 없었기 때문일 것이다.

무소유와 소유란 의미의 그 경계를 생각해보는 데 가장 적절한 책은 법정 스님의 『무소유』라는 책일 것이다. 제목 자체가 이미 무소유를 드러내고 있기 때문이다. 한때 많은 독자를 지녔던 법정 스님의 글을 보고 자기 삶을 뒤돌아본 사람들이 많이 있을 것이며, 불교도들은 부처님의 말씀 중에서 소유와 관련된 부분을 찾아내어 연구한 계기가 되었을 것으로 생각한다. 법정 스님은 무소유의 대명사로 인식되어지고 있는 것 같다. 스님의 글을 읽은 이들은 이렇게 평한다. "법정 스님이 말하는 무소유는 아무 것도 갖지 않는 것을 말하는 것이 아니다. 법정 스님의 무소유는 불필요한 것을 갖지 않는 것을 말하며, 이때 비로소 온 세상을 가지게 된다는 것이다."[35]라고 말이다. 법정 스님이 남긴 말들을 몇 가지 들어 그의 무소유에 관한 생각들을 엿보자. 그는 다음과 같이 말했다. "최근의 사회적 부패와 비리는 물질을 독점하려는 잘못된 생각에서 나온 것이다."라거나 "소유는 사람을 편리하게 하지만, 한편으로는 사람을 자유롭지 못하게 한다."고 지적하고, "물질이 넘치는 세상에서는 가난의 도덕을 배워야 한다."[36]고 하였다. 또

---

35 법정 스님, 「법정 스님 삶과 무소유」, 월간 『불교』, 월간불교사, 2017, 통권 1084호, p.35.

36 대한불교조계종포교원, 「우리생활에 있어서 '무소유'의 실천」, 『법회와 설법』

"스님은 신도의 시주를 화살처럼 받고 신도의 음식을 독약처럼 먹으라 했습니다. 스님은 시주의 은혜를 깊이 깨닫고 다음과 같이 말합니다. '시은을 두려워할 줄 알아야 한다. 시주는 그가 베푸는 시물로 인해 복을 짓게 되지만, 그걸 받아쓰는 쪽에서는 그만큼 시은의 무게를 져야 한다. 세상에 공것은 어디에도 없다.'"[37]라고 회고한 글이 있다.

스님이 지녔던 시주의 공양물에 대한 생각은 수행자라면 누구나 갖고 있는 생각일 것이다. 수행자들 사이에 내려오는 불문율과 같은 것이기 때문이다. 필자도 인연이 깊은 노스님으로부터 "신도가 베푸는 쌀 한 톨의 무게가 수미산과 같다."는 말씀을 여러 차례 들었던 기억이 있다. 그러나 법정 스님이 정의하였듯, 아무것도 갖지 않는 것이 아니라 불필요한 것을 갖지 않는 것이 무소유라면 소유와의 경계가 매우 간단하게 정의될 것 같지만, 실상은 반드시 그렇지만도 않다. 사람마다, 즉 수행자마다 필요의 범주는 다 다르기 때문이다. 필요라는 것이 어떤 의미에서의 것이든 개개인의 여건과 생각에 따라 일률적이지 않다는 얘기다.

법정 스님의 경우를 예로 들어보자. 필자가 알고 있는 법정 스님은 『고승전』에서 통상 수행자들을 그 특성에 따라 분류하는 역경譯經이나 의해義解, 신이神異 등의 분류방식에 의할 때, 어떤 분류에 넣을 것인지 간단하지 않은 분이다. 그분은 역경도 하셨고, 강론도 하셨으며, 또 샘터와 같은 일반적인 잡지에 기고도 하셨고, 세속을 향하여 『무소

제25호, 대한불교조계종포교원, 불기 2541, p.18.

37 고수유 지음, 『법정 스님으로부터 무소유를 읽다』, 도서출판 씽크스마트, pp.62~63 참조.

유』와 같은 일반적인 글도 쓰셨다. 성격이 깔끔하신 분이니, 음식
또한 함부로 드시지 않아 율사이기도 하셨을 것이다. 또 한편 불일암에
서 홀로 수행하시며 내방하는 이들에게 법을 전하여 출가자의 길을
걷게도 하셨으니, 포교사이자 선객이기도 하셨다. 마지막에는 큰 사찰
을 맡아 경영도 하셨으니,[38] 그야말로 자기공부와 중생제도의 양면을
고루 다 수행하신 분이다. 물론 대부분의 수행자가 이런 몇 가지
분야의 일을 함께 수행하면서 살아간다. 선객이라 하여 참선만 하거나,
강사라 하여 강의만 하는 경우는 극히 드물다고 본다. 특히 '조계종'의
경우, 수행자를 길러내는 공식적 규정상으로는 행자의 수행기간을
거쳐 경전을 공부하는 전통강원을 거치고, 최종적으로 포교노선을
택하거나 선방을 유력하는 선객의 삶을 택하거나, 그것도 아니면
수행자 혼자서 작은 거처를 마련하여 수행하게 되기 때문이다.

  법정 스님이 규정한 필수불가결한 수행도구를 살펴보고, 스님이
생각하는 무소유의 개념 정의를 살펴보자. '스님은 필요에 의해 갖게
되는 물건에 얽매이는 것을 우려하며, 최소한의 것을 소유하기 위해
누더기 옷 한 벌과 당장 읽을 책 몇 권, 차 한 잔 마실 수 있는 다기세트,

---

38 성북동의 길상사라는 큰 사찰로 바뀐, 예전의 음식점이자 거물급 권력자와
  재벌이 이용하던 요정 대원각은 시가가 무려 1천억을 호가하고 대지가 7천여
  평으로 주인 김영한 불자가 법정 스님께 맡아달라고 했다고 한다. 스님은
  소유라는 틀에 매여 사문의 근본을 어지럽힐 수 없기 때문에 진정한 전법도량으
  로 대중이 이용할 수 있도록 조계종의 공찰로 등록하고, 그 운영은 사부대중이
  공동으로 하며, 주지는 다른 스님이 맡아 삼보정재로 공동의 재산이 되게 하였다
  고 한다. 대한불교조계종포교원, 「우리생활에 있어서 '무소유'의 실천」, 『법회와
  설법』 제25호, 대한불교조계종포교원, 불기 2541, pp.16~17 참조.

음악을 들을 수 있는 건전지 라디오를 가지고 채마밭 몇 평을 가꾸며, 단순하게 영위해온 자유로운 삶, 법정 스님은 무소유를 깨닫고 실천하며 무소유로 살다가 무소유로 가신 것이다. 우리는 그것을 스님의 다비식에서 관도 없이 입던 옷에 가사 한 장을 덮어 거행되었고 사리도 거두지 않고 불일암의 후박나무 밑에 뿌려진 데서 가슴으로 느낄 수 있다.'³⁹라고 한다.

이 내용을 보고 있노라면 여러 가지 생각이 교차한다. 당연히 수행자다운 조촐한 삶이다. 더할 것도 덜 것도 없는 그런 살림살이 말이다. 하지만 스님 정도의 수행정진을 잘 하신 분은 그분 자신이 수중에 소유하고 있는 물질은 문제가 되지 않는다. 이 말은 군이 가까이에 물질을 쌓아두거나 소유하고 계시지 않아도 정말로 필요로 하는 것이면 그때그때 필요로 하는 일을 거의 할 수 있는 분이라는 말이다. 금전에 있어서도 마찬가지다. 좋은 계기로 외국으로 견학도 할 수 있고, 설사 개인적인 여행이라 할지라도 신도단월들의 보필에 의해 할 수 있는 여건이 되셨을 것이다. 우리나라에서 '큰스님'으로 모셔지는 대부분의 수행자들의 생활은 군이 자신이 직접 가까이 소유하지 않아도 생활에 크게 구애받지 않고 삶을 영위할 수 있다. 수행의 힘이라 할 수도 있을 것이고, 수행에 따라오는 자연스러운 복력福力이라 할 수도 있을 것이다. 출가자도 그 나름대로의 업력과 복력이 다 다르니, 각자가 수용하고 살아가는 형태가 재가자와 크게 다르지 않아 천차만별이란 표현이 맞을 것이다. 다만 기본적 생활의 유지에 있어서는

---

39 이용주, 「비움과 채움의 역설, 무소유」, 『불교』, 2013, 1월호, 통권 제687호, pp.79~80 참조.

자신의 능력과 복력에 따라 살아갈 수 있는 재가자보다 훨씬 안정적이라 할 수 있을 것 같다. 승가에서 흔히 얘기하는 부처님의 복덕이 밖에서 외호해주는 것, 또는 팔부신장이 옹호해주는 힘이란 표현이 맞을는지도 모른다. 아니, '치의緇衣를 입은 공덕'이란 표현이 더욱더 정확할지도 모르겠다.

아무튼 스님이 열반에 들고, 관도 없이 입던 옷에 가사 한 장을 덮은 채 거행된 다비식은 승가의 귀감이기에 충분하다. 살아서도 간소하게 살고자 항상 자신을 단속하던 분이었는데, 몸을 버리고 난 뒤의 복잡한 겉치레가 무슨 의미가 있겠는가? 이는 출가수행자나 재가수행자나 예외 없이 본받아야 할 모습이라 생각한다. 아마 지금 이 시간에도 알려지지 않은 이런 수행자가 많이 있을 것이다. 저잣거리에서나 산속 어디에선가 회적도명晦迹逃命한 채 욕심 없이 살아가는 수행자 말이다. 이런 생활로 어떻게 살 수 있었을까 하는 생각이 들만큼 더 조촐한 삶을 살다간 수행자가 역사상에는 많이 보인다. 적어도 『고승전』에 실린 내용이 완전히 허언이 아니라면 말이다.

여기서 무소유의 의미와 관련하여 법정 스님의 성정을 엿볼 수 있는 예화를 하나만 더 들고자 한다. 글쓰기를 즐기는 스님에게 어떤 분이 몽블랑 만년필을 하나 드렸는데, 당신 성격에 맞게 펜촉이 날카로워 글을 쓰는 맛을 누리던 스님은 유럽 여행길에 똑같은 만년필을 하나 더 샀다. 그러나 하나를 가졌을 때의 소중함이 사라졌다 하여 얼른 다른 분에게 드렸더니 살뜰함이 살아났다[40]고 하는 일화다. 이

---

40 변택주, 「무소유는 쓸모살림이다」, 『불교문화』, 2017.2, p.12.

이야기를 들은 사람의 감회는 이렇다. "하나가 필요할 때 하나를 가져야지, 둘을 가지면 하나였을 때 살뜰함을 잃는다는 말씀, 쓸모를 잃은 사람이나 사물은 살맛을 잃는다. 벼락 맞은 뒤로 내게 쓸모, 쓰임새는 '살림을 여는 화두가 되었다.'"[41]라고.

　위의 일화가 우리에게 시사하는 것은 받아들이는 이에 따라 다양할 수 있겠으나, 필자는 좀 특별한 생각을 갖게 된다. 소유하는 물질이 두 개가 있으면 그것은 반드시 번뇌를 가져오는 물질이 될까? 조금은 지나친 스님의 성정을 느끼게 하는 점이 없지 않다. 만년필의 날카로운 촉만큼이나 자신을 엄격히 다스리는 스님에게 있어서는 그런 생각이 들 수도 있을지 모르겠으나, 스님처럼 글쓰기를 전문으로 하는 분에게는 필수의 도구이기도 하고, 또 몽블랑 만년필이란 것이 우리나라 모나미 볼펜이나 파카 만년필처럼 그리 쉽게 접하고 소유할 수 있는 물건이 아니란 것을 감안하면 더더욱 그렇다. 스님을 좋아하는 시주의 입장에서는 아마 그 만년필이 고가의 사치품이라 생각하며 드리지 않았을 것이고, 고장 나거나 만약의 경우를 대비해 하나 더 소유하는 것이 무소유의 삶을 그리 깨뜨리는 행위라 생각하지 않을 것이다. 오늘날 절실하게 필요로 하지 않는데도 물건을 가득 쌓아두거나 특별한 물건의 수집이 취미인 수집광들의 삶과 비교하면 지나치게 결벽증에 가깝다고 느끼기도 할 것이다. 사람마다 삶에 있어서 특별히 소중하게 여기는 것과 취미가 제각기 다른 세상에서 우리가 과연 수집광들의 삶을 단지 재화의 축적과 낭비란 측면에서 규탄할 수 있는 것인지,

---

41 변택주, 「무소유에 서린 뜻은」, 『雲門』, 불기 2560년 겨울호, 통권 제136호,
　　p.37.

그것마저도 사실 간단한 문제가 아니다. 어쨌든 스님에게 있어서는 만년필이란 존재가 스님의 글 쓰는 삶을 더욱 편리하게 해주는 필수도구라 생각할 때, 또 그렇게 해서 쓰인 글이 많은 독자에게 삶의 귀감이 되고 안식을 가져온다고 생각하면, 한 순간의 충동으로 사셨든 욕심으로 사셨든, 산 것을 굳이 남에게 주고서야 편안함을 느낄 것까지야 있겠는가? 뭐 그런 생각을 하게 된다. 이제 소유와 무소유의 경계를 보다 더 깊이 들여다보기 위해 다른 관점을 하나 들어보겠다.

혹자의 글에 산중에서 난을 키웠는데, 아침나절 분을 햇빛이 드는 창가에 내놓고 하산하여 일을 보다가 한낮 태양이 뜨거워지니 걱정되어 허겁지겁 산에 뛰어올라와 시들은 난을 그늘에 들여놓고 물을 주어 소생시켜 귀중하게 생각하고 관리하다가 그 자체도 소유라는 탐심의 발로인 것 같아 남에게 분을 주어버리니, 마음이 편해져 무소유가 귀중한 것임을 깨닫게 되었다는 내용이다.[42]

이 글은 법정 스님의 '무소유'라는 글에 나오는 내용을 저자가 요지만 옮긴 것이다. 책의 내용을 조금 더 부연설명하면, 어떤 스님이 보내준 난초 두 분益을 정성껏 가꾸었더니 봄이면 은은한 향기와 함께 꽃을 피워 다래헌茶來軒을 찾은 이는 다 좋아했었다. 장마가 갠 여름 어느 날 운허耘虛 노사를 뵈러 봉선사에 갔다가, 문득 뜰에 내놓고 온 난초가 생각나 허둥지둥 돌아와 시든 것을 겨우 살려놓고, 얼마 뒤 손님으로 온 난초처럼 말없는 친구에게 주어버렸더니 홀가분한 해방감을 느꼈다

---

42 장명화, 『놓고 비우고 버리기』, 도서출판 여래, 1997, p.328.

는 내용[43]을 보고 내린 비평의 글이다. 아마도 이 글을 읽는 독자들은 별다른 이의 없이 공감하고 지나갔을지도 모르겠다. 하지만 이 책의 저자는 다음과 같이 반론을 제기한다.

"산다는 것은 현재를 부정이 없는 긍정적 사고로서 존재현상 그 자체를 인정하고 내일을 개척하려는 의지가 깨끗이 다듬어진 성품으로 전환되어 삶의 행로를 개선 발전시키는 데 그 의의가 있다. 또한 생산하고 소비하는 행이 있어야만 하는 것이지, 존재 그 자체를 외면하고 부정하는 데 삶의 의의가 있지 아니함이 만고의 진리다."라고 전제하고, "무소유란 말은 무상심無想心의 경지에 도달되지 못하면 문자로 표현하기는 불가한 어구이다. 무소유라는 어구가 대안 없이 홀로 떨어져 다니는 시대가 되어서는 안 된다."라고 한 뒤, "지혜로운 자는 태산을 소유하나 지식과 경험을 잘 구사하여 지혜롭게 처리할 수 있을 뿐이지, 소유한다는 집착의 끈이 없다. 그는 단지 역할을 하였을 뿐이고, 탐·진·치심이 일어나지 않으니 태산을 구워먹으나 삶아먹으나 항상 무상심이고, 그가 소유하는 본질은 하루 세끼 먹고 잠자고 배설하는 것과 주어진 역할을 지혜롭게 이행하는 것 외는 더 이상 소유라고 할 만한 것이 없다. 즉 소유하고 싶은 욕망이 일어나지 않으니 뭇사람들을 위하여 공유하고 있다는 사실을 인정할 뿐, 개인적인 소유욕이 그의 관념을 지배하고 있지 않다. 이럴 때 무소유와 소유라는 어구를 양단하여 허와 실을 구분할 수 있다. 하찮은 풀뿌리 하나에 나의 의지를 실어 시간 낭비하는 풋내기 동심 같은 것은 다

---

43 법정, 『무소유』, 범우사, 1998, pp.127~129 참조.

큰 어른이 허둥대면서 행할 과제가 아닌 것이다. …… 관리하지 못할 것 같으면 애당초 빌미를 남기지 말아야 하는 것도 수행의 올바른 덕목이고 당면과제다. 물론 풀뿌리 하나가 가지고 있는 고유성은 온 우주와도 바꿀 수 없는 개체의 존재가치를 내재하고 있는 것이 순수자연법칙이다. 그러나 나로 말미암아 너에게 생명의 고귀함을 상실케 함이 가슴 아프다는 생각은 무소유의 고귀함이 아닌 소유욕이 라는 탐심에서 기인한 관념의 찌꺼기다. …… 바른 수행자의 입장에서 보면, 지금 머물고 있는 곳에서 정견을 하면 천지 사방이 순수정원이거 나 대자연일 텐데, 분에 옮겨 담은 풀뿌리 하나에 중심을 빼앗기고 마는 것은 무슨 해괴한 일인가."[44]라고 비판하고, 무소유에 대해 다음과 같이 정의를 내리고 있다.

무소유로 산다는 것은 되니 안 되니, 어쩌니 저쩌니 할 것도 없이 그냥 무심으로 행함이다. 행을 포기한 결과가 무소유라면 언어의 유희일 뿐이다. 물질 소유의 유무에 의한 소유, 무소유를 따져 오히려 선량한 다수를 가진 것 없이 사는 것이 옳다는 의식을 불러일으키게 하고 경제단위를 부정한 것으로 오인케 해서 무소유 라는 허위의식에 사로잡히게 하는 것은 죄악과 같다. 모두는 가진 것만큼의 역할이 있다. 여하히 사용하느냐가 문제일 뿐, 이를 위해 우리는 바른 삶을 추구하는 수행자의 덕목을 존중하고 허인 무소유 를 경멸한다.[45]

---

44 장명화, 『놓고 비우고 버리기』, 도서출판 여래, 1997, pp.329~331 참조.
45 장명화, 앞의 책, pp.331~332 참조.

이것이 그가 내리는 무소유의 정의다. 즉 법정 스님의 무소유에 대한 생각은 불필요한 것을 가지 않는 것이라면, 이 저자가 내리는 무소유의 정의는 무상심, 즉 무심이다. 소유물이 하나 더 있고 없음에 의해 결정되는 소유와 무소유의 개념정의가 아닌, 어떻게 소유물을 사용하는가? 즉 소유에 대한 집착의 여부에 따라 소유와 무소유의 개념이 가리는 것이다. 나아가 일정한 역할을 담당하는 물질에 스스로 집착하느냐의 여부에 따라 결정되는 것이지, 소유의 행동을 포기한 결과가 무소유라는 것은 언어의 유희라 하여 경멸하기까지 한다. 스님이 이 글을 보셨다면 섭섭함을 넘어 치열한 설전까지 벌어질 수도 있었을까?

법정 스님의 무소유를 다른 눈으로 보는 시각을 또 하나 소개하고자 한다. 이는 수행자를 넘어 재가자의 시각을 바로잡으려는 의도가 다분히 내포되어 있어 한층 흥미롭다. 무소유를 '맑은 가난'이라고 해석하는 어느 고객의 말에 충격을 받아 시작된 이 글은 지금의 20대와 30대는 가난을 전 세대와 같이 '가난한 날의 행복'이라는 따위로 이야기 하지 않는다. 가난은 불편한 정도가 아니라 남에게 피해를 주는 상황으로 발전하고 있다. 오늘날처럼 정년퇴직이란 말이 역사의 유물로 들어간 지 오래인 시대에 무소유나 가난은 아무런 대안이 되지 못한다는 것이다. 그뿐 아니라 가난은 얼굴도 모르는 사람들에게 피해를 끼친다는 것이다. 나아가 지금 온 세상이 돈, 돈 하는 것은 도덕성 타락이 아니라 과학의 발전 속도를, 사회발전을 책임진 지도자들이 따라잡지 못하고 있기 때문이며, 종교인도 마찬가지란 것이다. 지금 자라나는 아이들에게 가난은 불편한 정도가 아니라 치욕스런 것이 되었다. 한국이 절대가난의 시대에 있던 60년대와 마찬가지로 2000년 대 스님의 책이 끊임없이 무소유로 인한 행복을 말해서는 안 된다는 것이다. 소유하려는 욕망이 모든 것을 불살라버리고 심지어 자신마저 해칠 것이라는 부처님의 말씀을 성실히 따르는 법정 스님의 그 수행자 적 자세를 나무랄 수는 없으나, 부처님의 법은 소유에 집착하지 말라는 것이었지 무소유, 즉 소유하지 말라는 것이 아니라고 한다. "땅에서 넘어진 자 땅을 짚고 일어서라."는 부처님의 적극적 생활자세가 어느덧 숨어버리고 "땅에서 일어나려고 아등바등 대며 살지 말라."라는 것으로 무소유의 의미가 고착화되니까 젊은 불자들의 힘을 빼앗아가고, 심지 어 미국 대통령으로 나온 자가 "불교는 가난을 추구하는 종교다."라는 망언을 해도 모두 꿀 먹은 벙어리가 되어 아무도 다른 해석을 내놓지 않는다.[46]라고 통탄하기까지 한다.

위의 두 가지 관점을 고려해보면 다음과 같은 몇 가지를 생각하게 된다. 첫째, 가령 어떤 한 수행자가 무수히 많은 소유물 속에 둘러싸여 온갖 복 수용을 다 누리는 경우에도 그가 이를 무심으로 수용한다면, 즉 오면 오는 대로 가면 가는 대로 무심하여 그 거래와 유무에 무심하면 그는 무소유를 실천하고 있다고 할 수 있는 것인가? 참고로 이 질문에 답한 어떤 수행자는 그렇다고 했다. 가령 한 사찰의 주지직책을 담당하 고 있는 수행자가 그 사찰의 유지를 위해 많은 재화를 운용하는 경우, 그것이 주지 자신의 욕망을 위해 혼자 수용함이 아니라 함께 상주하는 전체 대중의 복리, 나아가 지나가는 객승들의 여비나 사회적인 기부나

---

46 우승택, 「무소유를 곡해하면 불교가 싫어진다」, 『월간불광』 358호, 2004.8, pp.114~118 참조.

보시 등 공적인 많은 일들을 위해 사용한다면, 그 재화의 양이 얼마이든 그것은 무소유라는 것이다. 그리고 이 경우 소유와 무소유를 가장 잘 판별할 수 있는 분기점은 수행자의 사망과 함께 나타난다고 한다. 가령 법정 스님의 경우처럼 자신의 소유물로 취함이 없는 경우 말이다.

둘째, 60년대나 2000년대나 한결같이 무소유를 불교적인 가르침으로 표방하는 것은 과연 옳은 것인가에 대해, 무소유의 의미가 고착화되어 젊은 불자의 힘을 뺏는다는 말은 매우 공감할 수 있는 견해라 생각한다. 부처님은 특히 재가자에게는 무소유를 가르친 것이 아니라 소유에 집착하지 말 것을 가르친 것이라는 것이 옳다. 재가불자가 무소유이면 출가수행자 집단을 위한 보시와 외호는 어떻게 할 수 있겠는가? 따라서 삶을 위한 소유로 인하여 그 삶이 도리어 번거롭지 않을 정도의 적절한 소유라면 필요하다는 것이 옳을 것이며, 재가자에게는 특히 올바르게 열심히 재화를 취득하되, 그 소유에 집착하고 매몰되어 전도된 삶을 살 것이 아니라 보시나 기부 등을 통해 함께 나누는 적극적 삶을 권장해야 하지 않을까 생각한다. 이것이 팔정도의 근본정신에 부합하는 수행이라 할 것이다. 생각나는 일화가 있다. 몇 년 전 불자 한 분이 내게 불교를 신봉하는 나라는 왜 그렇게 다들 못사느냐고 질문한 적이 있다. 나는 물론 일본의 예를 들기도 하고, 진정한 행복과 만족도에 대해 말을 함으로써 답답하고 궁색한 순간을 모면한 기억이 있다.

이와 같이 소유와 무소유의 그 경계를 나누는 일은 그리 산란하시 않다. 위에서 살펴보았듯 불필요한 것을 소유하지 않는 것을 소유와 무소유로 나누는 분기점으로 하든, 소유물의 다소를 논하기보다는 소유물에 대한 집착의 유무를 논하는 것이든 정답을 고르기란 쉽지 않다. "소유하고 싶은 욕망이 일어나지 않으니 뭇사람들을 위하여 공유하고 있다는 사실을 인정할 뿐, 개인적인 소유욕이 그의 관념을 지배하고 있지 않다." 우리가 늘 읊조리는 『금강경』의 "색·성·향·미·촉·법 그 어느 것에도 머물지 않고 마땅히 머무는 바 없이 마음을 낸다."[47]는 말씀을 소유와 무소유의 경계로 삼으면 부처님의 경계에 가까운 더 정확한 나눔의 경계가 될까? 그래도 여전히 명쾌하게 매듭지어지지 않은 채, 또 하나의 생각이 일어나는 것을 피할 수 없을 것이다.

2) 소유, 필수요건? 장애요건?

수행자에게 있어서 소유가 필수인가 장애인가 하는 문제는 본 논문의 가장 핵심적 논점이라 할 것이다. 그러나 이 문제가 어디 수행자에게 있어서, 특히 범위를 더 좁혀 선가 수행자에게 있어서만 문제이겠는가? 지금까지 이 문제와 관련하여 천착해왔듯이 이 땅에 살아가고 있는 모든 인간에게 공통적으로 부여되는 문제이고, 또 그 답안 또한 어쩌면 이미 분명하게 제시되어 있다고 할 수 있다. 왜냐하면 누누이 반복하고 있는 말이지만, 인간은 그것이 많든 적든 지속적 생존을 위하여 소유물, 즉 재화이든 재화를 얻기 위한 교환수단인 돈이든 거기서 결코 자유로울 수 없기 때문이다. 인간이 한 세상 살면서 아무리 간소한 삶을 살다가 떠난다 해도 일생동안 그가 자연과 다른 인간들로부터 입고 누리는 혜택이 얼마나 많겠는가? 소비하는 재화

---

47 『金剛般若波羅蜜經』(大正藏 8), p.753c, "諸菩薩摩訶薩 應如是生淸淨心 而無所住 不住色生心 不住聲香味觸法生心, 應無所住而生其心."

또한 그 얼마나 많겠는가? 따라서 인간의 삶에 있어서 소유는 필수이다. 하지만 그것이 지나치면 장애가 될 수도 있다는 것이 가장 적절한 해답이 아닐까? 소유가 많으면 많을수록 그것을 지키기 위한 노력 또한 적지 않게 기울여야 하기 때문이다.

위에서 이미 살펴본 대로 수행자가 최소한의 소유, 즉 무소유의 삶이든 적소유의 삶을 누리든, 그 누구도 소유로부터 완전히 자유로울 수는 없다. 또 이 문제는 그 수행자가 수행자로서의 본분에 충실하고자 삶을 담박하게 영위하고자 하면 할수록 그들의 수행을 보호해주는 제도적인 장치, 즉 '외호外護'라는 문제와 더욱더 절실하게 결부된다. 이것은 수행자의 기본적인 생활유지를 위해 그러하고, 혹 개중에 특별히 건강을 잃고 병석에 있을 수밖에 없는 어려운 환경에 직면한 자들을 위해서는 더더욱 그러하다. 수행자가 출가 이후 선택하는 삶의 형태는 대체로 세 가지로 나눠볼 수 있을 것 같다. 첫째는 개인적인 나 홀로의 수행을 선택하는 경우, 둘째는 소수의 몇몇 수행자가 함께 역할을 분담하며 사는 경우, 셋째는 총림과 같이 가장 큰 대중생활의 일원으로 수행에 임하는 경우다.

홀로 수행하는 경우는 물론이고, 대중선방에서 공동적 수행을 지속하는 경우에도 비교적 물욕으로부터 자유롭다고 볼 수 있다. 옛 수행자들처럼 홀로 산속 어디선가 수행하는 것은 삶을 간소하게 살기 위한 수행자 자신의 특수한 선택이니, 자신의 의지에 따라 얼마든지 간결한 삶을 영위할 수 있을 것이다. 의기가 부합한 몇몇 수행사가 공동으로 수행생활을 영위하는 경우도 인연 있는 신도단월들의 보시와 외호로 얼마든지 자신들이 지향하는 수행생활을 유지해갈 수 있다고 본다.

전체적인 외호가 가장 필요한 수행 형태는 특별한 능력이나 인연 있는 시주의 보호로부터 격리된 대중생활을 영위하는 수행자들이라 할 것이다.

외호, 즉 수행자의 수행을 원조하는 형태는 크게 세 가지로 나눌 수 있을 것이다. 첫째는 인연 있는 시주단월이 지속적으로 수행자를 원조하는 경우다. 기본적으로는 아직도 많은 경우 출가수행자들은 이런 형태로 보호를 받고 있다고 생각한다. 모든 수행자를 공동으로 후원하기 위해 사중을 통해 공동으로 보시금을 내는 경우도 있지만, 시주와 인연 있는 수행자에게 별도로 금전이나 필요한 물품을 제공하는 경우가 많이 있다. 둘째는 한 사찰이나 선방 단위로 사중의 주지스님을 통해 대중 전체에게 필요한 물품 내지 음식이나 금전을 평등하게 공양하는 것이다. 셋째는 출가한 전 종도들을 위해 종단차원에서 복지혜택을 시스템화하여 일괄적으로 운영하는 것이다.

위의 세 가지 지원책 중에 가장 예외가 될 수 있는 수행자는 역시 복력이 출중하여 인연 있는 신도의 후원이 충만한 수행자일 것이다. 아니면 수행을 잘하여 그 복력으로 많은 시주단월로부터 부족함이 없는 원조를 받을 수 있는, 몇몇 '큰스님'으로 존중받는 수행자일 것이다. 이런 분들은 종단의 시스템도 사중의 배려도 불필요한 예외적인 분들이다. 하지만 여기서 마땅히 고려하고 논해야 하는 수행자는 위의 두 부류를 제외한 평범한 수행자들이다. 즉 자신을 특별히 돌봐줄 신도도 없고, 또한 큰스님이라 하여 추종세력도 없는 수행자들로서 선문禪門의 규약이나 제도적 장치가 반드시 요구되는 수행집단이다. 따라서 이들을 보호하기 위해 승가에 반드시 필요한 정신이 ①수행자 모두가 일불제자—佛弟子라는 인식이며, ②누구나 한 부처님의 제자이 므로 시주의 공양은 반드시 평등하게 서로 공유하고 분배해야 한다는 인식이다. 권리를 누리는 것과 마찬가지로 책임과 의무에 있어서도 기본적으로 동등해야 함은 물론이다.[48]

그러나 종단 내에서 밖으로 표방하기로는 언제나 수행 종도 모두가 일불제자임을 표방하고 있지만, 실제로 시주물의 분배에 있어서 그런 의식 아래 평등한 배려와 분배가 이루어지고 있는지, 전 종도를 그들의 소질과 지향에 맞추어 본사와 문중에 관계없이 평등하게 수용하여 훌륭한 수행자를 만들고 배양하는 데 최선의 지원을 아끼지 않는가에 대해서는 흔쾌히 그렇다고 할 수 없다. 수행자들을 대할 때마다 터져

---

48 부처님을 비롯한 사방승가가 사용하고 관리해야 할 물건은 토지·건물 등의 부동산이 주가 된다. 방사나 의자·침상 및 오랫동안 사용할 수 있는 물건과 승가 내부에서 오랫동안 공동으로 사용하도록 한 일체의 물건도 사방승물에 포함되며, 음식이나 의류나 발우 등의 개인에게 시주한 물건이거나 단기간에 소멸될 가능성이 높은 물건은 현전승물에 해당된다. 즉 건물·토지 등은 개인에게 보시한 경우라도 사방승가에 귀속되며, 이 밖에도 사방승가에 보시한 일체의 물건에 대한 소유권은 사방승가에 귀속되고, 개인에게 보시한 물건은 개인에게 그 소유권이 있다. 그러나 옷·발우 등의 물건도 규정보다 많이 갖게 되면 범계행위가 성립되며 대중에게 내놓고 참회하는 등의 갈마를 받게 된다. 또한 여법하게 소유한 물건이라도 世緣이 다해서 입적하게 되면 亡僧의 재산을 분배하는 기준에 따라서 사방승물과 현전승물로 구분하여 분배한다. 사방승물은 승단에 귀속시키고, 현전승물은 현전승가에 상주하는 대중들이 분배해서 사용하는데, 물건 사용에 대한 우선권은 간병을 한 사람에게 있고, 그 다음은 좌차대로 선택할 수 있다. 단 갈마를 하기 전에 사사로이 물건을 사용하게 되면 사방승가 개개인에게 훔치는 죄를 범하는 일이 된다고 엄중히 경계하고 있다. 〔불교신문 3138호/2015년 9월 19일자〕

나오는 종단의 행정과 정책운영에 관한 불평과 불만이 끊이지 않는 것을 보면, 또 수행자 내부에도 현저한 불평등이 존재하는 것을 보면 아직은 요원한 문제가 아닌가 한다. 물론 제도적 정립이 전무하던 시대에 비하면 조금씩 나아지고 있는 것을 부정할 수는 없을 것이다.

조금 오래된 연구이긴 하지만, 불교종단의 교역자에 대한 수행생활 보장정책을 네 가지 요소, 즉 서비스 대상자격과 급여내용 및 재원조성 전달체계로 나누어서 분석하고, 각 영역에서 제기된 문제점들을 보기로 하자.

첫째, 대상자와 관련하여 천태종과 진각종이 현금급여와 의료 및 거주 보장에 있어 보편주의적인 정책을 펼침에 비하여, 14,000여 명의 교역자를 둔 조계종은 무소임·무소득자이며 65세 이상이라는 연령제한을 덧붙여서 선별주의적이다. 그러므로 65세 미만의 무소임·무소득 교역자들에 대한 청사진이 없는 것이 문제다. 또한 선별주의는 승가의 본질이라 할 화합과 무소유를 본질로 하는 공동체 정신을 해치는 요인이 될 수 있다.

둘째, 서비스 급여와 관련하여 조계종은 2011년 10월부터 교역자에게 국민건강보험과 국민연금보험의 가입을 의무화하고, 소정의 연금 보험료와 질병 치료비를 지원한다. 2014년부터 소정의 노후 교역자에게 수행연금을 지급할 예정이다. 이에 비해 천태종과 진각종은 모든 교역자들에게 매월 현금급여를 제공한다. 또 천태종 교역자들은 국민 건강보험에 전원 가입되고 보험료와 질병 치료비는 종단에서 전액 지원한다. 진각종 교역자들은 소속된 심인당의 지역가입자로서 전원 건강보험에 가입되어 있고, 건강보험료나 질병 치료비는 각자 해결한다. 조계종은 노인요양보험제도와 연계하여 교역자의 요양수발을 지원한다. 조계종 외의 종단에서는 요양수발이 종단적 관심사가 되지 않는다. 요양(간병)보호는 교역자들이 사고나 질병으로 장기간 도움이 필요한 사태들이 발생하기 때문에 종단차원의 대책에 포함시켜야 한다. 태고종, 진각종, 천태종의 경우는 교역자의 거주지 수급에서 기본적으로 문제가 없다. 조계종은 연령층을 막론하고 수행생활의 거처가 안정되지 못한 현실이 수차례 조사 보고되었으므로, 노령 이전부터 교역자들의 수행에 필요한 거처가 안정되도록 정책대안을 세워야 한다.

셋째, 수행생활 보장의 목적으로 특별기금을 조성하거나, 교구 단위로 재적 교역자들을 직접 지원하는 경우는 조계종뿐이다. 그에 따라서 조계종 교구별 재적 스님의 숫자와 재정 형편이 문제가 된다. 조계종단은 교구본사와 개별사찰의 지원에만 크게 의존하지 말고, 종단 내에서 자원의 올바른 재분배 정책을 마련해야 한다.

넷째, 서비스 전달체계는 중앙집권형 혹은 분권형으로 구분하는데, 전문성이 있는 관리자가 서비스를 효과적 효율적 연속적으로 전달하고, 이용자는 이에 접근하기가 쉬워야 한다. 조계종의 경우 승려복지회라는 직렬체계와 교구단위의 분권형이 병합된 전달체계이다. 태고종은 개별사찰의 책임과 권한이 상대적으로 더 크고 강력한 분권형이고, 진각종은 심인당 단위로 기초적인 수행생활 보장을 추구하는 분권형이다. 천태종은 중앙집권형의 전달체계가 훨씬 더 합리적인 것 같다. 불교종단들이 특히 정부와 연계된 서비스를 제공하려면 전달체계 안에 전문 인력을 배치하여 그 역할에서 전문성과 책임성이 뒷받침되어야 한다. 불교종단은 수행공동체라는 특성을 가지고 있기 때문에, 일반국민의 삶의 질과 달리 불교수행에 가치를 두는 교역자들의 삶을 평가할 지표들이 필요하다. 그에 관해서 장차 종단별 종도들의 합의와 일반불자들의 관점을 반영한 불교계 수행생활 보장의 기준들이 마련되어야 한다.[49]

수행자들의 외호와 관련하여 불교 종단들의 보편적인 종도들의 복지정책이 어떻게 행해지고 있는가를 살펴본다는 생각에서 조계종을 비롯한 4개 종단에 대한 연구를 요지만 옮겨와 보았다. 위의 연구에서 '조계종'과 관련된 것만 정리하여 보면 다음의 몇 가지로 요약할 수 있을 것이다.

① 현금급여와 의료 및 거주 보장에 있어, 조계종은 65세 이하의 종도는 무소임·무소득자이며, 65세 이상이라는 연령제한을 덧붙여 선별주의적이다. 그러므로 65세 미만의 무소임·무소득 교역자들에 대한 청사진이 없는 것을 문제로 지적하고 있다. 필자가 알고 있기로는 2017년 이 시점에도 종단차원에서는 여전히 아무런 대안이 없는지 모르나, 큰 사찰의 경우 해당 소임에 따라 일정한 급여를 지급하고 있으며, 사찰재정에 따라 증액되기도 하는 것으로 알고 있다. 물론 전체적으로 보편화된 현상인지는 체계적이고 정밀한 연구가 있어야 할 것이다.

② 서비스 급여와 관련하여 조계종은 2011년 10월부터 교역자에게 국민건강보험과 국민연금보험의 가입을 의무화하고, 소정의 연금

---

49 이혜숙,「불교종단 교역자 수행생활 기초보장에 관한 고찰-종단별 서비스 정책을 중심으로」, 한국불교선리연구원,『선문화연구』11권, 2011, pp.65~67 참조.

보험료와 질병 치료비를 지원하고 있다고 하였다. 눈에 띄는 점은 조계종 이외의 종단에서는 종단적 관심사가 되지 않는 요양수발에 대해, 조계종은 노인요양보험제도와 연계하여 교역자의 요양수발을 지원한다는 점이다. 또 2014년부터 노후 교역자에게 소정의 수행연금을 지급할 예정이라 하였는데, 현재 잘 실행되고 있는지 여부도 조사대상이다. 아울러 가장 문제점으로 제시된 연령층을 막론하고 수행생활의 거처가 안정되지 못한 현실을 지적하고, 노령 이전부터 교역자들의 수행에 필요한 거처가 안정되도록 정책대안을 세워야 한다고 하였다. 필자가 알고 있기로는 이 점과 관련하여 비구니 스님들의 경우, 공동으로 아파트를 세워 일정금액을 지불하고 생활하는 경우도 있는 것으로 알고 있다.

③조계종만이 수행생활 보장의 목적으로 특별기금을 조성하거나, 교구 단위로 재적 교역자들을 직접 지원한다고 한다. 그에 따라 조계종 교구별 재적 스님의 숫자와 재정형편이 문제가 됨을 지적하고, 조계종단은 교구본사와 개별사찰의 지원에만 크게 의존하지 말고, 종단 내에서 자원의 올바른 재분배 정책을 마련해야 한다고 촉구하고 있다.

④서비스전달체계는 중앙집권형 혹은 분권형으로 구분하는데, 조계종의 경우 '승려복지회'라는 직렬체계와 교구단위의 분권형이 복합된 전달체계를 이루고 있다.

이상의 네 가지가 선행연구에서 밝혀진 조계종의 수행자 보호대책의 전모이다.

선가 수행자들에게 있어 소유가 필수요건인가 장애요건인가를 검토하면서, 결론적으로 선가 수행자뿐 아니라 모든 수행자에게 적절한 소유는 필수요건이며, 그것이 지나치면 장애요건이 된다고 하였다. 또 그들의 소유가 간소함을 지향할수록 필요한 것이 수행을 뒷받침해 주는 '외호'라는 문제이며, 그에 따라 현재 종단 차원에서 행해지고 있는 외호의 현황을 대체로 살펴보았다. 이를 통해 우리가 바라는 무소유의 정신에 보다 투철한 수행자 상을 구현하기 위해서는 수행자들의 기본적 복지정책에 대한 범 종단 차원의 구비가 요망된다는 점을 논해보았다.

4. 선가의 현실과 지향

1) 승가의 사원경제를 위한 노력

그렇다면 현재 사원의 대체적인 경제는 어떻게 영위되고 있으며, 과거에는 어떻게 영위되어 왔을까? 이제 사원경제의 순환구조를 살펴보고, 거기에 따른 수행자의 구체적인 소유문제를 논의해보자. 사원경제는 사찰을 중심으로 일어나는 포괄적인 경제단위이다. 현재 한국불교 사원경제[50]의 실질적인 토대는 사찰 소유의 부속토지와 관람료 수입, 단월의 헌공금 등으로 구성되어 있다. 사찰에 부속되어 있는 선원의 경우 그 경제는 자체적으로 해결하지 못하고 선원 외부에서 운영경비를 충당하고 있으며, 이는 사중에서 지급하는 후원금과 대중 공양금에 전적으로 의지해 운영되고 있는 것이다. 옛 청규에 따르면, 농경시대였던 까닭에 사원과 선원의 경제가 별도로 구별되어 운영되지

---

50 엄밀하게는 '조계종'에 소속된 사찰을 중심으로 보는 것이 정확할 것이다.

않았으나, 자본주의 경제시대인 현재는 보청普請을 통한 선원경제의 충당은 거의 불가능에 가깝다고 볼 수 있다. 따라서 종단에서도 미래의 선원경제를 충당할 대안을 다각도로 모색하고 있는 실정이다. 여기에 대안으로 제시되고 있는 새로운 방안으로 선서화전, 명상 선 음악회, 선 심리치료, 사찰음식 및 선식禪食 시식회, 나아가 선다회禪茶會의 개최를 통해 선다禪茶 인구의 저변확대를 통한 선미다향禪味茶香 풍토의 조성 등의 방법이 거론되고 있다.[51] 그 이름에 나타나듯이, 거의 모두가 선과 관련된 차와 음식을 비롯한 서화나 음악 등의 문화적 행사이다. 대부분이 예측 가능한 것들이어서 더 특별한 것은 없을까 하는 고민에 빠지게 하는 것도 사실이다. 아무튼 이런 노력들이 기울여지고 있는 현시점에서 이미 행해지고 있는 행사들의 경우 각각의 것들이 모두 제 기능을 다하고 있는지 꼼꼼히 점검해볼 필요가 있으며, 더욱더 새로운 문화적 콘텐츠와 접목하여 한층 더 다채롭고 심층적인 문화행사로 가꾸어 갈 필요가 있다고 생각한다. 나아가 선과 관련한 이런 다채로운 행사가 불교계 안에서만 행해지는 종교적인 행사에 그칠 것이 아니라, 전 국민의 정서에 부합하는 저변화와 함께 다각화를 모색함으로써 국가적 문화행사로 발전하는 데 노력을 기울인다면 사원경제와 관련해서도 훨씬 더 활력을 주는 지속적인 행사로 자리 잡을 수 있을 것이다.

그렇다면 옛날의 승가는 시주의 보시에만 의존하는 단조로운 경영에서 승가경제의 활로를 개척하기 위하여 자체적으로 어떤 일들을 해왔

---

51 선원청규편찬위원회,『대한불교조계종 선원청규』, 조계종출판사, 2010, pp.293 ~294 참조.

을까? 시대와 장소를 막론하고 그 내용들을 한번 일별해 보기로 하겠
다. 우리나라의 승가에서는 자구책의 일환으로 다채로운 물품의 생산
을 도모해왔다는 것을 알 수 있다. 그 생산품목으로 제일 먼저 미투리의
생산을 들 수 있을 것이다. 미투리는 조선시대와 같은 봉건적인 경제구
조 아래서 피복과 함께 가장 기초적인 생활필수품 중 하나였다. 그러므
로 봉건적 경제구조 아래서 미투리의 생산은 자급자족의 농민수공업으
로 가장 보편화된 것이며, 농민의 부업적인 성향을 띤 가내수공업으로
발전해갔던 것이다. 따라서 당시 사원의 승려들에게 있어서도 자급자
족하는 수공업으로 일반화된 품목이었다. 사원에서 생산한 미투리는
내수사內需司나 각 관아에 상납할 공물의 대상이 되기도 하였다. 그
가운데 평강 부석사의 미투리 생산은 진상품·관수품 등을 생산한
장안사長安寺나 원적사圓寂寺의 경우와 달리 대량의 주문생산으로
발전해간 것이 눈에 띄는 점이다. 미투리의 생산에 필요한 노동력은
부석사의 승려들이 담당했을 것이며, 이는 특별한 기술이 요구되지
않는 단순한 수공업이기 때문에 늙고 젊음의 구별 없이 모든 승려가
공동으로 참가할 수 있었을 것이다. 또 물론 선원의 대중뿐 아니라
사원 전체대중이 함께 공동 작업을 했을 것으로 생각된다. 사찰의
운력運力은 공식적으로는 전 대중이 함께하는 공동 작업이기 때문이
다. 이 같은 부석사의 미투리 생산은 임진왜란 이후 본격적으로 이루어
진 것으로 추측하고 있다. 그것은 주문생산의 형식으로 시작되었으며,
그 노동의 대가는 선불의 형식을 띠었다고 한다. 그러다가 미투리의
수요가 급격하게 증가하자, 완전하지는 않지만 주문생산의 형식에서
시장상품의 생산형식으로 발전해간 것으로 생각된다.[52]

그 다음으로 사원에서 생산된 품목으로는 남한산성에 있는 사원들에서 생산된 공어물供御物을 들 수 있다. 사료에 따르면 남한산성 내의 개원사開元寺에서 우마牛馬를 길렀고, 한흥사漢興寺에서는 백지白紙와 산나물, 무나물 등의 품목을 생산하였으며, 그리고 성 안의 9개 사원 가운데 어느 한 사원에서 청밀淸蜜을 생산하였다는 것을 알 수 있다. 이 가운데 흰 종이 등 사찰의 제지업은 봉건왕조의 경제사회에서 전형적인 사원의 수공업이었다. 무나물이나 청밀은 사원의 일반화된 생산품이라 할 것이다. 이런 것들은 일차적으로는 사원 승려들의 수요를 충당하여 자급자족경제를 이루는 데 기여하였을 것이며, 그 질이나 양에 있어 발전을 이루자 진상물로 생산되었던 것으로 추측하고 있다.[53]

위에서 드러난 것과 같이 우선 그 품목의 다양성에 놀라지 않을 수 없다. 지금은 잘 모르겠으나, 지방의 큰 사찰에 소가 있는 것은 실제로 전혀 이상하지 않은 광경이다. 위에서 굳이 거론하지 않았지만, 큰 사찰의 경우 대부분 얼마간의 전답을 소유하고 있는 경우가 많았기 때문이다. 사찰 소유의 전답이 있는 경우 소는 사찰이 소유한 농경지를 경작하는 데 필수적인 가축이다. 하지만 이것이 주로 교통수단으로 쓰였던 말과 함께 공어물로 길러졌다는 것은 또 다른 느낌을 갖게 한다. 아마도 이러한 것들의 생산은 사원 승려들의 자급자족을 위한 것이 일차적 목표였을 것이며, 이차적으로는 공물의 상납을 위해 여러 가지 산업을 일으켜야 했던 시대적인 당면과제가 있었던 것으로

---

52 김갑주 저, 『조선시대 사원경제사 연구』, 경인문화사, 2007, pp.120~124 참조.
53 김갑주 저, 앞의 책, pp.128~129 참조.

생각된다. 나아가 이런 생산 활동은 결국 사원경제를 영위하는 데
보다 큰 역할을 하였던 것으로 생각된다. 아마도 이런 자급자족을
위한 노력들이 정치적, 사회적인 외부로부터의 핍박에도 불구하고
불도수행佛道修行의 도량을 지켜내고 수행자들의 기본생활을 이어갈
수 있는 근원적인 힘이 되었을 것이다.

다음으로 중국의 경우는 승가 내에서 어떤 일들을 해왔는지 개괄적
으로 살펴보기로 한다. 중국은 당나라 이전에도 사원 경제운영의
하나로 신심 있는 시주로부터 토지를 보시 받아 그 경작을 통한 수익금
으로 사찰 운영에 충당해왔음을 알 수 있다. 예를 들어 이미 420년에
범태范泰라는 관리가 기환사를 짓고 나서 과일과 대나무를 기증했다는
기록이 있다. 또 수隋의 문제는 100경頃의 땅을 숭산의 소림사에 기증했
다고 한다. 중당中唐 무렵에는 사찰이 너무 많은 땅을 소유함으로써
사찰을 지주의 하나로 보아 이를 공격하는 상소가 많았다. 이렇게
사찰에 기증한 땅은 부호들의 탈세의 수단이기도 했다[54]고 한다.

중국의 사원재정은 황실이나 귀족, 부유한 가문으로부터 시주를
받거나 사들이거나 채권의 행사로 차지한 땅이거나, 또는 국가가
승니에게 하사한 땅들로 구성되어 있다. 기록에는 "중국 사찰의 영구재
산으로 승가에 소속된 주거지, 주방도구, 삼림지, 밭, 정원, 하인,
동물, 곡물을 말한다. …… 이것들은 승가에 의해 사용되는 것이지,
분할이나 매각되어서는 안 된다."[55]라고 되어 있다. 하인이 영구재산으

---

54 K.S 케네스 첸 저, 장은화 역, 『중국인의 삶과 불교의 변용』, 도서출판 씨아이알,
   2012, p.129 참조.

55 『釋氏要覽』(대정장 54), pp.302~303; K.S 케네스 첸 저, 장은화 역, 『중국인의

로 등록되는 것은 봉건사회의 좋지 못한 잔재로 여겨진다. 이처럼 사원경제의 기본은 세 가지 형태로 사원이 소유하게 된 토지였던 것으로 생각된다. 6세기의 한 불교 비판가는 다음과 같이 썼다. "승려가 농부와 나란히 땅을 갈고 전원을 경작한다. 승려는 장사를 하면서 재물을 추구하며 이윤을 내기 위해 상인과 경쟁한다."[56] 그러나 승려가 장사를 하고 이윤을 내기 위해 상인들과 경쟁하는 것이 흔한 일은 아니었을 것이다. 백장회해(百丈懷海, 749~814) 선사가 청규를 제정하고 '일일부작一日不作 일일불식一日不食'의 종풍을 진작시킨 것은 승가공동체가 시주단월에만 의존해 살아갈 수 없음을 자각한 것이기도 하거니와, 의식을 다른 사람에게 의존해 살아가는 사회의 기식자라는 비판으로부터 벗어나기 위한 자급자족의 수행가풍을 이루기 위해서였다는 것이 더 큰 이유로 다가오기 때문이다. '집단적 참여'라는 의미의 '보청普請'이란 용어를 사용한 것도 승가의 모든 승려들이 공동의 목적을 이루기 위해 평등한 기반 위에서 협동하자[57]는 의미에서 나온 것이다. 이것이야말로 인도와는 확연히 달라진 완전히 중국적인 수행종풍의 형성이라 할 것이다. 백장은 실제로 "나는 율장을 두루 꼼꼼히 살펴보면서 선을 지향하는 계율을 세움으로써 행복한 중도中道에 도달했다. 그리하여 나는 전통적인 율장에 따르지 않고 별도로 선禪의 전통을 세우기로 했다."[58]라고 하고 있다. 이러한 선가의 종풍이 한국과

삶과 불교의 변용』, 도서출판 씨아이알, 2012, p.135에서 재인용.

[56] K.S 케네스 첸 저, 앞의 책, p.152 참조.

[57] K.S 케네스 첸 저, 앞의 책, p.154 참조.

[58] K.S 케네스 첸 저, 앞의 책, p.156 참조.

일본에 그대로 전해져 행해진 것은 물론이다.

이처럼 토지의 경작을 통한 사원경제의 조달 외에 중국의 승가에서 수익을 도모한 사업으로는 다음과 같은 것들이 있다. 사찰에 의해 설립된 가장 수익성이 높은 사업 중 하나는 밀가루 생산시설인 연애碾磑라고 하는 물방앗간이었다. 또 그것을 사용하는 동력으로 가장 저렴하고 편리한 것은 물이었다. 따라서 당나라 때에는 물 문제로 인하여 정부가 조치를 취하는 경우도 생겨났다고 한다. 아무튼 물방앗간은 수익이 높은 사업이었기 때문에 사찰뿐 아니라 부호들도 물을 구할 수 있는 곳이라면 어디라도 경쟁적으로 물방앗간을 세웠다고 한다.

일본의 승려 엔닌은 840년 12월 25일 장안의 자성사에서 회의에 참석하였는데, 이때 회계담당이 보고한 회계보고서에 따르면 경제활동에 관한 상세 내역이 적혀 있었다. 이때 제시된 수입에 대한 자료로 기름틀, 물방앗간, 대부이자, 소작료, 시주 등의 명목이 있었다고 한다. 사원에서 매우 다양한 사업을 해온 것을 알 수 있다. 이 가운데 기름은 사찰에서 요리와 등불을 켜는 데 거의 없어서는 안 되는 중요 물품이기 때문에 당연히 기름제조는 사원의 주요한 영리사업이 된 것이다. 한국에도 큰 사찰의 경우 자체 방앗간이 있는 경우를 볼 수 있다. 물론 방앗간이 재가자를 위한 용도로 사용되고 있지는 않았지만 말이다. 큰 사찰은 수행대중이 매우 많았고, 그들을 위한 음식물을 제조하는 데도 자체 방앗간이 필수적일 수밖에 없는 것이다. 아무튼 중국의 경우 기름집과 사원의 관계는 물방앗간 운영자의 경우와 마찬가지로 상호 의존적이었다. 사원은 기름집에게 기름 제조권과 판매권을 부여하고 아울러 그 장비까지도 제공해준다. 이런 혜택에 대한

182

대가로 운영자는 사찰에 필요한 기름을 제조한 것이다. 이 밖에도 승가의 많은 자금 거래를 담당한 기구로 무진장無盡藏이란 것이 설치되어 거기서 생긴 이윤은 부처님이나 승가에 관련된 일에 사용되도록 하였으며, 무진장에 보시된 물품들은 가끔 매각되거나 그 수익금이 법과 승가의 발전을 위해 사용되었다고 한다.[59]

이 밖에 종묘種苗의 대부나 비단의 대부도 있었으며, 사찰의 숙박업도 있었다. 여행을 하던 승니에게 개방된 숙소는 시간이 가면서 여행자를 위한 숙소 역할을 하면서 사찰에 의해 운영된 또 하나의 영리사업이 된 것이다. 장기 투숙의 경우는 사찰이 방을 세놓는 경우도 있었다고 한다. 사찰의 이러한 특별한 활동에 대한 금전적인 측면, 사찰이 숙박인에게 청구한 금액이나 이런 사업으로 벌어들인 수입과 그것들의 사용 경위 등에 대한 것은 자료를 얻을 수 없다. 또한 이와 비슷한 상업 활동으로 창고나 상점, 마차를 빌려주는 역참의 운영 등에 관한 자료도 거의 없는 것이 현실이다.[60]

위와 같이 중국에서 승가가 행한 이러한 일련의 사업들은 토지에서 나오는 수입을 기반으로 다양한 활동을 한 것을 알 수 있으며, 한국에 비해 그 종류도 다양하거니와 아마도 그 규모 또한 작지 않았을 것으로 생각된다. 이런 것들이 사원경제에는 많은 도움을 주었을 것이며, 불법을 발전시키는 데도 큰 기여를 하였을 것이다. 이와 반면에 역사를 통해 알고 있듯이 당연히 그 부작용 또한 적지 않았을 것이다. 이를테면 사찰이 지주로서 소작농에게 시세에 따른 소작료를 받거나 물품이나

59 K.S 케네스 첸 저, 앞의 책, pp.159~166 참조.
60 K.S 케네스 첸 저, 앞의 책, pp.181~184 참조.

금전을 대여함에 있어서도 터무니없이 높은 이자를 받았다는 것[61] 등의 일들이다. 전체적으로 비교해볼 때 한국에 비해 중국의 승가가 좀 더 다양한 사업을 운영해온 것을 알 수 있다. 또한 그것이 본 논문이 천착하고자 하는 선가에만 한정된 것은 분명히 아니었을 것이다. 승가 전체 속에 선가도 당연히 포함되었을 것으로 생각하고, 사원이 행한 자구적 경제행위들을 일별해본 것이다. 그로 인한 부작용은 본 논문에서는 논외로 한다.

2) 선원청규에 나타난 수행정신

이제 수행자의 소유문제와 관련하여 수행생활상의 문제를 보다 자세히 고찰해보기 위해 '조계종'에서 펴낸 수행자의 선원청규 정신을 소유와 관련된 필요한 부분만 발췌하여 옮겨보겠다. 『선원청규』는 수행의 다양한 분야가 총림의 형태로 함께 이루어지고 있으나, 대외적으로는 선종禪宗을 표방하는 '조계종'에서 중국의 청규의 정신을 진작시키기 위해 나름대로 고심하여 우리의 청규로 문서화한 것이다. 그러나 이런 규범도 전 종도가 공감대를 형성하고 총의를 모아 집성하며 실천 수행할 때 그 의의가 있는 것이지, 종도의 합의(consensus)도 구하지 않고 일각에서 몇몇 사람이 머리를 모아 문자화하고 공표만 해서는 그 실천성에 있어 크게 의의가 떨어질 것이다. 물론 몇몇 수행자가 머리를 모아 이런 작업을 한 것 자체만으로도 매우 중대한 일이고, 나아가 조계종사에 남을 커다란 성과이자 족적임은 분명하다.

---

61 K.S 케네스 첸 저, 앞의 책, pp.184~185 참조.

이제 본론에 들어가서 차례로 살펴보기로 하자.

청규에서 가장 중요한 부분은 역시 '보청普請'과 관련된 것일 것이다. 우선 청규에서는 '보청'이란 말의 정의를 다음과 같이 내린다. 보청이란 "일일부작一日不作 일일불식一日不食의 정신 아래 전체의 대중이 균등히 생산노동에 힘쓰는 것을 말한다." 이것은 선종의 노동에 대한 정의이자 수행에 대한 규범이라 할 수 있으며, 이후 선종의 모든 노동과 수행의 근본정신으로 계승되고 있다. 이런 정신은 결국 노동과 참선을 일치시키는 '선농일치禪農一致'의 수행가풍으로 정착하게 되었다[62]고 한다. 그리고 보청의 정신자세를 다음과 같은 다섯 가지로 정리하였다.

① 전심전력을 다해 노동에 임할 것이다.
② 노동을 피해서는 안 되며, 일과 수행이 일치해야 할 것이다.
③ 일의 성격과 경중에 따라 선후 차제를 잘 알아야 한다.
④ 대중과 함께 노동해야 한다.
⑤ 동정動靜이 여일해야 한다.(노동과 좌선의 일치를 말하며, 노동과 좌선 그 어디에도 집착 하지 않는 중도노동中道勞動이라고 풀이한다.)[63]

어쩌면 이 선농일치의 수행정신은 수행자의 필수불가결한 소유를 가능한 한 시주의 보시에 의존하기보다 자급자족이라는 형태로 충족하기 위한 정신일 것이다. 아무튼 이 정신은 백장회해 이후로 지속되어 내혜종고(大慧宗杲, 1089~1163)를 비롯하여 박산무이博山無異에까지

---

62 선원청규편찬위원회, 『대한불교조계종 선원청규』, 2010, 조계종출판사, p.270.
63 선원청규편찬위원회, 앞의 책, pp.271~273 참조.

전승되어지고 있으며, 한국에서도 조선말의 용성진종(龍城震鐘, 1864~1940) 선사는 반농반선半農半禪의 선농禪農불교를 제창하였고, 또 동시대의 학명계종(鶴鳴啓宗, 1867~1929) 선사는 이를 이어 선원의 하루일과로 '오전 학문, 오후 노동, 야간 좌선'을 실행하였다고 한다. 비록 수행과 노동의 겸수로서 그 보청의 모습은 이미 퇴색되었지만, 이 정신은 오늘날 선문에서 '운력運力'이란 이름으로 계승되고 있는 것이다.[64]

 이제 본격적으로 우리 사원경제의 순환구조를 살펴보고, 청규에서 규정하고 있는 수행자의 소유문제를 논의해보자. 앞 단락에서 이미 대체로 밝혔듯이, 사원경제는 사찰을 중심으로 일어나는 포괄적인 경제행위이다. 현재 한국불교 사원경제의 실질적인 토대는 중국과 마찬가지로 사찰 소유의 부속토지가 바탕을 이루고, 거기에 풍광이 좋고 큰 관광사찰의 경우 관람료 수입이 더해지며, 그밖에 시주단월의 헌공금 등으로 구성되어 있다. 따라서 이미 잠깐 밝혔듯이, 사찰에 부속되어 있는 선원의 경제는 자체적으로 해결하지 못하고, 통상적으로 선원 외부에서 운영경비를 충당하고 있다. 이는 사중에서 지급하는 후원금과 인연 있는 대중의 공양금에 전적으로 의지하여 운영되고 있는 것이다. 옛 청규에 따르면, 농경시대였던 까닭에 사원과 선원의 경제가 구별되어 운영되지 않았으나, 자본주의 경제시대인 지금은 보청을 통한 선원경제의 충당은 거의 불가능에 가깝다고 볼 수 있다. 따라서 종단에서도 미래의 선원경제를 충당할 대안을 다각도로 모색하

---

64 선원청규편찬위원회, 앞의 책, pp.273~275 참조.

고 있음을 앞에서 밝혔다. 여기에 현재의 대안으로 제시되고 있는 새로운 것으로 명상 선 음악회, 선 심리치료, 사찰음식 및 선식 시식회, 나아가 선다회의 개최를 통해 선다 인구의 저변확대를 통한 선미다향禪味茶香 풍토의 조성 등의 방법을 모색하고 있다[65]고 하였다. 이미 오래 전부터 주변경관과 시설이 좋은 산중의 사찰은 예로부터 행해져온 재일齋日을 통한 법회운영을 제외하고, 경론강석經論講釋을 통한 주기적 강론회, 또 이미 우리가 많이 알고 있는 템플스테이나 재가자의 '단기출가수행' 등의 형식을 빌려와 재가대중과의 끊임없는 소통과 전법傳法 활성화를 꾀하고 있다. 이런 시도가 사원의 경제 운영에도 일정부분은 도움을 줄 수 있다고 생각한다. 전체적으로 보면 선종사찰은 아직도 산중에 소재하고 있는 경우가 대대수이며, 최근 시민선방이라 하여 도심에서 운영되고 있거나, 혹 깊은 산중의 전통 있는 선방[66]에서 일부 운영하고 있는 것을 보았다. 이런 경우는 참가 대중의 회비나 보시금을 통해 운영되고 있는 것이다.

우리가 살고 있는 현대는 산중불교와 도심불교의 경계가 거의 애매해졌다. 전국적으로 편리한 교통은 멀고먼 산중을 가까운 관광지나 공부도량 및 힐링의 휴식터로 바꾸어놓았기 때문이다. 실제로 현대에 있어 수행하기 가장 좋은 선방의 장소는 도심과 지나치게 떨어지거나 가깝지 않고, 대자연의 청량함을 고스란히 간직하고서도 재가신도들

---

65 선원청규편찬위원회, 앞의 책, pp.493~494 참소.

66 몇 년 전 문경의 대승사에서 사찰 입구 쪽에 시민선방을 개설하고, 재가자들이 선방스님들과 똑 같이 참선정진하고 있는 것을 보고, 전통 선원이 많이 변화를 꾀하고 있다는 것에 새로운 느낌을 받은 적이 있다.

이 사찰이 운영하는 법회나 수행프로그램을 쉽게 접할 수 있는 곳이다. 또 출가수행대중의 전체 일상이 재가자로부터 지나치게 방해받지 않는 적절한 산중이 최적의 장소라 할 것이다.

다음으로 선원청규에서 실천방안으로 제시하고 있는 수행자의 의식주에 대한 내용을 살펴보면서 수행자의 소유문제를 생각해보자. 경제의 출발은 입고 먹고 잠자는 문제에서 시작한다. 첫째, 음식의 절제에 대해서는 『계초심학인문誡初心學人文』의 글을 옮겨와 "음식을 먹는 것은 육신의 야윔을 다스려 도업을 이루기 위해 음식을 먹는다."[67]고 전제하고, 음식과 시주물에 대한 막중한 은혜를 생각해 근검절약 정신으로 수행에 매진할 것을 경책한다. 또 의생활에 있어서는 부처님의 출가는 분소의糞掃衣를 입는 것에서 시작되었다고 전제하고, 율장의 "분수에 넘치는 옷을 취하지 말라."라는 것과 나아가 "가죽신을 신거나 일산을 받지 말라."라는 부분을 옮겨와 가죽 소재나 고급운동화를 포함하여 사회 통념상 고가의 신발을 착용하는 것도 삼가야 한다고 제시한다. 그리고 세 가지를 의생활의 규범으로 제시하고 있다.

①옷은 검소하게 입으며, 필요한 몇 가지 외에 소유하지 않는다.
②정해진 염의가 아니면 입어서는 안 된다.
③고가나 사치스런 옷감으로 만든 옷을 입어서는 안 된다.[68]

---

67 『誡初心學人文』(대정장 48), p.104Bb, "須知受食但療形枯爲成道業."

68 선원청규편찬위원회, 『대한불교조계종 선원청규』, 2010, 조계종출판사, pp.351 ~352 참조.

위의 세 가지에 입각해 수행한다면 복장으로부터 풍기는 수행자의
여법하고 검소한 모습은 유지되리라고 생각한다. 수행자의 검박한
옷은 그들이 지닌 내면세계와 상관없이 재가자로부터 적어도 비난을
받거나 업신여김을 당하는 일은 없을 것이다. 검소하게 입는다는
것은 정갈하고 소박하게 입는다는 것이고, 정해진 염의란 수행자의
규범상 지정된 복장(엄격하게 말하면 해당 종단이 규정한 승복을 의미한
다)의 규정을 벗어나지 않는다는 의미일 것이다. 소비에 관한 불교경제
학적 원칙은 분수에 맞고 적정한 중도적 소비라고 보고, 중도적 소비
원칙은 불교 내에서 유연하게 적용되고 있으며 재가자보다 출가자에
대해서 보다 엄격한 원칙이 적용되는 것은 사실이지만, 승가 내에서도
비구니에게는 좋은 옷을 허용하였다고 한다. 또 "장식품을 아내에게
주고 비구니는 좋은 옷을 입어야 한다는 내용으로부터 불교가 생명의
유지를 위한 최소한의 소비만을 허용한 것은 아니라는 해석이 가능하
다."[69]라고 하였다. 그런데 비구니에게는 좋은 옷을 허용한다는 부분은
사분율의 문장[70]을 잘못 해석한 것이라 생각된다. 자칫 '폐의敝衣',

---

69 윤성식, 「소비의 경상적 지출과 자본적 지출에 대한 불교적 관점」, 한국불교학회,
   『한국불교학』 66권, 2013, p.328 참조.

70 『四分律』 권6(대정장 22), p.605c, "蓮華色比丘尼著一貴價僧伽梨, 語比丘言 :
   「大德! 我持此衣與大德, 大德所著衣可與我不?」比丘答言:「可爾.」卽脫僧伽梨
   與比丘尼, 彼取比丘弊故衣著之. 後於異時, 蓮華色著弊衣往世尊所, 頭面禮足
   在一面立. 世尊知而故問言:「汝所著衣何以弊故?」蓮華色比丘尼卽以因緣具白
   世尊. 世尊告言:「汝不應如是. 蓮華色! 聽汝畜持五衣完堅者, 餘衣隨意淨施若
   與人. 何以故? 婦人著上衣服猶尙不好, 何況弊衣.」世尊以此因緣集比丘僧, 知
   而故問彼比丘言:「汝實從蓮華色比丘尼取衣耶?」答曰:「實爾.」世尊以無數方

즉 해진 옷을 입지 말라는 의미를 좋은 옷을 허용했다고 해석한다면, 독자들은 마치 부처님이 고가의 비싼 옷도 비구니에게는 허용한 것으로 오인할 소지가 충분하다.

물론 불교를 재물과 거리가 먼 종교로 보는 관점은 오늘날의 생활상을 출가자의 생활과 비교하기 때문에 생기는 현상이다. 실제로 부처님 당시의 인도는 농업사회에서 상공업이 시작되는 시기였으며, 새롭게 대두된 신흥 상공업자 계급이 불교의 열렬한 지지자였다. 따라서 불교는 당시 인도의 타종교와는 달리 시장과 자본에 대해 친화적이었으며, 이자를 인정하고 금융업과 부동산 임대업, 상업을 장려하였다. 기술과 교육의 중요성을 강조하고 돈을 버는 데 있어서 관리의 중요함을 지적했다. 경전은 농업만 하지 말고 다양한 사업을 해야 하며 돈을 많이 버는 것은 좋은 일이라고 주장하는 등 오늘날 우리의 관점으로 봐서도 파격적인 내용이 많다[71]는 것은 사실이다.

셋째, 주생활에 있어서 선원청규가 제시하는 것은 다음과 같다.

便呵責彼比丘言:「汝所爲非, 非威儀·非沙門法·非淨行·非隨順行, 所不應爲. 云何從比丘尼取衣?」呵責已, 告諸比丘言:「此癡人! 多種有漏處, 最初犯戒. 自今已去與比丘結戒, 集十句義乃至正法久住, 欲說戒者當如是說: 若比丘從比丘尼取衣者, 尼薩耆波逸提」." 위의 내용은 연화색 비구니가 귀하고 고가의 승가리를 입고 있다가 비구의 낡고 오래된 옷과 바꿔 입었는데, 후에 부처님 앞에 연화색 비구니가 이 낡고 오래된 옷을 입고 가자, 부처님이 낡고 오래된 옷을 입게 된 자초지종의 내용을 듣고 난 뒤, 비구니가 좋은 옷을 입는 것도 바람직하지 않은데 하물며 낡은 옷을 입겠느냐고 하시고, 연화색 비구니와 옷을 바꿔 입은 비구를 불러 나무란 내용이다.

71 윤성식, 「소비의 경상적 지출과 자본적 지출에 대한 불교적 관점」, 한국불교학회, 『한국불교학』 66권0호, 2013, p.330 참조.

수행자의 주거지는 간소해야 하며, 가능한 한 대중처소에 거주하며, 개인을 위한 사설사암이나 토굴에 생활하는 것을 자제하도록 한다. 특히 도심의 아파트나 단독주택 형태의 토굴을 갖는 것은 계율 규정상 현전승가現前僧伽 구성의 원칙에 어긋날 뿐 아니라 수행자의 위의에 맞지 않으므로 지양해야 한다[72]라고 하고, 원칙 네 가지를 명문화하였다. 앞에서 복지와 관련해서도 조계종은 연령층을 막론하고 수행생활의 거처가 안정되지 못한 현실이 수차례 조사 보고되었다고 하였으므로 이에 대한 배려는 중요한 과제라 할 것이다.

① 수행자는 대중처소에 공주共住하는 것을 원칙으로 한다.
② 수행자는 사사로이 재산증식을 위한 부동산을 소유하지 않는다.
③ 수행자는 일체의 개인 부동산을 허용하지 않고, 종단에 등록하는 것을 원칙으로 한다.
④ 수행자는 사찰 경내지를 확보하는 차원의 부동산 매입은 해당사찰의 특성을 참조하기로 하고, 취득 후에는 사중명의로 공증하기로 한다.[73]

여기서 눈에 띄는 것은 ③과 ④의 내용일 것이다. 현재 조계종단은

---

[72] 아마도 이 조항을 넣은 것은 현재 이런 형태의 주거문화가 많이 행해지고 있기 때문일 것이다. 필자가 알기로도 현재 수행자들이 아파트를 거주지로 이용하는 경우가 드물지 않다. 이 문항은 특별한 조치가 없는 한 잘 지켜지지 않을 것으로 알고 있다.

[73] 선원청규편찬위원회, 『대한불교조계종 선원청규』, 2010, 조계종출판사, p.353 참조.

포교원 등 개인이 세운 사찰이라 할지라도 종단에 등록하지 않으면 여러 방면으로 불이익을 주면서까지 거의 반강제적으로 등록하게 하고 있으며, 그것을 피해 나가고 싶은 수행자는 종단 자체를 편법으로 옮기는 경우까지 있다고 듣고 있다. 기존의 사찰을 소유하고 있던 수행자들의 수행에 대한 배려가 행해져 그들의 불만을 해소할 수 있는 길이 있다면, 장기적 차원에서는 현명한 제도라는 생각이 든다. 또 이런 것이 수행자들에게 공심公心을 불러일으키고, 결국은 무소유의 정신으로 향하게 하는 출발점이 될 수도 있을 것이라는 생각을 한다.

마지막으로 오늘날에 대두되는 문제는 금융재산의 문제일 것이다. 율장에는 금융거래와 관련한 조항은 언급되어 있지 않기 때문에 더욱 더 중요한 문제이다. 율장에는 단지 "돈이나 보배는 저축하지 말라(蓄錢寶戒)"고 되어 있고, "자기 손으로 금은보배를 받지 말라(自手受金寶銀錢戒)"[74]라고 명시하고 있다. 그러나 현대사회에서 수행자는 필수불가결하게 금융계좌를 소유하게 되며, 사찰의 재정 관리상으로도 재가자가 관련되어 있어 카드를 쓰는 것도 일상화되어 있다. 따라서 이 부분에 대해서는 다음과 같은 전제 아래 네 가지의 규정을 두고 있다.

수행자의 소유물의 귀속문제와 관련하여, 출가 이후에 모은 재산은 부동산이든 금융자산이든 출가자의 신분으로 모은 것이므로, 비록 그것이 개인 소유라 할지라도 사방승물四方僧物에 해당한다. 따라서 승가의 재산에 대하여 일반적으로 통용되는 사회법을 준용하여 사적

---

74 『四分戒本』, 「畜錢寶戒第十八」(卍新續藏 39), p.265c, "若比丘. 自手受金銀. 若錢若教人取. 若口可受者. 尼薩耆波逸提."

소유물로 상속하는 것은 바람직하지 않다고 전제하고,

① 수행자는 개인계좌를 개설하지 않고 가능한 한 사중명의나 법인 명의의 계좌를 개설한다.

② 주식, 펀드 등 금융기관을 이용한 투기나 사행성 투자를 하지 않는다.

③ 수행자 상호간이나 신도 사이에 사적인 금전거래를 하지 않는다.

④ 만약 개인 계좌나 일체의 유가증권, 기타 모든 자산은 유고 시 종단이 정하는 규정에 의해 처리한다.[75]

등 네 가지를 규정하고 있다. 위의 규정 가운데 현재 출가수행자들의 견해를 들어보면 ①의 문항은 거의 사문화의 가능성이 가장 농후한 규정이다. 수행자들도 거의 개인계좌를 갖고 있으며, 카드 또한 상용화하고 있기 때문이다. ③의 경우도 경고조항이긴 하나, 실제상에 있어서는 많이 행해지고 있어 문제화되는 경우가 종종 있다고 알고 있다.

마지막으로 부처님 당시의 율장의 규정을 전혀 참고할 수 없는 경우가 차량이나 전자용품과 관련된 것이다. 이것들은 현재 승속을 막론하고 필수품이 되었다. 시대의 대세를 거스를 수 없는 것이 현 승가의 입장이다. 자수행自修行과 함께 불법을 전하고 불자를 길러내야 할 교화의 사명이 함께하기 때문이다. 자동차의 경우, 산중에 소재하고 있는 사찰의 경우는 더욱더 필수적인 문명의 이기利器가 되었다.

---

75 선원청규편찬위원회, 『대한불교조계종 선원청규』, 2010, 조계종출판사, pp.353 ~354 참조.

따라서 『선원청규』에서도 이에 관한 규정을 두고 있는데 다음과 같다. 일단 청규의 입장은 "수행자는 편리한 것이 행복이라는 도식화된 현대인의 의식에 무분별하게 따라가서는 안 된다."고 전제하고, "소임에 관계되는 용무를 제외하고는 되도록 대중교통을 이용하고, 전자용품 역시 공용으로 사용해야 한다."라고 하여, 그에 따른 차량 소유와 전자용품 사용 시의 규정을 다음과 같이 규정한다.

① 가능한 한 차량은 사중명의로 등록하여 이용한다.

② 차량을 사용할 수 있는 자격과 차종을 제한하여 업무용과 사중용으로만 사용토록 한다.

③ 결제 기간 동안 절대 차량을 가져오지 않는다.

④ 소임자가 공적 임무로 차량을 사용할 시 사중차량을 이용한다.

⑤ 차량은 공적으로 구입하고 공적 임무에만 사용한다.

⑥ 구족계 수지 전에 개인명의의 차량 소지를 금한다.

⑦ 특별한 경우를 제외하고, 고급 승용차와 외제 승용차의 사용을 금하고 수행자의 격에 맞는 차량을 사용한다.

⑧ 모든 통신기기와 개인용 전자기기 및 사치품은 결제 기간 동안 사용하지 않는다.

⑨ 선원의 서기나 사중 소임자들은 사중 업무를 위해 예외로 전자기기를 사용할 수 있다.[76]

위의 일곱 가지 규정 가운데 실현 가능하고 단지 명문화에 그치지

---

76 선원청규편찬위원회, 앞의 책, pp.354~356 참조.

않을 수 있는 것은 몇 가지나 될까? ②와 ⑦의 차량을 사용할 수 있는 자격과 차종을 제한한다는 문제는 사문화될 가능성이 가장 농후한 조항이다. 수행자 개개인을 단속하기가 쉽지 않으며, 자격 또한 준수하기 쉽지 않고, 차종을 제한하기란 더더욱 어려운 일이다. 왜냐하면 차종을 금전으로 논하는 것을 떠나 생명과 직결되는 중요한 문명의 이기利器라는 개념으로 받아들이면 그 상한선을 논하기란 결코 쉽지 않고, 규제의 상한이 애매해지기 때문이다. 또 '수행자의 격에 맞는다'는 것을 엄격히 논하기가 얼마나 어려운 문제인가? 단 외제차의 사용금지 정도로 규제한다면 사치품이란 명목으로 규제가 가능할지 모르겠다.

실제로 몇 년 전 수련회 회의석상에서 수행자들의 외제차량 소지의 타당성 여부가 공론화된 적이 있었는데, 자신도 외제차량을 소지한 재가자가 규제의 타당성을 부정하는 경우를 본 적이 있다. 그 이유로 차량 소지자의 생명 중시를 들었는데, 외제차가 훨씬 더 인명을 보호해 준다는 생각을 가졌던 것 같다. 생명 중시와 사치성 중 어떤 이유를 부여하느냐에 따라 그 규제의 한계 또한 애매해지는 것이다. 실제로 이 문항은 잘 지켜지지 않는 것으로 알고 있다. 수행자 개인의 자기 수행원칙에 따른 문제라고 보는 것이 타당할 것이다. ③, ④의 경우는 비교적 잘 준수할 수 있는 문항이라 생각된다.

⑧문항의 경우는 결제 기간 중에는 선원 내의 규정으로 엄격히 제한하여 준수할 수 있겠으나, 전자기기 중 수행자들이 가장 쉽게 접할 수 있는 것이 휴대폰이라 할 때, 이는 현재 완전히 보편화된 전자기기여서 수행인 각자의 수행원칙에 맡길 수밖에 없는 문제라

할 것이다.

위에서 논한 선가의 의식주에 관한 원칙과 현재의 변용 외에도 수행자들의 일용과 관련한 몇 가지를 살펴보면 다음과 같은 것들이 있다. 일단 『선원청규』에 규정된 원칙적인 조항은 다음과 같다. 선원에서 예로부터 단월들에게 받아온 것으로 사사공양四事供養이 있다. '사사'란 의복과 음식, 거처 및 의약품이다. 아직도 이 네 가지의 공양이 완전히 사라지지는 않았으나 지금은 공양금, 즉 금전으로 바뀌어 선원대중의 보시금으로 대체되는 것이 보편적이라 할 것이다. 여기에 수행자가 행각할 때 사찰이나 선원에 들리는 경우 약간의 여비를 지급하는 전통이 있다. 현재는 수행자를 사칭하는 경우가 종종 있어서 인지 객실의 준비나 객비를 지급하는 미풍도 사라졌으나, 아직도 인연과 친분에 따라 지급하는 경우도 있다고 한다. 이에 따른 명문화된 규정을 보면 다음과 같다.

① 해제 시 약간의 수행 복지비를 지급한다.

② 안거 대중은 개인 반연을 이용한 무리한 공양금을 요구하지 않는다.

③ 공양금이 들어오면 먼저 사중에 귀납하고, 선원 유지비와 해제 복지금으로 사용한다.

④ 수선납자에 한해 객실을 만들어 쉬게 하고, 객비를 목적으로 찾아오는 자에게는 주지 않는다.

⑤ 49재, 추모재, 혹은 회향법회나 점안법회 등 공식 사중행사에 반연된 스님에게는 일정액의 객비가 지급될 수 있다.[77]

인간의 삶에 있어서 소유는 필수이다. 하지만 그것이 지나치면 장애가 될 수도 있다. 지금까지 수행자 역시 마찬가지라는 전제 아래 현재 '조계종'의 수행자를 위한 복지체계와 수행자들 자체의 경제활동을 살펴보고, 이어서 선 수행자의 전체 기강을 바로세우기 위한 선원청규의 관련 조항들을 전체적으로 검토했다. 대한민국은 불교국가가 아니다. 그뿐 아니라 교단의 세력에 있어서도 서양종교에 많이 밀리고 있는 실정이다. 따라서 국가적으로 수행자들의 일괄적이고 체계적인 복지가 행해지기는 요원한 문제라고 본다. 하지만 가깝게는 해당 사찰 내에서, 또는 교구본사별로, 더 나아가서는 범 종단적으로 수행자를 위한 고른 복지제도를 구비할 필요가 절실히 요청된다고 할 것이다. 이것이야말로 수행자가 누구나 물질의 소유로부터 보다 자유로워지고, 현 생활의 불안이나 노후대비의 불안을 다소나마 해소해주며, 수행과 전법에만 매진할 수 있는 토양을 조성하는 길이 될 것이기 때문이다.

사회적으로나 종단적으로 제도적 장치가 없었던 옛날에도 사찰의 전체 살림을 관장하는 '주지住持'의 직무에 대해 적지 않은 내용이 언급되어 있는 것은 수행자들의 평등한 외호를 위해서일 것이다. 주지의 요긴한 것은 은혜와 덕 두 가지를 겸비하는 데 있다고 하고, 은혜로운 이를 대중이 생각한다는 것을 알고 여기에 덕을 더한다면, 베푸는 은혜가 상하를 편안하게 하고 사방에서 오는 납자를 이끌어줄 만하다[78]고 하였다. 또 주지의 요긴한 것은 대중에게는 넉넉하게 하고

---

77 선원청규편찬위원회, 앞의 책, pp.356~357 참조.

78 백련선서간행회, 『선림보훈』 상, 선림고경총서 6, 장경각, 불기 2533, p.41.

자기 처신은 간소하게 하는 데 있다[79]고 하거나, 주지의 요긴한 점은 원대한 것은 행하고 사소한 것은 생략하는 데 있다[80]라고 한 것이 다 대중의 복리를 위한 배려에서 나온 것이다. 나아가 "그대들은 외람되게도 한 절의 소임을 맡고 있다. 그러니 큰 일 작은 일 할 것 없이 모두 마음을 다해야 한다. 해마다 쓰이는 상주물常住物을 계획함은 전 대중이 걸린 문제인데도 알지 못하고 있으니, 나머지 세세한 일은 말하지 않아도 알 만하다. 산문에서 일 맡은 사람은 인과를 알기를, 우리 스승 양기 스님께서 자명(慈明, 985~1039)[81] 노스님을 보좌하셨듯이 해야 할 것이다. 그대들은 상주물이 산처럼 소중하다는 것을 생각하지 못하느냐."[82]라고 하였다. 이처럼 대중을 골고루 배려하고 외호해야하는 사찰의 주지책무에 대해 강조했던 것이다.

진정 스님이 건강建康의 보녕사保寧寺에 있을 때 서왕舒王이 재齋 때에 흰 명주를 바쳤는데, 시자가 그것으로 가사를 지으려는 것을 알고, 자신이 입고 있던 베옷을 가리키며 "나는 늘 이렇게 입어왔지만, 보는 사람이 천하다고 하지 않더라." 하고는 바로 비단을 창고로 보내 그것을 팔아 대중에게 공양하라고 일렀다.(「日涉記」)[83]고 하니, 이런 예들이 옛 수행자들의 문중에서 행해지던 대중을 위한 공평한 마음의

---

79 백련선서간행회, 앞의 책, p.44.

80 백련선서간행회, 앞의 책, p.53.

81 慈明은 송나라 석상초원(石霜楚圓, 987~1040) 스님의 시호이다.

82 최법혜, 『칙수백장청규 역주』, 가산삼학총서 4, 가산불교문화연구원출판부, 2008, p.43.

83 백련선서간행회, 앞의 책, p.72.

발휘이며, 무소유의 청정한 마음 씀씀이었던 것이다.

대만불교의 발전을 이끈 핵심요인, '가장 핵심적이고 근원적인 성장 동력으로 대만불교계 출가자들의 높은 자질과 소양을 꼽는다. 또 대만의 출가자들은 상대적으로 학식이 높고 소양이 풍부하며 도덕성을 잘 갖추고 있다고 평가받는다.'[84] 이런 출가 지도자들을 길러내는 일환으로 최소한의 수행자 복지정책은 반드시 정립되어야 할 것이다. 승단이 세속과 마찬가지로, 아니 세속보다도 더 부익부 빈익빈의 구조 속에 각자의 수행 양태에 맡겨버린다면 불교, 좁게는 선가 수행문 중의 응집된 힘에서 나오는 커다란 발전은 요원할 수밖에 없을 것이다.

5. 소유의 최소, 존재의 최대

선은 인도에서 발생하고 중국에 이르러 발달하였으며, 이어서 한국과 일본으로 건너와 독자적인 전통을 형성하였다. 사상으로서의 선도 과거 중국에 있어서의 오랜 역사의 발자취를 거쳐 비로소 생성된 것이다. 대체로 선사상은 좌선이라고 하는 심신통일의 기술과 이것을 뒷받침하는 형이상학의 양면으로 이루어져 있다. 기술로서의 명상법 은 남방 상좌부의 명상법이나 중국과 한국 및 일본의 좌선이나 거의 동일한 기반을 가지고 있다. 선사상은 이 기반 위에서 발달한 각각의 형이상학의 독자성에 있다고 할 것이다. 특히 원시불교의 사제四諦 및 십이인연十二因緣의 철학을 반야사상으로 바꿔놓은 것이 대승의

---

84 전영숙, 「대만불교 성장의 숨은 동력－청말 민국 초 거사불교운동과 출가자의 각성」, 『전법학연구』 11, 2017, 불광연구원, p.312 참조.

선관禪觀이며, 그것이 문화적인 풍토가 다른 중국으로 전래되면서 뜻하지 않은 노장老莊의 '무無'의 철학과 유교의 윤리와 마주쳐 밑바탕인 명상의 기술 자체마저 크게 변화한 것이 중국의 선종이다. 따라서 선은 인도에서 발생하였으나 선종은 중국에 와서 비로소 독자적인 역사적 형성을 이루었다고 본다. 그러므로 우리가 흔히 선사상이라고 할 때의 사상은 협의로는 중국선종의 모든 사상이다. 이러한 중국선종사의 흐름은 선을 익히는 데 수반하는 초현실적인 신통 신앙과 그것으로부터 벗어남에 있다고 보고 있다. 즉 인도선이 가지는 초역사적인 신통의 매력이 점차 일상적이며 현실적인 것으로 승화된 것이다.[85]

이에 더하여 인도불교의 선 수행과 크게 달라진 점이 있다면, 중국의 사회적·지리적 여건에 적응하기 위한 수행생활의 일환으로 인도의 걸식문화로부터 점점 멀어져 자급자족의 사원경제 운영과 그로 인한 수행자들의 일정한 규율의 제정, 즉 청규의 완성이며, 이런 선종의 문화가 현재 한국에도 그대로 이어지고 있다는 것이다. 이러한 태동이 선종의 4조 도신으로부터 시작되어 백장에 이르러 청규로 완성된 것이다. 4조 도신의 제자 홍인은 신수와 혜능의 스승으로 남북의 선종이 갈리게 된 하나의 분기점이 된 것으로 잘 알려져 있지만, 실제로 홍인에게 있어서 가장 두드러진 점은 그의 수행 태도라 할 것이다. 『전법보기』에 따르면,

그는 사람됨이 질박하고 어눌하며, 말이 없어 동료들은 그를 경멸하

---

85 야나기다 세이잔 저, 추만호·안영길 옮김, 『선의 사상과 역사』, 민족사, 1992, pp.159~161 참조.

며, 잘 조롱했지만 언제나 말을 되받은 적이 없었다. 평소에는 열심히 노역을 하면서 몸을 사람들의 아래로 낮추는 처신을 했다. ······ 이리하여 낮에는 사람들을 위해 노비의 역할을 수행하고, 밤에는 좌선하여 새벽에까지 이르곤 했는데, 피곤한 모습조차 보인 적이 없다.

라고 하고, 『능가사자기』에서는

그는 시비분별을 요하는 장소에서는 언제나 입을 다물었으며, 대상과 마음의 세계를 뛰어넘고 있었다. 노동의 결과물로 동료에게 공양하여 항상 사람들을 만족시켰다.[86]

라고 했다. 위의 두 가지 사례를 통해 보면, 5조 홍인은 선가 수행자의 전형을 보여준 것으로 생각된다. 이는 군이 백장청규가 제정되어 선가의 수행풍모가 정형화되고 널리 행해지기 이전에 이미 선가의 수행자가 어떤 모습으로 수행해야 하는가의 정석을 보여준 것이다. 타인 앞에서 몸과 마음을 낮추고 낮에 부지런히 노동하며, 밤에는 좌선정진하고, 노동의 결과물을 대중과 나누는 그 외에 더 요청할 수행이 또 있을까?

지금까지 인간의 고독한 선택이며, 존재의 한 방식인 출가라는 양식, 특히 선가에 속하는 출가자들의 삶의 형태를 소유와 무소유라는

---

86 야나기다 세이잔 저, 앞의 책, pp.182~183 참조.

관점에서 바라보며 글을 써왔다. 전체의 글을 다 완성한 이 시점에 또렷이 들려오는 하나의 말이 있다. 본 논문의 서두에서 인용하였듯이, 시나리오 작가이자 영화감독인 우디 앨런Woody Allen이 말한 "돈은 가난보다 좋다. 오로지 재정적인 이유뿐이라고 해도."이다. 일견 듣기에는 지극히 당연한 말로 느껴지기도 하거니와, 한편으론 교환수단이었던 돈이 우리의 삶 전체를 좌우한다는 데 대해 두려움과 씁쓸함, 비애마저 느낀다. 우디 앨런은 '돈'이란 표현으로 재화 내지 소유에 대한 그의 관점을 축소시켜 말했으나, 우리가 일생동안 보다 나은 삶을 위해 수용하고 소비하는 재화가 그 얼마나 많겠는가? 최소한의 기본적인 생존의 유지만을 위해서도 말이다. 여기에 조금 더 욕심을 내어 우리의 건강한 삶을 위해, 나아가 질적으로 보다 나은 삶을 위해, 또 그러한 삶을 생명이 다할 때까지 지속하기 위해, 나아가 자신들의 자녀가 그런 삶을 누리도록 도와주기 위해라는 끝없는 목표가 생기면 우리는 재화와 또 그것을 가져다주는 '돈'이란 교환수단으로부터 자유로운 삶을 구가하기란 결코 쉽지 않다.

이런 현상은 세속의 모든 굴레로부터 자유로운 삶을 구가하기 위해 출가라는 삶의 양식을 선택하고, 그 중에서도 참선하여 마음 밝히는 일에 자신의 전 생애를 걸고 수행하는 선가의 경우도 크게 다르지 않다. 필자는 본문에서 선 수행자라 할지라도 출가 이후 수행자가 어떤 삶의 양식을 선택하느냐에 따라 어느 정도의 차이가 있음을 밝혔다. 즉 예를 들어 홀로 산중 깊은 곳에서 수행하여 자연인의 삶을 온전히 사는 경우는 무소유에 비교적 가까운 삶을 영위할 수 있을 것이다. 하지만 도심에서 포교라도 하며 사는 경우, 또 총림이나 대중이 함께 생활하는 경우에 있어서 소유와 무소유의 경계는 많이 달라질 수 있음을 밝혔다.

또한 무소유의 개념을 어떻게 설정할 것인가에 대해서도 법정 스님의 예를 들고, 여러 사람의 견해를 부연하여 고민해보았다. 예를 들어 재가자이면서 마조의 법을 이은 방온(龐蘊, ?~808) 거사의 경우처럼, 선사와의 문답을 통해 단번에 발심하여 자신의 재산을 몽땅 바다에 던져버리고, 조그마한 집에서 오직 딸아이의 시중을 받으며 대나무로 된 조리를 엮어 딸이 장에 내다 팔아 마련한 돈으로 생계를 이으며, 평생토록 오직 도를 즐기는 삶을 산 경우는 당연히 철저한 무소유를 실천한 수행자라 할 것이다. 또 선가의 선사로서 수행을 위해 태백산에 들어가면서 양식을 가져가지 않고, 배가 고프면 풀을 먹고 쉴 때에는 나무를 의지해 단좌하며 공부한 통달 선사나, 일정한 주거조차 마다하고 오로지 나무 위에서 수행했다고 하는 조과도림 선사, 걸식과 일의일발을 고수한 수행자로 알려진 2조 혜가와 3조 승찬의 경우는 우리가 굳이 소유와 무소유를 논할 필요조차 느끼지 못할 것이다.

그러나 이런 극단적인 무소유의 경계를 살다간 선 수행자를 제외하고 통상적으로 작은 암자에서 홀로 선 수행을 하거나, 뜻 맞는 몇몇 수행자들이 모여 사찰을 꾸리고 시주의 보시공양과 사찰이 소유한 얼마간의 부속토지에서 나오는 부산물로 사찰재정을 꾸려가는 선 수행자, 위의 경우도 아니면 대중이 함께 수행하는 총림이나 단일 선방의 삶을 선택한 경우는 수행자 자신이 출가자로서의 명확한 입지 아래 자신의 삶의 범주를 보다 간결하고 규모 있게 설계해가지 않으면 안 된다. 법정 스님의 경우에서 보듯이 수행생활에 꼭 필요한 물질도

수행자 개개인에 따라 다를 것이며, 또 어떤 것은 지나친 소유이고
어떤 삶은 무소유의 삶이라고 선뜻 단정하기도 쉽지 않다. 하지만
출가수행자가 보다 더 소유로부터 자유롭기 위해서는 보다 양질의
외호가 뒷받침되어야 한다. 그런 기본적인 외호 아래 선 수행자는
수처작주隨處作主, 수연성취隨緣成就라는 존재 최대의 길을 큰 번뇌
없이 담담히 걸어갈 수 있지 않을까? 일생을 통해 우리가 접하고
소비하는 재화와 물질로부터의 구속은 불교 전반에서, 또 선가의
수행에서 그토록 버릴 것과 벗어날 것을 강조하는 탐·진·치의 수준까
지 가지 않는다고 해도 마찬가지다. 지구상의 인간 중 돈이 남아서이건
취미여서건, 아니면 욕망의 소산이건, 지나친 소유물의 축적을 통해
문제를 양산하는 인간보다 오늘의 삶이 불안하고 궁핍한 인간들이
아직은 더 많을 것이다. 오늘 하루가 불안한 난민들의 삶이 그러하다.
선가의 무소유의 정신이 어떻게 지구상의 모든 인간을 위한 힐링의
정신으로 뿌리내려 지속될 수 있을까?

　이 글을 마쳐야 하는 지금, 인간이 소유로부터, 지나친 소유로부터
벗어나지 못하고 최대의 존재를 구현하지 못한 채 끝없이 재화를
축적할 수밖에 없는 이 불행한 현실은, 불교에서 지적해 왔듯이 탐·진·
치 삼독 때문에 빚어진 것이기도 하겠지만, 그보다 더 보이지 않고
예측할 수 없는 인간의 미래 때문이 아닐까라는 생각이 떠나지 않는다.

참고문헌

원전

『誡初心學人文』(대정장 48)

『金剛般若波羅蜜經』(대정장 8)

『四分律』 권6(대정장 22)

『四分戒本』(卍新續藏 39)

『禪家龜鑑』(卍新續藏 63)

『緇門警訓』 卷第一(대정장 48)

단행본

K.S 케네스 첸 저, 장은화 역, 『중국인의 삶과 불교의 변용』, 도서출판 씨아이알, 2012.

고수유 지음, 『법정 스님으로부터 무소유를 읽다』, 도서출판 씽크스마트, 2016.

김갑주 저, 『조선시대 사원경제사 연구』, 경인문화사, 2007.

무여 스님, 『쉬고, 쉬고 또 쉬고』, (주)새로운 사람들, 2009.

법정, 『무소유』, 범우사, 1998.

백련선서간행회, 『선림보훈』 상, 선림고경총서 6, 장경각, 불기 2533.

백용성, 『覺海日輪』, 재단법인 대각회, 1997.

백련선서간행회, 『치문숭행록』, 선림고경총서 4, 장경각, 1989.

아베쵸이치 외, 최현각 옮김, 『인도의 선, 중국의 선』, 민족사, 1990.

월암, 『친절한 간화선』, 담앤북스, 2012.

에리히 프롬 지음, 홍 갑순 옮김, 『TO HAVE OR TO BE(소유냐 존재냐)』, 대일서관, 1982.

운서주굉 저, 광덕 역, 『선관책진』, 불광출판부, 1967.

장명화, 『놓고 비우고 버리기』, 도서출판 여래, 1997.

전국선원수좌회, 『대한불교조계종 선원청규』, 조계종출판사, 2010.

정성본 저, 『선사상사』, 불교사상사, 1993.

제월통광 역주, 『증도가언기주』, 불광출판사, 2008.
최법혜, 『칙수백장청규 역주』, 가산삼학총서 4, 가산불교문화연구원출판부, 2008.
최현각 저, 『최현각선학전집』 10, 선심으로 보는 세상, 동국대학교출판부, 2012.
하라드 빌렌 브록 지음, 배인섭 옮김, 『행복 경제학』, 미래의 창, 2007.

잡지

대한불교조계종포교원, 「무소유와 보시공덕」, 『법회와 설법』, 제25호, 대한불교조
  계종포교원, 불기 2541년.
대한불교조계종포교원, 「우리생활에 있어서 '무소유'의 실천」, 『법회와 설법』 제25
  호, 대한불교조계종포교원, 불기 2541.
법정 스님, 「법정 스님 삶과 무소유」, 월간 『불교』, 월간불교사, 2017, 통권 1084호.
변택주, 「무소유는 쓸모살림이다」, 『불교문화』, 2017.
_____, 「무소유에 서린 뜻은」, 『雲門』, 불기 2560년 겨울호, 통권 제136호,
우승택, 「무소유를 곡해하면 불교가 싫어진다」, 『월간불광』 358호, 2004.8.
이용주, 「비움과 채움의 역설, 무소유」, 『불교』, 2013, 1월호, 통권 687호.
장명국, 「현대경제학의 대안-무소유」, 불기 2541, 통권 172호.

논문

김민정, 「방거사의 생애와 선사상」, 『한국선학』 29호, 한국선학회, 2011.
김철운, 「대동大同: 욕망의 동력으로 이루는 유가공동체」, 『철학연구』 제41집,
  고려대학교 철학연구소, 2010.
김호성, 「출가, 재가, 그리고 비승비속非僧非俗-야나기 무네요시(柳宗悅)의 『나무
  아미타불』 제17장을 중심으로-」, 『불교연구』 제47집, 사단법인 한국불교연구
  원, 2017.
윤성식, 「소비의 경상적 지출과 자본적 지출에 대한 불교적 관점」, 한국불교학회,
  『한국불교학』 66권0호, 2013.
이혜숙, 「불교종단 교역자 수행생활 기초보장에 관한 고찰-종단별 서비스 정책을
  중심으로」, 한국불교선리연구원, 『선문화연구』 11권, 2011.
전영숙, 「대만불교 성장의 숨은 동력-청말 민국 초 거사불교운동과 출가자의

각성」, 『전법학연구』 11, 불광연구원, 2017.

인터넷 검색

불교신문 3138호/2015년 9월 19일자

blog.naver.com/yong0997/221083830776

〔네이버 지식백과〕「무소유처정無所有處定」(원불교대사전, 원불교100년기념성
　업회)

아이유 기부 "더 이상의 재산은 사실상 불필요하다" |작성자 일조공인중개사|

blog.naver.com/yong0997/221083830776.

사적 소유의 계보학

- 사적 소유 발생의 연기적 조건에 관하여 -

이진경(수유너머104, 서울과학기술대학교)

"소유가 없다고 상상해보세요.

그럴 수 있을지 모르겠지만.

탐욕도 굶주림도 없을 거예요.

인류는 형제애로 넘쳐날 걸요."

비틀즈의 리더였던 존 레논의 유명한 노래 「이매진」의 일부다. 이 부분의 앞 절에선 천국이 없다고 상상해보라고, 국경이 없다고 상상해 보라고 한다. 그리고 그에 대해 별로 어렵지 않을 것이라는 말을 이어둔다. 그러나 소유가 없다고 상상해보라는 여기에다간 wonder라는 말을 써서 그럴 수 있을지 모르겠다고, 그럴 수 있다면 경이로울 거라고 말한다. 그만큼 소유 없는 세상은 상상조차 하기 힘들다. 소유

없는 삶은 상상하기 힘들다. 상상할 수만 있다면, 탐욕도 굶주림도 없는 세상, 그래서 형제애가 넘쳐나는 세상을 상상할 수 있을 터인데…….

불교는 '나'가 없을 때 모든 것이 나일 수 있음을 가르치고, 본성이 없을 때 모든 본성을 가질 수 있음을 가르친다. 마찬가지로 소유가 없을 때 모든 것이 내가 '소유'할 수 있을 터이고, 갖고자 애쓸 필요가 없을 것임을 가르친다. 내가 많은 것을 가질수록 그 많은 것에 포위되고 포획되며, 많은 것을 갖고자 할수록 삶은 그것에 소유됨을 가르친다. 그러나 불교에 익숙한 분들 또한 소유 없는 세상을 상상하기 어렵다.

상상조차 하기 어려운 것은 당장 내가 먹고 사용할 물건들 없는 삶을 상상하기 어렵기 때문이겠지만, 그보다 근본적인 것은 그 모든 것에 전제가 되는 내 몸의 소유 없는 나를 상상하기 어렵기 때문일 게다. 그러니 소유는 당연하고 자연적인 것으로 간주된다. 내가 소유한 것은 내 뜻대로 사용하고 처분할 수 있지만, 소유하지 못한 것은 그렇게 하지 못한다. 그러니 나의 행복은 소유물의 확대, 소유권의 확장을 통해 얻고자 하게 된다. 그로부터 오는 불행은 내가 갖지 못한 것으로부터 나의 관여가 배제되는 것으로만 생각할 뿐이다. 그러나 넓은 방에 가구와 물건들이 가득 찰 때, 그로 인해 내가 사는 삶이 축소되고 협소해지는 것처럼, 나의 소유물이 많아지면 나의 행동이나 사고 또한 가진 것에 얽매인다. 공짜점심은 없는 것이다! 내가 무언가를 갖는다는 것은 무언가를 내 뜻대로 제약하는 것이다. 그러나 그것은 동시에 그 무언가에 의해 내가 사로잡히고 제약됨을 뜻한다. 그렇게 소유는 내 생각의 빈틈을 타고 들어와 내 생각을 사로잡고 나의 삶을 잠식한다.

소유에 대한 이 당연하고 자연적인 관념은 그러나 실제로는 전혀 자연적이지도 당연하지도 않다. 그것은 지금 내가 익숙하기에 묻지 않는 관념일 뿐이다. 이를 알기 위해선 우리가 사는 시대 이전으로 역사를 조금만 거슬러 올라가면 된다. 소유가 존재하던 시절에도 얼마나 많은 소유가 존재했던 것인지, 소유라는 말로 지칭되는 '사적 소유'와 반대로 공동체가 공유하는 소유형태가 훨씬 일반적이었기 때문이다. 소유 없는 세상을 상상하려면, 다른 소유들이 존재하던 과거로 먼저 올라가보는 것이 좋다. 그러지 않으면 지금의 소유제도에서 추상된 현재의 소유관념으로 모든 걸 덮어씌우게 될 것이기 때문이다. 지금 우리가 갖고 있는 소유개념을 규정하는 연기적 조건들에 대해, 그리고 그와 다른 종류의 연기적 조건들에 대해 살펴보아야 한다. 그리고 과학기술의 발전 속도가 아주 급속한 지금, 소유개념에 생긴 변화를 또한 보아야 한다. 그것은 개인의 차원을 넘어 사회적 차원에서 행복과 불행을 가르는 갈림길의 위치를 보여줄 것이다. 소유관념과 편하게 이별할 수 있다면, 노동의 의무를 벗어나 하고 싶은 것을 하며 살 수 있는 가능성이 빠르게 확장되고 있음을 그 갈림길은 보여줄 것이다. 그러나 동시에 소유관념과 이별하는 연습 없이는 행복한 사회, 행복한 개인이란 생각할 수 없음을 보여줄 것이다.

1. 신체와 소유: 근대적 소유권의 '기원'

1) 자연권으로서의 소유권: 로크의 소유개념

소유(property)란 누군가에게 처분권이나 이용권 등의 제반 권리를 귀속시켜주는 제도화된 근거 같은 것으로 흔히 이해된다. 즉 토지나 집 같은 부동산, 혹은 핸드폰이나 침대 같은 동산들에 대해 타인들의 '접근'을 제한하고 배타적으로 '나'의 의사에 그 처분이나 이용의 권리를 귀속시켜주는 법적 내지 관습적 제도가 소유라는 것이다. 이런 이유 때문에 서구의 언어에서 소유를 뜻하는 말은 재산을 뜻하기도 하지만, '성질'이나 '특성'을 뜻하기도 한다. 내가 가진 특성, 그것은 내게 속하는 나의 성질이라는 말이다.

그런데 그런 소유의 관념이나 제도는 어떻게 발생했을까? 가령 북미인디언들은 그들이 사는 땅에 당도한 뒤 자기들이 소유할 수 있도록 땅을 나누어달라는 백인들의 말에 이렇게 답한다. "땅은 내가 있기 이전부터 있는 것이니 내가 가질 수 있는 게 아니다. 나는 그저 그렇게 있는 것을 잠시 사용할 수 있을 뿐이다. 그러니 그대들 또한 마찬가지로 사용해도 좋다." 여기서 인디언들이 말하는 요지는 분명하다. 내가 있기 전부터 있던 것이 어찌 나의 소유물이 될 수 있겠느냐는 것이다. 매우 분명하고 일관된 생각이다. 그러나 우리는 전 세계의 토지가 한 평도 남김없이 모두 인간들의 소유물이 되어 있음을 안다. 어떤 인간도 존재하기 이전에 있었기에, 아무에게도 소유되지 않은 채 생명의 역사 40억 년, 아니 그 이전부터 존재해오던 땅이 어떻게 하여 이렇게 조금도 남김없이 인간의 소유물이 된 것일까?

이에 대해 나름의 일관된 대답을 했던 것은 존 로크였다. 그가
설명을 위한 출발점으로 삼는 것은 신체에 대한 권리다. 우리가 아는
소유권에 대한 매우 분명한 입론이니 충분히 읽어둘 필요가 있다.

이 대지와 인간 이하 모든 피조물은 모든 사람들의 공유물이긴
하지만, 근본적으로 사람은 누구나 자기 자신의 **신체에 대한 소유권**
을 갖고 있다. 이 신체에 대해서 자기 자신 이외에는 누구도 아무런
권리를 갖지 못한다. 그의 **신체의 노동과 그의 손이 하는 일**은
바로 **그의 것**이라고 할 수 있다. 그러므로 자연이 공급해준 대로의
(즉 자연의 있는 그대로의) 상태로부터 끄집어낸 것은 무엇이든
간에 그가 자신의 노동을 섞은 것이며, 또한 무엇인가 자기 자신의
것을 결합한 것이며, 따라서 그것을 자기의 소유물로 하게 된다.
그것은 자연 있는 그대로의 상태로부터 끄집어낸 것이므로, 그의
이 같은 노동에 의해서 다른 사람들의 공유권리를 배제해버리는
무엇인가가 첨가된 것이다.[1]

다시 말해 나의 신체를 어떻게 움직이고 어떻게 사용할 것인지는
전적으로 나의 의지에 속한 것이다. 그렇기에 그렇게 신체를 움직여
얻은 것, 가령 "오크나무(참나무) 밑에서 주운 도토리와 숲속의 나무에
서 따온 사과"는 그것을 얻은 나의 신체에 속한다. 따라서 그것은
나의 소유물이다.

---

1 로크, 「통치론」(김남두 편, 『재산권 사상의 흐름』, 천지, 1993), p.23. 강조(굵은
　글씨)는 인용자(이후의 강조도 모두 그렇다).

당시의 다른 사상가도 그렇듯 로크 역시 '자연상태'라는 조건을 전제로 말하고 있기에, 그 오크나무나 사과나무가 누구 것인가를 묻는 것은 부당하다. 또 로크의 주장에는 이미 '소유권'이란 개념이, "자신의 신체에 대한 소유권"이란 문장에서 보이듯, 어느새 전제가 되어 사용되고 있기는 하지만 그것은 법적 권리라는 의미보다는 나의 신체는 나의 마음대로 움직인다는 자연적인 사실에서 나온 '자연적 권리'(자연권)를 뜻하는 것으로 이해해줄 수 있다. 모든 사람의 공유물인 대지와 인간 이하의 피조물들에 대해 신체를 움직여 획득한 것은 그 신체에 귀속된다는 것이 핵심적인 주장이다.

하지만 이렇게 이해해주어도 해결되기 힘든 난감한 문제는 바로 토지에 대한 소유권이다. 토지란 로크가 예로 들었던 도토리나 사과처럼 내가 신체를 움직여 얻거나 만들어낸 것이 아니니 만들어낸 신체에 귀속시킬 수 없다. 더구나 토지는 "다른 일체의 것을 수용하고 존립하게 하는" 것이다.[2] 그래도 일관되게 소유권을 말하기 위해선 신체를 움직여 개간한 행위를, 자연상태의 토지에 자기 노동을 섞은 것이니 그것만큼 그 신체에 귀속된다고 하는 수밖에 없다. 로크는 실제로 그와 비슷하게 말한다.

한 사람의 인간이 밭을 갈고 씨를 심으며 개량하고 재배하며 그 수확물을 이용할 수 있을 정도의 토지의 한도가 바로 그 사람의 소유기 된다. 그는 자기의 **노동**에 의해서, 말하자면 그러한 정도외 토지를 공유지로부터 떼어내 울타리로써 둘러싸는 셈이다.[3]

---

2 같은 책, p.26.

그러나 이것으론 토지의 소유권을 설명하기에 불충분하다고 느꼈던 것 같다. 가령 그가 앞서 노동을 통한 소유의 예로 들었던 도토리나 사과가 손만 대면 가져갈 수 있는 숲이라면 굳이 개간할 것도 없이 이미 이용 가능한 상태에 있으며, 이런 토지의 경우 누구나 동등하게 이용할 권리를 갖는다고 해야 마땅하기 때문이다. 더구나 이런 토지가 개간된 토지보다 훨씬 더 많지 않은가. 하여 "토지에 대해서는 누구나 공평한 권리를 갖고 있으며, 따라서 공유권자인 모든 인류의 동의가 없다면 누구도 그 토지를 점유할 수도 울타리로 둘러쌀 수도 없을 것"이라는 반박을 상정하곤, 이를 반박하기 위해 결국 『성경』의 말씀으로 되돌아간다.

하나님이 이 세계(대지)를 모든 인류의 공유물로 하사하셨을 때, 인간에게는 노동할 것을 명령하였다. 그리고 인간의 생활이 궁핍했으므로 인간은 노동할 수밖에 없었다. 하나님과 인간의 이성은 인간에게 이 대지를 점령할 것을 명령한다. … 이러한 명령에 따라서 토지의 어떤 부분을 정복하여 그 토지를 갖고 씨를 뿌린 사람은 그의 소유물이었던 어떤 것(그의 노동력)을 그것에다 첨가한 셈이다. 따라서 이것에 대해서는 다른 사람은 아무런 권리도 없…다.[4]

논리적인 얘기를 하다가 결정적인 데 이르면 결국 신에게로 거슬러 올라가는 것은, 데카르트는 물론 '실천이성'의 윤리학을 제창할 때

---

3 같은 책, p.27.
4 같은 책, p.27.

칸트조차 반복하고 있는 것이니, 그것을 들어 논리적 비약이라고 지적하기보다는 차라리 그가 토지에 대한 공유권을 반박하면서 사용한 '울타리'라는 말을 주목하는 것이 더 낫다. 근대 서구의 토지 소유란 사실 개간에 의해 이루어진 것이 아니라 울타리를 둘러치는 행위를 통해 이루어진 것임을 로크 또한 잘 알고 있음을 보여주는 말이다. 개간이 아니라 **울타리치기**(encloser)가 바로 서구 근대의 토지 소유의 실질적 원천이었다. 토지 소유관념이 없이 서양인들에게도 토지를 사용하라고 내주었다가 대륙 전체를 **빼앗겼던** 북미인디언들을 놀라게 했던 것도 바로 저 울타리였다. 사용해도 좋다는 말을 듣고 백인들이 가장 먼저 했던 것은 바로 남들이 들어오지 못하게 대지에 울타리를 치는 일이었다. 그리곤 그 울타리 안을 자기 소유지라며, 예전에 하듯 동물들을 몰고 유목을 하며 울타리를 넘어온 인디언들에게 총을 들이 댔던 것이다. 로크도 이런 얘기를 알고 있었는지 이렇게 쓰고 있다.

미개한 인디언은 공유지를 사유지로 만들기 위해 땅을 **울타리로 둘러싸서 차지하는 것**(encloser)을 알지 못하고 아직까지 공유지의 일원으로 남아 있다.[5]

이처럼 울타리치기도, 그에 의한 토지 소유도 없다면, 인디언이 얻는 과일과 사슴고기를 자기 것으로 차지하는 근거가 없음을 알지 못한다고 비판한다. 사실 이런 비판은, 신체를 움직여 사물을 획득하는 것을 통해 소유를 설명하는 자기 논리와는 정반대로, 신체를 움직여

---

5 같은 책, p.22.

사물을 얻으려면 이미 소유권 개념이 있어야 함을 뜻하는 것이란 점에서 자기 논리에 대한 반박임을 알아차리지 못한 채, 혹은 그가 보기엔 자신의 하나님이 토지를 하사한 사람들이 아니었기에, 노동하면 누구나 자기 것으로 만들 수 있는 권리를 갖지 못했다고 부지중에 가정했던 것인지도 모른다. 분명한 것은 이른바 '아메리카'라고 불리는 땅에서 인디언들은 로크 식의 토지 소유권 개념 없이, 즉 울타리치기 없이 수천 년을 살아왔다는 사실이다. 그렇다면 마치 인간의 신체나 노동과 더불어 소유권이 있었던 것처럼, '자연권'으로 설명하는 로크 식의 설명은 저 수천 년에는 전혀 해당되지 않는다 할 것이다. 그렇다면 그것을 '자연적 권리'라고 할 수 있을까?

2) 신체와 노동 소유이론의 역사적 조건

로크가 소유권의 개념을 설명하기 위해 신체와 노동의 개념을 이용했지만, 이는 사실 특정한 역사적 조건의 산물이다. 먼저 신체에 대한 권리가 그렇다. 로크는 누구나 자신의 신체에 대한 처분권 내지 사용권을 갖는다고 하고 있지만, 이는 당시 유럽이나 아메리카 대륙에 광범위하게 존재하던 노예를 생각해보아도, 혹은 그 이전 시대의 농민들을 생각해보아도 전혀 사실이 아니다. 알다시피 노예들은 자신의 신체에 대한 처분권도, 사용권도 갖지 못했다. 주인이 시키면 시키는 일을 해야 했고, 주인이 팔면 가족과 헤어져 팔려가야 했다. 노예가 아니라 평민이었던 서구 중세의 농민들조차 신체에 대한 배타적인 권리를 갖지 못했음은 봉건영주의 '초야권'이라는 악명 높은 개념을 상기하면 즉각 이해할 수 있을 터이다. 전제군주의 시대에는 농민뿐 아니라 모든 인민들에 대해 군주가 '죽일 수 있는 권력, 살게 둘 권리'를 갖고 있었다. 지금은 근대국가라면 어디든 헌법에 명시되어 있는 '신체권', 즉 법적인 근거에 의하지 않고선 누구의 신체도 구금하거나 위해를 가할 수 없다는 권리는 바로 영국의 근대혁명 과정에서 이런 전제군주의 생사여탈권에 대한 저항을 통해 획득된 것이다. 따라서 신체에 대한 배타적 권리를 출발점으로 삼아 소유권을 설명하는 로크의 주장은, 그가 '자연상태'라고 가정한 공상적 원시사회와는 한참 멀리 떨어져 있으며, 오히려 신체권이 획득된 지 얼마 안 되는 그의 시대에 연하여 탄생한 것이다. 그 이전에 그런 식의 소유권 개념이 없던 것은 정확히 이 때문이다.

또 하나는 노동이다. 신체에 대한 처분권이 법적으로 보장되기 이전이라면 노동 또한 그 결과물을 영유할 권리를 갖지 못한다. 노예가 노동하여 얻은 결과물은 노동한 자에게 귀속되는 게 아니라 노예의 신체를 소유한 자에게 귀속된다. 따라서 노동은 그 자체만으로는 소유의 근거나 소유물의 확장을 위한 매개가 되지 못한다. 그보다 오히려 중요한 것은 노동의 개념적인 능력/무능력이 아니라 노동이라는 개념이 소유권을 근거 짓는 것으로 제기되었다는 바로 그 사실이다.

사실 '소유권'은 '주권'과 더불어 근대 사회철학의 핵심적인 두 개념이었다. 애초에 지상권을 뜻하지만 통치할 권력을 실질적으로 의미하는 주권의 개념이 정치적인 차원에서 최고의 권력-자원이 누구에게 귀속되는가를 둘러싼 논쟁의 대상이었다면, 모든 생산에 대한 사용권과 처분권을 근거 짓는 소유권 개념은 경제적인 차원에서 최고의 권력-자원이 누구에게 귀속되는가를 둘러싼 논쟁의 대상이었다. 알다시피

여기서 쟁투를 벌이고 있는 것은 귀족과 부르주아지였다. 귀족은
스스로가 귀족인 근거를 혈통에서 찾으며, 이는 타고나는 것이고
상속으로 충분한 것이다. 이런 관점에서 주권이란 귀족 중의 귀족인
군주에게 귀속되는 것이고, 그 귀속의 근거는 '신이 주는' 것, 즉 타고난
혈통에 따라 주어지는 것이다. 최초의 본격적인 주권이론인 보댕의
이론[6]이 왕권이란 신에게서 받은 것이라는 주장을 요체로 함은 잘
알려진 바이다. 소유권 또한 그러했다. 가장 중요한 소유물인 토지
또한 신분에 의해, 혹은 정의상 모든 토지를 갖는 군주의 처분에
의해 주어지는 것이었다.

　반면 도시의 부르주아지에게 중요한 것은 무엇보다 자신들이 생산하
고 시장에서 매매하여 얻은 이득이었고, 그 이득에 대한 배타적 처분권
을 근거 짓는 것이었다. 로크처럼 그들에게 '노동'의 개념이 중요해지는
것은 바로 이 때문이다. 그들이 얻은 이득은 혈통과 반대로 자신들의
활동에 의해, 즉 자신들의 신체를 움직여 노동한 결과로 얻어진 것이라
는 것이다. 이미 본 것처럼 로크는 이런 발상을 토지에 대한 것으로까지
확장했다. 토지의 개간을 통해 노동이 섞여 들어간 것은 토지라 해도
노동한 자에게 속한다는 것이다. 이를 위해 아무런 신분적 제약이
없는 자연상태에서 신체 사용의 자연적 권리를 뜻하는 '자연권'이란
관념이 동원되었다. 혈통의 특권을 제거한 상태에서 '권리'에 대해
논해야 한다는 것이다. 주권 또한 마찬가지여서, 비록 실질적인 권력이
누군가에게 결국 위임된다고 하더라도, 본래는 특정한 혈통을 타고난

6 장 보댕, 나정원 역, 『국가에 관한 6권의 책』, 아카넷, 2013.

자에게 속한 것이 아니라 모든 인간에게 동등하게 귀속되는 권리에 기초한다는 것이 이들의 주장이다. 군주가 주권을 가졌다면 그것은 인민이 본래 가진 것을 위임한 것이라는 식의 해명이 홉스 이래 근대 주권이론의 전반적인 방향을 규정한다.

신체에 대한 배타적 자연권과 그 신체를 이용한 노동개념을 통한 소유권 개념의 해명은 소유 자체에 대한 근원적 해명을 제공하는 게 아니라, 근대적 조건에 연하여 발생한 근대적 소유관념을 보여준다. 이는 우리에게 익숙한 소유관념의 윤곽을 드러내주지만, 사실 이는 그런 소유개념에 대한 근대적 설명방식을 보여줄 뿐, 그것의 발생조건은 보여주지 못한다. 그것은 근대 이전의 다양한 소유형태들, 그리고 특히 울타리치기를 통해 진행된 근대적 소유형태의 발생사를 지워버림으로써만 가능한 설명방식이다. 또한 그것은 근대적 소유이론 전반이 공유하고 있는 자연권의 이론은 근대 이전에 존재하는 소유권 개념과 대결하기 위해 도입했던 자연상태의 가정을 모든 권리개념의 자연적 조건으로 만들어버림으로써 근대적 소유개념이 '자연적' 소유개념인 것으로 오인하게 한다. 또한 현대자본주의에 이르러 이미 부분적으로 와해되기 시작한 근대적 소유개념 또한 보지 못하게 한다. 따라서 정작 필요한 것은 이런 식의 소유관념이 어떤 조건에서 어떻게 출현하게 되었는지를 보는 것이고, 그 이전에는 어떤 소유의 관념들이 존재했는지를 보는 것이다. 그럼으로써만 지금도 지속되는 로크 식의 소유관념에 내해 그것이 언하여 있는 조선이 분명하게 드러날 것이다.

2. 소유개념의 상이한 양상들

1) 소유개념의 전제들

지금 우리에게 익숙한 소유에 대한 통념의 일차적인 전제는 소유물에 대해 소유자는 단일하고 배타적인 처분권을 가지며, 소유의 주체는 본질적으로 개인이라는 관념이다. 물론 국가나 도시, 기업 등이 소유한 토지나 재산이 있지만, 이들 소유도 모두 개인 소유의 일종으로 취급한다. 기업이나 단체의 소유는 자연적 인격체를 모델로 하는 법적 인격체('법인')의 소유로 간주한다는 점에서 개인적 소유의 일종임은 긴 설명을 필요로 하지 않는다. 하지만 국가나 지방자치제, 시市나 구區 등의 소유는 개인의 사적 소유와 반대로 공공기관에 의한 '공적인' 소유로 간주되기에 이런 주장에 의문을 제기할 수도 있을 법하다.

그러나 중요한 것은 근대에는 '공적(public)'인 소유조차 사실은 사적인 소유의 일종임을 이해하는 것이다. 공공기관에 의한 소유로서 '공적 소유'란 단지 **소유자가 공공기관**이라는 사실을 표시할 뿐이다. 즉 공공기관의 소유인 경우에도 그 소유지나 소유물에 대한 권리는 본질적으로 그것을 소유한 기관이나 단체에 배타적으로 귀속된다는 점에서 개인이나 기업의 소유권과 그 내용에서 다르지 않다. 비교하자면, 근대 이전의 농촌공동체에서 공동체의 공유지는 공동체에 속하는 개개인의 사적인 이용에 대해 전반적으로 열려 있었다. 하여 공동체 구성원이라면 사적인 점유가 아닌 한 공유지인 숲에서 집 지을 재목을 구하고 장작을 얻고 나무열매를 따고 하는 것이 모두 가능했다. 반면 지금 공공기관에 의해 소유된 재산이나 토지 등에 대해선 그 공공기관이 배타적 사용권을 가진다. 국민이나 시민이 공공기관의 재산이나 토지를 저 공유지의 농민들처럼 이용하는 길은 막혀 있다. 예컨대 서울시민이란 이유로 서울시가 소유한 숲에서 목재를 구하거나 장작을 얻기 위해 나무를 베는 행위는 시의 재산을 침해한 불법행위다. 해당기관에 속하지 않은 개개인에게 사용을 허용하는 경우란 기껏해야 공원이나 광장, 도로 등을 이용하는 정도에 머문다.

이런 점에서 '공공기관'에 의한 '공적인' 소유 또한 그 권리의 배타성이란 점에서 사적인 소유와 본질적으로 다르지 않다. 그것이 공공성을 갖는다고 한다면, 그것은 자신의 소유물의 사용을 통해 얻은 이득은 공공기관으로 귀속되며, 그 기관의 법적인 소유자는 국가 내지 공공기관이라는 점을 뜻할 뿐이다. 요컨대 근대의 소유란 개인의 배타적 처분권을 보편적 모델로 하여 다른 형태의 주체들에 그와 유사한 권리를 분배해주는 것을 뜻한다. 우리가 흔히 갖고 있는 소유의 개념이 이와 다르지 않음은 알기 어렵지 않다.

이러한 소유권 개념의 전제는 토지나 모든 소유물과 개인이 명확하게 '분리'되는 것을 전제로 한다. 소유란 그렇게 분리된 대상을 개인을 모델로 하는 주체의 처분권에 귀속시키는 것이다. 다시 말해 소유는 소유의 주체와 소유대상의 완전한 분리라는 조건 위에서, 소유의 주체가 소유대상에 대해 유일하고 배타적인 처분권을 갖는다는 것이다. 여기서 소유자와 소유대상의 '분리', 혹은 인간과 소유물의 분리가 왜 문제가 되는가를 이해하려면 근대 이전의 소유권을 살펴보는 것이 필요하다.

2) 소유관념의 차이들

중세의 농민들은 자신이 경작하는 토지의 사용권을 가지고 있었지만 토지에 대한 소유권은 갖지 못했다. 소유권은 영주나 지주, 혹은 왕에게 귀속되어 있었다. 그러나 그들은 직접 농사를 짓거나 하지 않았으며, 그 토지에 무엇을 심어 어떻게 사용할 것인지는 관여하지 않았고 또한 그럴 권리도 갖지 않았다. 또한 그 토지를 농민에게서 빼앗아 다른 농민에게 준다든지 하는 일도 대개는 일어나지 않았다. 소유권은 없었지만 농민은 그 토지의 사용권 — 보통 소유권과 구별하여 '점유권'이라고 한다 — 을 갖고 있었고, 이는 소유자가 함부로 빼앗거나 넘겨주거나 할 수 없었던 것이다. 다만 그들은 농민이 토지를 사용해 얻은 수확물의 일정량을 지대로 가져갈 수 있었을 뿐이다. 그런데 이는 농민들의 경우도 비슷해서, 전란이나 도주와 같은 특별한 경우가 아닌 한, 마음대로 토지를 떠나 이동할 수 없었다. 농민들은 토지의 사용권을 가졌지만 동시에 그만큼 토지에 붙박인 자, 다시 말해 토지로부터 분리될 수 없는 "토지의 부속물"(맑스)이었다. 이 때문에 만약 왕이나 영주가 자신의 가신에게 특정 지역의 토지를 하사하는 경우, 토지만 넘겨주는 게 아니라 그 토지에 달라붙어 사는 농민들도 넘겨주는 것을 뜻했다. 토지와 농민은 분리될 수 없는 하나였던 것이다!

토지와 생산자가 완전히 분리된 것은 자본주의에 이르러서였다. 자본주의 이전에 존재하던 사회에 대한 연구를 하면서 맑스가 토지와 소유자의 분리를 당연한 것처럼 여기는 관념에 대해 이렇게 쓴다.

인간 현존의 이 무기적無機的 조건들(토지를 뜻한다)과 이 활동하는 현존재(생산자인 인간을 뜻한다)의 분리……는 설명을 요하거나 또는 역사적 과정의 결과이다. 이러한 분리는 노예 및 농노관계에서는 일어나지 않는다.……[7]

농민은 토지에 대한 실질적인 사용권을 갖고 있다고 했지만, 그것은 역으로 토지에 분리될 수 없는 상태를 표현하는 말이기도 했다. '토지의 부속물'이란 말은 바로 이를 정확하게 집약해 주는데, 뗄 수 없는 부속물이기에 빼앗을 수 없는 점유권/사용권을 가질 수 있었던 셈이기도 하다. 이는 또한 농민들이 거주 이전의 자유 같은 것을 갖지 못한 이유가 되기도 한다. 중세의 농민들은 특별한 사정이 없는 한, 그리고 도망치는 경우가 아닌 한, 농민들은 자기가 경작하는 토지를 떠나 이동할 권리가 없었다. 그래서 심지어 어떤 이는 프랑스혁명이란 이동의 권리를 위한 농민들의 봉기였다고 주장하기도 한다.[8]

중세의 토지 소유가 보여주는 또 하나 중요한 특징은 하나의 토지에 대해 '권리'를 갖는 사람이 소유자 하나가 아니라 소유자와 점유자 둘이라는 사실이다. 영주나 왕은 소유권을 갖고 농민은 점유권을 갖고 있었다는 점에서 경제사학자들은 이를 '이중소유권'이라고 부르며, 왕이나 영주의 소유권을 '상급소유권', 농민들의 점유권을 '하급소유권'이라고 부르기도 한다.[9] 상급소유권이 바로 지대를 수취할 수 있는 근거였다. 반면 자본주의 이후 소유권은 한 사람에게만 배타적으

---

7 칼 맑스, 김호균 역, 『정치경제학 비판 요강 II』, 백의, 2000, p.114.

8 비릴리오, 이재원 역, 『속도와 정치』, 그린비, 2004.

9 山岡亮一 編譯, 『封建社會の基本法則』, 有斐閣, 1956.

로 귀속된다.

자본주의가 시작되는 것은 어찌 보면 토지에 대한 이중소유권이
한 사람에게 배타적으로 귀속되는 사건을 그 기점으로 한다고 해도
좋을 것이다. 그 한 사람이 누구인가는 쉽게 짐작하겠지만, 명목적이고
법적인 의미의 소유권인 상급소유권을 가진 자였다. 즉 농민들의
점유권을 빼앗아 말소시켜버림으로써 상급소유권을 가진 이들에게
배타적으로 토지를 귀속시킨 것이다. 그렇게 됨에 따라 토지는 이제
다른 물건들처럼 매매될 수 있는 상품이 된다. 소유권이 이중적이던
시절, 토지는 자신의 신하에게 넘겨줄 수는 있을지언정 매매될 수는
없었다. 반면 지금은 돈을 벌기 위해 구매하고 판매하는 상품이 되었다.
상품이란 인간의 노동이 투여된 생산물임을 안다면, 토지란 본질적으
로 상품이 될 수 있는 게 아니다. 그건 어떻게 보아도 인간의 생산물이
아니기 때문이다. 그러나 일단 한 사람에게 처분권이 배타적으로
귀속되고 난 이후에는 다른 소유물과 마찬가지로 매매될 수 있는
상품이 된다. 경제인류학자 칼 폴라니는 이런 점에서 토지란 노동력과
마찬가지로 허구적 상품(fictitious commodity, 종종 일본식 어법으로
따라 '의제적擬製的 상품'이라 번역된다)이라고 말한다.[10]

이는 '소유'라는 말의 실질적인 의미가 역사적 조건에 따라 크게
달라질 수 있음을 명료하게 보여준다. 소유자와 점유자, 이는 소유자의
개념이 우리가 생각하는 것과 다르며, 그에 따라 소유대상에 대해
행사하는 권리도 아주 다를 수 있음을 의미한다. 그런데 이와 달리

---

10 칼 폴라니, 홍기빈 역, 『거대한 전환』, 길, 2009.

소유되는 대상 역시 역사적 조건에 따라 아주 크게 달라질 수 있음
또한 지적해두는 것이 좋겠다. 지금 우리가 사는 세상에선 모든 것이
소유될 수 있지만 사람만은 소유대상이 되지 않는다. 그러나 잘 알다시
피 노예제 하에서는 인간도 다른 인간의 소유물이 될 수 있었고,
상품처럼 매매될 수 있었다. "노예란 살아 있는 도구"라는 아리스토텔
레스의 유명한 말은,[11] 노예로서의 인간은 도구와 본질적으로 동일하게
소유되고 사용되고 매매되는 '물건'이었음을 보여준다.

　그런데 아리스토텔레스의 그리스 사회 또한 그랬지만, 대부분의
가부장제 사회에서는 노예만이 아니라 '아내'와 '아이'도 가장들의 소유
물이었다. 가부장제 사회에서 생산이나 생활은 모두 가족이라는 공동
체 단위로 이루어졌다. 그 가족은 또한 그보다 더 큰 공동체에 속해
있었지만, 가족의 생활이나 가족에 의한 생산을 책임지는 자는 일차적
으로 가장이었다. 그런데 생산과 생활을 책임진다는 말은 그에 대한
지휘와 명령을 행사한다는 말이고, 이는 가족공동체에 속한 모든
것들에 대해 처분권을 갖고 있음을 뜻한다. 즉 가장은 자기 가족에
속하는 토지와 물건, 노예나 노비, 그리고 아내와 아이 등 모든 식솔들
에 대한 처분권을, 다시 말해 소유권을 갖고 있었던 것이다. 그래서
먹을 것이 궁하거나 생활이 어려워지면 아이나 여자를 팔기도 하고
했던 것이다.

　고대 그리스 사회는 가장들이 '책임'을 지고 관리하는 가정을 '오이코
스oikos'라고 불렀다. 오이코스란 생계를 위해 노동해야 하는 영역이었

---

11 아리스토텔레스, 천병희 역, 『정치학』, 숲, 2009, 4장.

고, 자연적인 강제를 뜻하는 필연의 영역이었다.[12] 정치의 영역인 '폴리스polis'는 오이코스를 갖고 있으며 오이코스를 책임지는 가장들만이 참여할 수 있는 영역이었다. 즉 여자와 아이, 노예는 폴리스에 들어갈 수 없었다. 다시 말해 정치에 참여할 자격이 없었다. "인간은 사회적 동물이다."라고 종종 오역되고 오해되는 아리스토텔레스의 말 "인간은 정치적 동물이다."는 직역하면 "인간은 폴리스적 동물(zoion politikon)이다."인데, 뒤집어 말하면 폴리스에 들어가는 자만이 인간이라는 뜻을 함축하는 것이기도 하다. '민주주의'의 기원이 된다고 하는 고대 그리스 사회에서도, 폴리스에 들어갈 자격이 없는 여자와 아이, 노예는 인간이 아니었던 것이다.[13]

---

12 한나 아렌트, 이진우 역, 『인간의 조건』, 한길사, 1996.

13 이 점을 알지 못한다면, 모든 인간의 자유와 평등을 선언한 "인권선언" 이후의 프랑스, 혁명기의 프랑스에서도 여자와 아이들에게 최소한의 참정권인 선거권조차 주지 않았음을 이해하기 어려울 것이다. 거기에서도 아이나 여자들은 아직 인간이 아니었던 것이다! 그들은 여전히 가장들의 소유물이었던 것이다! 프랑스에서 여성들에게 참정권이 주어진 것은 프랑스혁명 이후 150년이 지난 1944년이었다. 여성들이 참정권을 얻기 위해 목숨까지 내던지며 투쟁했던 영국은 조금 일러서 1918년 30세 이상 여성에 대해 허용했고, 20세 이상에게 참정권을 준 것은 1928년이었다. 여성들을 여전히 가장의 소유물로 보는 이슬람 사회에서는 아직도 여성들의 성적인 자유는 극형으로 금지되어 있고, 그것 아닌 많은 권리들, 가령 교육받을 권리, 운전할 권리 등조차 최근에야 허용되었음은 잘 알려진 사실이다. 사우디아라비아에서 여성들의 참정권은 2015년에야 인정되었는데, 그나마도 남성 가족 — 아마도 가장일 것이다 — 의 동의가 있을 때에만 권리를 행사할 수 있다는 단서조항을 달고서였다.

3. 소유와 공동체

1) 공동체적 소유

소유에 대한 관념을 형성하는 일차적 대상은 생산물, 즉 우리가 사용하는 사물이나 동물들이다. 내 것이기에 내 마음대로 처분할 수 있는 것, 그것이 나의 소유물이다. 그로부터 소유란 나에게 속하는 것 — 그런 점에서 나의 '특성'(property)과 같은 것이다 — 이기에 내 마음대로 사용하고 처분할 수 있는 것이란 관념이 자연스러운 것처럼 도출된다. 그러나 알다시피 공장에서 생산한 물건은 내가 생산했다고 해도 내 것이 되지 못한다. 그 생산물은 공장이라는 생산수단을 소유한 자에게 귀속된다. 내가 소유한 생산수단을 써서 생산했을 때 그 생산물은 나의 소유가 되지만, 남이 소유한 생산수단을 써서 생산했을 때 그 생산물은 나의 소유가 아니라 생산수단 소유자의 생산물이 된다. 따라서 로크의 생각과 달리 근대사회에서조차 소유는 그것을 생산한 신체나 그 신체의 활동(노동)보다는 그것을 생산하는 데 필요한 생산수단 소유자에게 귀속된다. 물론 생산 활동에 대한 대가가 임금의 형태로 주어지지만, 그것을 '주는' 것은 생산수단 소유자이다. 일한 사람은 일한 만큼 '받을' 권리를 갖지만, 그에 대해 '주는' 권리를 행사하는 것은 생산수단 소유자다. '주는' 권리란 처분권에 속하고, 그런 점에서 그것이야말로 '소유권'에 속한다. 일차적인 의미에서 소유권은 생산수단 소유자에게 있는 것이다.

그런데 생산수단인 토지와 생산자의 분리가 결코 일반적인 것이 아니며 특정한 역사적 조건에서만 나타나는 것처럼, 생산수단 소유자와 생산자의 분리 또한 일반적인 것이 아니며 특정한 역사적 조건에서만 나타나는 현상이다. 자본주의 이전에는 토지라는 생산수단과 생산자가 강고하게 결합되어 있었던 것처럼, 생산수단 소유자와 생산자 또한 결합되어 있었다. 그 이유는 농업이든 수렵이든 개인이 홀로 생산하는 것은 대부분 불가능하기에 집단으로, 즉 공동체를 이루어 수행할 수밖에 없다는 것 때문이다. 이는 근대 이전 사회에서는 더욱더 분명했지만, 근대 이후 사회에서조차 다르지 않다. 생산을 함께 하는 집단이나 공동체라는 말에서 얼른 모내기 같이 일시에 많은 노동력을 필요로 하는 경우 협업을 하는 마을공동체를 떠올리게 되지만, 그렇지 않은 경우에도 농사는 언제나 '가족'이라는 공동체에 의해 이루어진다. 좀 더 정확하게 말하면 가족뿐 아니라 소나 가축, 토지와 숲 등이 하나로 엮이며 만들어지는 공동체에 의해 이루어진다. 농민들이 소나 토지에 대해 갖고 있는 애정은 도시인이 자기 소유물에 대해 갖고 있는 애정과는 본질적으로 다른 것이다. 그것은 함께 생산하는 공동체의 '구성원'에 대해 갖는 애정인 것이다.

생산기술이 발단한 자본주의에서도 다르지 않았지만, 기계나 농약, 비료 등을 사용하지 않았고 생산기술 또한 지금에 비하면 매우 낮았던 근대 이전 시기에 생산력을 높이기 위한 가장 중요한 방법은 협업이었다. 그렇기에 근대 이전에 모든 생산은 공동체적인 생산이었다. 특히 근대 이전에 가장 중요한 생산수단은 토지였다. 농사를 짓든 수렵을 하든 그것은 모든 생산의 전제조건이었다. 생산을 한 것을 영유하기 위해서는 토지에 대한 소유권 내지 점유권을 갖고 있었어야 했다. 생산이 언제나 공동체 단위로 행해졌기에 생산의 자연적 지반은 토지에 대한 관계 — 소유, 점유 등 — 도 언제나 공동체 단위로 맺어졌다. 즉 어디에서나 토지에 대한 '소유'나 이용은 모두 공동체에 의해, 공동체 안에서 이루어졌다. 개인은 공동체를 매개로 해서만 토지와 관계할 수 있었다.

> 생산자의 소유, 즉 생산의 자연적 전제들에 대한 그의 관계, 즉 그에게 속하는 것들, 그 자신의 것들로서의 관계는 그 자신이 한 **공동체의 자연적 구성원이라는 사실에 의해서** 매개된다.(II, 115)

이런 점에서 "종족공동체, 자연적 공동체는 공동의 점취와 토지이용 의 결과가 아니라 전제로서 나타난다."[14] 소유자로서든 점유자 내지 이용자로서든, 개인이 토지와 관계를 맺는 것은 언제나 공동체를 통해서고, 그 공동체와 토지의 관계 안에서였다.

> (개인은 개인이 아니라) 한 가족, 종족 부족 등의 성원으로서 주어져 있는 것으로 발견된다. …… 그러한 성원으로서의 생산자는 그 자신의 무기적 현존, 그의 생산 및 재생산의 조건인 일정한 자연(예 컨대 여기에서는 여전히 대지, 토지)과 관계한다. 그는 공동체의 자연 적 성원으로서 **공동체적 소유에 참여하고** 이것의 특정한 부분을 점유한다.[15]

---

14 칼 맑스, 『정치경제학 비판 요강 II』, p.98.

15 같은 책, p.115.

공동체 없는 이들이 토지를 소유하거나 점유, 이용할 순 없었다. 그런 점에서 토지를 소유한다는 것은 이미 어떤 공동체에 소속됨을 뜻하며, 무언가를 생산한다는 것은 공동체의 한 구성원으로서 다른 구성원들과 함께 생산함을 뜻했다. 그런 점에서 토지와 분리된 생산자도 없었던 것처럼, 공동체와 분리된 개인도 없었다. 공동체는 토지만큼이나 개인들이 벗어날 수 없는 실존조건이었다.

> 소유란 한 종족(공동체)에 속하는 것을 의미하며, 이 공동체가 토지, 대지에 대하여 자신의 무기적 신체로서 관계하는 것을 매개로 하여 개인이 토지, 생산의 외적인 원초조건에 대하여 …… 그의 개별성에 속하는 전제들, 개별성의 실존방식으로서 관계하는 것을 의미한다.[16]

이런 조건에서 개별적인 누군가가 생산수단을 소유한다는 것은 있을 수 없었고, 모든 소유는 언제나 공동체적 소유였다. 노예제나 농노제의 차이, 혹은 아시아적 사회형태와 그리스적 사회형태와 게르만적 사회형태 같은 사회적 형태는 가족이라는 자연발생적 공동체를 기반으로 하여 그 상위의 공동체가 어떻게 구성되는가에 의해 구별된다. 모든 사회는 공동체의 공동체였던 것이다.

2) 공동체적 소유의 형태들

먼저 고대부터 근대 이전의 아시아 사회에서 흔히 발견되는 '아시아적

---

16 같은 책, p.118.

형태'는 가족공동체가 씨족공동체나 종족공동체 등 또 다른 상위의 혈연적 공동체에 소속되면서 그 모든 공동체가 하나의 전제군주로 귀속되는 그런 거대한 단일 공동체사회를 이루는 경우였다.

> 대부분의 아시아적 기본 형태들에게 이 모든 소규모 공동체들 위에 서 있는 종합적 통일체는 상위의 소유자, 또는 유일한 소유자로 나타나고, 따라서 실제적 공동체들은 세습적 점유자로 나타난다. …… 개별자의 소유는 사실상 무소유이고 소유는 …… **수많은 공동체들의 아버지인 전제군주**에 실현되어 있는 전체적인 통일체에 매개되어 나타난다. 이로써 잉여생산물은 …… 저절로 이 최고의 통일체에 속한다.[17]

이러한 거대공동체를 이루게 된 이유에 대해서는 농업을 위한 관개사업의 중요성, 그 관개시설을 만드는 데 필요한 대규모 공사 같은 것으로 흔히 설명하곤 하는데,[18] 반드시 그런 대규모 공사만을 이유로 하지는 않을 것이다. 좀 더 근본적인 의문은 이러한 설명방식은 국가 같은 거대공동체의 형성을 아래로부터의 자발적인 과정을 통해 설명하는 셈인데, 정말 그러한가는 의문이다. 가령 '소국과민小國寡民'을 이상적 공동체로 제시하는 노자의 『도덕경』을 보면,[19] 거대공동체란 대국화

---

17 같은 책, p.99.

18 아우구스트 비트포겔, 「동양사회론」(신용하 편, 『아시아적 생산양식론』, 까치), 1986.

19 노자, 오강남 역, 『도덕경』, 현암사, 1995, 80장.

에 따른 막대한 대가를 치러야 한다는 생각이 오래전부터 있었음이 분명하고, 『도덕경』이나 『장자』의 많은 글들이 국가 없는 사회에 대한 강한 지향성을 보여주는 만큼,[20] 국가적인 거대공동체는 아래로부터의 필요에 의해 자발적으로 형성된 것이라는 주장은 아시아적 전제주의에 대한 서구적 편견의 소산일 가능성이 크다. 오히려 중국의 거대제국이 보여주는 것처럼 좀 더 거대한 영토를 장악하고 통치하려는 국가들의 강제적인 정복과 통합에 의해 이루어졌다고 보아야 할 것이다.

고대 그리스 사회에 전형적인 그리스적 형태는 앞서 언급했던 것처럼 '오이코스'를 형성하는 각각의 가족공동체를 기반으로 하여, 그 가장들이 모여서 형성하는 공동체가 도시적 규모에서 그 상위의 공동체를 형성하며, 폴리스를 통해 이루어지는 가장들의 연합이 공동체의 공동체를 이루는 주된 방식이었다고 하겠다. 따라서 이러한 공동체는 농촌이 아니라 폴리스의 도시를 토대로 한다. 즉 폴리스를 통해 도시국가는 오이코스의 소유자들이 거주하고 경작하는 농촌을 지배한다. 이런 이유로 인해 경작지는 농촌에 있음에도 불구하고 "도시의 영토로 나타난다."[21] 이렇게 가족적 오이코스로 조직된 도시의 가장 중요한 기능은 전쟁이었다. 다른 도시의 침공으로부터 도시를 방어하는 것. "따라서 가족들로 구성된 공동체들은 우선 전쟁에 맞게 조직된다."[22]

---

20 가령 장자, 안병주·전호근 역, 『장자 2』, 전통문화연구회, 2004, 9편 및 10편 참조.

21 칼 맑스, 『정치경제학 비판 요강 II』, p.100.

22 같은 책, p.101.

중세 유럽사회에 지배적인 사회형태인 게르만적 형태는 상대적으로
평등한 지위를 가지며, 각자의 토지를 점유하고 있는 가족공동체들이
공동의 목표를 위해 상호적으로 결속하여 상위의 공동체를 구성하여
형성된다. "여기에서 공동체는 구성원들이 노동하는 토지 소유자들,
분할지 농민들로 구성되어 있다는 데 기초할 뿐만 아니라, 공동체
구성원들로서의 상호관계에 의한 이들의 자립성, 공동의 욕구들과
공동의 업적들을 위한 공유지의 확보에 기초한다."[23] 그렇게 상호
결속에 의해 형성된 상위 공동체를 흔히 '장원'이라 부르고, 그 장원의
지배자인 영주가 전체 공동체가 소유한 토지 모두의 상급소유권을
갖게 된다.

가족이라는 자연발생적 공동체도 그렇고, 그것들이 모여서 형성된
상위의 공동체도 그러한데, 이들 공동체는 지금 흔히 말하는 종류의
공동체, 가령 '자유로운 개인들의 자발적 연합'으로서의 공동체가 아니
라, 일종의 생존조건으로서 대개는 태어나면서부터 소속되게 되는
공동체이고, 공동체의 수장이나 지배자들에 의해 통합되고 지휘되는
공동체이다. 따라서 이 시기 모든 공동체에는 수장이 있으며, 그 수장이
공동체 전체를 대표한다. 이로 인해 공동체의 소유지는 그 수장의
소유지로 나타날 뿐만 아니라, 공동체에 속하는 모든 생산요소들
또한 공동체 수장의 소유물로 나타나게 된다. 상부의 층위에서 보면
모든 토지나 모든 개개인은 최상급공동체의 수장인 군주나 영주의
소유물로 나타나고, 하부의 층위에서 보면 그것은 모두 가족공동체의

---

23 같은 책, p.102.

수장인 가장의 소유로 나타난다. 아시아적 형태인가 게르만적 형태인가 등에 따라 최상위 소유자의 형태는 다르지만, 상부의 층위에서는 어디서나 가족공동체가 거대공동체의 기반을 이루고 있음을 생각한다면, 어디서나 노예는 물론 가족구성원조차 가부장의 소유물로 나타나는 이유를 이해할 수 있을 터이다.[24]

4. 공동체 사회와 사적 소유

1) 사적 소유에 반하는 사회들

근대 이전 사회는 어디나 공동체사회, 아니 공동체의 공동체사회였고, 모든 생산수단은 공동체가 소유하고 있었다. 이런 점에서 개인적 소유를 뜻하는 사적 소유는 사실상 없었다고 해야 한다. 이는 지금 시대와 근대 이전을 근본적으로 구별해주는 결정적인 차이이다. 그런데 그렇다면 이러한 사적 소유는 어떻게 탄생할 수 있었을까?

이에 대해 잘 알려진 대답은 엥겔스의 저작이다. 원시사회는 공동체사회다. 공동으로 생산하고 공동으로 '소유'하며 공동으로 사용하는 사회다. 그런데 그런 공동체사회에서 생산력이 발전함에 따라 기존의 먹고사는 데 필요한 생산물 이상의 잉여생산물이 발생한다. 그리고 이 잉여생산물을 누군가 사취하여 축적함에 따라 공동체의 소유에서 벗어난 사적 소유가 발생한다는 것이다.[25] 그러나 이러한 대답은 두

---

24 모계사회가 아닌 한 여성들이 남성의 소유물로 나타나는 것은 이런 조건에서다. 좀 더 정확하게 말하자면 여성은 가장의 소유물로 나타난다고 해야 한다.
25 엥겔스, 「가족, 사적 소유 및 국가의 기원」 『마르크스 엥겔스 저작 선집』,

가지 근본적인 반문을 피하기 어렵다. 첫째, 잉여생산물을 사취하려면 '사적 소유'의 관념이나 제도가 이미 있어야 한다. 그것이 없다면 사취는 불가능하다. 쉽게 말해, 사적 소유가 이미 존재하지 않는다면 잉여생산물은 공동체의 소유가 될 수 있을 뿐이다. 사적 소유가 이미 없다면 가장의 사취조차 사실은 공동체의 영유로 나타난다.

둘째, 공동체 사회인 원시사회에서는 잉여생산물을 생산할 이유가 없다. 따라서 생산력이 발전해도 잉여생산물은 생산되지 않으며, 잉여생산물의 사취 또한 발생하지 않는다. 클라스트르에 의하면, 당시 여전히 돌도끼를 사용하던 남미 인디언들에게 인디언 보호국 관리들이 그것보다 10배는 더 좋은 생산성을 갖는 쇠도끼를 가져다주었다고 한다. 한참을 지난 뒤 그들은 인디언들이 이젠 쇠도끼를 써서 10배나 더 생산을 하며 여유 있게 살려니 생각하며 그들을 다시 찾아갔다. 그러나 인디언들은 쇠도끼를 써서 10배나 더 생산한 것이 아니라 그걸로 10분의 1만 일하고 놀고 있었다. 관리들은 어이없어 하면서 왜 10배를 더 생산할 수 있는데 그렇게 하지 않았느냐고 묻자, 인디언들은 놀라며 되물었다. "뭐 하려 10배를 생산하죠? 우린 이거면 충분한데……"[26]

잉여생산물은 잉여생산물이 필요한 곳에서만 생산된다. "원시적 생산기계는 원하기만 한다면 더 오래 더 빨리 작동하면서 잉여를 생산하고 저장할 수 있을 것이다. 하지만 원시사회에서 그러한 것이

제6권, 박종철출판사, 1997.

26 스크립차크, 이상율 외 역, 「피에르 클라스트르, 원시사회에 대한 또 하나의 견해」, 『오늘을 위한 프랑스 사상가들』, 청아출판사, 1994, pp.26~27.

가능하면서도 그것을 하지 않는 이유는 그것을 원하지 않기 때문이다."[27] 인디언들은 반대로 필요한 것보다 많이 채취하고 필요한 것보다 많이 사냥하는 것을 금기로 삼았다. 반대로 채취하거나 사냥한 것은 남김없이 모두 먹거나 사용했고 남기거나 버리는 것에 대해선 매우 엄격하게 금지했다. 따라서 잉여생산물이 필요 없는 원시공동체사회에서는 생산력이 발전하면 노동시간을 줄이지 잉여생산물을 생산하지 않는다.

여기에 인디언 같은 원시공동체사회는 잉여생산물에 대해 적대적인 사회였음을 덧붙여두어야 한다. 인디언사회는 물론 대부분의 원시사회에서 발견되는 포틀래취potlach라는 제도가 이를 잘 보여준다.[28] 포틀래취는 치누크족 말로 '먹여주다', '소비하다'를 뜻하는데, 쉽게 말하면 일종의 선물 게임이다. 자신이 받은 것보다 많은 것으로 되갚는 자가 승리하는 게임이다. 다른 누구도 되갚을 수 없을 만큼 많은 선물을 하는 자가 최후의 승리자가 되며, 이런 이들이 통상 추장의 자격을 갖게 된다. 추장에게 '관대함'이란 능력이 중요하다고 여기는 것과 나란히 가는 제도인 셈인데, 선물의 형식으로 한쪽에 누적되는 부를 그게 없는 이들에게 재분배하는 방법이라 하겠다.

그런데 해마다 정기적으로 벌어지는 포틀래취에서는 많은 양의 담요나 집을 불태우기도 하고 소중한 물건을 부수어 바다에 버리기도 하는 대대적인 부의 파괴가 행해진다. 이 소모적이고 낭비적인 의례를 두고 하이다족이나 틀링깃족, 침시아족 등 많은 부족에선 '부를 죽이는

---

27 클라스트르, 변지현·이종영 역, 『폭력의 고고학』, 울력, 2002, p.182.
28 마르셀 모스, 이상률 역, 『증여론』, 한길사, 2002.

236

것', '재산을 죽이는 것'이라고까지 표현하는데,[29] 정말 부를 파괴하고 죽이는 과정이라 하겠다. 이렇게 하는 이유는 무엇일까? 그것은 잉여물들이 생겨나기 시작하면 누군가 그것으로 자신이나 자기 가족의 어떤 목적을 위해 사람들을 끌어들이거나 하는 방식으로 사용될 위험이 있음을 예견하여 그것을 방지하기 위해 미리 소모하고 파괴해 없애는 것이다. 원시사회는 이처럼 자연발생적으로 생겨나는 최소한의 잉여생산물에 대해서도 적대적인 태도를 보여준다.

바타이유는 공동체사회에서 이런 소모의 중요성에 대해 매우 설득력 있는 얘기를 한 바 있다.[30] 그는 불교사원을 중심으로 한 티벳사회야말로 자연발생적으로 생겨나는 부를 사원에서 다양한 방법으로 소모하고 파괴하는 사회였다고 말한다. 즉 티벳은 생존에 필요한 것 이상의 생산물을 모두 사원에 증여('보시')한다. 그렇게 증여받은 부를 사원에서는 고아나 빈민 등 생존수단이 없는 사람들을 위해서 쓰기도 하고, 사원에서 승려들이 수행하고 공부하도록 지원하는 데 쓰는데, 그뿐 아니라 종종 이해하기 힘든 방식으로 소모하기도 한다. 가령 씨닝에 있는 타얼사는 총카파가 태어난 곳에 지어진 법당의 지붕을 1톤 가까운 금으로 도금을 한 것을 지금도 확인할 수 있다. 불상을 장엄한 것도 아니고 비바람에 씻겨나갈 지붕 기와를 금으로 도금한 것은 무엇 때문일까? 그것은 잉여생산물을 소모하고 파괴하는 저 인디언사회의 포틀래취와 유사한 이유에서가 아니었을까? 반면 이슬람 사회는 잉여생산물을 소모하지 않고 축적하는 사회였는데, 그렇게 축적한 부는

---

29 같은 책, p.142.

30 바타이유, 조한경 역, 『저주의 몫』, 문학동네, 2000.

전쟁을 위한 무기들을 만들거나 사는 데 사용되었다. 축적이 미덕이고 소모나 낭비는 악덕이라는 익숙한 도덕관념에 대해 이토록 강력하게 반박하는 예는 찾아보기 쉽지 않다.

2) 사적 소유의 발생계기

잉여생산물이 있는 사회에서도, 그것이 공동체 사회라면 사적 소유의 발생은 논리적으로는 답할 수 없는 아포리아에 빠진다. 앞에서도 말했듯이 내가 생산한 생산물을 내가 소유하려면 생산수단이 남에게 속해 있으면 안 된다. 즉 생산수단을 내가 사적으로 소유하고 있지 않으면 나는 아무리 많이 생산해도 생산물을 내 소유로 영유할 수 없다. 따라서 모든 생산수단이 공동체의 소유라면, 그걸 기반으로 생산된 모든 것은 공동체의 소유물이 될 뿐 내 것이 될 수 없다. 물론 공동체의 소유물은 공동체 수장의 소유로 나타난다고 했지만, 그래도 그것은 공동체의 소유물이어서 수장 개개인이 처분할 때에도 사실은 공동체에 의한 처분으로 나타난다. 공동체와 개인, 공동체와 수장이 미분리된 채 하나로 결합되어 있기 때문이다.

그렇기에 공동체의 수장조차 공동체와 분리된 개인의 재산을 집적할 순 없다. 그것은 아무리 개인적인 수완을 쓰고 아무리 많이 모아도 공동체의 재산이지 수장 개인의 재산은 아닌 것이다. 전제군주가 세금을 많이 걷어서 부를 쌓았다고 해도, 그리고 그것을 자신의 자의에 따라 흥청망청 쓴다고 해도, 그것은 세금의 집적이니 국가의 부지 개인의 부는 아닌 것이다. 세금 아닌 다른 방법으로 쌓은 부 역시 이와 다르지 않다. 도시의 부 역시 그러할 것이다. 수완 좋은 시장에 의해 거대한 부를 집적했다고 해도 그것은 도시의 부일 뿐, 시장 개인의 부는 아닌 것이다. 그렇다면 농촌공동체나 가족공동체에 대해서도 마찬가지로 말할 수 있다. 사적 소유는 당연한 것이 아니라 정반대로 그게 어떻게 가능한지조차 설명하기 힘든 부자연스럽고 생각하기 힘든 것이다!

요컨대 공동체 소유만이 존재하는 곳에서는 사적 소유란 발생할 수 없다. 그렇다면 사적 소유가 발생할 수 있는 것은 **공동체의 외부**이거나, 아니면 아예 **공동체를 해체**시켜버려 개개인이 모두 공동체 없는 사적 개체가 되는 경우뿐이다. 먼저 공동체의 외부에서 발생하는 경우를 살펴보자. 생산이 공동체적인 한 공동체 외부에서 사적인 부를 생산하거나 축적할 수는 없었다. 생산에 관한 한 공동체의 외부는 없었다고 해야 한다. 공동체 외부란 말이 유의미한 것은 오직 공동체 간의 교역을 뜻하는 경우뿐이다. 도시 간의 교역, 국가 간의 교역이 그것이다.

사실 화폐가 경제적 거래 속에서 발생하고 발전한 것은 바로 이 공동체 간의 교역에서였다. 공동체 내부에서 화폐는 공동체의 존재 자체를 잠식하기 때문에, 다시 말해 선물에 의해 결합된 관계를 교환과 계산이 지배하는 관계로 바꿈으로써 공동체를 내파시킬 위험이 있었기 때문에, 공동체 안에서 화폐의 사용은 매우 제한되어 있었다. 반면 공동체 사이에서는 그런 위험이 없었고, 또 공동체 사이의 교역을 위해선 두 공동체에서 유사한 가치를 갖는 화폐가 교역에 필요했다. 그런 점에서 사적 소유가 자연발생적으로 탄생할 수 있는 가능성을 가진 곳은 공동체 사이의 교역이었다.[31]

그러나 그 교역을 담당하는 사람들이 공동체에 속하며 그 공동체의 성원으로서 활동하는 한, 공동체의 수장이 모은 부가 그러하듯 그들이 획득한 부 또한 공동체에 귀속되어야 한다. 가령 중국은 조공무역을 비롯해 여러 가지 형태의 거대한 공공상업을 발전시켰고, 이를 담당하는 상인들이 많았지만, 그 상인은 모두 황제 휘하의 제국에 속한 상인이었기에 상업의 결과 또한 제국의 재산으로 귀속되지 상인 개인으로 귀속되지 않았다. 상인이 부자가 되었다면 그 공적에 대한 대가로 황제로부터 지불받은 것 때문이지 개인적인 상업활동의 결과를 부로 축적해서 그런 것은 아니었다. 이 점에선 공적을 세운 장수나 관리와 근본적으로 다르지 않았다. 그렇기에 공동체에서 벗어난 존재가 아니라면, 공동체 간 교역에서 부를 획득했다고 해도 그것을 합법적으로 사적인 소유, 개인적 소유로 전환시킬 수 없었다. 이는 황제나 왕의 권력이 강하고 국가나 공동체의 통제력이 강할수록 더 그러했다. 즉 공동체 안에서 교역활동을 위임받아 수행하는 경우라면 아무리 상업이 발전하고 공동체 간 교역에서 얻은 차익이 크다고 해도 그것은 개인적인 소유, 사적 소유로 전환될 수 없었다. 따라서 공동체가 지배적인 조건에서는 공동체 사이의 교역에서조차 사적 소유는 발생하기

---

31 공동체 내부에서 사용되는 화폐는 경제적 교환의 매개수단이 아니라, 범죄를 속량하거나 공동체에 진 '채무' — 가령 군역을 가지 않는 대가 같은 것 — 를 갚기 위한 수단으로 발생했다. 교환수단으로 사용된 화폐는 공동체 외부에서 만들어졌는데, 이는 대개 공동체 내부에서 유통되거나 사용되지 않았다. 또한 공동체 내부 화폐와 교환될 수도 없었다. 교환관계가 공동체 내부로 침투해 들어오는 것을 막기 위해서였다.

어렵다. 그렇다면 사적 소유, 공동체 아닌 개인에 속한 소유란 대체 어디서 시작되었을까?

사적 소유가 가능하려면 공동체에 관여하지만 공동체에 속하지 않는 개인이 있어야 한다. '자유노예' 혹은 '해방된 노예'가 바로 그들이었다. 노예의 신분이었으나 어떤 공을 세우거나 하여 노예 신분에서 벗어난 자, 그렇기에 노예로 지내던 공동체 안에서 살지만 공동체의 성원은 될 수 없으니 공동체에 속하지 않은 자가 바로 자유노예다. 혹은 노예까지는 되지 않았어도 어떤 공동체 안에 사는 외국인이나 유랑민 같은 이들이 그들이다. 폴라니는 이들이 고대 세계의 교역을 담당하던 자들이라고 하며 이렇게 쓴다.

> 거류외인居留外人형 교역자는 어떤 공동체에 사는 외국인이다. 그들 중에는 토지를 잃은 유랑민 출신도 있다. 추방자나 정치적 망명자, 유민, 도망범죄자, 도망노예, 포로가 된 용병들의 무리다. 그들의 직업은 소교역자 내지 작은 배의 선주거나 장터에서 조그만 점포를 갖고 환전상이나 고리대금업자 노릇을 하기도 했다.[32]

이들은 공동체에 속하지 않았기 때문에 생산에 참여할 수 없었고, 생산물을 나누어받을 수 없었다. 그래서 먹고 살기 위해서 이들은 '장사'를 하거나 애써 모든 돈을 빌려주며 고리대금업을 하거나 했다. 고대 그리스에서 화폐를 다루는 사람들이 바로 그런 해방된 노예들이었다. 은행을 뜻하는 뱅크bank라는 말은 이를 잘 보여준다. 원래

---

32 K. Polanyi, 박현수 옮김, 『인간의 경제 I』, 풀빛, 1983, p.134.

뱅크는 벤치를 뜻하는 말이었는데, 이 말이 은행이 된 것은 이들 때문이다. 즉 해방된 노예들은 먹고 살기 위해 도시의 한쪽 구석에서 벤치에 앉아 돈을 빌려주는 일을 했고, 이로 인해 벤치는 돈을 빌려주고 이자를 받는 곳, 즉 은행을 뜻하는 말이 된 것이다. 지금도 독일어에서 방크Bank는 벤치와 은행 모두를 뜻하는 말로 사용된다. 이들에 대해 폴라니는 이렇게 말한다.

주로 항구에 거주한 아테네의 거류외인은 …… 대개는 교역에 종사하여 재화의 매매에서 이득을 취하여 생활재료를 얻고 있었다. 선주나 교역자의 일 외에 거류외인은 또 '은행가'로서 시장에 있는 그늘 벤치에서 주화를 감정하거나 환전하는 천한 일에 종사하고 있었다. …… 일반적으로 그들은 이윤을 추구할 수 있었으며, 그러한 동기는 하급신분에나 어울리는 것으로 여겨지고 있었다.[33]

바로 이들로 인해 공동체와 분리된 의미의 사적 소유, 즉 개인적 소유가 시작되었다. 물론 이들이 처음에 소유할 수 있는 돈은 많지 않았다. 그러나 일단 사적 소유가 이렇게 시작되고 나자, 이들은 돈을 불리고 부를 집적할 방법을 적극적으로 찾기 시작했다. 자신이 살던 지역 인근에서 고리대금을 하는 것뿐 아니라 멀리 떨어진 지역과 교역을 하기 시작했고, 구리나 철, 혹은 금을 캐거나 제련하는 일을 하기도 했고, 이를 위해 사람들을 고용하기도 했다. "사유 재산의 최초의 씨를 뿌리고, 무역을 개발하고, 야금업과 더불어 일종의 사적

33 같은 책, pp.134~5.

노예제를 만들어 자신이 새로운 주인이 된 것은 바로 이들이었다."[34]

3) 중세 도시와 사적 소유

이들과 인적 연속성이 있다고는 하기 어렵지만, 중세 서양에서 사적
소유를 발전시키고 부를 집적한 이들에게서도 이와 유사한 면이 보인
다. 모두가 영주의 지배를 피해 공동체의 공동체인 장원에서 도망친
이들이 모여 만든 것이 중세도시였다. 그들은 공동체를 떠나면서
생산의 본원적 기반이었던 토지를 떠났기에 농사를 지으며 살 수는
없었다. 그래서 생존수단을 얻기 위해 교역을 시작했다. 멀리 떨어진
도시에서 물건을 사다가 비싸게 팔 수 있는 곳으로 이동해서 파는
이른바 원격지 교역은 빠른 속도로 부를 집적하게 해주었다. 조금
지나면서는 다른 도시에서 물건을 사러 오는 이들에게 팔기 위해
장인들에게 돈을 주고 물건을 만들게 했으며, 이를 직접 먼 곳으로
가서 팔아 돈을 벌었다.

이들이 사는 중세도시는 곧 시장이 되었고, 그 도시들을 연결하는
교역망은 이후 도시공동체가 되었다. 고대도시에서 해방된 노예들이
천한 자들로서 경멸받으며 주변적인 자리에서 교역을 하며 부를 집적
했다면, 중세도시에서 도망친 농노나 농민들은 시장이 지배하는 도시
의 명실상부한 주인이 되었다. 중세에 사적 소유가 발전된 곳은 바로
이곳 도시였다. 여기에서는 공동체의 '구속'이나 신분적인 제약 없이
돈을 벌 수 있었다. 그리고 이들이 집적한 부와 이들이 생산한 상품은

---

34 Deleuze/Guattari, *Mille Plateaux*, Minuit, 1980, p.561(이진경 외 역, 『천의 고원
II』, 연구공간 너머 자료실, 2000, p.238).

이후 농촌 장원의 지배자인 영주들에게도 강한 유혹의 손을 뻗치게 된다. 피렌체의 메디치가나 아우스부르크의 푸거가 등 비롯하여 상업으로 거대한 부를 축적한 가문들은 나중에 거대귀족이나 왕족들과 거래하며 더욱 막대한 부를 집적했다. 이제 시장과 부, 그리고 그것을 가능하게 해주는 사적 소유의 힘은 공동체에 속한 이들, 특히 공동체의 지배자들인 영주나 지주들마저 유혹하게 된다. 이는 후일 영주 내지 귀족들이 나서서 공동체를 파괴하게 하는 이유가 된다.

이렇듯 도시는 거대한 부의 집적을 통해 사적 소유의 힘을 도시 바깥으로까지 확대해갈 수 있었다. 그러나 그들은 자신들이 거래하는 시장은 도시 바깥으로 확대되지 않도록 엄격하게 관리하고 제한했는데, 이로 인해 사실 중세도시가 그토록 부를 거대하게 집적하고 정치적인 영향력마저 확보했지만 시장과 교역은 도시 안에 갇혀 바깥으로 확대되지 못했다. 시장과 교역이 도시 밖으로 확대되면 원격지 거래에서 얻는 초과이윤이나 농촌과의 거래에서 얻는 독점이윤이 줄어들 것을 염려했기 때문이다. 특히 인근의 농민들에 대해서는 농산물은 아주 싸게 후려쳐서 사고, 자신들이 생산한 물건은 높은 값을 받고 팔았다. 덕분에 도시인들은 인근 농민들의 원성을 얻게 되었고, 그들이 도시로 밀고 들어와 자신들의 부를 약탈하지 않을까 걱정했다. 도망친 농노들을 잡으려는 영주들이 추적이 사라진 지 오래된 뒤에도 중세도시들이 한결같이 높은 담장과 좁은 성문을 둘러치고 있었던 것은 바로 옆에 사는 농민들로부터 자신을 보호하기 위해서였다.[35]

---

35 표트르 크로포트킨, 김훈 역, 『만물은 서로 돕는다』, 여름언덕, 2015, 5~6장.

5. 울타리치기와 사적 소유의 '보편화'

1) 사적 소유와 울타리치기

공동체, 그리고 공동체의 공동체가 지배적인 사회 내부에서 사적 소유가 발생할 수는 없다. 사적 소유가 발생할 수 있는 곳은 공동체의 외부이거나, 아니면 공동체 자체를 파괴함으로써만 가능함을 앞서 지적했다. 지금까지 본 것은 공동체의 외부에서 사적 소유가 발생하여 발전하는 양상이었는데, 이 경우 외부란 공동체 안에 있으면서도 공동체에 속하지 않은 자들, 가령 고대 도시 안에 살던 해방된 노예나 망명자, 거류외부인, 혹은 도망자 등이었다. 중세도시의 경우에는 장원공동체로부터의 도망자들이 스스로 도시를 만들고, 토지경작 대신 다른 도시와의 교역을 통해 부를 획득하고 집적함으로써 사적 소유를 발전시켰음을 보았다.

하지만 이런 식으로 탄생하고 발전한 사적 소유는 국지적인 것에 머물 수밖에 없었다. 고대도시에서는 '방크/벤치bank'라는 말로 상징되는 도시공동체의 주변으로 그 영향력을 제한되어 있었고, 중세도시에서는 성벽을 둘러친 도시 내부로 국한되어 있었다. 도시 바깥의 거대한 영역은 여전히 공유된 토지를 기반으로 하는 공동체적 소유가 지배적이었다. 이들 공동체 또한 도시교역의 발전에 영향을 받게 마련이지만, 영주나 왕을 매혹시키는 화폐나 상품의 힘은 개인적인 물욕에 국한되어 있었고, 공동체적 증여관계를 위협하는 시장의 교환관계는 도시의 벽 안에 머물러 있었다.

공동체 외부에서 발생한 사적 소유는 여전히 공동체 외부에 머물

뿐이다. 공동체가 지배적이던 근대 이전의 세계에서 사적 소유가 지금처럼 일반화되기 위해선 공동체 자체를 사적 소유가 휩쓸고 지나가는 사건이 없고선 불가능했다. 사적 소유와 화폐의 힘이 공동체가 존재하던 세계 전반을 휩쓸고 지나가기 위해선 나름의 안정적이고 강고한 시스템인 공동체 자체를 파괴하는 사건이 없다면 있을 수 없었다. 그런데 그 '기적' 같은 참혹한 사건이, 예상하기도 힘들었던 일이 가장 먼저 영국에서 발생한다. 앞서 로크의 글에서 본 '울타리치기 (encloser)'가 바로 그것이다. 일찍이 그것을 목격했던 토마스 모어가 "양이 사람을 잡아먹는다."라고 말했던, 처참하고 끔찍한 과정이었다.

발단은 15세기 말 플랑드르 지방의 양모 매뉴팩처의 발전이었다. 플랑드르는 당시 가장 왕성하게 성장하던 도시였고 도시교역망의 핵심적인 도시 중 하나였는데, 특히 양털을 이용해 모직물을 만드는 매뉴팩처(공장제수공업)가 크게 성장하면서 양모에 대한 수요가 급증하게 된다. 그러자 영국의 양모가격이 급등하게 된다. 그런데 도시에서 만들어내는 상품을 통해 돈맛을 알게 된 봉건적 영주나 귀족들은, 귀족적인 심성이나 도덕에 반하여, 값이 크게 오른 양모를 팔아 돈을 벌 생각을 하게 되었고, 이를 위해 자신이 소유하고 있는 토지에서 양을 키우고자 하게 된다.

사실 영국의 경우에는 14세기말 무렵에 이르면 농노제는 소멸되고 농민들은 자영농이 되게 된다. 그런 점에서 이미 농민들이 점유하고 있는 토지에 대한 농민의 권리는 더욱 강화된 셈이었지만, 그럼에도 그들은 개인적인 경작지 이외에 숲이나 목초지 등 넓은 공유지를 필요로 하고 있었고, 이것은 여전히 가족공동체를 넘어선 대규모 공동체가 존속하고 있었음을 의미한다. 또한 농노신분은 소멸했다고 해도 영주나 귀족의 권력은 여전히 강하게 잔존했고, 그들의 상급소유권 또한 그대로 존속하고 있었다. 양을 키워 돈을 벌려는 낯선 유형의 귀족들은 자신이 '소유권'을 가진 토지로부터 농민들을 대대적으로 내쫓기 시작했고, 그들이 살던 집들을 부수고 불태웠다. 그리곤 거기다 빙 둘러 울타리를 치고, 그 안에 양을 키우기 시작했다. 앞서 인용했던 경제인류학자 칼 폴라니는 이 울타리치기(인클로저)에 대해 이렇게 쓴다.

인클로저 운동은 빈민에 대한 부자의 혁명이라고 부르는 것이 타당할 것이다. 지주와 귀족들은 때로는 폭력을 수반하고, 때로는 강압과 협박으로 사회질서를 뒤엎고 고래의 법과 관습을 파괴하고 있었다. 그들은 문자 그대로 빈민으로부터 공유지 사용권을 박탈하고 아직 망각했던 관습에 의해 빈민들이 자기네 것으로 알았던 가옥들을 허물어버렸다. 사회의 골격은 무너져버렸다. 황량한 마을과 거주지의 폐허는 그 혁명의 격렬성을 말해주었다. 그것은 국토를 위협하고, 도시를 피폐하게 만들고, 인구를 급격히 감소시키고, 지력이 고갈된 토지를 먼지더미로 만들어버리고 사람들을 괴롭혀 농부를 거지와 도적의 폭도로 만들어버렸다.[36]

토지와 집을 잃고 쫓겨난 농민들은 부랑자가 되었고, 그들이 함께 생산하고 생산하던 공동체는 파괴되어버렸다. 대지주였던 귀족들

---

36 K. Polanyi, 박현수 역, 『거대한 변환』, 민음사, 1991, p.53.

사이에 전염병처럼 퍼져 가던 이 대대적인 파괴와 토지약탈로 인해 토지와 공동체는 막대하게 파괴되고 농민들은 굶주리며 생존을 위협받게 되자, 왕들은 법을 만들어 이를 금지하고자 했다. 가령 1489년 헨리 7세가 만든 한 법령에선 적어도 20에이커의 토지에 부속되어 있는 일체의 농민가옥의 파괴를 금지했고, 헨리 8세가 재임 25년에 만든 한 법령에서는 다음과 같이 지적하고 있다.

> 다수의 차지농장과 수많은 가축, 특히 양이 소수인의 수중에 집중되고 있으며 그로 말미암아 지대는 크게 증대되었으나 경작은 크게 쇠퇴하고, 교회와 가옥들은 파괴되었으며, 놀랄 만큼 많은 국민대중은 자기 자신과 가족을 유지할 수 있는 수단을 빼앗겼다.[37]

이 법령은 피폐한 농장의 재건을 명령하고 있으며, 곡물경작지와 목장지의 비율을 규정하고 있었고, 몇몇 사람들이 24,000두의 양을 소유하고 있음을 지적하면서 그 소유두수를 2,000마리로 제한하고 있었다고 한다. 그러나 국민들의 원성도, 농민의 수탈에 대항하려는 헨리 7세 이래 150년에 걸친 입법도 별다른 성과를 거두지 못했다. 공동체의 고삐를 끊어버린 울타리치기의 참혹한 과정은 이제 누구도 막을 수 없는 폭력을 휘두르며 폭주하기 시작한다.

근대 자본주의의 막을 올리는 이 사건의 요체는 분명하다. 토지의 경작자이자 실질적인 사용자였던 농민들을 토지로부터 내쫓고 생산 및 생활을 조직하던 공동체를 파괴하는 방식으로 토지를 대대적으로

---

37 맑스, 김수행 역, 『자본론』 1권(하), 비봉출판사, 1989, p.905에서 재인용.

약탈하여 대지주 자신의 배타적 처분대상으로 만들어버린 것이다. 이럼으로써 공동체가 소유하고 있던 토지는 이제 전적으로 지주 개인에게 속하는 사적 소유물이 되었다. 공동체의 파괴를 통해 사적 소유에 이르는 길이 열린 것이다. 이것이 단지 영국에서 끝났을 리는 없다. 명예를 중시하는 귀족들의 습속이나 사고방식, 도덕 전체를 깡그리 내팽개쳐버리고 돈을 위해, 토지의 배타적 사유권을 위해 자신의 영지 안에 살던 사람들을 내쫓아버린 이 사례는 이후 다른 지역, 다른 시간에 모방되며 확산되는 결정적인 '모범'이 되어주었다.

이제 도시의 성벽 안이 아니라, 공동체와 짝을 이루며 존재하던 농촌지역 전반에 사적 소유권이 확산되며 수립되게 된다. 그리고 토지를 잃고 집을 잃은 수많은 사람들이 부랑자가 되어 전국을 떠도는 사태가 시작된다. 물론 언제 폭동이 나도 이상하지 않을 이런 조건에서 대중들의 부랑은 지배계급을 대단히 불안하게 했다. 이를 저지하기 위해 부랑을 하면 신체적 처벌을 거듭하다 결국 죽여버리는 잔혹한 법 — 영국의 경우엔 '빈민법'이란 이름의 법 — 이 만들어져 시행되었고,[38]

---

[38] 가령 1530년의 조례에서는 거지가 되려면 노동능력이 없음을 증명해 면허를 받도록 했고, 건강한 부랑자는 "달구지에 결박되어 몸에서 피가 흐르도록 매를 맞고 그 다음에 그들의 출생지 또는 최근 3년간 거주한 곳으로 돌아가서 '노동에 종사하겠다'는 맹세를 해야 한다." 이는 나중에 다음과 같이 보완된다. "부랑죄로 재차 체포되면 다시 태형에 처하고 귀를 절반 자르며, 세 번 체포되면 그는 중범죄자로, 또한 공동체의 적으로 간주해 사형에 처한다."(맑스, 『자본론』 1권 (하), pp.923~4) 프랑스에서도 사정은 비슷해서, "구걸하다 처음 적발되는 경우에는 태형에 처하고, 두 번째 적발되는 경우에는 남자는 노예선으로 보내지고 여자는 시 밖으로 추방된다."(미셸 푸코, 이규현 역, 『광기의 역사』, 나남출판,

프랑스에선 '로피탈 제네랄(종합병원)'이란 이름의 거대한 수용소를 만들어 감금하게 된다. 파리 시민 100명 당 1명꼴로 갇히게 되는 대감금의 시대가 시작된다.[39]

그런데 16~17세기 내내 진행되었던 이 끔찍한 과정은 18세기에 이르면 다시 한 번 대대적으로 발생하게 된다. '2차 울타리치기'라고 불리는 이 과정이 그 이전의 1차 울타리치기와 다른 점은 "이 무렵(18세기)에는 인클로저 운동의 주체가 영주나 귀족이라기보다는 부유한 젠트리(gentry, 향신)나 상인들인 경우가 많았다"[40]는 점이다. 또 하나 다른 점은 이때는 1차 울타리치기와 달리 목양으로 제한되지 않았고, 곡물의 경작이나 목양은 물론 쇠고기를 위한 소 목축이 대대적이고 본격적으로 행해지기 시작했다는 점이다. 이들보다 더 결정적인 차이는 왕이 제정한 법을 무시하며 진행되었던 이전과 달리 이번에는 "법률 자체가 국민의 공유지를 약탈하는 도구가 되었다"는 점이다.

2003, p.145)

39 17세기에 유럽 전역에서는 이들을 감금하는 거대한 수용소들이 만들어진다. 프랑스의 경우 그 수용소는 '종합병원'이라고 불렸고, 독일이나 영국은 교화소라는 이름으로 불렀다. 이 경우 종합병원은 "어떠한 의학적 개념과도 관련이 없는" 장치였다. "종합병원은 의료시설이 아니다. 이것은 오히려 준법률적인 구조를 가진 행정체계로서 기존의 권력에 따라 법정 밖의 선고와 판결의 주체였다."(푸코, 앞의 책, 120쪽) "빈곤을 은폐하고 사회적 봉기가 가져올 불이익을 막는 것"이 수용소로 실업자를 흡수했던 감금의 실질적인 기능이었다(미셸 푸코, 앞의 책, p.152).

40 K. Polanyi, 앞의 책, p.54. 이 시기 인클로저의 주 타깃은 개방경지라고도 불린 공동용지, 그리고 공동지, 공동황무지, 공동목초지 등이었다(P. Mantoux, 김종철 외 역, 『산업혁명사』(상), 창작과비평사, 1987, 165쪽 이하).

다시 말해 지주가 농민공동체의 공유지를 자신의 사적인 소유지로 만들기 위해서 법을 제정하는 방식으로 행해졌다는 것이다. 지주가 국민의 토지를 사유지로 자기 자신에게 증여하는 '공유지 울타리치기 법'들이 공유지를 다시 한 번 사적 전유물로 만드는 계기가 된다. 이는 법마다 비슷하게 달려 있던 법의 명칭에서 아주 잘 드러난다. '○○ 교구의 공유지, 목장, 목초지, 공동황무지를 분할하고 할당하고 울타리를 치기 위한 법'이 그것이다. 산업혁명사를 연구한 폴 망투에 따르면 이런 구절로 시작되는 의회의 법은 수백 수천에 이른다. 이런 법의 수는 해마다 증가했다."[41] 법을 이용한 이런 사적 탈취는 대체 어떻게 가능했을까? 그건 투표권을 소유지 면적에 비례하여 배분한 투표제도 때문이었다.

"(의회) 회의에서의 결정은 단순히 다수결에 따르지 않았다. 즉 투표권은 소유토지의 면적에 비례했다. …… (그 결과) 어떤 (입법) 청원서에는 2, 3명의 이름만이 들어 있었고, 어떤 것에는 단 하나의 이름만을 볼 수 있었다. 그것은 사회적으로 위세가 당당한 이름들로서, 의회의 주의와 경의를 환기시키는 직위와 칭호들이 거기에 포함되어 있었다."[42]

그래서 가령 1801년~1831년 사이에 지주들로 구성된 의회는 3,511,770에이커의 토지를 농촌주민에게서 약탈하여 지주에게 나누

---

41 P. Mantoux, 앞의 책, p.164.
42 P. Mantoux, 앞의 책, pp.197~8.

어주었다고 한다(I, p.916).[43]

2) 사적 소유와 식민주의

근대적 소유의 가장 중요한 기원이 된 이 울타리치기는 공동체 소유의
토지를 사적으로 영유하기 위해 공동체를 파괴하고 공유지를 약탈하는
과정이었고, 농민들을 무산자로 만들어 부랑의 대지 속으로 추방했던
잔혹한 과정이었다. 그렇다면 이런 과정을 통해 수립된 사적 소유제도
는 어떻게 전 세계적으로 확산되어 지구적인 '보편성'을 갖게 되었을
까? 왜냐하면 영국 인근의 국가에서야 영국에서 했던 걸 보고 했다고
해도, 서구나 유럽 아닌 다른 나라에까지 그런 과정이 모방되고 감염되
었을 리는 없기 때문이다.

여기서 중요한 역할을 한 것은 '식민주의'와 '자본주의'였다. 여기서
도 영국은 가장 선도적인 역할을 수행했고, 다른 인근의 나라 또한
유사했다. 영국의 경우를 보면 이 역사를 쉽게 이해할 수 있다. 가장
먼저 사적 소유를 전 사회적으로 확립하여 돈을 버는 것에 모든 것을
거는 체제를 수립했던 영국인들은 상품을 기계적으로 생산하는 산업혁
명에서도 가장 앞서 갔다. 도시와 달리 전국적 영토국가였기에 시장의
규모가 비할 수 없이 컸고, 이는 새로운 기계나 기술의 발명을 이용해

---

43 이런 식의 울타리치기는 앤 여왕의 치세 12년간에는 3개의 법밖에 없었지만,
   1720년까지는 해마다 하나 꼴로 만들어졌고, 1720~50년 사이에는 그것이 약
   100개 이상 늘어났으며, 1750~60년에는 156개, 60~70년에는 424개, 70~80년
   사이에는 642개 늘어난다. 다음 10년간에는 284개로 내려가지만 그 다음에는
   506개로 증가하고, 1800~10년에는 960개의 법이 의회를 통과한다(Mantoux,
   앞의 책, 164쪽).

대량생산을 해도 상품을 판매할 수 있다는 결정적인 이점을 갖고
있었다. 산업혁명으로 경제적 부를 집적하고 새로운 기술을 통해
강력한 군사적 무력을 갖춘 영국 등은 이제 급속히 성장하는 산업의
원료와 노동력, 그리고 시장을 찾아 식민지 정복에 나서게 된다. 본격화
된 식민주의의 시대가 시작된다.

영국이나 서구의 자본가들은 자국에서 만든 상품들과 자본을 배에
싣고 가서 상품을 팔아 돈을 벌고, 그렇게 번 돈으로 공장을 차려
생산을 하여 다시 돈을 벌 꿈을 갖고 있었다. 그러나 그들이 당도한
식민지에서 일은 그리 쉽게 풀리지 않았다. 일단 그들이 가져간 '멋진
상품'들을 식민지 인민이 살 수 있을 리 없었다. 살 돈이 없었기 때문이
다. 돈이야 자기들이 만든 공장에 와서 일을 하여 벌면 될 것 아닌가?
그러나 식민지 인민들은 공장에 가서 똑같은 동작을 하루 종일 반복해
야 하는 그 고통을 감수해야 할 이유가 없었다. 어느 식민지든 대부분
공동체가 생활이나 생산의 중심에 있었고 생계는 기본적으로 공동체
안에서 해결되었기에, 특별한 호기심 때문이 아니라면 애써 공장에
가 일을 할 필요가 없었기 때문이다. 더구나 열대 아프리카는 먹을
거라곤 여기저기 널린 풍부한 과일이 제공해주니 생존을 위해 오래
일을 할 필요도 없었다. 이를 간파한 식민주의자들은 원주민으로
하여금 노동을 팔아 생계를 유지하도록 강요하려는 목적으로 그들의
전통적 제도를 파괴하고 상호부조적인 공동체를 뿌리째 뽑아버린다.
이에 대해 폴라니는 이렇게 쓴다.

예를 들면 식민지 통치자는 (원주민을 시장으로 내몰려고) 인위적

으로 식량부족을 야기하기 위해 빵나무를 베어버릴 수도 있고,
원주민들이 노동을 팔도록 강요하기 위해 가옥세를 징수할 수도
있을 것이다. 어느 경우에도 효과는 부랑자 무리를 발생시켰던
튜더왕조 때의 울타리치기의 결과와 동일하다.[44]

결국 튜더왕조기 영국에서 진행된 대대적인 울타리치기가 식민주의
자들에 의해 비서구의 식민지 나라들에서 행해진 것이고, 이를 통해
사적 소유는 전 세계로 확산되어 간다. 사적 소유의 전 지구적 보편성은
이처럼 식민주의에 의해 이식되고 강요된 것이다.

조선은 서구에 의해 식민화되지 않았지만, 일본의 식민지 지배
또한 동일한 과정을 그대로 반복하여 보여준다. 1910년대 말부터
이른바 '근대적 소유제도'를 확립하기 위해 시행한다며 진행한 '토지조
사사업'이 그것이다. 토지조사사업의 요체는 간단했다. 개인들에게
자신이 소유한 토지를 국가에 신고하라는 것이 그것이다. 그런데
조선 역시 토지에 대한 소유권과 점유권(경작권)이 이중화되어 있었고
넓은 공유지를 공동체가 소유하고 있었다는 점에서는 근대 이전의
다른 사회와 다르지 않았다. 그런데 소유한 토지를 신고하라 함은
하나의 토지에 대해서 오직 한 사람의 소유자만을 인정하는 '근대적'
소유권 개념을 전제로 한 것이었고, 따라서 대개는 실질적 경작권이
아니라 명목적 소유권만을, 즉 상급소유권만을 법적으로 인정하는
것이었다. 다시 말해 그러한 조사사업을 통해 농민들은 이제 경작권마
저 상실한 채 토지 없는 농민이 되어버리고 만다.

---

44 같은 책, p.205.

　토지조사사업을 한 뒤에 소유권을 얻은 지주들이 거기다 양을 키우거나 대규모 농장을 만든 것은 아니었기에 농민들은 여전히 이전처럼 소작을 하긴 했지만, 이젠 그 경작지에 대한 점유권을 잃게 되었고, 지주들은 이제 마음대로 경작자를 바꾸어버릴 수 있게 되었다. 그 결과 지주들은 소작료(지대)를 예전보다 훨씬 쉽게 올릴 수 있게 되고, 마음에 안 들면 소작인을 토지로부터 내쫓을 수 있게 된다. 사적 소유의 배타적 처분권이 비로소 작동하게 된 것이다. 토지조사사업 이후 소작료가 크게 증가한 것도, 경작할 땅을 찾아 만주로 간 사람들이 급격히 늘어가게 된 것도 모두 이 때문이다.

　또 하나, 공동체의 소유지에 대해서는 누구도 자신의 소유라고 신고할 수 없었기 때문에 거대한 공유지는 신고 되지 않은 채 남게 되었고, 주인 없는 땅이 되었다. 조선총독부는 이 땅을 국유화하거나 아니면 서구의 동인도회사 같은 식민회사를 모방한 조선척식회사에게 헐값으로 불하해준다. 공동체의 공유지는 이렇게 쉽게 약탈되어 사라지게 된다. 따라서 토지조사사업은 영국인들이 튜더왕조 시절에 했던 울타리치기, 그리고 식민주의자들이 인도나 아프리카 등지에 가서 했던 울타리치기와 본질적으로 동일한 것이었다. 조선에서의 사적 소유 또한 이렇게 공동체를 파괴하고 공유지를 약탈하며, 농민들의 경작권을 제거하는 '울타리치기'에 의해 수립된 것이었다.

6. 사적 소유의 계보학과 자본주의

1) 사적 소유의 계보학

앞에서 본 사적 소유에 대한 로크의 주장은 어쩌면 사적 소유에 대한 통념이 상상할 수 있는 가장 흔한, 그런 만큼 가장 쉽고 가장 설득력 있는 주장일 것 같다. 내 몸은 나의 것이라는 자명해 보이는 사실에서 출발하여, 그러니 내 몸에 대한 처분권은 내게 배타적으로 속하며, 그 몸을 움직여 얻은 것은 내 몸에 귀속되어 마땅하다는 것, 그것이 바로 사적 소유의 기원이라는 생각. 이것이 근대의 사적 소유에 대한 고전적 관념이 된 것이다.

그러나 지금까지 본 것처럼 근대 이전에는 내 몸이 나의 것이라고 말할 수 있는 사람이 결코 많지 않았다. 노예나 농노 같은 신분적 예속이 있는 곳에서 내 몸은 나의 것이 아니었고, 내 몸의 처분권 또한 내게 속하지 않는다는 점에서, 이런 관념의 자명성은 사실과 다른 것이다. 즉 근대 이후 나타난 사회관계를 조건으로 하여 탄생한 허구적인 것이다. 정확하게 말하면 로크의 사적 소유에 대한 주장은 근대의 사적 소유를 전제로 그것을 일반화한 것이기에, 설명해야 할 것을 전제한 채 논증하는 순환논증의 오류를 범하고 있는 것이다.

순환논증보다 더 치명적인 것은 그 주장이 전제하고 있는 근대적 소유관계 하에서조차 사람들이 몸을 움직여 생산한 생산물을 대부분 생산한 신체가 아니라 생산수단을 소유하고 그를 고용하여 일을 시킨 이들에게 귀속된다는 사실이다. 맑스는 생산물이 생산자가 아니라 그를 고용하고 지배하는 자본가에게 귀속되는 사태를 들어, 내가 생산한 것이 외화되어 나에게 적대적인 힘을 증가시키는 것이란 의미에서 '소외(Entäußerung)'라고 명명한 바 있다.[45] 그런 점에서 로크가 보여주는 소유에 대한 근대적 통념은 사실 근대사회에서 흔히 보게 되는 사적 소유에 대해서도 충분한 통찰력을 보여준다 하기 어렵다.

오히려 그의 주장 가운데 뜻하지 않게 근대적 소유의 본질을 담고 있는 것은 소유란 울타리치기라는 점이다. 물론 그는 노동을 통해 공유지의 일부를 떼어내 울타리를 둘러치는 것이 토지 소유의 기원이라 하지만, 이미 자세히 본 것처럼 울타리치기는 노동을 하는 자들이 노동으로 자신이 손을 댄 부분만큼 울타리를 친 게 아니라, 노동하지 않는 영주나 귀족 등이 노동하는 자들을 추방하면서 결코 한 사람의 노동으로는 경작할 수 없는 거대한 공유지를 사취하는 방식으로 진행된 것이다. 로크가 노동에 기반한 소유라는 통념에 기대어 있으면서도 '울타리치기'에 대해 거듭 언급한 것은, 그 역시 울타리치기가 소유의 실질적 기원임을 사실은 알고 있었기 때문은 아닐까? 다만 그것을 신체와 노동으로 근거지우려 했던 셈인데, 여기서 완전히 엉뚱한 길로 빗나가 버린 것일 게다. 어떤 주장이나 입론이 핵심을 놓치는 경우에도 그 인근에서 진실을 자기도 모르게 드러내는 경우가 많은데, 로크의 이 글이 거기에 속하는 듯하다.

로크의 글이 중요한 것은 사적 소유의 본질을 정확히 보여주고 있어서가 아니라, 그에 대한 우리의 통념을 잘 보여주고 있어서다. 소유란 무엇인지, 소유에 대해 어떤 방식으로 접근해야 좋은 삶을

---

45 칼 맑스, 『1844년의 경제학 철학 수고』, 박종철출판사, 1991.

뜻하는 '행복'에 이를 수 있는지 다루기 위해선, 그런 통념의 밑바닥에
자리 잡고 있는 지반을, 그런 관념이 기대고 있는 발생적 조건을
정확하게 이해하는 데서 시작해야 한다. 어떤 관념의 기반, 그것의
발생조건을 천착함으로써 그 관념의 본질에 대해 비판적으로 다가가려
는 이런 방법을 니체는 '계보학(Geneologie)'이라고 명명한 바 있다.[46]
그런 점에서 소유개념의 긴 역사를 빠른 속도로 살펴본 지금까지의
고찰은 소유개념에 대한 계보학적 시도라고 해도 좋을 것이다.

　이는 불교의 용어로 말한다면, 우리가 익숙한 소유관념을 출현하게
한 '연기적 조건'에 대한 탐색이라고 할 것이다. 우리의 소유관념은
이런 연기적 조건을 통해 성립된 것이고, 바로 이런 연기적 조건이
우리가 아는 소유관념의 본성을 규정한다. 따라서 이런 연기적 조건을
잊거나 벗어나서 소유개념을 일반화하고 조건과 무관한 자명성을
갖는 자연적 권리라고 생각한다면 로크처럼 실상을 오도하는 관념에
빠져버릴 것이다. 또 하나 덧붙이면 이러한 고찰은, 이런 연기적 조건이
달라진다면 우리의 소유에 대한 관념도, 우리가 사물들을 소유하는
방식도 달라지게 할 것임을 함축한다. 이는 소유를 둘러싼 관계가
급속도로 변하고 있는 지금이라면 대단히 중요한 함축이라 할 것이다.

　지금까지 언급한 소유개념의 역사가 꽤나 길고 복잡하기에, 이후
진행될 얘기를 위해선 지금까지 살펴본 바를 명제(Proposition) 형식으
로 간단히 요약하는 것이 필요할 듯하다.

---

46 니체, 김정현 역, 「도덕의 계보」 『선악의 저편/도덕의 계보』, 책세상, 2002;
　들뢰즈, 이경신 역, 『니체와 철학』, 민음사, 2001.

P.1. 소유권은 자연적인 권리가 아니라 사회적 조건에 따라 달라지는 권리다.

P.2. 본원적인 소유는 생산물이나 소비대상의 소유가 아니라 생산수단의 소유다.

P.3. 근대 이전에 생산의 주체는 언제나 공동체였고, 그렇기에 생산수단의 소유 또한 공동체적 소유였다.

P.4. 가장 기본적인 공동체인 가족공동체는 다른 가족공동체와 결합하여 상위의 공동체를 구성한다. 상위의 공동체를 구성하는 방식의 차이가 사회형태의 차이로 나타난다.

P.5. 모든 공동체 사회는 공동체의 공동체다. 이로 인해 공동체의 소유는 이중적인 것이 된다. 직접적 생산을 담당하는 공동체의 점유권(하급 소유권)과 그 모두에 대한 상급의 소유권이 그것이다.

P.6. 공동체적 소유에는 사적 소유의 발생 계기가 없다. 즉 공동체 소유로부터는 사적 소유가 발생할 수 없다.

P.7. 원시공동체 사회는 생산물의 사적 소유가 발생할 싹을 제거하고자 한다.

P.8. 사적 소유가 발생하는 계기는 공동체 외부, 혹은 공동체 파괴를 통해서다.

P.9. 공동체 안의 외부자, 혹은 공동체로부터 도망친 자들이 사적 소유 발생의 첫째 계기를 이룬다. 그들은 화폐의 취급이나 상품의 거래를 통해 공동체에 속하지 않는 사적 소유를 발전시켰다.

P.10. 고대 도시의 주변이나 중세 공동체 외부에 도망자들이 만든 도시가 시장을 발전시켰고, 특히 후자는 사적 소유가 부의 집적으로

이어지는 장소가 된다.

P.11. 사적 소유가 전면화된 것은 도시의 상품과 돈에 홀린 귀족들이 시작한 '울타리치기(encloser)'를 통해서였다. 울타리치기는 농민들을 토지로부터 추방하고 공유지를 약탈하여 공동체적 생산의 주체와 대상을 파괴한다. 즉 전면적인 공동체 파괴를 뜻한다.

P.12. 공동체의 파괴를 통한 사적 소유가 전 세계에 걸쳐 '보편화'된 것은 서구의 식민주의를 통해서였다. 서구의 식민주의는 식민지형 울타리치기의 잔혹한 과정을 필두로 진행되었다. 이러한 역사적 과정을 통해 확인할 수 있는 것은 근대적 소유에 대한 다음의 일반적 명제다.

P.13. 사적 소유는 신체에 대한 자연적 권리의 확장이 아니라 생산자들을 추방하고 공유지를 사취하는 울타리치기를 통해 수립된 것이다.

2) 자본주의에서 생산과 소유

그렇다면 근대의 생산, 즉 자본주의적 생산은 위에서 요약한 명제 3(P.3.)과 달리 공동체 없이 가능함을 뜻하는가? 생산력이 발전하여 이젠 개인적인 수준에서 생산이 가능해졌다는 말인가? 그렇지 않다. 생산력의 발전은 근대의 공장이 보여주듯이 생산규모의 확장을 동반하며, 대부분 협업 내지 분업의 발전이 그와 나란히 진행된다. 사실 분업은 협업의 분화된 형태란 점에서 협업의 일종이다. 생산력의 가장 중요한 요소는 생산기술이 아니라 협업 내지 분업이다. 생산기술의 발전은 항상 협업 내지 분업형태의 발전을 수반하고, 그 반대도 마찬가지다. 생산이 대규모화하고 협업이나 분업이 발전한다는 것은 생산의 집합적 성격이 증대한다는 것을 뜻한다. 따라서 어느 시대보다 생산의 규모가 커지고 분업이 발전한 자본주의 생산은 어느 시대보다 생산의 공동체적 성격이 커진 시대라 해야 한다. 생산의 공동체적 성격은 더없이 증대되었는데 소유는 공동체 아닌 사적인 소유가 극단적으로 발전하는 이 이율배반을 대체 어떻게 이해해야 할까?

흔히 지적되는 것이지만 자본주의는 자본과 다르며, 자본은 부의 단순한 집적과 다르다. 자본이란 집적된 부가 아니라 '증식을 위해 사용되는 부'를 뜻한다. 생산이나 직접적 소비를 위해 사용되지 않는 잉여의 부는 근대 이전에도 있었지만 그것이 곧 자본을 뜻하진 않는다. 고리대금업처럼 오직 화폐의 증식을 위해 사용되는 화폐만이 '자본'이란 말에 부합한다. 그런데 증식을 위해 사용되는 부로서 자본이 존재한다고 해도 그것을 '자본주의' 내지 '자본 관계'라고 할 순 없다. 고대 도시의 고리대금업이나 중세의 원격지 교역은 증식을 위해 사용되는 부인 자본의 출현을, 그것의 집적을 가능하게 했지만, 자본주의라고 부를 수 있는 관계가 발생하게 된 것은 그렇게 집적된 부를 이용해 사람을 고용하여 생산을 하게 되었을 때다. 이런 점에서 자본주의는 '생산' 관계다. '자본주의 이행논쟁'이라는 오래된 고전적 논쟁에서 확립된 것이 바로 이것이다. 즉 자본주의는 상인자본의 거대화를 통해 발생하고 발전한 것이 아니라, 상인들이 집적한 자본이 사람을 고용해서 생산을 하기 시작하면서부터였다.[47] 중세 도시에서 시작된 수공업 및 공장제 수공업(매뉴팩처)으로의 발전이 그것이다.

---

47 高橋幸八朗 編, 김대환 역, 『자본주의 이행논쟁』, 동녘, 1997; Maurice Dobb, 이선근 역, 『자본주의 발전연구』, 동녘, 1995.

그러나 앞서도 잠시 언급했듯이, 도시에서의 이런 자본주의적 관계는 시장교역과 마찬가지로 도시 안에 철저히 머물러 있었을 뿐이다. 자본주의란 증식을 목표로 하는 부가 생산수단을 갖지 못한, 즉 토지로부터 분리된 채 먹고 살 길이 없어진 무산자들과 결합하여 생산을 할 때 발생한다. 자본주의라고 부르는 관계가 일반화되려면 도시 아닌 전역에서 두 가지 변화가 진행되어야 했다.

하나는 시장이 도시의 성벽 바깥으로 확장되어 전국화되는 것이다. '전국적 시장'이라고 부르는 것이 그것인데, 이를 만들어낸 것은 절대왕정의 중상주의자들이었다. 절대군주들은 돈에 대한 관심도 있었지만, 각각의 영지를 실질적으로 지배하는 귀족들을 무력화하고 자신의 실질적인 지배를 전국으로 확대하고자 했다. 또한 자기 지배영토의 여기저기에서 지배력을 행사하는 도시 내지 도시국가의 힘을 무력화하고자 했다. 이를 위해 도시가 자기 도시 내부(즉 시장)로 들어오는 이들에게 받던 관세를 금지하고, 유럽 전역에 흩어진 도시들 간의 국제적인 연계망을 국경에 의해 절단하여 국경을 통과할 때 관세를 내도록 만들었다. 그리고 도시의 부에 대항하면서 군주 권력의 경제적 기반을 강화하기 위해 전국적 시장을 만들고자 했다. 이 모두를 위해 그들은 무엇보다 전국 각 지역의 물자가 이동할 수 있는 도로망을 건설하고자 했다. 물론 이는 귀족들의 지역분할을 저지하려는 왕의 군대가 달려갈 도로망이기도 했다. 전국적 도로망은 이러한 전국시장의 하부구조(infrastructure)가 된다. 시장교역은 이를 통해 이제 도시의 성벽을 넘어서 전국화된다.

다음으로 자본주의가 일반화되는 데 필요했던 또 하나의 변화는 자본이 고용할 수 있는 무산자들이었다. 이것이 왜 중요한지는 노예나 농노 같은 신분제가 남아 있는 곳에서 사람을 고용해 일을 시키려는 사람의 처지를 생각해보면 된다. 자신의 몸이 자신의 소유가 아니며, 신분에 따라 해야 할 일이 정해져 있는 곳에선 고용하고 싶어도 일할 사람을 찾을 수 없다. 이것이 미국에서 노예해방을 내세운 남북전쟁이 발생한 이유다. 공업이 발달하기 시작한 북부 자본가들은 고용해서 일을 시킬 노동력이 부족해 곤란을 겪었는데, 그나마 일을 시킬 수 있는 흑인은 모두 노예였던지라 고용할 수가 없었다. 대규모 농장이 지배적이던 남부의 농장주들은 노예제 생산을 지속하려 했는데, 이것이 북부의 자본가들의 이해관계와 충돌한 것이다. 흑인을 공장으로 끌어들여 일을 하게 하려면 노예적인 신분의 구속을 제거해야 했던 것이다.

상인자본이 지배하던 중세 도시는 어차피 신분적 예속을 피해, 공동체로부터 이탈해 도망쳐 온 이들이 살던 곳이라 고용을 불가능하게 하는 신분적 제약도, 토지의 부속물로서의 경작 의무도 없었기에 일할 사람을 찾을 수 있었다. 그리고 도시에서의 생산은 노동력이 많이 필요 없는 장인적인 방식이었고 생산의 규모도 크지 않았기에 도시 안의 주민이면 충분했다. 그런데 자본주의가 전국화되려면 이것으론 부족했다. 전국적인 차원에서 토지로부터, 그리고 신분적 예속으로부터 해방된 사람들의 거대한 풀이 있어야 했다.[48]

---

48 이런 의미에서 맑스는 자본주의의 출발점을 이루는 이른바 '본원적 축적'의 가장 일차적인 계기는 토지와 신분으로부터 해방된 이러한 무산자들이었음을 지적한 바 있다. 맑스, 『자본론』 I(하).

토지의 사적 소유를 실질적으로 만들어낸 울타리치기가 바로 이 역할을 동시에 수행했다. 앞서 언급했듯이 울타리치기는 농민과 그 가족들을 토지로부터 내쫓았기에 그들은 토지의 부속물이 아니라 토지로부터 분리되어 먹을 것을 찾아 떠도는 부랑자가 되어 있었고, 공동체 또한 해체되어 버렸기에 신분적인 예속으로부터도 벗어나 있었다. 즉 울타리치기는 토지와 신분적 예속으로부터 '해방'된 이중의 자유로운 무산자들을 대대적으로 창출했다. 울타리치기로 인해 토지 와 집을 잃고 떠돌아다니게 된 거대한 부랑자의 흐름이 바로 자본주의 가 출발하기 위해 필요로 했던 무산자들의 흐름이 되어준 것이다. 물론 이들이 생산된 속도는 급속했으나 이들을 고용할 수 있는 곳은 산업혁명 이전에는 매우 더디게 발전했기에 이들은 오랫동안 말 그대 로 생존에 쫓기는 '무산자'로 살아야 했지만, 산업혁명이 시작되었을 때 빠르게 만들어지는 공장들에서 필요로 했던 노동력은 바로 이들로 인해 충족될 수 있었다. 영국이 미국에서와 같이 노동력 부족으로 노예해방을 내건 전쟁을 할 필요가 없었던 것은, 그리고 다른 어느 나라보다 산업혁명과 대공업이 빠르게 발전할 수 있었던 것은 어디보 다 빠르고 잔혹하게 울타리치기가 이미 충분히 진행되어 있었기 때문 일 것이다.

자본주의적 생산은 이처럼 본원적인 생산수단인 토지의 '속박'으로 부터 분리되고 공동체적 '속박'으로부터 분리된 무산자를 필요로 한다. 생산수단과 생산자의 분리, 그것이 자본주의가 가능하기 위한 첫 번째 전제조건인 것이다. 그런데 자본주의적 생산이 가능하려면, 생산 수단만으로도, 노동력만으로도 불가능하다. 토지에다 거대한 기계

등의 설비, 그리고 막대한 양의 원료 같은 생산수단과 그것을 가공하여 상품을 만들 노동력이 결합되어야 한다. 이를 결합하는 것이 바로 집적된 부 내지 화폐로서의 자본이다. 즉 자본가는 화폐를 이용해 생산수단을 구매하고 또한 화폐를 이용해 노동력을 구매하여, 이 양자가 결합하여 생산이 진행되도록 한다. 이를 맑스는 다음과 같은 도식으로 요약한다〔G는 Geld(화폐), Pm은 Produktionsmittel(생산수단), A는 Arbeitkraft(노동력)의 약자다〕.

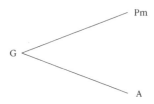

여기서 A는 자본주의에서 생산자를 표시하는 것으로 이해해도 좋다. 즉 노동자란 **자본주의라는 조건**에서 생산을 담당하는 자이기에, 이전의 생산과 비교하기 위해 생산자 일반으로 표시한다면 A는 생산자(Produzent)의 약자인 P로 바꾸어 써도 좋을 것이다. 자본주의 이전에도 토지를 비롯한 생산수단과 생산자인 농민들은 하나로 결합되어야 생산이 가능했다. 그런데 자본주의와 달리 이전에 생산수단과 생산자를 결합시킨 것은 화폐(Geld)가 아니라 공동체(Gemeinde)였다. 따라서 자본주의 이전의 생산은 다음과 같이 요약할 수 있다.

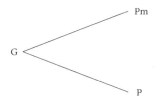

앞서의 도식에서 노동력을 표시하는 A가 생산자를 표시하는 P로 바뀔 수 있음을 안다면, 자본주의 이전의 생산방식을 표시하는 이 도식은 자본주의 생산방식을 표시하는 도식과 매우 비슷한 것이 될 수 있음을 알 수 있다. 이는 자본주의적 생산이나 그 이전의 생산이나 모두 생산수단(Pm)과 생산자(P)가 공동체(G)를 통해 결합되어야 한다는 점에서는 동일함을 의미한다. 다만 자본주의가 그 이전과 다른 점은 이전에 양자를 결합시키던 G(공동체)를 화폐의 G가 대신한다는 사실이다.

생산수단과 생산자를 결합하여 생산을 조직하는 역할을 근대 이전에는 공동체(G)가 수행했다면, 공동체를 파괴함으로써만 시작될 수 있는 자본주의에서 생산을 조직하는 역할을 하는 것은 화폐라는 것이다. 울타리치기를 통해 토지로부터, 공동체로부터 동시에 분리된 사람들은 일하고 싶어도 자본에 고용되지 않는 한 일할 수 없다. 자본가 입장에서든 일하려는 사람 입장에서든 화폐가 공동체를 대신해 양자를 사서 결합시켜주어야만 일할 수 있고 생산할 수 있다. 그런 점에서 화폐는 공동체가 파괴되고 사라진 시대에 공동체를 대신하는 '공동체'다. 다만 돈이 되지 않는 것은 냉정하게 배제하고 돈이 되지 않는 사람은 잔혹하게 추방하며 오직 돈의 증식만을 유일한 목표로 하여 진행하는 반공동체적 대체물이다. 이것이 공동체가 아니면 생산을 할 수 없는 시대, 생산의 규모와 사람들의 협업 규모가 전례 없이 증대한 시대에 공동체 없이, 공동체적 소유 없이 생산이 행해질 수 있는 비결이었던 것이다. 공동체적 '속박'이 사라지고 개별적으로 분리된 개인들이 각자의 생존을 위해 고용자를 찾아다녀야 하는 '자유'가 지배하는 세계가 출현한 것이다. 그러나 사실 그것은 공동체적 공생이 개인적 경쟁으로 대체되고, 공동체적 증여가 시장의 교환으로 대체된 세계이기도 하다.

7. 소유개념의 미래

1) 사멸하는 소유권?

자본주의는 사물에 대한 개인의 배타적 권리를 최대한 확대한 종류의 사적 소유가 지배하는 사회다. 사적 소유에 대한 우리의 관념은 바로 이 자본주의라는 조건 위에서 형성된 것이다. 그런 점에서 사적 소유는 자연권이나 자연적 본성 같은 게 아니며, 불변의 실체 같은 건 더더욱 아니다. 그런데 현대 자본주의는 그것의 발전 동력이 되고 있는 생산기술의 발전을 통해 사적 소유를 침식해가고 있다. 사람들의 일상생활은 물론 자본주의적 생산 자체에서 소유의 힘이 현저히 약화되면서 소유권 자체가 소멸해가는 징후적 현상들이 여러 영역에서 빠르게 번져가고 있다.

우리는 지금 격변기의 자본주의를 살고 있다. 그 격변은 여러 방향에서 오는데, 가장 일차적인 힘은 과학기술의 발전에 의해 추동되고 있다. 혹자는 생명과학의 발전, 나노기술의 발전, 인공지능의 발전

등이 이른바 '무어의 법칙'[49]으로 표상되는 지수적인 속도로 진행되며 결합됨에 따라 향후 50년 뒤에는 어떤 일이 벌어질지 알 수 없다고 하면서 '특이점' — 수학적으로 미분불가능한 점, 즉 어디로 가는지 알 수 없는 점이란 뜻이다 — 이 온다고 주장하기도 한다.[50] 인공지능이 인간의 사고를 대신하고, 뇌를 스캐닝하여 다른 신체나 인공신체에 업로드하고 복제하기도 하여 영생을 누리게 될 거라는 그의 거침없는 주장은, 영생에 관심이 있는 돈 많은 부자들의 관심이나 살 수 있겠지만, 그럼에도 불구하고 빠르게 변화하는 기술로 삶이 근본적으로 달라질 것이라는 얘기는 부정하는 사람이 많지 않다. 원자를 비트라는 정보가 대체하면서 정보를 통해 세계를 근본에서 바꾸어놓을 4차 산업혁명이 도래하고 있다는 주장도 있고,[51] 인공지능이 인간의 노동을 대체하여 인간들이 일자리를 얻지 못해 고통받는 암울한 미래를 경고하는 주장도 있다.[52] 이러한 격변 속에서 소유에 대한 관념은 어떻게 될까?

사실 지금 우리가 사용하는 정보통신기술이나 과학기술들은 머지않

---

49 반도체 집적 밀도가 대략 2년마다 두 배로 증가한다는 법칙. 인텔 창립자 중 한 사람인 무어가 발견해서 '무어의 법칙'이라 부른다.

50 레이 커즈와일, 장시형 외 역, 『특이점이 온다』, 김영사, 2007.

51 롤랜드 버거, 김정희·조원영 역, 『4차 산업혁명, 이미 와 있는 미래』, 다산 3.0, 2017; 칼라우스 슈밥 편, 김진희 외 역, 『4차 산업혁명의 충격』, 흐름출판, 2016.

52 마틴 포드, 이창희 역, 『로봇의 부상』, 세종서적, 2016; 제리 카플란, 신동숙 역, 『인간은 필요없다』, 한즈미디어, 2016; 구본권, 『로봇 시대, 인간의 일』, 어크로스, 2015 등.

은 미래에 가장 크게 바뀔 것 중 하나가 소유와 관련된 것, 특히 사적 소유와 관련된 것임은 이미 많은 사람들이 지적한 바 있다. 가령 『노동의 종말』이란 책으로 유명한 미국의 미래학자 제레미 리프킨은 일찍이 『소유의 종말』이란 제목으로 번역된 책〔원제는 『접근의 시대(The Age of Access)』〕를 출판한 바 있다.[53] 또 유명한 과학기술문화 잡지의 창간자 중 한 명으로 현대의 과학기술이 나아가는 방향에 대해 매우 예리한 감각을 갖고 있다고 평가되는 캐빈 켈리는, 섣부른 예측을 피하기 위해 최대한 신중한 태도로 지금의 기술발전을 따라 우리의 삶에 다가오는 필연적인 경향들을 추상화하여 12개의 동사적 개념으로 요약한 바 있다. 즉 되어가다(becoming), 인지화하다(conifying), 흐르다(flowing), 화면보다(screening), 접근하다(accessing), 공유하다(sharing), 걸러내다(filtering), 뒤섞다(remixing), 상호작용하다(interacting), 추적하다(tracking), 질문하다(questioning), 시작하다(beginning)가 그것이다.[54] 여기서 우리가 지금 다루고 있는 주제와 직접 결부된 것은 '접근하다'와 '공유하다'이다. 리프킨이 그랬듯이 켈리 역시 접근권이 소유권을 대체하리라고 하는 것이 '접근하다'라는 말로 요약되는 미래상이라면, 사적이고 개인적인 활동이나 영유방식이 공유로 대체되리라는 것이 '공유하다'는 말로 요약되는 미래상이다. 먼저 소유에 대해 그는 이렇게 쓴다.

나는 세계 최내의 농영상 허브인 넷플릭스를 통해서 영화를 소유하

---

53 제레미 리프킨, 이희재 역, 『소유의 종말』, 민음사, 2001.
54 케빈 켈리, 이한음 역, 『이네비터블, 미래의 정체』, 청림출판, 2017.

지 않고서도 시청할 수 있다. 세계 최대의 음악 스트리밍 회사인 스포티파이를 통하면 음악을 소유하지 않고도 원하는 음악을 다 들을 수 있다. 아마존의 킨들언리미티드를 이용하면 책을 소유하지 않고도 80만 권에 이르는 도서관의 책을 읽을 수 있고, 플레이스테이션나오를 이용하면 게임을 사지 않고도 할 수 있다. 해가 갈수록 나는 사용하는 것을 덜 소유하게 된다. 소유는 예전보다 덜 중요해지고 있다. 대신에 접근하기가 점점 더 중요해지고 있다.[55]

이 말이 무슨 뜻인지는 알기 어렵지 않다. 우리의 생활 전반이 이미 이렇게 되어 있기 때문이다. 젊은 사람들일수록 굳이 사서 소유하지 않고 단지 접근권을 얻어 사용하는 경우가 많다. 또 많은 것은 접근하여 이용하기 위해 돈을 지불하지도 않는다. 세상의 모든 지식을 담아가고 있는 위키피디아는 거대한 브리태니커 백과사전을 과거의 퇴물로 만들어버렸고, 네이버의 사전들은 수많은 종이사전들을 사라지게 했지만, 그 어느 것도 우리에게 사용료를 요구하지 않는다. 구글 같은 검색엔진도, 카카오톡이나 페이스북은 국제전화마저 통화료 없이 하도록 서비스하고 있고, 다음이나 네이버 같은 포털은 신문이나 잡지를 돈 내고 구독할 이유를 점점 없애가고 있다. 유튜브는 실로 엄청난 동영상과 음악, 영화 등의 영상자료를 무료로 이용할 수 있게 제공한다. 애플워치나 샤오미의 값싼 장치들은 개개인의 신체 상태와 건강 상태를 체크하고 기록해주고 있으며, 이것으로 볼 때 아마도 머지않은 장래에 간단한 의료진단서비스 정도는 무료화 할 가능성이

---

55 같은 책, pp.167~168.

크다. 이런 점에서 우리 삶에서 소유의 중요성은 이미 매우 빠른 속도로 감소해가고 있음이 분명하다.

그러나 앞서 소유에 대해 이 글에서 쓴 명제들을 기억한다면, 그것은 생산물이나 소비에 관한 것이라면 가장 본원적인 소유는 그게 아니라 생산수단의 소유라고 의문을 제기할 법하다. 그렇다. 중요한 것은 생산수단의 소유이고, 그것은 점점 더 소수의 손으로 집중되어 가고 있다. 그러나 반드시 그렇게만 말하기는 어렵다. 『테크크런치』라는 잡지 기사는 이 점에서 인상적이다.

세계 최대의 택시회사인 우버에는 택시가 한 대도 없다. 세계에서 가장 인기 있는 미디어회사인 페이스북은 콘텐츠를 전혀 만들지 않는다. 세계에서 가장 자산가치가 높은 소매점인 알라바마에는 재고 목록이 아예 없다. 세계 최대의 숙박업체인 에어비앤비는 부동산을 전혀 갖고 있지 않다.[56]

지금 가장 거대한 이윤을 얻고 있고 최대의 자산가치를 갖고 있다고 평가되는 회사들, 가령 구글이나 애플, 페이스북 같은 회사들을 이전의 거대한 회사인 제네럴모터스나 보잉사, 포드자동차 같은 것과 비교해 보면 전체 자산 가운데 그들이 소유하고 있는 부동산이나 동산의 소유비중은 비교할 수 없이 작다. 이른바 첨단기업의 가장 중요한 특징 중 하나기 비로 이것이다. 지금은 컴퓨터를 이용해서 사업을 하는 회사조차 컴퓨터를 사서 소유하지 않는다. 대부분 클라우딩

---

56 같은 책, 167쪽에서 재인용.

서비스를 이용한다. 여전히 부동산을 비롯한 유형재산의 소유물이 중요한 기업들이 많지만, 첨단기업들의 이러한 특징은 미래의 기업 자산 총액에서 생산수단의 소유물이 차지하는 비중은 급격히 줄어들 것임을 보여준다. 따라서 소유권에서 접근권으로의 이동은 소비자들에게만 해당되는 것이 아니라 생산자나 자본가들에게도 마찬가지로 해당되는 필연적 경향이라 할 것이다.

2) 생산의 탈물질화와 공유사회

소유에 있어서 이러한 변화를 추동하는 것은 생산에서의 근본적인 변화다. 가장 일차적인 것은 **생산의 탈물질화**다. 농업도 그렇고 장인생산도, 산업혁명 이후 공업도 그렇듯, 생산의 규모를 확장하고 생산성을 높여가며 생산을 가속화할 때 그 생산은 본질적으로 물질적인 대상들을 가공하여 상품으로 만드는 것이었다. 가공대상도 가공의 결과물도 모두 확고한 물질성을 갖고 있었다. 이른바 3차 산업이 2차 산업인 공업을 대체하기 시작했을 때, 생산물은 물질적인 것에서 서비스나 사무직 노동처럼 비물질적인 것으로 변해가기 시작했다. 그러나 이 시기만 해도 물질성과 비물질성은 마치 육체노동과 정신노동이라는 전통적인 구별과 상응하는 것이었고, 그런 점에서 육체노동과 물질적 상품은 그 영역이 축소되기는 했지만 여전히 확고한 물질성에 기반하고 있었다.

그러나 앨런 튜링이 인간의 사고작용을 기계들의 간단한 움직임으로 환원할 수 있음을 증명한 이후, 그리고 클로드 섀넌이 부울대수의 계산을, 수리논리학적 계산을 스위치의 작동으로 바꿀 수 있음을 증명한 이후 사고작용을 기계화하려는 시도들이 본격화된다. 여기에 더해 컴퓨터의 발명과 사이버네틱스, 그리고 인공지능의 창안은 인간의 사고작용을 기계적으로 구현하는 결정적인 발걸음을 내딛게 된다. 18세기 전후의 산업혁명이 인간의 육체노동을 기계화하는 길을 열었다면, 1950년대 전후의 새로운 '산업혁명'은 인간의 정신노동을 기계화하는 길을 열었다. 그런데 이전의 산업혁명이 육체노동과 정신노동의 분할, 물질성과 비물질성의 분할이라는 구분을 확고히 유지하는 가운데 진행되었다면, 20세기의 산업혁명은 그 구분을 지우는 방식으로 시작되었다고 해야 한다. 정신노동의 기계화란 정신의 비물질성과 기계의 물질성이 상호변환 가능한 것이 되었음을 함축하기 때문이다.

기계화된 사고작용, 그것은 기계적인 것이 바로 정신적인 것이 되고, 역으로 정신적인 것이 기계적인 것이 되는 변환과 상호침투의 장인 것이다. 가령 정신노동의 기계화가 진전되면 될수록 하드웨어는 **소프트웨어로 대체**되어 간다. 복잡한 기계를 발명하는 대신 간단한 기계에 복잡한 소프트웨어를 장착하면 되기 때문이다. 가령 이전에 아주 정교하게 작동하도록 만들어야 했던 기계는 컴퓨터를 이용하면 간단한 기계로 쉽게 대체할 수 있다. 이는 모든 기계에 대해 적용 가능하다. 컴퓨터가 일반화된 적용 가능성을 뜻하는 '범용계산'을 시작했을 때 이미 준비된 것이라고 해야 할 것이다. 컴퓨터와 인공지능이 생산도구의 소프트웨어화를 향해 나아가는 추동력이었다면, 3D 프린터는 생산대상의 소프트웨어화를 향해 나아가는 추동력이다. 이제는 집이나 자동차도 3D 프린터를 이용해 만들게 될 날도 머지않았다는 예측이 점점 힘을 얻어가고 있다.

생산이 소프트웨어화되고 비물질화되는 경우 생산물에서는 최소한의 질료적 물질성만 남고 나머지는 모두 소프트웨어화된다. 즉 생산 자체가 탈물질화되는 것이다. 최소한의 재료만 빼고 노동대상이나 노동수단은 탈물질화되고, 노동자 또한 기계가 대체하기에 생산영역에서 점차 사라지게 된다. 이는 '생산의 인지화(cognification)'라는 상관적인 변화를 동반한다. 컴퓨터와 인공지능이 표상하듯, 이제 생산은 인간의 노동도 기계의 작동도 모두 인지적인 작용에 의한 것으로 대체되어 간다.[57] 육체노동이 점차 축소되어갈 뿐 아니라, 인공지능의 발전이 보여주듯 인간의 노동 자체가 소멸해가는 과정이 본격화되고 있는 것이다.

생산의 탈물질화와 인지화를 통해 이제 생산물은 인간의 노동 없이 자동으로 생산하는 방향으로 나아간다. 이는 생산물을, 가령 윈도즈나 스프레드쉬트 등의 프로그램이 그렇듯 한번 만들어놓으면 추가적인 생산에 드는 비용(이를 한계비용이라 한다)이 거의 0에 가깝게 되는 변화를 함축한다. 즉 컴퓨터를 돌려 복사하면 되기에 생산비용은 컴퓨터의 감가상각비와 전기료, 그리고 손가락 움직이는 정도의 노동력이면 추가적인 상품을 얼마든지 생산할 수 있게 된다. 디지털은 복제에 따른 손상이 원리상 없으므로 복제품으로 다시 복제를 하고 그것으로 또 복제를 할 수 있다. 이런 점에서 이들 상품의 '가치'는 대체 얼마나 되는지, 어디서 나오는지가 한동안 중요한 논쟁대상이 되기도 했다. 분명한 것은 비물질화될수록 복제는 쉬워지고, 추가적인

---

57 이런 변화를 강조하는 이들은 최근의 자본주의를 '인지자본주의'라고 명명하기도 한다(조정환, 『인지자본주의』, 갈무리, 2011).

생산비용은 거의 들지 않게 된다는 점이다.

이를 두고 리프킨은 '한계비용제로사회'에 이르게 되리라고 전망한다. 한계비용이 제로에 가깝게 낮아지기에 생산물은 '가치'를 거의 갖지 않으며 누구나 쉽게 만들거나 복제할 수 있게 된다. 상품이나 생산물이 적어도 기술적으로는 사야 할 이유를 갖지 않게 되는 것이다. 따라서 굳이 상품이나 생산물을 소유할 이유도 없어진다. 물론 기업의 이윤 또한 0으로 근접하게 될 것이다. 이런 의미에서 리프킨은 어떤 정치적 혁명 없이도 자본주의가 소멸하고 '공유사회'로 대체되리라고 전망한다.[58] 상품의 소비활동이 소유를 전제로 하는 사회로부터, 접근하여 사용할 권리면 충분한 사회로 전환될 것이라는 앞서의 얘기는 이런 변화의 결과이기도 한다.

데카르트가 강조했듯이 물질이란 시공간적으로 다른 것과 명료하고 뚜렷하게 구별되는 연장을 가지며 다른 것과 중복될 수 없는 실체성을 갖는다. 그렇기에 하나의 물질은 다른 것에 대해 배타성을 갖는다. 반면 사유는 연장을 갖지 않으며 시공간적으로 동시에 어디에나 퍼져 있을 수 있기에 얼마든지 나누어가질 수 있다. 사적 소유를 전제할 때 사물은 아무리 단순한 것도 누군가 소유하면 다른 사람은 그것을 소유할 수 없기에 소유나 사용에서 희소성과 배타성을 갖게 되지만, 지식은 아무리 복잡한 것도 한 사람이 소유했다고 다른 사람이 소유할 수 없는 게 아니다. 반대로 얼마든지 많은 이들에 의해 무한히 공유 가능하나. 나아가 지식은 공유할수록 강력한 것이 되며 공유할수록

---

58 리프킨, 안진환 역, 『한계비용제로사회』, 민음사, 2014.

빠르게 발전한다. 이것이 하드웨어와 소프트웨어의 차이고, 물질적 생산과 비물질적 생산의 차이이며, 육체노동이 지배적인 사회와 인지노동이 지배적인 사회의 결정적인 차이다. 소유권에서 접근권으로의 변화가 사적 소유에서 공유로의 변화와 나란히 가는 것은[59] 이런 점에서 논리적인 필연성을 갖는다. 생산의 탈물질화와 인지화의 발전을 통해 도래할 사회란 소유권이 접근권으로 대체되는 사회인 동시에 사유에서 공유로 '소유'의 양상이 달라져가는 사회가 될 것이다.

물론 이때 '공유'란 이전에 공동체적 소유와는 달리 폐쇄적인 공동체를 전제하지 않으며 위키피디아처럼 참가하려는 모두에게 열린 공동체일 것이고, 자신이 참가하는 만큼 강하게 말려들어가고 또한 실질적인 영향력을 갖게 되는, 다시 말해 그런 만큼 실질적인 권리를 갖게 되는 그런 종류의 공유일 것이다. 공동체적 결합 없이, 공동체와 생산수단 모두로부터 분리된 개인들이 자신의 참여의지에 따라 말려들어가는 것이란 점에서 이전의 공동체적 소유와도, 또한 사적 소유와도 다른 새로운 종류의 '소유' 형태일 것이다.

3) 공유사회와 그 적들

생산의 탈물질화와 인지화에 추동되는 기술적 발전은 공유사회의 전망을 함축하지만, 공유사회의 전망을 쉽게 낙관하긴 어렵다. 생산수단의 소유를 통해 막대한 부를 축적한 자본가나 소유자들이 그냥 손 놓고 있을 리 없기 때문이다. 알다시피 윈도즈 등의 소프트웨어는

---

59 케빈 켈리도 이를 동시에 지적한다. 켈리, 앞의 책.

별다른 비용 없이 누구나 쉽게 복제할 수 있지만 그렇기에 그것을 법으로 금지하고 있다. 인터넷 같은 현재의 통신망은 각자가 보유한 음악이나 영화, 사진 등의 파일을 전 지구적 범위에서 공유하고 나누어 가질 수 있도록 하지만, 냅스터나 소리바다에 대한 법원의 판결이 보여주듯 이를 법으로 금지하고 있다. 사실 소프트웨어를 만들고 프로그램을 만드는 일을 주도하던 해커들은 대부분 이렇게 공유하는 것을 지향하는 이들이었고, 그런 점에서 이를 저주하며 사적으로 영유하려던 빌 게이츠야말로 그들 세계에서 못된 별종이었음은 잘 알려진 사실이다. 1981년 차크라바티 판결 이후 전례 없이 강화되고 있는 지적 소유권은 무상으로 복제하고 생산하고 변형할 수 있는 기술적 발전을 이윤의 취득을 위해 법적 강제에 의해 제약하는 제도 다.[60] 이는 '지적 소유권'이라는 법적인 방식으로 울타리치기를 통해 지식이나 언어, 문화 같은 인류의 공유재를 사적으로 약탈하는 것이라 는 것이 공유사회론을 지지하는 많은 사람들의 비판이다.

과거에도 지금도 수많은 프로그래머나 해커들은 이런 공유정신을 갖고 활동하고 있다. 여러 형태의 자유 소프트웨어운동, 리눅스 등 오픈소스 소프트웨어운동, 혹은 좀 더 확장된 카피레프트운동이 대표 적인 사례일 것이다. 이들은 근자에 들어와 소프트웨어뿐 아니라 하드웨어마저 공유하려는 시도들을 발전시켜왔다. 3D 프린터는 바로 이런 하드웨어 공유운동가들의 발명품이다. 이들의 꿈은 자동차나

---

60 미국에서 주도하고 있는 지적 소유권의 확대와 강화가 얼마나 어이없는 결과를 낳고 있는지에 대해서는 도로시 넬킨·로리 앤드루스, 김명진 역, 『인체시장』, 궁리, 2006 참조.

트랙터, 포크레인 같은 기계조차 그 부품들의 설계도를 공유하게
하여 3D 프린터로 '출력'함으로써 각자가 — 이들은 새로운 공동체가
이런 새로운 양상의 생산과 소유의 주체라고 생각하는 공동체주의자들이다
— 만들어 보유하고 사용할 수 있게 하려는 것이다.[61] 빠른 속도로
성장하는 태양력발전의 기술은 여기에 훌륭한 에너지공급원이 되어
주리라고 믿고 있다.[62] 이들은 지식이란 모두 이전에 존재하는 지식
위에서 구축된 것이며, 특정인의 사유물이 될 수 없다는 신념을 갖고
있다. 이들에 따르면 지식 이상으로 언어 또한 특정 개인이 소유할
수 없는 공유재(the commons)인데, 컴퓨터 프로그램이나 소프트웨어
또한 인간과 기계가 소통하기 위한 언어라는 점에서 그렇다.[63]

생산의 탈물질화와 인지화로 추동되는 인류의 미래는 자본주의가
붕괴하든 존속하든 상관없이 지식이나 소프트웨어 같은 공유재가
생산이나 생활의 일상적 지반이 되어주는 사회가 되리라는 것이 미래
학자들의 예측이다. 다만 그것이 실질적인 공유사회로 되어 애써
돈을 벌지 않고 애써 소유하려 하지 않아도 대부분 살아갈 수 있는
사회가 될 것인지, 아니면 지적 소유권이란 이름으로 그 공유재에
울타리치기를 하여 사적으로 독점한 소수의 소유자들에게 부가 집중되
고 대중들은 기계에게 일자리마저 빼앗겨 최소생존마저 불확실하게

---

61 리프킨, 『한계비용제로사회』, p.145 이하 참조.

62 같은 책, p.132 이하 참조.

63 이런 공유재와 공동체, 공유사회론에 대해서는 엘리너 오스트롬, 윤홍근 역,
   『공유의 비극을 넘어』, 랜덤하우스코리아, 2010; 그리고 안토니오 네그리·마이
   클 하트, 정남영 외 역, 『공통체』, 4월의책, 2014 등 참조.

되는 극단적 대립사회가 될 것인지는 누구도 확언할 수 없을 것이다. 인공지능이나 4차 산업혁명을 추동하는 기술들은 인간이 일하지 않아도 먹고 살 수 있는 사회가 적어도 기술적으로는 도래했음을 의미한다. 그러나 사적 소유와 자본주의적 고용제도 안에서, 그러한 '복음'은 일자리를 잃고 먹을 것을 얻고자 다시 부랑하듯 떠돌며 생존의 경계에서 사는 비참한 상태로 반전되고 말기 때문이다. 그런 조건에서는 공유재가 확대되고 인지능력이 노동이나 물질성을 대체하는 만큼, 그것을 사적인 것으로 울타리쳐서 독점하는 이들의 부는 빠르게 늘어날 것이고, 그것이 대체되는 만큼 일자리를 잃은 대중들은 사실상 공짜로 생산되는 상품들을 구매하지 않고선 살 수 없는 사회가 될 것이다.

그러나 그것은 사실 소유자들로서도 난감한 사회일 것이다. 왜냐하면 그들이 그렇게 독점하여 생산하는 상품을 살 수 있는 대중적 구매력이 없다면 그것을 대체 누구에게 팔아 돈을 벌 것인지가 결코 쉽지 않은 문제이고, 그렇게 최소생존의 기회마저 박탈당한 대중들이 아무 저항 없이 비참한 생존과 시시각각 눈앞에 닥쳐오는 죽음을 그대로 용인할 가능성은 크지 않을 터이기 때문이다.[64] 인공지능의 미래를 연구하는 대부분의 학자들이, 정치적 입장과 무관하게 '기본소득'을, 즉 노동 여부와 무관하게 모든 이들에게 최소한의 생존비용을 국가적으로 지불하는 소득체계를 제안하고 권유하는 것은 양극화되어 극단적인 대립과 투쟁의 긴상이 지배하게 될 미래에 대한 우리의 산물일

---

64 이에 대해서는 이진경, 「인공지능 이후의 자본축적체제」, 『사회경제평론』 53호, 2017. 6. 참조.

것이다.

생산의 탈물질화 및 생산의 인지화를 축으로 하는 기술의 발전에 의해 우리는 아주 빠른 속도로 소유권이 점차 무의미해지고 공유재가 새로운 생산 및 생활의 조건이 되는 세계로 옮겨가고 있다. 그것은 공유재를 기반으로 최소한의 노동이면 먹고 살 수 있는 세계, 그렇기에 나머지 시간은 자신이 하고 싶은 것을 하고 살 수 있는 세계로 접근해 가고 있음을 뜻한다. 사적 소유, 그리고 그것의 확장된 판본인 지적 소유권은 이런 조건을 정반대의 참혹한 세계로 반전시켜버린다. 그런 세계는 일자리를 잃고 실업자나 비정규직이 된 대중들이 생존을 위해, 부를 독점한 극소수의 자본가들과 목숨을 건 투쟁을 하는 적대적 세계가 되기 십상이다. 그런 세계가 자본가나 부자라고 살기 좋을까? 단순하게 대비하면 우리는 두 개의 길 앞에 있는 셈이다. 사적 소유에 대한 관념을 강하게 고집하며 나만의 부를 추구하는 길, 아니면 기술발전에 따라 그것이 약화되는 것을 받아들이며 공생의 삶을 사는 길. 전자라고 지옥만 있다고는 할 수 없을 것이다. 아마도 세계의 표면을 뒤덮은 생존의 지옥과 그 지옥에 둘러싸인 고립된 천국이 있는 세계가 펼쳐질 것이다. 그러나 그런 천국이 과연 천국일 수 있을까?

참고문헌

김남두 편, 『재산권 사상의 흐름』, 천지, 1993.

장 보댕, 나정원 역, 『국가에 관한 6권의 책』, 아카넷, 2013.

칼 맑스, 김호균 역, 『정치경제학 비판 요강 II』, 백의, 2000.

비릴리오, 이재원 역, 『속도와 정치』, 그린비, 2004.

山岡亮一 編譯, 『封建社會の基本法則』, 有斐閣, 1956.

칼 폴라니, 홍기빈 역, 『거대한 전환』, 길, 2009.

아리스토텔레스, 천병희 역, 『정치학』, 숲, 2009.

한나 아렌트, 이진우 역, 『인간의 조건』, 한길사, 1996.

신용하 편, 『아시아적 생산양식론』, 까치, 1986.

노자, 오강남 역, 『도덕경』, 현암사, 1995.

안병주·전호근 역, 『장자 2』, 전통문화연구회, 2004.

『마르크스 엥겔스 저작 선집』, 제6권, 박종철출판사, 1997.

스크립차크, 이상율 외 역, 『오늘을 위한 프랑스 사상가들』, 청아출판사, 1994.

클라스트르, 변지현·이종영 역, 『폭력의 고고학』, 울력, 2002.

마르셀 모스, 이상률 역, 『증여론』, 한길사, 2002.

바타이유, 조한경 역, 『저주의 몫』, 문학동네, 2000.

K. Polanyi, 박현수 옮김, 『인간의 경제 I』, 풀빛, 1983.

표트르 크로포트킨, 김훈 역, 『만물은 서로 돕는다』, 여름언덕, 2015.

K. Polanyi, 박현수 역, 『거대한 변환』, 민음사, 1991.

맑스, 김수행 역, 『자본론』 1권(하), 비봉출판사, 1989.

미셸 푸코, 이규현 역, 『광기의 역사』, 나남출판, 2003.

P. Mantoux, 김종철 외 역, 『산업혁명사』(상), 창작과비평사, 1987.

칼 맑스, 『1844년의 경제학 철학 수고』, 박종철출판사, 1991.

니체, 김정현 역, 『선악의 저편/도덕의 계보』, 책세상, 2002.

들뢰즈, 이경신 역, 『니체와 철학』, 민음사, 2001.

高橋幸八朗 編, 김대환 역, 『자본주의 이행논쟁』, 동녘, 1997.

Maurice Dobb, 이선근 역, 『자본주의 발전연구』, 동녘, 1995.

레이 커즈와일, 장시형 외 역, 『특이점이 온다』, 김영사, 2007.

롤랜드 버거, 김정희·조원영 역, 『4차 산업혁명, 이미 와 있는 미래』, 다산 3.0, 2017.

칼라우스 슈밥 편, 김진희 외 역, 『4차 산업혁명의 충격』, 흐름출판, 2016.

마틴 포드, 이창희 역, 『로봇의 부상』, 세종서적, 2016.

제리 카플란, 신동숙 역, 『인간은 필요없다』, 한즈미디어, 2016.

구본권, 『로봇 시대, 인간의 일』, 어크로스, 2015.

제레미 리프킨, 이희재 역, 『소유의 종말』, 민음사, 2001.

케빈 켈리, 이한음 역, 『이네비터블, 미래의 정체』, 청림출판, 2017.

조정환, 『인지자본주의』, 갈무리, 2011.

리프킨, 안진환 역, 『한계비용제로사회』, 민음사, 2014.

도로시 넬킨·로리 앤드루스, 김명진 역, 『인체시장』, 궁리, 2006.

엘리너 오스트롬, 윤홍근 역, 『공유의 비극을 넘어』, 랜덤하우스코리아, 2010.

안토니오 네그리·마이클 하트, 정남영 외 역, 『공통체』, 4월의책, 2014.

이진경, 「인공지능 이후의 자본축적체제」 『사회경제평론』 53호, 2017.6.

Deleuze/Guattari, *Mille Plateaux*, Minuit, 1980(이진경 외 역, 『천의 고원 II』, 연구공간 너머 자료실, 2000).

부富와 동반성장

김영식(서울대학교 경제학부)

1. 애덤 스미스가 말하는 인간 본성과 부富

애덤 스미스(Adam Smith, 1723~1790)는 옥스퍼드 대학교에서 수학하고 스코틀랜드 글래스고 대학교의 도덕철학 교수가 된 이후, 사회를 질서 속에서 번영시키는 인간의 본성은 무엇인가, 또한 사회는 문명의 발전과 함께 어떻게 변화되어가는 것인가라는, 인간과 사회에 관한 근본적인 도덕철학의 문제에 관심을 가졌다. 당시 스코틀랜드 계몽의 중심인물이었던 프랜시스 허치슨(Francis Hutcheson)에게 도덕철학을 배웠고, 경험론 철학자이자 경제학자이고 『인간본성론(A Treatise of Human Nature)』을 저술한 데이비드 흄(David Hume), 그리고 볼테르, 달랑베르, 케네, 튀르고 등 프랑스 계몽사상의 중진들과 교류하면서 방대한 지식을 흡수하였다. 그러고 나서 집필활동에 전념하여 인간의 본성에 대한 깊은 고찰을 바탕으로 사회의 질서와 번영에 관한 자신의 사상체계를 나타내는 두 편의 저작 『도덕감정론』(1759)과 『국부론』(1776)을 세상에 내놓았다.

1) 동감과 공정한 관찰자

애덤 스미스의 『도덕감정론(The Theory of Moral Sentiments)』은 다음과 같이 시작된다.

사람의 이기심이 아무리 특징적인 것으로 상정된다고 해도, 인간의 본성 가운데는 타인의 운명에 관심을 가지며, 설령 타인들의 행복을 지켜보는 즐거움을 제외하고는 아무것도 얻지 못할지라도 그들의 행복을 자신에게 필요불가결한 것으로 만드는 일부 원리들이 분명히 존재한다. 연민이나 동정심이 바로 이러한 유형의 원리에 속하는데, 다른 사람의 불행을 직접 목격하거나 아주 생생한 방식으로 상상할 때 우리는 이러한 정서를 느끼게 된다.

우리가 타인의 슬픔에 근거하여 번번이 슬픔을 느낀다는 것은 입증할 필요가 없는 매우 자명한 사실이다. 왜냐하면 이러한 감정은 아마 덕망이 높은 사람과 인간애가 풍부한 사람이 가장 민감하게 느낀다고는 해도 인간 본성을 구성하는 다른 모든 본원적 열정과 마찬가지로 결코 이들에게만 국한되지 않기 때문이다. 사회의 법률을 가장 심각하게 위반하는 가장 극악무도한 악한조차도 이런 감정이 전혀 없지는 않다.[1]

애덤 스미스에 따르면 인간 본성에는 자신의 이익뿐만 아니라 이해관계와 관계없이 타인에 대해 관심을 가지고 타인의 감정과 행위에 동감(sympathy)하려는 천성도 있다. 또한 인간은 타인도 자신에게 관심을 가지는 것을 알고, 자신의 감정과 행위에 대해 타인이 동감해줄 것을 기대한다.

그러나 인간은 경험에 의해 모든 사람들에게 동감을 얻는 것이 불가능하다는 것을 알고 있다. 그래서 이해관계에 얽매이지 않은 마음속의 공정한 관찰자(impartial spectator)를 형성하고 자신의 감정과 행위를 객관적으로 평가하려 한다.

우리는 세상에 태어나면서부터 누군가를 기쁘게 하고 싶다는 자연적 욕구에 의해, 어떤 식의 행동을 해야 친분이 있는 모든 사람, 즉 부모나 스승이나 동료가 기뻐할지 고려하게끔 스스로 습관을 만들어 나간다. 우리는 모든 사람에게 친절하게 대함으로써 그들에게 호의와 명확한 인정을 얻으려는, 불가능하고 이치에 맞지 않는 길을 추구한다. 하지만 곧 경험에 의해 이러한 명확한 인정이 보편적으로는 전혀 획득할 수 없다는 것을 배운다. 우리가 대처해야 할 더욱 중요한 이해관계가 생기자마자, 우리는 어느 한 사람을 기쁘게 하는 것은 거의 틀림없이 다른 이들의 뜻에 반한다는 것, 그리고 어떤 사람의 비위를 맞추는 것은 종종 다른 사람들 모두를 짜증스럽게 할지도 모른다는 것을 알게 된다.

---

1 애덤 스미스, 『도덕감정론』 제6판(1790), 제1부 제1편 제1장(동감), 김광수 역, 2016, 한길사.

이러한 일방적 판단으로부터 스스로를 지키기 위해, 우리는 이내 자신과 자신이 함께 생활하는 사람들 사이의 재판관을 마음속에 두는 법을 배운다. 우리는 자신이 매우 공평하고 공정한 인물이라고 생각한다. 즉 스스로에 대해서도, 자신의 행동에 의해 이해관계가 발생하는 사람들에 대해서도 특별한 관계를 전혀 갖지 않은 사람들 앞에서처럼 처신한다고 생각한다. 그는 그들에게도, 자신에게도 아버지도 형제도 친구도 아니며, 그저 인간 일반, 중립적 관찰자이며, 다른 사람들의 행동을 볼 때처럼 자신의 행동을 이해관계에 얽매이지 않은 채 고찰하는 존재다. (『도덕감정론』 제3부 제2장)[2]

인간은 감정과 행위의 당사자 및 관찰자로서의 경험을 통해 자신이 속한 사회에서 공정한 관찰자들이 실제로 타인의 감정과 행위를 어떻게 판단하는지 배운다. 그리고 경험에 의해 얻어진 지식에 근거하여 자신의 감정과 행위에 대해 공정한 관찰자라면 어떤 판단을 내릴지를 상상한다. 그리고 이러한 공정한 관찰자의 기준에 따라 자신의 감정과 행위의 타당성을 판단한다.

인간은 또한 자신의 마음속에 공정한 관찰자를 형성한 뒤 타인의 감정과 행위를 평가한다. 즉 인간은 자신을 직접 타인의 처지에 두는 대신에 마음속 공정한 관찰자가 타인과 같은 상황에 있다면 어떻게 느끼고 행동할 것인가를 판단한 뒤, 이러한 공정한 관찰자의 감정과 행위가 실제 타인의 감정 및 행위와 일치하는지 여부에 따라 그것을

---

2 도메 다쿠오, 『지금 애덤 스미스를 다시 읽는다』, 우경봉 역, p.44, 동아시아, 2010.

인정 또는 부정한다.

2) 이기심

애덤 스미스는 인간의 행복이 평정심 또는 마음의 평온함(tranquility)
에 있다고 보았다.

> 행복은 평정심과 인생을 즐기는 것에 있다. 평정심 없이는 즐김이
> 있을 수 없으며, 완전한 평정이 있는 곳에 흥겹지 않은 일이 거의
> 없다. 그러나 어떤 변화도 기대할 수 없는 모든 영구적 상황에서
> 시간이 오래 걸리든 짧게 걸리든 모든 사람의 마음은 자연스럽고
> 일상적인 평정심의 상태로 돌아온다. 번영 속에서 일정한 시간이
> 지나면 마음은 그 일상적인 상태로 뒷걸음질 치며, 역경의 가운데서
> 도 일정 시간이 지나면 마음은 활기를 띠고 그 일상적인 상태로
> 고양된다.
> 유행을 좇아 경망스럽게 행동한 로쟁 백작은 바스티유 감옥에
> 구금되어 고독한 생활을 하면서도 일정 시간이 지난 후에는 거미의
> 사육을 즐길 정도로 충분히 평정심을 회복했다. 인성이 훌륭한
> 사람은 아마 일찌감치 평정심을 회복할 뿐만 아니라 사색의 소산으
> 로 일찌감치 빼어난 즐거움을 느끼게 될 것이다.[3]

애덤 스미스에 따르면 행복, 즉 마음의 평온을 얻기 위해서는 최저

---

3 애덤 스미스, 『도덕감정론』 제6판(1790), 제3부 제3장(양심의 영향과 권위), 김광수
  역, 2016, 한길사.

수준 이상의 부를 가지고, 건강하고, 빚이 없고, 양심에 부끄러움이 없는 생활을 해야 한다. 그러나 최저 수준 이상의 재산을 추가하는 것은 행복을 크게 증진시키지 못한다고 보았다. 그리고 최저 수준의 부가 갖추어지지 않은 빈곤의 비참함은 마음의 평온을 어지럽힌다고 보았다.

반대로 가난한 사람은 자신의 빈곤을 부끄러워한다. 그는 빈곤 때문에 세상 사람들의 시야 밖으로 밀려나 있거나, 설령 주목받는다고 해도 아마 그들은 자신이 겪고 있는 비참함과 불행에 대해서는 동료감정을 거의 갖지 않는다고 느끼고 있다. 이러한 두 가지 이유 때문에 그는 기분이 언짢음을 느낀다. 비록 무시되는 것과 승인받지 못하는 것은 별개의 문제라고 해도, 우리가 무명의 암흑에 싸여 명예와 승인이 주는 환한 빛에서 벗어나 있는 이상, 어느 누구에게서도 주목받지 못한다고 느끼는 것은 필연적으로 인간 본성에서 가장 유쾌한 희망에 찬물을 끼얹고 가장 열렬한 욕구를 좌절시키는 것이다.[4]

애덤 스미스는 기본적으로 마음속 공정한 관찰자의 판단에 따르는 사람을 '지혜로운' 또는 '현명한 사람(wise man)' — 현자賢者 — 이라 부르고, 언제나 세간의 평가를 걱정하는 사람을 '연약한 사람(weak man)'이라고 불렀다. 실제로 보통 사람은 지혜로운 사람의 측면과

---

4 애덤 스미스, 『도덕감정론』 제6판(1790), 제1부 제3편 제2장(야심의 기원 및 신분의 구분), 김광수 역, 2016, 한길사.

연약한 사람의 측면을 모두 가지고 있다.

인간 속의 현명함은 최저 수준을 넘는 부의 증가가 행복에 영향을 주지 않는다고 생각하고, 자기규제(self-command)에 의해 마음속 공정한 관찰자의 판단에 따라 느끼고 행동하려 한다. 반면에 연약함은 공정한 관찰자의 판단을 무시하고 세간의 평가를 걱정할 뿐만 아니라, 최저 수준의 부보다 더욱 많은 부를 획득하여 보다 행복한 삶을 보낼 수 있다는 환상으로 자신을 속이는 자기기만(self-deceit)에 빠지게 된다.[5]

우리가 막 행동하려고 할 때, 열정이 몹시 열렬하면 우리는 우리가 하는 일에 편견을 갖지 않은 사람의 공평무사함을 가지고 거의 고찰하지 못할 것이다. …… 실제로 행동이 마무리되고 이를 자극시킨 열정이 진정되었을 때, 우리는 공정한 관찰자의 감정에 더욱 냉정하게 공감할 수 있다. …… 그러나 이 경우에조차 우리의 판단이 매우 공평무사한 일은 드물다. …… 우리 스스로를 나쁘게 생각하는 것은 매우 불쾌한 일이기 때문에 우리는 비우호적인 판단이 내려질 그러한 사정들로부터 의식적으로 우리의 시각을 전환하여 벗어나는 경우가 종종 있다. …… 세상 사람들의 치명적 약점인 이러한 자기기만은 인간생활에서 일어나는 무질서 가운데 그 절반의 원천이 되고 있다.[6]

---

5 도메 다쿠오, 『지금 애덤 스미스를 다시 읽는다』, 우경봉 역, pp.63~64, 동아시아, 2010.

6 애덤 스미스, 『도덕감정론』 제6판(1790), 제3부 제4장(자기기만의 본질 및 도덕의

인간은 연약함에서 오는 격렬한 열정 때문에 마음속 공정한 관찰자의 판단을 무시하고, 자기기만에 의해 자신의 욕망과 이익을 추구하는 이기심(self-interest)과 자애심(self-love)을 정당화하려 할 때가 있다는 것이다.

3) 정의와 자혜

애덤 스미스에 따르면 자기기만이라는 치명적 약점에 맞서기 위해 인간 속의 '현명함'이 공정한 관찰자의 기준에 따라 행동하는 것을 일반적 규칙들(general rules)로 설정한다.

그러나 자연은 이처럼 매우 중요한 약점을 아무런 구제책 없이 그대로 방치하지도 않았고, 우리를 자기애의 망상에 빠지도록 완전히 내버려두지도 않았다. 다른 사람들의 행동에 대한 우리의 지속적인 관찰은 부지불식간에 무엇은 하고 무엇은 회피해야 타당하고 적절한가에 대한 어떤 일반원칙을 우리가 형성하도록 인도한다.[7]

인간은 마음속 공정한 관찰자에게 비난받는 것을 두려워하고 칭찬받기를 바라는 마음에서 일반적 규칙들을 형성한다. 그리고 어떤 행위의 동기가 적절한지를 판단하고 그 행위를 받는 사람이 느끼는 감정이 어떠한지를 상상하기 전에, 그것이 먼저 일반적 규칙들에 맞는지를

일반원칙의 기원과 활용), 김광수 역, 2016, 한길사.

7 애덤 스미스, 『도덕감정론』 제6판(1790), 제3부 제4장(자기기만의 본질 및 도덕의 일반원칙의 기원과 활용), 김광수 역, 2016, 한길사.

판단한다. 사후적으로 앞선 행위와 감정에 대한 상황을 잘 알고 난 후에 판단을 바꿀지도 모르지만, 처음 직관적 판단은 일반적인 규칙들에 따라 이루어진다는 것이다.

일반적 규칙들은 관찰자로서 타인의 행위를 판단할 때뿐만 아니라 자신의 행위가 적절한지를 판단하는 데에도 적용된다. 애덤 스미스는 자신의 행위를 판단하는 기준으로서 일반적 규칙들을 고려해야 한다는 감각을 '의무감(sense of duty)'이라 정의하고 그 역할에 대해 다음과 같이 논한다.

이러한 행위의 일반원칙에 대한 고려는 의무감이라고 적절히 불릴 수 있는 것으로서 인간 생활에서 가장 중요한 하나의 원리이며, 대다수 세상 사람들이 이것을 기준으로 자신들의 행동을 관리할 수 있는 유일한 원리다. …… 지금 우리가 고려하는 도덕적 능력의 독특한 임무는 우리 본성 속에 있는 모든 다른 원리에 관해 판단하고 비난이나 갈채를 보내는 것이다. 도덕적 능력은 그런 원리를 대상으로 하는 일종의 감각으로 간주될 수 있다. …… 언제 귀가 편안해져야 하고, 언제 눈이 충족되어야 하며, 언제 미각이 만족되어야 하는지, 언제 그리고 어느 정도 우리 본성의 모든 다른 원리가 만족되거나 절제되어야 하는가를 결정하는 것은 바로 우리의 도덕적 능력에 속한다.[8]

---

8 애덤 스미스, 『도덕감정론』 제6판(1790), 제3부 제5장(도덕의 일반원칙의 영향과 권위, 또한 이것은 당연히 신법(신법)으로 간주된다), 김광수 역, 2016, 한길사.

여기서 의무감(도덕적 능력)에 의해 절제되는 '본성 속에 있는 모든 다른 원리'에는 자신의 이익을 우선시하려는 이기심과 자애심 등이 포함된다. 일반적 규칙들의 형성과 관련된 애덤 스미스의 "자연은 …… 우리를 자기애의 망상에 빠지도록 완전히 내버려두지도 않았다." 는 주장에서도 알 수 있듯이, 애덤 스미스는 이기심과 자애심은 의무감에 의해 제어된다고 생각했다. 그리고 이렇게 함으로써 사람들은 행복, 즉 마음의 평온을 얻게 된다고 보았다.

> 신이 우리의 내면에 설정해 놓은 대리인들은 내적 수치심의 고통과 자기비난에 의해 도덕적 원칙의 위반을 처벌하고, 반대로 도덕적 원칙의 준수에 대해서는 언제나 마음의 평정, 흡족함, 자기만족을 가지고 보상한다.[9]

그렇다면 이러한 일반적 규칙들의 구체적 내용은 무엇인가? 애덤 스미스에 따르면 일반적 규칙들은 '정의(justice)'와 '선행 또는 자혜(beneficence)'라는 두 종류의 규칙으로 이루어진다. 정의는 마음속 공정한 관찰자가 비난하고 부정하는 행위, 즉 타인의 생명·신체·재산·명예에 상처를 입히는 행위를 하지 않는 것을 의미하는 반면, 자혜는 마음속 공정한 관찰자가 칭찬하고 인정하는 행위, 즉 타인의

---

9 애덤 스미스, 『도덕감정론』 제6판(1790), 제3부 제5장(도덕의 일반원칙의 영향과 권위, 또한 이것은 당연히 신법(신법)으로 간주된다), 김광수 역, 2016, 한길사. 여기서 "신이 우리의 내면에 설정해 놓은 대리인"은 마음속 공정한 관찰자를 의미한다.

이익을 증진시키는 행위를 하는 것을 의미한다.

사람들로 하여금 자혜로운 행위를 이끌어내는 친절, 우정, 사랑 등 기분 좋은 감정들은 의무감에 의해서가 아니라 자발적으로 발휘되기를 바란다. 따라서 자혜에 관해서는 정확한 일반적 규칙들을 정하지 않는다. 반면에 정의로운 행위를 불러오는 분노와 같은 불쾌한 감정은 자신뿐만 아니라 타인도 느끼는 것을 보고 싶어 하지 않는다. 따라서 생명·신체·재산·명예 등을 침해하는 행위에 대한 처벌이 분노에 의해서가 아니라 냉철하고 공정한 판단에 의해 이루어지기를 바란다. 이를 위해 자혜와 달리 정의에 관해서는 엄밀하고 보편적인 사회적 규칙, 즉 '법'을 정해놓고 있다는 것이다.

자연은 비록 응분의 보상에 관한 즐거운 의식을 통해 세상 사람들에게 자혜의 행동을 권고할지라도, 자연은 자혜 행위가 방치되었을 때 응분의 처벌이라는 공포심에 의해 그 실행을 보호하고 강제할 필요는 없다고 생각했다. 자혜는 건물을 지탱하는 기초가 아니라 아름답게 꾸미는 장식이므로 그 실행을 권고하는 것으로 충분하며 결코 강제할 필요가 없다.

반면에 정의는 건물 전체를 지탱하는 주요 기둥이다. 만일 그것이 제거되면 위대하고 거대한 인간 사회라는 구조물, 말하자면 자연의 진기하고 참신한 배려로 건축되고 유지되는 것처럼 보이는 이 현세에서의 구조물은 틀림없이 한순간에 산산이 분해되고 말 것이다. 그러므로 정의의 준수를 강제하기 위해서 자연은 인간의 마음 안에 과오에 대한 의식, 즉 정의를 위반하는 경우에 뒤따르는 응분의 처벌이라는 공포심을 세상 사람들의 결사를 위한 위대한 보호장치로 심어주었으며, 이를 통해 약자를 보호하고 폭력 행위자를 억제하며 범죄자를 응징하게 하고 있다.[10]

이처럼 애덤 스미스는 사회를 유지하고 존속시키기 위해 꼭 필요한 것은 자혜가 아니고 정의라고 생각했다. 그러나 애덤 스미스는 인간 마음속 공정한 관찰자의 판단을 따르려는 '현명함'과 함께 그것을 무시하려는 '연약함'이 있기 때문에 인간이 일반적 규칙들로부터 벗어나 법을 어길 수 있다고 보았다. 또한 현실에서는 권력을 잡은 사람이 공정한 관찰자가 인정하지 않을 법을 만들 수도 있다고 생각했다. 인간이 완전할 수 없기 때문에 사회도 완전한 질서를 이룰 수 없다는 것이다.

2. 질서와 번영의 보이지 않는 손

애덤 스미스는 공정한 관찰자의 판단을 따르는 '현명함'이 사회의 질서를 유지하는 역할을 하는 반면, 세간의 평가를 걱정하고 자기기만에 의해 공정한 관찰자의 판단을 무시하려는 '연약함'은 '보이지 않는 손'에 이끌려 사회를 번영으로 이끄는 역할을 한다고 보았다. 그러나 그는 '보이지 않는 손'이 제대로 기능하기 위해서는 '연약함'에서 오는 이기심이 방임되어서는 안 되고 '현명함'에 의해 제어되어야 한다고

10 애덤 스미스, 『도덕감정론』 제6판(1790), 제2부 제2편 제3장(이러한 자연의 구조가 수반하는 효용), 김광수 역, 2016, 한길사.

강조했다.

1) 이기심의 '보이지 않는 손'

애덤 스미스에 따르면 인간 마음속의 '연약함'에서 오는 자기기만에 의해 더욱 많은 부를 얻으려는 이기심이 토지 경작을 늘리고 문명사회를 이루는 원동력이 된다.

> 그리고 자연이 이런 식으로 우리에게 작용하는 것은 좋은 일이다. 세상 사람들의 근면을 일으키고 계속해서 움직이게 하는 것은 바로 이러한 기만이다. 바로 이것이 처음에 세상 사람들을 자극하여 토지를 경작하게 하고, 집을 짓게 하고, 도시와 국가를 만들게 하고, 모든 과학과 기예를 발명하고 개량하게 만들었다. 이것들은 인간생활을 고귀하게 하고 아름답게 장식했으며, 지구의 표면 전체를 완전히 변화시켰고, 자연의 거친 삼림을 쾌적하고 비옥한 평원으로 전환시켰으며, 발자취가 닿지 않아 쓸모없는 대양을 생계수단의 새로운 원천으로 만들고, 지상의 서로 다른 국가들 사이의 교류를 위한 큰 주요 도로를 만들었다. 대지는 이러한 인류의 노동을 통해 그 자연적 비옥도를 다시 늘리고 훨씬 더 많은 주민을 부양해야만 하게 되었다.[11]

---

11 애덤 스미스, 『도덕감정론』 제6판(1790), 제4부 제1장(효용이 기예 작품에 부여하는 아름다움 및 이러한 유형의 아름다움이 갖는 광범위한 영향), 김광수 역, 2016, 한길사.

나아가 애덤 스미스는 이렇게 문명사회에서 큰 부를 획득한 지주로부터 다른 주민들이 자기 몫을 이끌어내는 '보이지 않는 손'에 대해 다음과 같이 말한다.

거만하고 몰인정한 지주가 자신의 광대한 들판을 바라보면서, 그의 이웃 형제들의 궁핍에 대해서 생각하지 않고 거기서 자라고 있는 수확물 전부를 자기 혼자 소비하겠다고 상상하는 것은 전혀 부질없는 일이다. 눈은 배보다 크다는 통속적이고 서민적인 속담이 이 지주에 대해서보다 한층 더 충분히 입증되는 경우는 없다. 그의 위胃의 용량은 그의 욕망의 무한성에 전혀 비례하지 않으며, 단지 가장 비천한 농부의 위의 용량 정도만을 수용할 것이다. 그 나머지를 그는 가장 고상한 방법으로 자신들이 소비할 약간의 식량을 마련하는 사람들에게, 이 약간의 식량이 소비되는 장소인 대저택을 갖추어 주는 사람들에게, 권세가의 경제활동에 사용되는 모든 다양한 자질구레한 물품들을 공급하고 정리하는 사람들에게 분배하지 않을 수 없다.

이런 식으로 이들 모두는 생활필수품의 자신의 몫을 지주의 사치와 변덕에서 얻어내며, 그것을 지주의 인간애나 정의감에서 기대하는 것은 헛된 일이다. 토지의 생산물은 어느 시대나 그것이 부양할 수 있는 정도의 주민들을 유지할 뿐이다. 부자들은 단지 그 더미로부터 가장 귀중하고 쾌적한 것을 선택한다. 그들은 가난한 사람이 소비하는 정도만을 소비한다. 그리고 그들의 자연적인 이기심과 탐욕에도 불구하고, 비록 그들이 자신의 편의만을 의도하더라도,

비록 그들이 고용하고 있는 수천 명의 노동에서 도모하는 유일한 목적이 그들 자신의 공허하고 만족시킬 수 없는 욕망의 충족이더라도 그들은 모든 개량의 생산물을 가난한 사람들과 나누게 된다. 그들은 보이지 않는 손에 인도되어 대지가 모든 주민에게 똑같은 몫으로 분할되었을 경우에 이루어졌을 것과 거의 동일한 정도의 생활필수품의 분배를 하게 된다. 그리하여 이를 의도하거나 인식하는 일 없이 사회의 이익을 촉진시키고 종족 번식의 수단을 제공한다.[12]

타인들이 부러워하는 생활을 하고 싶은 허영심 때문에 지주는 자신과 가족이 소비하고 남은 생활필수품을 하인 고용과 사치품 구입에 사용한다. 이렇게 여러 사람들에게 지불된 생활필수품이 주민들이 살아가는 데 충분하다면 토지가 없는 사람들도 최저 수준의 생활필수품을 소비할 수 있게 된다. 그 결과 지주와 그 밖의 사람들에게 분배되는 생활필수품은 차이가 없게 된다.

최저 수준의 부만 있으면 행복하게 살 수 있다는 애덤 스미스의 행복론에 따르면 이는 곧 행복이 평등하게 분배된다는 것을 의미한다. 애덤 스미스는 지주가 의도한 것은 아니었지만 지주의 이기심과 탐욕에 의해 생활필수품과 행복이 사람들 사이에 평등하게 분배되는 메커니즘을 '보이지 않는 손'이라고 불렀다.

---

12 애덤 스미스, 『도덕감정론』 제6판(1790), 제4부 제1장(효용이 기예 작품에 부여하는 아름다움 및 이러한 유형의 아름다움이 갖는 광범위한 영향), 김광수 역, 2016, 한길사.

애덤 스미스가 1759년 『도덕감정론』 초판을 출간한 지 17년 후에 저술한 『국부론(An Inquiry into the Nature and Causes of the Wealth of Nations)』에서도 그는 개인의 이기심에 따른 교환이 시장의 가격조정 메커니즘이라는 '보이지 않는 손'을 통해 공공의 이익을 촉진한다고 주장했다. 그는 먼저 호혜적 교환은 다른 사람에 대한 애정 때문이 아니라 자기 자신에 대한 사랑, 즉 자애에서 온다고 보았다.

우리가 매일 식사를 마련할 수 있는 것은 정육점 주인과 양조장 주인, 그리고 빵집 주인의 자비심 때문이 아니라, 그들 자신의 이익을 위한 그들의 계산 때문이다. 우리는 그들의 자비심에 호소하지 않고 그들의 이기심에 호소하며, 그들에게 우리 자신의 필요를 말하지 않고 그들에게 유리함을 말한다.[13]

나아가 애덤 스미스는 자본가의 투자와 관련해서 '보이지 않는 손'의 역할을 다음과 같이 설명한다.

각 개인이 최선을 다해 자기 자본을 본국 노동의 유지에 사용하고, 노동생산물이 최대의 가치를 갖도록 노동을 이끈다면, 각 개인은 필연적으로 사회의 연간수입이 가능한 한 최대의 가치를 갖도록 노력하는 것이 된다. 사실 그는, 일반적으로 말해서, 공공의 이익(public interest)을 증진시키려고 의도하지도 않고, 공공의 이익을

---

13 애덤 스미스, 『국부론』 제1편 제2장(분업을 야기하는 원리), 김수행 역, 2003, 비봉출판사.

그가 얼마나 촉진하는지도 모른다. 외국 노동보다 본국 노동의 유지를 선호하는 것은 오로지 자기 자신의 안전(security)을 위해서였고, 노동생산물이 최대의 가치를 갖도록 그 노동을 이끈 것은 오로지 자기 자신의 이익(gain)을 위해서였다. 이 경우 그는, 다른 많은 경우에서처럼, 보이지 않는 손(an invisible hand)에 이끌려서 그가 전혀 의도하지 않았던 목적을 달성하게 된다. 그가 의도하지 않았던 것이라고 해서 반드시 사회에 좋지 않은 것은 아니다. 그가 자기 자신의 이익을 추구함으로써 흔히, 그 자신이 진실로 사회의 이익을 증진시키려고 의도하는 경우보다, 더욱 효과적으로 그것을 증진시킨다. 나는 공공이익을 위해 사업한다고 떠드는 사람들이 좋은 일을 많이 하는 것을 본 적이 없다. 사실 상인들 사이에 이러한 허풍은 일반적인 것도 아니며, 말 몇 마디만 해도 그런 허풍을 떨지 않는다.[14]

2) 공정한 관찰자의 '보이지 않는 손'

앞서 논의했듯이, 애덤 스미스에 의하면 인간 마음속의 '연약함'을 따라 세상의 평가를 중시하여 부와 지위를 좇는 이기심 또는 자애심은 '보이지 않는 손'에 의해 사회 전체의 부를 증가시키고 많은 사람들 사이에 생활필수품의 분배를 가져온다. 한편 인간 마음속의 '현명함'은 공정한 관찰자의 판단에 따라 최저 수준 이상의 부를 갖는 것은 행복, 즉 마음의 평온에 큰 차이를 가져오지 않는다는 것을 알고 정의를

---

14 애덤 스미스, 『국부론』 제4편 제2장(국내에서 생산될 수 있는 재화를 외국에서 수입하는 것에 대한 제한), 김수행 역, 2003, 비봉출판사.

추구한다. 그리고 생명·신체·재산·명예 등을 침해하는 행위에 대한 처벌이 공정한 판단에 의해 이루어지게 하기 위해 정의에 관한 엄밀하고 보편적인 사회적 규칙, 즉 법을 정해 놓는다.

그런데 애덤 스미스는 사람들이 처음부터 사회질서 유지에 정의가 필수불가결하다고 생각해서 법을 정하는 것은 아니라고 했다. 정의를 불러일으키는 분노를 본성적으로 싫어하기 때문에 법에 의해 분노를 제어하려는 것에 불과하다는 것이다. 사람들이 법을 지키는 것도 본성적으로 비난받는 사람이 되고 싶지 않기 때문이다. 사람들이 의도한 것은 아니었지만 이러한 동기에 의해 법을 정하고 그것을 지킴으로써 평화롭고 안전한 생활을 영위할 수 있다는 것이다.[15] 인간 본성인 이기심이 의도하지는 않았지만 시장의 가격조정 메커니즘이라는 '보이지 않는 손'에 의해 사회의 번영을 가져오듯이, 분노를 느끼고 싶지 않고 비난을 받고 싶지 않은 마음속 '공정한 관찰자'가 직접 의도하지는 않았지만 법치주의라는 '보이지 않는 손'에 의해 사회질서를 가져오는 것으로 볼 수 있다.

애덤 스미스는 실제로 사람들이 더욱 큰 부나 높은 지위를 추구할 때, 같은 야심을 가진 타인과 경쟁해야 하는데, '연약함'에 의해 부와 지위를 너무 열심히 추구한 나머지 사회질서를 침해할 수 있다고 지적했다.

이러한 선망의 지위에 도달하기 위해서 재산을 도모하는 지망자들

---

15 도메 다쿠오, 『지금 애덤 스미스를 다시 읽는다』, 우경봉 역, pp.72~73, 동아시아, 2010.

은 덕성에 이르는 길을 너무나 빈번히 포기한다. 왜냐하면 불행하게
도 재산에 이르는 길과 덕성에 이르는 길은 정반대의 방향으로
나 있는 경우가 종종 있기 때문이다. 그러나 야심에 찬 사람은
자신이 추진해온 화려한 여건에서 세상 사람들의 존경과 감탄을
좌우할 수 있는 수단을 소유하며, 대단히 탁월한 적정성과 품위를
가지고 행동할 수 있게 되므로 그의 미래 행위의 광채가 그런
높은 지위에 이르는 동안 활용한 여러 단계의 어리석음을 완전히
숨기거나 말소할 것이라고 생각하고 득의만면해한다.

많은 정부에서 최고의 지위를 지향하는 지망자들은 초법적으로
행동한다. 이들은 야심이 요구하는 목표를 달성할 수 있다면 이를
위해 활용한 수단에 대해서 해명을 요구받는 것을 전혀 두려워하지
않는다. 그러므로 그들은 종종 음모와 술수에 동원되는 야비한
상투 수법인 사기와 거짓말뿐만 아니라, 때로는 가장 극악무도한
범죄의 실행, 즉 살인과 암살, 반란과 내전에 의해 권세에 이르는
도상에서 자신들에게 반대하거나 맞서는 모든 사람들을 대체하거
나 제거하려고 시도한다.[16]

그러나 '현명함'을 따르는 공정한 관찰자가 인정하는 것은 타인의
생명·신체·재산·명예를 침해하지 않는 것, 즉 정의가 실현된 '페어플
레이' 규칙에 따라 경쟁하는 것이다.

---

16 애덤 스미스, 『도덕감정론』 제6판(1790), 제1부 제3편 제3장(부자와 권세가를
  존경하는 반면 빈자와 하위계층을 경멸하고 무시하는 성향으로 야기되는 도덕감정의
  타락), 김광수 역, 2016, 한길사.

부, 명예, 그리고 높은 지위로 승진하기 위해 벌이는 경주에서 그는 자신의 모든 경쟁 상대를 능가하기 위해 가능한 한 열심히 달리고, 모든 신경과 모든 근육을 최대한 활용할 것이다. 그러나 만일 그가 그 가운데 어느 누구든지 밀어제치거나 넘어뜨린다면 관찰자들의 관용적 태도는 완전히 끝이 난다. 그것은 공정한 경기를 위반하는 것이며, 관찰자들이 용납할 수 없는 행위다.[17]

인간이 경쟁에서 마음속 '현명함'을 우선시하여 페어플레이 규칙을 따른다면 이기심의 '보이지 않는 손'과 공정한 관찰자의 '보이지 않는 손'에 의해 사회질서가 유지되고 사회는 번영한다. 반대로 사람들이 끝까지 '연약함'을 우선시하여 페어플레이 규칙을 지키지 않으면 사회 질서는 어지러워지고 사회의 번영도 제대로 실현되지 않는다. 사회를 질서와 번영으로 이끄는 것은 '현명함'과 모순되지 않는 '연약함'을 추구하는 것, 다시 말해 정의감에 의해 제어된 야심과 경쟁이다. 즉 경쟁이 페어플레이 규칙에 따라 이루어지면, 국가는 두 가지 인간 본성의 '보이지 않는 손'에 의해 질서와 번영을 이룰 것이다.

애덤 스미스는 『국부론』에서 인간의 본성인 '교환 성향(propensity to exchange)'에 따라 번영의 일반 원리인 사회적 분업이 일단 확립되면, 모든 사람들이 서로 알지도 못하는 타인의 노동생산물로 각자의 생활을 꾸려가는 '상업사회(commercial society)' 또는 시장사회가 형성된다고 보았다. 그리고 이러한 시장사회를 떠받치는 것은 자애심뿐만

---

17 애덤 스미스, 『도덕감정론』 제6판(1790), 제2부 제2편 제2장(정의의 감각, 회한의 감각 및 공로의 의식), 김광수 역, 2016, 한길사.

아니라 페어플레이 규칙을 지키는 정의감이라고 보았다.

애덤 스미스에 따르면 페어플레이 정신이 지배하는 시장에서 모든 상품의 시장가격은 궁극적으로 그 자연가격(natural price)에 수렴하게 된다. 여기서 자연가격이란 어떤 상품을 한 단위 생산하는 데 필요한 노동·자본·토지의 수량에 임금·이윤·지대의 자연율(사회에서 일반적이고 평균적으로 여겨지는 노동·자본·토지 서비스의 단위당 보수)을 곱한 값을 의미한다. 어떤 상품에 대한 수요가 급증하여 시장가격이 올라가 자연가격을 웃돌거나, 생산자의 기술혁신에 따른 비용 감소로 자연가격이 시장가격 밑으로 내려가는 경우가 있다. 두 경우 모두 해당 상품시장에서 초과수요가 나타남에 따라 해당 부문의 임금·이윤·지대가 자연율 수준 이상으로 높아지면서 타 부문에 비해 우위를 갖게 된다. 그러나 곧 다른 부문의 노동·자본·토지 서비스가 이 부문으로 진입해오면서 결국 시장가격은 자연가격과 일치하게 되고, 그 결과 이 부문이 일시적으로 가졌던 우위는 곧바로 없어진다.

이처럼 페어플레이 규칙을 따르는 시장은 특정 참가자의 상대적 우위가 지속되는 것을 허용하지 않는다는 점에서 공정성을 촉진시키는 기능을 가지고 있다고 할 수 있다. 그러나 애덤 스미스는 페어플레이 규칙이 무시되어 공급 측에 독점이 있거나 특권이 주어진 경우, 시장가격이 자연가격보다 높은 수준에서 유지된다고 보았다.

동업조합(길드)의 배타적 특권, 도제조례, 그리고 기타 특정 직종에서의 경쟁자 수를 그 직종에 진입하고자 원하는 사람의 수보다 적은 수로 제한하는 모든 법률은, 비록 정도는 낮지만, 독점과 동일한 경향을 가지고 있다. 그것들은 일종의 확대된 독점으로, 흔히 몇 세대에 걸쳐 그 직종 전체에서 특정 상품의 시장가격을 자연가격보다 높게 유지하며, 거기에 종사하는 노동의 임금과 자본의 이윤을 자연율보다 높게 유지한다. 시장가격의 이러한 등귀는 이 등귀를 야기하는 행정규제가 존재하는 한 계속될 것이다.[18]

애덤 스미스는 이처럼 경쟁이 페어플레이 규칙을 무시한 채 이루어지면 공정한 관찰자의 '보이지 않는 손'이 작동하지 않아 사회질서는 어지러워지고, 사회 번영과 함께 많은 사람들에게 생활필수품의 분배를 통해 행복을 가져오는 이기심의 '보이지 않는 손'도 제대로 기능하지 못한다고 보았다.

3) 왜 중상주의는 질서와 번영을 가져오지 못했는가?

애덤 스미스는 『국부론』 제3편 제1장(국부 증진의 자연적인 진행 과정)에서 사물의 자연스러운 흐름(natural course of things)에 따르면 자본은 생활의 필요성, 투자의 안전성, 토지에 대한 본성적 애착 등을 고려할 때 먼저 농업에, 그리고 다음으로는 제조업에, 마지막으로는 외국무역에 투자된다고 보았다. 애덤 스미스는 노동집약도와 부가가치율도 농업, 제조업, 외국무역의 순서대로 높다고 보았다.

한 나라의 자본이 불충분해서 이들 세 가지(농업, 제조업, 무역)

---

18 애덤 스미스, 『국부론』 제1편 제7장(상품의 자연가격과 시장가격), 김수행 역, 2003, 비봉출판사.

목적을 모두 달성하지 못할 경우, 자본의 더 큰 몫이 농업에 사용되는 것에 비례하여 자본이 그 나라 안에서 가동시키는 생산적 노동량은 더욱 커지며, 자본의 사용이 사회의 토지·노동의 연간생산물에 부가하는 가치도 더욱 커진다. 농업 다음으로는 제조업에 사용된 자본이 가장 많은 생산적 노동량을 가동시키며, 연간생산물에 가장 큰 가치를 부가한다. 상업에 사용된 자본은 셋 중에서 가장 작은 효과를 갖는다.[19]

따라서 농업, 제조업, 외국무역 순서로 경제가 발전하는 것은 생산적 노동자의 고용을 가장 빠르게 확대시킬 뿐만 아니라 동시에 부를 가장 빠르게 증대시킨다. 또한 애덤 스미스에 따르면 자본가들이 그러한 결과를 의도하여 투자 순서를 정하는 것은 아니고 다만 자기 마음속에 있는 절약 성향과 재산을 축적하려는 야심에 따라 자본을 축적한 것이지만, 투자가 이러한 순서로 이루어져 자본이 축적되면 최하층 사람들의 생활이 가장 효율적으로 개선된다. 자본가는 의도하지 않았지만 경제성장의 참된 목적, 즉 최저 수준의 부조차 소유하지 못한 사람들에게 일과 소득을 얻게 해 마음의 평정, 행복을 얻게 해준다. 따라서 시장의 가격 조정 메커니즘과 마찬가지로, 성장의 소득 조정 메커니즘도 '보이지 않는 손'이라고 볼 수 있을 것이다.[20]

그러나 『국부론』 제3편 제2~4장에 따르면 5세기 서로마제국의

---

19 애덤 스미스, 『국부론』 제2편 제5장(자본의 각종 용도), 김수행 역, 2003, 비봉출판사.

20 도메 다쿠오, 『지금 애덤 스미스를 다시 읽는다』, p.187, 우경봉 역, 2010.

멸망부터 15세기 대항해시대가 본격적으로 시작될 때까지 농업, 제조업, 외국무역의 순서로 경제발전이 이루어진 기간도 있었지만, 전체적으로는 이와는 정반대의 순서였다. 이처럼 순서가 뒤바뀐 발전 과정 속에서, 원래 자국의 토지에 투입되어 더 많은 필수품과 편의품을 생산할 것이었던 자본과 노동이 무역과 원거리 무역용 제조업에 투입되었다. 그 결과 유럽 국민들의 생활은 원거리에서 수입되는 필수품과 편의품에 의존하게 되었다. 그런데 원거리에서 수입되는 물품의 수량은 한정되었기 때문에 유럽의 각 국가는 그것을 획득하기 위해 서로 경쟁해야만 했다.

이러한 상황에서 당시 봉건 영주의 몰락에 의해 권력이 집중되고 있던 유럽 각국의 절대군주는 중상주의(mercantilism) 경제정책을 표방하면서 특정 상인과 제조업자에게 특권을 주고 무역 및 원거리 무역용품 제조업의 발전을 도모했다. 또한 절대군주는 무역의 결제수단인 금과 은의 축적을 중시하여 금은 광산의 개발을 장려하고, 이를 목적으로 식민지 건설에 나섰다. 애덤 스미스는 『국부론』 제4편 제7장(식민지)에서 공정한 관찰자의 입장에서 유럽 각국이 식민지 건설에 나선 동기를 다음과 같이 부정적으로 논했다.

유럽의 정책은 아메리카 식민지의 최초의 건설에서든 (식민지 내정에 관한 한) 그 뒤의 식민지의 번영에서든 자랑할 만한 것이 거의 없다. 망상과 불법이 최초의 식민지 건설을 지배하고 지휘한 원리였던 것으로 생각된다. 망상은 금은 광을 찾아다닌 것이고, 불법은 유럽 국민들을 해치기는커녕 최초의 모험가들을 힘껏 친절하게 맞이한 순진한 원주민들이 사는 나라의 소유물을 약탈한 것이었다. 그 뒤에 몇 개의 식민지를 건설한 모험가들은 금은광을 찾으려는 망상적인 계획에다 더 합리적이고 더 훌륭한 다른 동기들을 결합시켰다. 그러나 이런 동기들마저도 유럽의 정책에 명예를 부여할 만한 것은 아니다.[21]

풍요로운 대지를 가진 아메리카 식민지에서 농업, 어업, 임업의 급속한 발전을 목격한 유럽 각국이 식민지의 이익보다 본국의 이익을 우선시하고, 식민지에서 얻어지는 이익을 독점하기 위해 도입한 다양한 규제에 대해 애덤 스미스는 다음과 같이 적었다.

식민지가 건설되고 모국의 관심을 끌만큼 중요한 것으로 되었을 때, 모국이 식민지에 대해 취한 최초의 규제는 식민지 무역의 독점을 확보하고 식민지의 판로를 모국으로 한정하며, 식민지를 희생시켜 본국 시장을 확장하는 것, 결국 식민지의 번영을 촉진하기는커녕 오히려 둔화시키고 억제하는 데 그 목적을 두고 있었다. 식민지에 대해 유럽 각국이 취한 정책의 가장 본질적인 차이 중의 하나는 이런 독점력을 행사하는 방식의 차이에 있다. 이런 방식들 중 최선의 방식이라고 할 수 있는 영국의 방식은 다른 나라의 정책보다 다소 더 자유롭고 덜 억압적이었다는 것뿐이다.[22]

---

21 애덤 스미스, 『국부론』 제4편 제7장 제2절(새로운 식민지가 번영하는 이유), 김수행 역, 2003, 비봉출판사.

22 애덤 스미스, 『국부론』 제4편 제7장 제2절(새로운 식민지가 번영하는 이유),

애덤 스미스는 유럽 각국의 식민지 정책이 그 동기를 볼 때 공정한 관찰자의 인정을 받기 어려운 것이라고 보았다. 식민지 건설의 결과에 대해서도 애덤 스미스는 『국부론』 제4편 제7장 제2~3절에서 아메리카 식민지에 대한 유럽 각국의 행위는 선주민, 이주자 및 본국의 국민 대다수에게 해로운 결과를 초래했다고 보았다. 식민지 경영을 포함하여 중상주의 체계 하에서 유일한 수혜자는 본국의 특정 상인과 거대 제조업자뿐이었다.

애덤 스미스는 중상주의 정책의 더 큰 해악은 각 나라 국민 간의 연결고리가 되어줄 무역을 오히려 국가 간 분쟁의 원인으로 만들어버린 것이라고 지적했다.

국민들은 이웃 나라를 궁핍하게 만드는 것(beggaring all their neighbors)이 자신들에게 이익이 된다고 배웠다. 각 국민은 자기 나라와 무역하는 상대국의 번영을 질투의 시선으로 바라보았으며, 그들의 이익이 자신의 손실이라고 생각하게 되었다. 개인들 사이에서와 마찬가지로 국민들 사이에서 자연히 협동과 우정의 끈이 되어야 할 상업(무역)이 불화와 반목을 가장 많이 발생시키는 원천이 되었다. 금세기와 전세기 동안 국왕과 장관들의 변덕스런 야심도 상인·제조업자들의 당치도 않은 질투심에 비하면 유럽 평화에 더 치명적이지 않았다. 인류의 지배자들의 폭력·부정은 오래된 악이며 그 성질상 치유될 수 없는 것이라 생각된다. 그러나 인류의 지배자도 아니고 또 지배자로 될 수도 없는 상인·제조업자들의 비열한 탐욕과

김수행 역, 2003, 비봉출판사.

독점정신이, 비록 교정될 수는 없다 하더라도, 다른 사람들의 평온
을 교란하지 못하도록 저지하는 것은 매우 용이할 것이다.[23]

애덤 스미스에 따르면 무역에서의 '질투', '비열한 탐욕과 독점정신'
은 각 나라가 앞서 언급한 '사물의 자연스러운 흐름'에 따른 경제발전을
이루지 못한 결과의 부산물이었다.[24] 각 나라의 경제가 사물의 자연스
러운 흐름에 따라 농업, 제조업, 외국무역의 순서로 발전하면 국제
시장에는 농업과 제조업 부문이 충분히 발달한 국가의 농산물과 제조
품이 유입된다. 그러한 나라는 국산 필수품과 편의품이 충분히 공급될
뿐만 아니라 자국 자본의 대부분이 농업과 국내 공급용 제조업에
투입되기 때문에 국제시장 여건이 그 나라의 존속에 결정적 문제가
되지 않는다. 따라서 각 나라 정부는 국제시장 개입에 관심을 가지지
않게 되고, 수입금지 조례나 관세, 장려금도 없는 상황에서 자유롭게
무역이 이루어진다. 그 결과 각 나라의 국민은 풍부한 국산품과 다양한
외국제품을 소비할 수 있고, 국내 농업과 제조업은 외국산 원재료와
제품 사용뿐만 아니라 외국으로부터의 수요 확대에 의해 더욱 발전할
것이다.

또한 사물의 자연스러운 진행 과정에 따르면 시장은 참가하는 사람
들 간의 동감 및 정의감에 근거하여 형성된다. 국내시장과 마찬가지로

---

23 애덤 스미스, 『국부론』 제4편 제3장 제2절(다른 원칙에서 보더라도 이와 같은
특별 제한은 불합리하다), 김수행 역, 2003, 비봉출판사.

24 도메 다쿠오, 『지금 애덤 스미스를 다시 읽는다』, pp.210~211, 우경봉 역,
2010.

국제시장에서도 경쟁이 발생하지만 동감과 정의감의 기초가 확립되어 있으면 국제시장에 참가하는 사람들은 페어플레이 규칙을 지키며 경쟁할 것이다. 상인과 제조업자는 자국 정부의 보호를 받거나 다른 나라 국민의 방해에 의해서가 아니라 스스로의 근면, 창의, 절약으로 경쟁에서 이기려고 한다. 그 결과 국제시장에 유입되는 상품의 질은 높아지고 양도 늘어날 것이다.

애덤 스미스는 영국을 비롯하여 유럽의 모든 나라가 사물의 자연스러운 흐름에 따라 농업, 제조업, 상업(외국무역)의 순서로 발전하는 이른바 '자연적 자유의 체제(system of natural liberty)'로 복귀해야 한다고 주장했다. 당시 본래의 발전 경로에 자연스럽게 복귀한다는 것은 우대받는 특정 무역과 수출용품 제조업으로부터 그 밖의 부문, 특히 농업으로 자본을 이동시키는 것을 의미했다.

특혜를 주거나 제한을 가하는 모든 제도가 완전히 철폐되면 분명하고 단순한 자연적 자유(natural liberty)의 제도가 스스로 확립된다. 이 제도 하에서 모든 사람은 정의의 원칙을 위반하지 않는 한, 완전히 자유롭게 자기의 방식대로 자신의 이익을 추구할 수 있으며, 자신의 근면·자본을 바탕으로 다른 누구와도(다른 어느 계급과도) 완전히 자유롭게 경쟁할 수 있다. 이렇게 되면 국왕은 사적 개인의 노동을 감독하고 그것을 사회의 이익에 가장 적합한 직업으로 인도해야 하는 의무로부터 완전히 해방된다. 국왕은 이 의무를 이행하려고 시도할 때 항상 수많은 망상에 빠질 수밖에 없었고, 또한 이 의무를 적절히 이행하는 데는 인간의 어떤 지혜나 지식도 결코 충분할 수 없었던 것이다. 자연적 자유의 제도 하에서는 국왕은 오직 세 가지의 의무에 유의해야 하는데, …… 첫째, 사회를 다른 독립사회의 폭력·침략으로부터 보호하는 의무, 둘째, 사회의 각 구성원을 다른 구성원의 불의·억압으로부터 가능한 한 보호하는 의무, 셋째, 일정한 공공사업·공공시설을 건설·유지하는 의무이다.[25]

애덤 스미스는 자연적 자유의 체제가 확립된 사회에서는 노동과 자본의 소유자 개인이 자신에게 가장 유리한 방법으로 노동과 자본을 사용할 것으로 보았다. 나아가 개인이 정의의 원칙들을 위반하지 않는 한, 이러한 개인의 행동은 '보이지 않는 손'에 이끌려 사회에 최대의 이익을 가져온다고 생각했다.

3. 공정한 관찰자와 동반성장

1) 자본주의 경제 질서의 변화와 신자유주의[26]

중상주의 이후 자본주의 경제 질서는 다양한 형태로 변화해왔다. 그러나 개인의 자유로운 경제활동과 공정한 관찰자에 의한 조정 및

---

25 애덤 스미스, 『국부론』 제4편 제9장(중농주의, 즉 토지생산물이 한 나라의 소득과 부의 유일한 원천 또는 주된 원천이라고 말하는 경제학설), 김수행 역, 2003, 비봉출판사.

26 조순·정운찬·전성인·김영식, 『경제학원론』 제10판, pp.23~34, 율곡출판사, 2013. 정운찬, 우리가 가야할 나라 동반성장이 답이다, pp.26~35 , 희망사업단, 2016.

통제를 토대로 하는 자본주의 사회의 작동원리는 변함없이 지속되어왔다. 애덤 스미스 시대의 고전적 자본주의는 개인의 공정한 관찰자 개념을 국가로 확대한 케인즈적 자본주의를 거쳐 개인의 자유로운 경쟁을 극대화한 신자유주의적 자본주의로 변화해왔다.

애덤 스미스의 이론은 이후 영국의 여러 경제학자들에 의해 보완되어 자본주의 경제발전을 뒷받침하는 정교한 이론이 되었다. 그러나 19세기 후반부터 시장의 움직임은 애덤 스미스가 생각한 것처럼 원활하게 돌아가지 않았으며 문제도 자주 발생했다.

이를테면, 애덤 스미스의 이론에서는 근로자들이 어떤 회사에서 해고를 당한다면 언제든지 임금을 덜 받고 다른 회사로 갈 수 있기 때문에 대량실업은 있을 수가 없다는 것이었다. 하지만 현실에서는 대량실업 사태가 빈번히 발생하는데, 그 이유는 경쟁원리가 잘 작용할 수 없을 정도로 노동시장의 유연성이 약화되었기 때문이다. 뿐만 아니라 독점업체가 생겨나서 경쟁업체를 시장에서 몰아내는 등 경쟁원리가 작동하지 못하는 경우가 많이 생겼다. 또한 금융업의 발달과 함께 주식시장으로 돈이 몰리고 투기가 일어나서 주가가 폭등과 폭락을 거듭하여 경제의 안정을 저해하는 사태가 빈번히 일어났다. 이처럼 여러 시장에서 '보이지 않는 손'으로 여겨졌던 가격조정 장치는 마치 기름칠을 하지 않은 기계장치처럼 고장이 잘 나고, 이에 따라 경기변동이 심해지면서 극심한 불황에는 대량실업이 나타나게 되었다.

이러한 시상실패(market failure)는 19세기 하반기부터 20세기 상반기 동안에 많이 일어났는데, 특히 1929년부터 미국을 비롯하여 전 세계를 휩쓴 대공황(Great Depression)이 가장 대표적인 예이다. 그런데 그 당시까지만 해도 사람들은 자유시장에서의 경쟁이 실업이나 경기변동의 문제를 자동적으로 해소한다고 믿었기 때문에, 실업률이 노동인구의 1/4에 달해도 시간이 흐르면 다시 자유경쟁시장이 작동하여 대량실업 문제가 해소될 것으로 믿었다.

이때 케인즈(John M. Keynes)가 1936년에 출간한『고용, 금리 및 화폐에 관한 일반이론(The General Theory of Employment, Interest, and Money)』을 통해 자유시장은 자동적으로 실업을 해소시켜 주지 못하기 때문에 정부가 적극적으로 나서서 경기를 부양해야 자본주의 사회에서 완전고용이 확보될 수 있다는 이론을 내놓았다. 케인즈의 이론은 시장이 기존 경제이론에서 말하는 것과 달리 생산과 고용을 제대로 확보해 주지 못하여 시장실패가 흔히 일어날 수 있다는 것을 지적한 것으로서, 당시 경제학계에 있어서는 하나의 큰 혁명으로 여겨졌다.

케인즈는 경제 전체가 스스로의 힘으로 서기 어려운 상태에 있을 때 애덤 스미스가 말한 자혜(beneficence)를 정부가 적극적으로 추구해야 마땅하다고 생각했다. 그는 애덤 스미스와 같이 영국의 전통을 따라 경제학을 도덕과학(moral science)으로 보았고, 특히 경제학을 두고 "도덕과학 중에서 가장 마음에 드는 분야(most agreeable branch of moral science)"라고 한 바 있다. "경제학은 우리 생활을 더 나아지게 하는 데 의의가 있다."라고도 했는데, 이는 경제학이 도덕과학이자 실천과학이어야 한다는 의미를 함축하는 말이다.

케인즈 이론은 제2차 세계대전을 전후하여 거의 30년 동안 세계 대부분의 나라에서 경제정책을 뒷받침하는 이론체계가 되어 세계

경제에 큰 기여를 하였다. 그러나 1970년대부터 세계 경제에는 전반적으로 인플레이션이 만연하게 되었는데, 그 원인이 케인즈 이론에 의한 확장적 경기부양 정책이라는 비판이 대두되었다.

때마침 유럽에서는 복지국가(welfare state) 정책이 크게 유행했다. 각종 사회보장제도의 도입과 함께 모든 국민의 최저생계가 '요람에서 무덤까지(from cradle to grave)' 보장되는 정책이 널리 채택되어 자연히 정부의 역할이 증가하게 되었다. 복지국가 정책은 국민의 생활을 안정시키는 데에는 큰 도움이 되었으나, 경제활동에 대한 정부개입의 확대는 사람들의 근로의욕과 기업의 투자의욕을 저해하여 경제 전체의 활력을 감소시키는 결과를 초래하였다.

정부의 경제 개입이 그 소기의 목표를 달성하지 못하고 오히려 자원의 낭비를 가져오는 이른바 정부실패(government failure)를 가져온 것이다. 복지국가에서 발생한 비효율이 케인즈 이론의 잘못은 아니었다. 하지만 케인즈 이론이 본질적으로 정부의 역할을 강조하는 것이었으므로, 정부실패가 만연해지자 1970년대 후반부터는 많은 비판을 받으면서 그 영향력이 줄어들기 시작하였다.

1980년대에 접어들면서 영국과 미국에서는 복지국가 정책에 반대하는 이른 바 '신자유주의(new liberalism)' 이념이 크게 주목받기 시작했다. 신자유주의 이론은 일종의 '시장원리주의'라고 할 수 있는데, 이 이론의 기본 시각은 자유·시장·경쟁·이윤지상주의이며 이러한 가치관을 실현할 수 있는 정책으로는 작은 정부, 공기업의 민영화, M&A에 의한 기업의 합병, 무역 및 자본거래의 자유화 등을 들 수 있다.

신자유주의는 1991년 소련 붕괴로 세계 유일의 초강대국이 된 미국의 강력한 뒷받침을 얻게 됨에 따라 최근까지 세계화(globalization)의 물결을 타고 전 세계를 휩쓸어왔다. 신자유주의는 개인의 자유와 경쟁의 효율성을 극단적으로 존중하기 때문에 효율성이 낮은 경제활동은 도태되고, 효율성이 높은 경제활동만 살아남도록 하여 경제에 항상 활기와 역동성을 불어넣는 장점이 있다.

그러나 신자유주의는 극단적으로 경쟁을 부추겨 경쟁의 승자는 지나친 보수를 받고, 패자는 철저히 도태되면서 빈부격차가 심화되는 문제점을 갖고 있다. 또한 자유와 경쟁 및 이윤을 극단적으로 강조한 나머지 이윤을 위해서라면 무엇이든지 해도 좋다는 풍조를 조장하여 이것이 회계부정으로 이어지는 등 사회에 도덕적 해이가 만연한 결과를 가져오기도 했다.

이러한 신자유주의의 문제점이 2008년 글로벌 금융위기를 통해 그대로 드러나면서 신자유주의적 자본주의는 위기를 맞았다. 자유시장에 대한 신뢰가 사라지고, 시장을 통제해야 한다는 목소리가 높아졌다. 특히 2008년 경제위기의 주요 원인으로 '가진 자들의 탐욕 또는 이기심'이 부각되면서, 인간의 이기심을 원동력으로 삼고 있는 자유시장경제에 대한 통제가 강화되어야 한다는 목소리가 높아졌다. 2011년의 '월가를 점령하라(Occupy Wall Street)' 운동과 2012년 '대전환: 새로운 모델 모색(The Great Transformation: Shaping New Models)'을 주제로 신자유주의 대안을 논의한 다보스 포럼은 그러한 위기의 표출이었다.

신자유주의적 자본주의가 위기를 맞은 것은 애덤 스미스가 정립한 자본주의 사회 작동원리 중 '공정한 관찰자에 의한 개인 이기심의

조정과 통제'를 배제하고, '개인의 자유로운 경쟁'만을 추구했기 때문이
다. 분명 '자유'와 '경쟁'은 특권을 가진 소수만이 자유로운 경제활동을
하였던 중상주의 경제 질서에서 모두가 자유롭게 경제활동을 하는
자본주의 시장경제로의 이행을 가져오는 촉발제였다. 그리고 슘페터
(Joseph A. Schumpeter)의 지적처럼, 자본주의 시장경제의 비약적
발전을 가능하게 했던 혁신적 기업가(innovative entrepreneur)의 끊임
없는 출현도 자유로운 경쟁이 가능했기 때문이다. 그런데 공정한
관찰자를 상실하고 자유로운 경쟁만이 남은 신자유주의적 자본주의
사회에서 사회적 정의는 찾아보기 어려웠고, 그 결과는 경제적 불평등
의 심화였다.

아리스토텔레스는 "모든 인간의 궁극적 목적은 선善을 실현하는
데 있고, 인간들이 형성하는 공동체 사회도 어떤 선을 실현하기 위해
구성된다."라고 하였다. 국가 또한 모든 공동체를 포괄하는 공동체이
기 때문에 최고의 선을 추구한다고 하였다. 동시에 인간의 궁극적
목적인 삶의 행복은 최고의 선을 통해서 이루어진다고 주장했다.
따라서 아리스토텔레스에 따르면 개인이 선과 행복을 추구하고 구현하
려면 개인뿐 아니라 공동체와 국가도 선과 행복을 추구해야 한다.
개인과 공동체, 그리고 국가가 상호 작용할 때 개인의 행복은 구현되고
공동체와 국가도 행복해지기 때문이다.

그런데 신자유주의에서는 개인과 공동체 사회를 연결해주는 공정한
관찰자가 사라지고, 개인의 욕망 실현을 무한히 허용하는 자유로운
경쟁만 남게 되었다. 선과 행복을 추구하는 공동체 사회와 국가는
사라지는 것이다. 오직 개인의 이기적 이익만을 추구하는 인간과

그런 인간이 모여서 형성한 공동체 사회와 국가는 물질적 욕망을 추구하는 장소와 수단으로만 기능할 뿐, 선과 행복 구현과는 거리가 멀기 때문이다. 아리스토텔레스가 설명한 공동체로서의 사회와 국가는 사라지고, 맹목적 생존을 위해 "만인에 대한 만인의 투쟁"이 일상화된 토마스 홉스(Thomas Hobbes)의 리바이어던(Leviathan)형 국가만 남는다.

2) 보편적 공정한 관찰자와 지속 가능한 경제체제

앞서 1, 2장에서 언급하였듯이 애덤 스미스는 인간을 타인의 감정과 행위에 관심을 가지고 그것에 동감하려는 사회적 존재로 보았다. 또한 사회적 존재로서 인간이 마음속 공정한 관찰자의 감시 하에 자신의 경제적 이익을 최대화하는 행동을 한다고 가정했다. 나아가 이렇게 축적된 부는 인간의 생활을 편리하고 안락하게 할 뿐만 아니라 시장을 통해 한 국가 안의 사람들을 연결하고 경제성장을 통해 부자들과 가난한 사람들을 이으며, 나아가 무역을 통해 서로 다른 나라의 국민들을 연계시킨다고 보았다.

구체적으로 애덤 스미스는 시장을 낯선 사람들이 부를 쌓기 위해 각자 필요한 재화나 서비스를 교환하는 장소로 보았다. 인간은 시장에서 자신에게 특별한 애정을 가지고 있지 않은 사람들로부터도 교환을 통해 도움을 받을 수 있다. 이러한 시장에서의 교환은 거래 상대의 물건을 강탈하거나 상대를 속였을 때 느낄 분노의 대상이 되고 싶지 않다는 '현명함'을 바탕으로 성립한다. 이처럼 동감을 통해 일면식도 없는 사람들이 서로 도움을 교환하는 시장사회에서 부富는 기본적으로 사람과 사람을 연결하여 각자를 더 나아지도록 한다는 것이다.

특히 애덤 스미스에 따르면 시장에서의 교환을 통한 국가경제의 성장은 부의 증가뿐만 아니라 부자와 가난한 사람들이 '윈-윈'하도록 연결하는 매개 기능을 수행한다. 부자는 더욱 큰 부를 축적하려는 야심에서 자신의 재산을 농업과 제조업 등에 투자한다. 그 결과 경제성장과 함께 노동시장에서 노동에 대한 수요가 증가함에 따라 생계를 주로 임금소득에 의존하는 가난한 사람들이 더 많은 일자리를 얻게 되고 행복에 필요한 최저 수준의 부를 획득하게 된다. 이처럼 부자는 애초에 가난한 사람들을 도우려는 의도가 없었고, 가난한 사람들도 부자들의 야심을 채워주려는 의도가 전혀 없었지만, 이들은 부를 매개로 연결되어 바람직한 결과를 가져오는 것이다.

나아가 애덤 스미스는 사람과 사람을 연결하는 부의 역할을 충분히 살리기 위해서는 자유롭고 공정한 시장경제체제를 구축해야 한다고 주장했다. 애덤 스미스가 살던 시대에 중상주의를 표방한 유럽 경제는 특권 상인과 거대 제조업자 등의 독점과 부정으로 인해 부의 기능을 충분히 살리지 못하고 있었다. 애덤 스미스는 이러한 독점과 부정을 막기 위해 시장은 어느 정도 정부에 의해 감시되고 법에 의해 규제되어야 한다는 사실을 인정했다. 그러나 실제로 중상주의 체제는 특권 상인과 거대 제조업자들뿐만 아니라 그들과 유착관계를 맺은 정치가와 관료 등에 의해서 부패한 경제체제였다. 그 결과 시장은 왜곡되고, 경제성장은 저해되었으며, 무역은 국제분쟁의 원인이 되었다.

애덤 스미스는 시장 참가자의 독점과 부정을 막기 위해 공적 기관이 충분한 감시와 적절한 규제를 실시할 능력을 가지고 있는지에 대해 의문을 가졌으며, 설사 능력을 가지고 있다고 해도 공적 기관 자체가 도덕적으로 부패할 가능성이 있다고 보았다. 따라서 자유롭고 공정한 시장경제체제는 공적 기관이라는 외부의 공정한 관찰자 대신에 시장 참가자 개개인 내부의 공정한 관찰자에 의해 감시되고 규제되는 것이 바람직하다고 보았다. 자유롭고 공정한 시장경제가 구축될 수 있을지 여부는 그 사회를 구성하는 각 개인이 마음속 공정한 관찰자의 목소리에 얼마나 귀를 기울일 줄 아느냐, 즉 그 사회가 얼마나 도덕적으로 성숙해 있느냐에 달려있다는 것이다.

애덤 스미스는 인간의 성품과 행동에 관한 사회적 평가 기준, 즉 도덕은 사회와 시대의 관습과 유행의 영향을 받는다고 보았다.

> 이와 마찬가지로 서로 다른 시대와 국가의 서로 다른 상황들도 그곳에 사는 대다수의 사람들에게 서로 다른 성격을 부여하기 쉽다. 그러므로 비난받을 만한 또는 칭찬받을 만한 자질의 특정한 정도에 관한 감정들은 각자 국가와 시대에 존재하는 그런 일반적인 정도에 따라 변화한다.[27]

그러나 사회의 존속에 필수적인 정의에 영향을 미치는 인간 성품과 행위에 대한 사회적 평가 기준은 공정한 관찰자의 판단 기준으로서 관습과 유행에 큰 영향을 받지 않는다는 것이 애덤 스미스의 견해이다. 존속하는 모든 사회에서 타인의 생명·신체·재산·명예를 침해하는

---

27 애덤 스미스, 『도덕감정론』 제6판(1790), 제5부 제2장(관습과 유행이 도덕감정에 미치는 영향), 김광수 역, 2016, 한길사.

것을 피해야 한다는 도덕 감정은, 정도의 차이는 있지만 모든 사회에서 공통적으로 발견되는 감정이라는 것이다. 따라서 한 국가에서 모든 개인 또는 집단이 개별 성품과 자질의 차이를 극복하고 공정한 관찰자의 판단 기준을 공유할 수 있게 된다.

예를 들어 두 집단 A, B가 어떤 행위를 교환한다고 하자.[28] 이러한 행위는 자본가들과 노동자들 간 자본 및 노동의 교환, 대기업과 중소기업 간 하도급거래, 국가 간 경제·외교·군사 협상 등이 될 수 있다. 집단 A의 지도자나 구성원이 두 집단의 행위를 공정하게 판단하려 할 경우, 그들은 '공정한 관찰자 A'의 입장에서 두 집단의 행위가 적절할 것인가를 검토한다. 즉 집단 A의 지도자나 구성원은 '공정한 관찰자 A'가 자신들과 같은 상황에 처했을 때 행위와 실제 자신들의 행위가 일치하는지 여부를 검토하는 동시에, '공정한 관찰자 A'가 집단 B와 같은 상황에 처하는 경우의 행위와 실제 집단 B의 행위가 일치하는지 여부도 검토한다.

마찬가지로 집단 B의 지도자와 구성원도 공정하다고 할 경우, 그들은 '공정한 관찰자 B'의 입장에서 두 집단의 행위를 판단한다. 그들은 '공정한 관찰자 B'가 자신들과 같은 상황에 처하면 행할 행위와 실제 자신들의 행위가 일치하는가 아닌가를 검토함과 동시에, '공정한 관찰자 B'가 집단 A와 같은 상황에서 행할 행위와 실제로 집단 A가 행하고 있는 행위가 일치하는가 아닌가를 검토한다.

그러니 공정한 관찰자는 보통 각 집단의 관습과 유행에 영향을

---

28 도메 다쿠오, 『지금 애덤 스미스를 다시 읽는다』, pp.116~120, 우경봉 역, 2010.

받는다. 집단 A의 지도자나 구성원은 일반적으로 자신들과 다른 관습과 유행의 영향을 받는 '공정한 관찰자 B'의 판단 기준을 정확히 알 수 없다. 집단 B의 지도자나 구성원도 마찬가지다. 두 집단 모두 자신들이 상대 집단에게, 상대 집단이 자신들에게 요구하는 협상 조건이 적절한 것인가를 각각 자신들의 집단에서 통용되는 공정한 관찰자의 입장에서 판단하는 것이다.

만약 '공정한 관찰자 A'의 판단 기준과 '공정한 관찰자 B'의 판단 기준이 동일하고 두 집단의 구성원들이 모두 공정하다면 두 집단의 판단은 서로 일치할 것이다. 이 경우 두 집단 사이의 교환 및 거래의 문제는 협상에 의해 비교적 수월하게 해결할 수 있을 것이다. 애덤 스미스는 공정한 관찰자의 판단 기준이 일반적으로 관습의 영향을 받기 때문에 모든 집단 간에 완전히 일치하지는 않지만, 사회의 존속에 필수불가결한 정의의 문제에 대해서는 공정한 관찰자의 판단 기준이 모든 집단 간에 일치한다고 보았다. 이처럼 각 집단 간 정의의 문제와 관련하여 공통 기준을 부여하는 공정한 관찰자를 '보편적 공정한 관찰자(universal impartial spectator)로 볼 수 있다.

인간 본성과 부의 기능에 대한 애덤 스미스의 견해를 종합해 보면, 도덕적으로 성숙된 사회에서는 자유롭고 공정한 시장경제체제가 시장 참가자 개개인의 '보편적 공정한 관찰자'에 의해 감시되고 규제된다. 나아가 자신의 경제적 이익을 최대화하려는 사람들 또는 집단들 간 교환 및 거래의 결과로 축적된 부는 경제성장을 통해 부자들과 가난한 사람들, 자본가들과 노동자들, 대기업과 중소기업 등을 이어주면서 지속 가능한 자본주의 경제체제를 가져올 것이다.

3) 부의 선순환과 동반성장

애덤 스미스는 『도덕감정론』과 『국부론』에서 지주와 자본가의 이기심·자애심에서 비롯된 토지 경작 확대와 자본 축적을 통해 이들이 의도한 것은 아니었지만 주민들에게 생활필수품이 고르게 분배되고 공공의 이익이 증진된다고 보았다. 그 결과 최저 수준의 부조차 소유하지 못하여 빈곤과 실의에 빠진 사람들이 일자리를 찾고 소득을 얻어 마음의 평정, 즉 행복을 이루게 한다고 주장한다. 이처럼 애덤 스미스는 한 나라의 부자들과 가난한 사람들 간 '선순환'을 바로 경제성장의 참된 목적으로 보았다. 그리고 이러한 사람과 사람을 연결하는 부의 순기능을 충분히 살리고 지속적으로 유지하기 위해서는 자유롭고 공정한 시장경제체제를 구축해야 한다고 생각했다.

특히 특권 상인 및 거대 제조업자들과 정치가·관료 간 유착에 따른 부패가 시장을 왜곡하고 경제성장을 저해할 수 있다고 보았다. 따라서 시장 참가자의 독점과 부정이 없는 자유롭고 공정한 시장경제체제는 공적 기관보다는 시장 참가자 개개인 마음속 또는 이해집단 내부의 '보편적 공정한 관찰자'에 의해 감시되고 규제되는 것이 바람직하다고 보았다.

이러한 애덤 스미스의 지속 가능한 경제체제의 원리는 정운찬(2016) 의 '시장경제의 선순환을 통해 더불어 성장하고 함께 나누자'는 동반성장의 원리와 일치한다.[29] 동반성장은 개인의 자유만을 고려하는 신자유주의와 달리 공동체 사회 구성원 개개인을 원자화된 개인으로 보지

---

29 정운찬, 『우리가 가야할 나라 동반성장이 답이다』, p.31 , 희망사업단, 2016.

않고 본질적으로 상호작용의 관계를 갖는 구성원으로 보며, 그들 사이의 관계를 '동반자' 관계로 설정한다. 동반자 관계란 서로가 서로에게 대등한 관계로 함께 살아가는 관계를 의미한다. 그래서 개인이 구현할 수 있는 행복과 자유는 관계를 맺고 있는 사람들이 누리고 있는 행복과 자유, 그리고 공동체 사회에 구현된 행복과 자유에 의해 영향을 받는다.

따라서 동반성장은 이타적 이기주의(altruistic egoism)를 기반으로 개인과 사회를 분리하지 않고 개인의 행복과 공동체 구성원들의 행복, 그리고 공동체 사회의 행복을 함께 추구한다. 그것이 '더불어 성장하고 함께 나누는' 가치이다. 이러한 가치를 바탕으로 사회제도, 법, 정책이 만들어지고 구현될 때 개인과 개인, 개인과 사회가 서로 행복을 증진시킬 수 있다는 것이다.

4. 한국경제와 동반성장

1) 왜 동반성장이 필요한가?

정운찬(2015)에 따르면, 동반성장의 경제적 원리는 부의 선순환을 위해 어느 한 분야의 성장 효과가 그 분야에만 고이지 않고 다른 분야로 빠르게 확산되도록 하는 것이다.[30] 즉 국가경제를 구성하는 각 부문이 상호 긴밀하게 연결되어서 선순환하도록 하는 것이 동반성장의 요체이다.

---

30 정운찬, "한국경제, 어떻게 살릴 것인가?" 동반성장연구소, 2015.2.25.

국가경제의 선순환은 크게 두 가지 경로로 구분할 수 있다. 첫 번째 경로는 부자·대기업·성장산업 등 선도부문의 성장 효과가 아래로 잘 흐르도록 하는 낙수효과(top-down track)이다. 우리나라에서는 1960년대 초 정부 주도로 본격적인 경제개발계획이 실시된 이래 지금까지 반세기 이상 선성장·후분배에 입각한 경제성장을 경제정책의 기본전략으로 삼아왔다. 이에 따라 한국경제는 먼저 수출 및 중화학공업과 같은 특정 산업을 선도 부문으로 육성하고 그 성과가 경제 전체에 파급되기를 기대하는 낙수효과 모델에 의존해왔다. 이는 성장과 효율만을 극대화하고 분배와 형평은 부차적으로 고려한다는 점에서 일종의 불균형 성장 전략이었다. 이러한 전략은 경제개발 초기단계에서는 매우 효과적이었지만, 불균형 성장의 결과 소수 대기업에 편중된 산업구조가 고착되었고, 국민 대다수의 고용과 소득을 담당하는 중소기업은 대기업과의 수직적인 갑을관계 속에서 불공정 거래를 감수해야 하는 위치로 전락했다.

특히 1997년 외환위기와 2008년 글로벌 금융위기를 거치면서 가계 및 기업부문의 양극화가 가속화되었다. 그 결과, 오늘날 가계부채 증가와 중소기업 부실은 한국경제의 발목을 잡는 문제가 되었다. 현재 1,400조 원에 육박하고 있는 가계부채는 가계 소비에 영향을 미쳐 생활의 질을 떨어뜨리고 있다. 내수가 줄어드니, 특히 중소기업과 자영업은 타격이 크고 수출 대기업의 뛰어난 성과도 별 도움이 되지 않는다. 지난 4반세기 동안 급속히 진행된 세계경제의 개방화와 정보화는 한국사회 특유의 갑을관계 문화와 겹쳐 국내의 산업간 연관관계를 단절시켰다. 그 결과 수출과 내수, 대기업과 중소기업 간에 고용과 소득을 창출해내는 선순환의 연결고리가 크게 약화되면서 '양극화 심화 ⇒ 가계부채와 중소기업 부실 누적 ⇒ 내수 부진 ⇒ 성장 둔화 ⇒ 양극화 심화'로 이어지는 악순환이 반복되고 있다.

낙수효과의 끊어진 연결고리를 다시 잇기 위해서는 먼저 불법·편법을 근절하고 공정한 경쟁 질서를 확립해야 한다. 보다 구체적으로 대기업 집단의 지배구조를 투명하게 만들고 과도한 경제력 집중을 억제할 필요가 있다. 그리고 대·중소기업 간의 하도급거래에서 납품단가 후려치기나 기술탈취 등과 같은 불공정 거래 관행을 근절하는 노력이 필요하다. 골목상권을 보호하고 중소기업 적합 업종을 지정하는 노력도 필요하다.

우리 사회의 일각에서는 이러한 노력을 시장경제 원리를 파괴하는 과도한 규제로 보는 부정적 시각이 있다. 그러나 불법과 편법, 그리고 경제력의 남용이야말로 시장경제를 파괴하는 요소이다. 따라서 만인이 법 앞에서 평등한 법치주의를 확립하고, 모든 국민에게 균등한 기회를 부여하는 공정한 경쟁 질서를 창출하는 것이 시장을 바로 세우고 동반성장을 이끌어내는 길이다.

국가경제 선순환의 두 번째 경로는 하도급 중소기업·비정규직 노동자·영세 자영업자 등 경제적 약자를 적극적으로 배려하고 지원하는 분수효과(bottom-up track)이다. 낙수효과만으로 한국경제가 직면하고 있는 양극화와 저성장의 문제를 극복하기에는 충분치 않다. 시장이 아무리 공정하게 작동하더라도 능력이 부족해서 또는 운이 없어서 소외되는 사람들이 생겨나기 마련이다. 더구나 우리나라에서는 지난 반세기 동안 이어진 극도의 불균형 성장전략의 결과, 구조적 장벽이 너무 높게 설치되어 있다. 따라서 다수 국민의 고용과 소득을 늘리는 데 정책적 노력을 기울일 필요가 있다. 이는 서민층의 생활을 안정시키는 직접적인 효과뿐만이 아니라, 내수 확대를 통해 중소기업과 자영업자의 고용과 투자를 자극함으로써 성장을 가속화하는 간접적인 효과도 가져올 것이다.

동반성장을 위해서는 낙수효과와 분수효과의 선순환적 결합이 이루어져야 한다. 시장만능주의에 고무되어 낙수효과만을 강조하면 오히려 공정한 시장경쟁을 파괴하고 기득권을 고착시키는 폐단을 낳을 수 있다. 반면 분수효과만을 일방적으로 강조하는 것은 자칫 개인의 '경쟁하려는 의지'를 꺾고 시장경제의 역동성을 떨어뜨리면서 복지정책을 통한 사후적 분배에 과도한 부담을 지울 수 있다. 따라서 낙수효과와 분수효과를 유기적으로 결합하여 선순환의 효과를 낳아야 한다. 이는 개인의 의식과 행동을 바꾸고 우리 사회의 법제도와 관행을 혁신해야 하는 지극히 어려운 과제이다. 그러면 동반성장을 위해 먼저 무엇을 어떻게 해야 하는가?

2) 대기업과 중소기업의 동반성장과 이익공유제

정운찬(2013, 2016)은 한국의 대기업과 중소기업이 함께 성장할 수 있는 선순환적 생태계를 만드는 일은 그 경제적 효과가 단기간에 나타날 수 있을 뿐만 아니라, 지속적 성장을 위해 반드시 필요한 선행 조건임을 강조한다.[31] 대기업에 고여 있는 자금이 우리나라 전체

---

31 정운찬, 『미래를 위한 선택 동반성장』, pp.205~212, 21세기북스, 2013. 정운찬, 『우리가 가야할 나라 동반성장이 답이다』, pp.75~79, 희망사업단, 2016.

고용의 88%를 담당하고 있는 중소기업 부문으로 원활하게 흘러 들어 간다면 중소기업에서 일하고 있는 근로자들에게 더 많은 소득이 돌아 갈 것이다. 그 결과 가계소득이 원활하게 늘어난다면 가계 빚을 낼 이유도 그만큼 줄어들고 내수도 활발하게 늘어날 것이다. 그렇게 내수가 회복되면 일자리도 더 많이 창출될 수 있고 양극화도 그만큼 해소될 수 있다. 결국 우리경제가 당면하고 있는 내수 및 가계소득 부진, 일자리 부족, 청년실업 문제, 가계부채 문제, 양극화, 복지 요구 등을 한꺼번에 해결하는 출발점이 바로 대기업·중소기업 간 동반성장인 것이다.

그러면 대기업에서 중소기업으로 자금이 원활하게 흘러 들어가기 위해서 구체적으로 무엇을 해야 하는가? 1960년대 이래 우리 대기업들 은 세계 시장에서 창조적 혁신을 통해 품질·가격 경쟁력을 확보하기보 다는 부품 가격 인하를 통해 일단 가격 우위를 확보한 후에 품질을 높이겠다는 전략을 써왔다. 이런 과정에서 협력 중소기업들은 가혹한 가격조정을 감내하도록 요구받아왔다.

정운찬(2013)은 대·중소기업 간 협상력의 격차와 불공정 거래 관행 에서 오는 불균형을 현실적으로 보정할 수 있는 수단으로서 '이익공유 제(profit sharing)'[32]를 제안했다. 대기업이 협력업체들을 총동원해서 상당한 정도의 이익을 얻었다면, 그중 일정 부분은 임직원을 위한 인센티브로 사용하되, 다른 일정 부분은 협력 중소기업의 장기적인 성장기반 강화를 위해서 쓰도록 하자는 것이다. 예를 들어 앱스토어에

---

[32] 정운찬, 『미래를 위한 선택 동반성장』, pp.34~57, 21세기북스, 2013.

서 개인이나 기업이 수익을 창출하면 애플사의 수익도 자동으로 늘어 난다. 그리고 애플 제품의 판매량이 늘어나면 앱스토어 기업들의 수입도 함께 늘어난다. 이런 식의 비즈니스 생태계를 우리나라의 대기업과 협력 중소기업에도 도입해 서로 윈윈(win-win)하자는 것이 이익공유제의 기본 취지이다.

'이익공유제'란 넓게 정의하면 둘 이상의 협력 기업들이 공동으로 만들어낸 이익을 그 기여도에 따라 적절하게 배분하여 참가 기업들에 게 인센티브를 제공하고 공동 이익을 최대화하는 제도이다. 기업 내부의 이익공유제는 임원·근로자들에 대한 보너스나 스톡옵션 등의 형태로 이미 널리 퍼져 있다. 서로 다른 협력 기업 간의 이익공유제도 해외에서는 이미 오래 전부터 시행되어왔다. 이익공유제는 1920년대 미국 할리우드 영화산업 태동기 때 처음 등장한 이후 영화배우·제작 사·배급사 사이의 협력을 촉진시켜왔으며, 현재까지 할리우드의 경쟁 력을 뒷받침해왔다. 그 후 오늘날 미국·영국·호주·뉴질랜드·네덜란 드 등 선진국에서 제조업·건설업·유통서비스업·인터넷사업·프랜차 이즈 사업 등 다양한 산업에서 기업 간 협력 사업에 널리 활용되고 있다.

선진국에서 이익공유제를 실시하고 있는 이유는 간단하다. 공동으 로 만들어낸 이익을 그 기여도에 따라 공정하게 배분함으로써 참가자 들의 자발적인 노력 동기를 유발할 수 있으며, 그 결과 이익도 최대화할 수 있기 때문이다. 이익공유제는 정해진 파이를 한쪽에서 뺏어서 다른 쪽에 나누어주는 제로섬게임과는 다르다. 파이 나누는 비율을 효율적이고 공정하게 정하여 파이 자체를 훨씬 크게 만들어서, 결과적으로 모든 참여자들 각각이 먹을 파이 크기도 크게 하는 것이다. 이러한 점에서 이익공유제는 자유롭고 공정한 시장경제체제가 시장 참가자 개개인 또는 집단 간 '보편적 공정한 관찰자'에 의해 감시되고 규제되는, 즉 도덕적으로 성숙된 선진국 사회에서는 대기업과 중소기업 간에 어렵지 않게 합의를 도출해낼 수 있는 제도였을 것이다.

이익공유제는 현재 우리나라의 대기업과 중소협력업체 간에 적용할 때 특히 큰 의미를 갖는다. 대·중소기업 간 협력 사업은 과거 가공조립 생산단계의 저위험·저부가가치의 제조업 분야에서 오늘날에는 제품 기획/R&D, 제품개발/브랜딩, 마케팅과 같은 고부가가치·고위험 사업 분야로 확대되고 있다. 그러나 예전의 저부가가치 제조업 분야에서 원가절감을 추구하는 관행이 오늘날에도 계속되어 대기업과 협력 중소제조업체 사이에 수익성 격차가 확대되고 있다.

우리나라에서는 대기업이 '수요 독점자'의 우월적 지위를 통해 납품 단가를 결정할 때 협력사의 이익 마진은 원가의 일정 비율로 정해지고, 계약기간 중 원가에 연동하여 단가가 변경되는 원가연동가격방식(cost-plus pricing)을 주로 채택하고 있다. 이 방식에 따르면 중소협력사는 거의 고정된 기본 이익을, 대기업은 시장의 불확실성과 위험을 부담하는 대신 혁신이익을 얻게 된다.

이와 같은 납품단가 결정과 이익배분제도에서 협력 중소기업이 기술개발에 성공해도 개발비는 회수할지언정 혁신 이윤은 제대로 보상받지 못한다. 이런 제도에서 중소협력업체들은 기술개발이나 품질 개선에 대한 동기가 줄어들고, 따라서 혁신적 활동이 위축될 수밖에 없다. 이는 장기적으로 대기업의 수익에도 부정적인 영향을 미치게 된다. 과도한 단가 인하로 원가 절감에 치중하다 보면 품질은 뒷전으로 밀려나고 궁극적으로 대기업의 경쟁력도 약화될 수 있다. 도요타의 대규모 리콜 사태가 그 대표적 예라고 볼 수 있다. 도요타는 해외생산 증대와 비용절감을 위해 부품단가를 낮추는 원가경쟁력 전략에 치중하여 부품사들에게 납품단가 30% 인하를 요구하는 한편, 해외 현지 부품사로부터 저가격 조달을 도모해왔다. 이러한 지나친 원가절감 전략이 도요타의 '품질경영' 신화를 무너뜨렸으며, 2009~2010년 협력사의 가속페달 품질 문제로 대규모 리콜 사태가 이어지면서 위기에 봉착했었다. 대기업과 협력 중소업체 간 이익공유제를 도입하여 혁신 이윤을 효율적이고 공정하게 나누었다면 피할 수 있었던 사태였을 것이다.

대기업의 입장에서 중소기업과의 동반성장은 협력 중소업체와의 관계 개선을 넘어서는 보다 근본적인 조직관의 변화로부터 출발한다. 선진국들이 대·중소기업 간 '보편적 공정한 관찰자'의 자유롭고 공정한 제도로서 이익공유제를 도입하고 시행해왔듯이, 우리 기업들도 이익공유제를 통한 동반성장에 합의를 도출해낼 수 있다면 이는 한국이 선진국으로 한 걸음 도약하고 도덕적으로 성숙한 사회로 한 단계 나아가는 중요한 바로미터가 될 것이다.

5. 맺음말: 경주 최 부잣집의 공정한 관찰자

이제 한국을 대표하는 공정한 관찰자를 소개하는 것으로 이 글을 마무리하려 한다. 역사 이래 우리나라에서 가장 큰 곳간을 가지고

12대에 걸쳐 400년간이나 만석꾼 부자였다는 경주 최 부잣집의 현명함이 바로 그것이다.[33] 최 부잣집에는 오랜 전통으로 지켜져 오던 가훈들이 있었는데, "진사 이상의 벼슬을 하지 말라", "재산은 1년에 만 석(약 5천 가마니) 이상을 모으지 말라", "흉년에는 남의 논밭을 사지 말라", "사방 100리 안에 굶어 죽는 사람이 없도록 하라", "가문의 며느리들이 시집오면 3년 동안 무명옷을 입혀라"가 바로 그것이다.

최 부잣집 곳간이 쌀 700~800석을 보관할 수 있는 큰 규모라는 점도 놀랍지만, 더욱 놀라운 것은 이 곳간이 이웃 사람들을 위한 것이었다는 사실이다. 흉년이 되면 이 곳간을 열어 쌀을 나눠줌으로써 함께 어려움을 극복해 나갔던 것이다. 최 부잣집의 곳간만큼이나 유명한 것이 그 집의 사랑채였는데, 찾아오는 손님은 신분의 귀하고 천함을 구분하지 말고 무조건 후하게 대접하라는 집안의 가르침을 실천하느라 1년 소작 수입인 쌀 3,000석 가운데 1,000석을 손님 접대에 썼다고 한다. 게다가 손님이 떠날 때면 과메기 한 손(두 마리)과 하루 분의 양식을 쥐어 보냈다고 한다. 오랜 세월 부를 이어왔던 최 부잣집의 재산은 일제강점기 때 독립운동 자금으로 상당 부분 쓰였고, 나머지는 광복 후인 1950년에 영남대의 전신인 '대구대학'에 기증함으로써 이웃과 후손들의 배움을 위한 터전을 마련해 주었다.

경주 최 부잣집이 부를 축적하는 데 엄격한 금도를 지킨 것은 이웃을 사랑하는 자혜의 본성 때문만은 아니었을 것이다. 그렇게 하지 않으면 사람들이 비난하고 등을 돌릴 것이 두려운 이유도 있었을 것이다.

---

33 정운찬, 『미래를 위한 선택 동반성장』, pp.187~195, 21세기북스, 2013.

사람들이 등을 돌리는 인색한 부자, 재산은 많아도 친구가 없고, 따르는 사람은 많아보여도 자기를 진심으로 좋아하는 사람이 없는 외톨이 부자가 되기 싫어서가 아니었을까? 논이 많으면 뭣 하겠는가. 사람들이 그 논에 와서 일하기를 거부한다면 결국 그 논은 죽은 논이 된다. 집이 대궐같이 넓으면 뭣 하겠는가. 이웃들이 모두 떠난 마을에 대궐같이 큰 집이 있다 한들 무인도에서 혼자 호사를 누리는 쓸쓸함을 면할 수 없다.

경주 최 부자는 마음속 공정한 관찰자인 현자賢者가 일러주는 대로 마음의 평온, 즉 행복에 필요한 최소한의 부만을 소유하고 그 나머지는 이 최소한의 부조차 가지고 있지 못해서 실의에 빠진 사람들과 나누면서 더불어 사는 것이 행복하게 부를 쌓는 비법임을 알았던 것이다. 이는 앞서 애덤 스미스가 『도덕감정론』에서 얘기했던 "거만하고 몰인정한 지주"가 이기심의 '보이지 않는 손'과 공정한 관찰자의 '보이지 않는 손'에 인도되어 마치 대지가 모든 주민에게 똑같은 몫으로 분할되었을 경우에 이루어졌을 것과 거의 동일한 생활필수품의 분배를 가져온다는 것을 연상시킨다.

경주 최 부자가 살아 돌아온다면, 오늘날 동네 빵집까지 석권해버린 재벌들을 어떻게 생각할까? 자기 자손들에게 엄히 금했던 일들을 하고 있는 재벌총수들을 '해서는 안 될 짓을 하는 사람들'이라고 꾸짖을 것이다. 그리고 지금이라도 곳간을 열어 이웃과 더불어 행복할 수 있는 부자가 될 것을 당부할 것이다.

참고문헌

도메 다쿠오, 우경봉 역, 『지금 애덤 스미스를 다시 읽는다』, 동아시아, 2010.

애덤 스미스, 김수행 역, 『국부론』, 비봉출판사, 2003.

애덤 스미스, 김광수 역, 『도덕감정론』 제6판(1790), 2016, 한길사.

정운찬, 『동반성장 국가로 가는 길』, 희망사업단, 2017.

_____, 『우리가 가야 할 나라 동반성장이 답이다』, 희망사업단, 2016.

_____, "한국경제, 어떻게 살릴 것인가?" 동반성장연구소, 2015.

_____, 『미래를 위한 선택 동반성장』, 21세기북스, 2013.

조순 정운찬 전성인 김영식, 『경제학원론』 제11판, 율곡출판사, 2013.

소유의 심리적 의미

- 소유와 행복의 관계 -

권석만(서울대학교 심리학과 교수)

1. 소유, 무엇이 문제인가?

참으로 좋은 세상이다. 우리가 살고 있는 한국사회는 먹거리가 넘쳐나서 비만을 걱정하고, 집집마다 소유물로 가득차서 공간부족을 고민하는 세상이다. 인간은 지구상에 출현한 이후 근래까지도 배고픔과 헐벗음으로 고통받아왔다. 한국인 역시 반세기 전만 해도 끼니를 걱정해야 하는 빈궁한 삶을 살았다. 그러나 21세기의 한국인은 먼 길을 마다않고 맛집을 찾아다닐 만큼 풍족한 먹거리를 향유하고 있을 뿐만 아니라 다양한 생활필수품을 구비하고 가전제품, 자동차, 컴퓨터, 핸드폰과 같은 첨단문명의 이기를 소유하며 살고 있다. 인류는 유사 이래 최고의 물질적 번영을 이루었으며, 한국인은 단군 이래 최고의 물질적 풍요를 누리고 있다.

우리는 소유가 행복의 필수적 조건이라고 믿는다. 많은 재물을 소유할수록 의식주의 기본적 욕구를 잘 해결할 수 있을 뿐만 아니라 우리의 삶을 더욱 풍요롭게 할 수 있기 때문이다. 그런데 우리사회에 이해하기 힘든 현상이 나타나고 있다. 유사 이래 최고의 물질적 풍요를 누리고 있는 한국사회에 불행감을 느끼는 사람들이 늘어나고 있는 것이다. 많은 청년들이 취업, 결혼, 출산 등 인생의 기본적 과업마저 포기할 정도로 낙담하고 있다. 한국인의 전반적 행복도는 OECD 국가 중 하위권에 속하며, 특히 아동과 청소년의 행복도는 지난 9년간 연속 꼴찌다. 반면에 한국인의 자살율과 이혼율은 OECD 국가 중 최상위권이다.

전 세계적으로 보더라도 과거 어느 때보다 물질적 풍요를 누리고 있는 현대인은 행복하지 않다. 소유를 위한 치열한 경쟁으로 현대인은 스트레스에 시달리고 있으며 소유의 양극화로 인한 상대적 결핍감과 사회적 갈등이 증폭되고 있다. 우울증으로 고통받는 사람들이 세계적으로 증가하고 있으며 세계 곳곳에서는 갈등과 분쟁이 끊이지 않고 있다. 또한 무분별한 자원개발로 지구는 황폐화되고 있으며 자원고갈의 우려를 낳고 있다. 인간의 소유욕은 인류의 물질문명을 발전시키는 중요한 원동력이지만, 인간사회를 갈등과 투쟁으로 몰아갈 뿐만 아니라 지구자원을 고갈시킴으로써 인류를 자멸의 길로 인도하고 있다.

이러한 현실을 목도하면서 소유가 행복을 증신할 것이라는 믿음에 근본적인 의문을 제기하게 된다. 소유는 인간을 행복하게 만드는가? 소유는 우리의 삶에 어떤 의미를 지니는가? 소유는 인간의 삶에 어떤 심리적 영향을 미치는가? 인간은 물질적 풍요 속에서 왜 행복하지 못한가? 소유가 인간을 불행하게 만드는 이유는 무엇인가? 소유에 대한 탐욕은 어떤 심리적 과정을 통해 생겨나는가? 행복한 삶을 위해서는 소유에 대해 어떤 태도를 지니는 것이 바람직한가? 이 글은 심리학의 관점에서 이러한 물음에 답하기 위한 것이다.

2. 소유, 어떤 심리적 의미를 지니는가?

소유所有는 사전적으로 '가지고 있음 또는 그 물건'을 뜻한다. 법률적으로 소유는 '소유권'과 밀접히 관련된 개념으로서 '어떤 물건을 지배하는 행위' 또는 '소유물을 자유로이 사용하거나 처분하는 행위'를 의미한다.[1] 이처럼 소유는 개인이 물질적 대상에 대해서 자신의 뜻대로 '통제'하는 행위라고 할 수 있다.

인간은 욕망하는 존재로서 참으로 다양한 것들을 탐한다. 식욕, 성욕, 권력욕, 명예욕, 지식욕 등의 다양한 욕망 중에서 재물을 탐하는 소유욕은 인간의 삶에 가장 강력한 영향을 미치는 욕망 중 하나다. 더 많은 재물을 소유하려는 인간의 욕망은 매우 강렬할 뿐만 아니라 매우 집요하다. 인간의 소유욕은 왜 그토록 강렬하고 집요한 것일까? 소유는 인간의 삶에 어떤 의미를 지니는 것일까? 인간은 왜 끊임없이 더 많은 소유를 원하는 것일까?

---

1 곽윤직, 『물권법』, 박영사, 1984.

1) 진화심리학의 관점

인간의 소유욕, 즉 재물욕은 인류의 조상이 생존과 번식을 위해 투쟁했던 진화과정의 맥락에서 이해될 수 있다. 최근 심리학계에는 인간의 여러 심리적 현상을 진화과정의 맥락에서 설명하려는 진화심리학(evolutionary psychology)이 각광을 받고 있다. 진화심리학에 따르면 인간의 심리적 속성은 생존과 번식을 위한 치열한 적자생존 과정에서 선택된 진화의 산물이다.

진화심리학의 관점에서 보면 현대인의 마음에는 인류의 조상들이 살아온 삶의 흔적이 남아 있다. 인간의 심리적 기능은 인류의 조상이 직면했던 환경에 잘 적응하도록 특화된 것이다. 현대인의 심리적 기능을 이해하기 위해서는 인류의 조상이 생존하기 위해 적응해야만 했던 환경, 즉 진화적 적응환경(environment of evolutionary adaptedness)의 특성을 잘 이해하는 것이 중요하다. 진화적 적응환경은 인류로 하여금 특정한 적응방식을 선택하도록 반복적으로 압력을 가해온 환경의 특성을 의미한다. 이러한 환경적 압력에 의해 선택되어 후손에게 전달된 심리적 구조와 기능을 진화된 심리적 기제(evolved psychological mechanism)라고 지칭하는데, 이러한 심리적 기제가 현대인의 삶에 강력한 영향을 미치고 있다.[2,3]

---

2 권석만, 『현대 성격심리학』, 학지사, 2015.

3 Buss, D. M.(2004). *Evolutionary psychology: The new science of the mind* (2nd). New York: Person. (김교헌·권선중·이홍표 역, 『마음의 기원: 진화심리학』, 나노미디어, 2005).

(1) 생존과 번식을 위한 소유의 중요성

인류의 조상에게 있어서 의식주를 위한 자원 확보는 생존과 번식, 그리고 자녀양육을 위한 절박한 문제였다. 진화심리학에 따르면 현재 인간이 지닌 심리적 기제는 대부분 인류의 조상이 지금으로부터 200만 년~1만 2,000년 전인 홍적세 환경에서 반복적으로 직면했던 생존과 번식문제에 적응하기 위해 진화한 것이다. 이 시기의 주요한 적응문제는 육체적 성장, 구애, 자녀양육, 사회적 관계였다. 이러한 적응문제를 잘 해결한 일부의 원시인들만이 생존과 번식에 성공하여 현대인의 조상이 되었다.

진화론의 관점에 따르면 모든 생명체의 궁극적인 존재 이유는 생존과 번식이다. 즉 살아남아서 자신의 유전자를 널리 퍼뜨리는 일이다. 적자생존의 진화과정에서는 생존을 위한 자연 선택(natural selection)과 번식을 위한 성적 선택(sexual selection)이 일어난다.

인류의 조상이 생존을 위해 직면한 과제는 적대적인 자연환경(기후, 식량부족, 독소, 질병, 기생충, 약탈자, 같은 종 내의 적대자 등)에 적응하는 것이었다. 살아남기 위해서는 이러한 적대적인 자연환경으로부터 자신을 보호하는 일이 중요했다. 인류 조상이 생존하기 위해 가장 중요했던 적응과제는 추위로부터 체온을 유지할 수 있는 의복과 배고픔을 해결할 식량을 획득하고 안전한 주거지를 확보하는 일, 즉 의식주를 마련하는 일이다. 주변 환경으로부터 의식주 마련을 위한 물질들을 수집하여 저장하고 소유하는 일이 생존을 위한 중요한 적응과제였다.

인류의 조상들이 생존의 문제보다 더욱 치열한 경쟁을 벌여야 했던 적응과제는 번식을 위한 것이다. 환경의 위협이나 약탈자에 대응해야 했던 자연 선택과 달리, 성적 선택은 같은 종의 구성원 사이에서 벌어지는 경쟁에서 승리하는 것이었다. 성공적인 번식을 위해 인류의 조상들이 직면했던 주요한 과제는 ①동성 간 경쟁(좋아하는 이성에게 접근하기 위해서 동성 구성원을 이기거나 따돌리는 것), ②짝 선택(집단 내에서 최대의 번식 가치를 지닌 이성 짝을 찾는 것), ③성공적인 수정(남성은 여성 짝을 수정시키고 여성은 남성 짝을 수정하도록 유인하는 사회적·성적 행동을 하는 것), ④짝 유지(자신의 짝이 변절하거나 도망가지 않도록 하는 것뿐만 아니라 동성 경쟁자가 침범하지 않도록 예방하는 것), ⑤자녀 양육(자녀의 성공적인 생존과 번식에 기여하는 행동을 하는 것), ⑥친족 지원(같은 유전자를 공유한 친인척에게 도움이 되는 행동을 하는 것)이었다.

번식의 적응과제를 해결하기 위해서는 다양한 책략이 필요하지만 물질적 자원의 확보가 가장 중요했다. 여자는 자신과 자녀의 의식주를 해결할 물질적 자원을 지닌 남자를 짝으로 선호해야 했으며, 남자는 다른 남자들과 경쟁하며 그러한 여자에게 선택되기 위해서 더 많은 물질적 자원을 확보하는 것이 중요했다. 이처럼 물질적 자원의 확보는 생존뿐만 아니라 번식을 위해 매우 절실한 적응과제였다.

인간은 집단 내에서 공식적이든 비공식적이든 지위의 위계구조를 가지고 있다. 인간사회에서는 높은 지위에 있는 사람이 번식과 관련된 많은 자원을 소유한다. 성적 선택은 집단 내에서의 지위 경쟁(hierarchy negotiation)과 관련된 다양한 문제에 대처하기 위한 복잡한 심리를 발달시켰다. 예컨대 사회적 지위를 추구하는 동기를 갖게 만들고, 높은 지위에 있는 타인에 대한 시기심을 발달시켰으며, 타인의 지위상

승 과정을 모방하거나 거짓말로 그를 끌어내리는 것과 같은 교묘한
전략을 구사하기 위한 인지적·사회적 능력을 발달시켰다.

(2) 소유에 대한 남녀의 성차

진화심리학에 따르면 남자와 여자는 번식과정의 역할 차이로 인해
다양한 심리적 특성에서도 차이를 나타낸다. 진화론의 관점에서 보면,
수컷의 궁극적인 목적은 짝짓기를 통해 암컷을 수태시키는 것이다.
반면에 암컷은 짝짓기뿐만 아니라 자녀를 번식 가능한 나이까지 키워
내는 것이 궁극적 목적이다. 따라서 남자와 여자는 짝짓기 상대를
선택하는 기준이 다르다.

배우자 선호(mate preference)에 있어서 남자와 여자는 다양한 차이
를 나타낸다.[4,5] 우선 여자는 남자보다 자녀출산과 양육에 더 많은
투자를 하기 때문에 짝을 더 까다롭게 고른다. 반면에 상대적으로
적은 투자를 하는 남자는 더 많은 수의 자녀를 생산하려 하기 때문에
짝을 고르는 데 덜 까다롭다.

부모투자이론(parental investment theory)을 주장한 Trivers[6]에 따르

---

4 Eagly, A. H., & Wood, W. (1999). The origins of sex differences in human
  behavior: Evolved dispositions versus social roles. *American Psychologist,
  54*(6), 408-423.

5 Looy, H. (2001). Sex differences: Evolved, constructed, and designed. *Journal
  of Psychology and Theology, 29*, 301-313.

6 Trivers, R. L. (1972). Parental investment and sexual selection. In B. Campbell
  (Ed.), *Sexual selection and the descent of man*, 1871-1971 (pp.136-179).
  Chicago: Aldine.

면 남자와 여자는 자녀를 낳을 때 투자하는 양이 다르기 때문에 각기 다른 짝짓기 전략을 발전시켰다. 남자는 한 번의 성행위만으로 자손번식이 가능한 반면, 여자는 임신을 하게 되면 10개월 동안 태아를 키워야 하고 다른 임신이 불가능하며 남성에 비해 출산 가능한 연령범위가 좁다. 즉 자녀생산을 위해서 여자는 남자에 비해 훨씬 더 많은 투자를 하기 때문에 배우자를 신중하게 고른다.

여자가 배우자를 선택할 때 취하는 전략은 최선의 배우자, 즉 자신과 자녀에 대한 물질적 지원 능력, 좋은 유전자의 보유, 아버지로서의 돌봄과 헌신이라는 측면에서 최고로 유능한 남자를 찾을 때까지 짝짓기를 보류하는 것이다. 반면에 남자의 전략은 건강함을 반영하는 아름다운 여자와 짝짓기를 할 수 있는 성적인 기회를 최대화하여 가능한 한 성행위를 자주 하는 것이다.

진화심리학의 관점에 따르면 남자와 여자는 소유에 부여하는 의미가 다르다. 남자에게 있어서 소유는 여자를 유혹하여 짝짓기를 하기 위한 주요한 수단이다. 여자로부터 짝짓기 상대로 선택되기 위해서 경쟁자인 다른 남자들보다 우월함을 보여주기 위한 주된 수단이 소유, 즉 경제적 능력이라고 할 수 있다. 반면에 여자에게 있어서 소유는 자녀를 양육하기 위한 주된 수단이다. 따라서 여자는 자녀양육을 지원할 수 있는 자원을 많이 가진 배우자를 찾는다. 요컨대 남자는 여자로부터 짝짓기 상대로 선택되기 위해서 많은 재물을 확보해야 했으며, 여자는 자녀의 양육을 위해서 재물의 확보에 깊은 관심을 기울여야만 했다.

여자는 어머니로서 여러 자녀를 굶기지 않고 건강하게 양육해야

하는 중대한 과업을 짊어지게 된다. 자원을 자녀에게 골고루 배분하려
는 어머니와 가능한 한 많은 자원을 확보하려는 자녀 간에는 치열한
암투가 벌어진다. 신생아는 형제자매와의 경쟁 속에서 어머니의 젖을
가능한 한 많이 오래도록 빨아먹기 위한 다양한 심리적 전략(예:
엄살하기, 어리광부리기, 떼쓰기)을 구사한다. 인류학자인 Hrdy[7]에 따
르면 어린아이는 아무것도 모르는 연약하고 천진난만한 존재가 아니라
생존을 위해 부모의 자원을 최대한 확보하려는 고도의 전략가다.
또한 어머니는 최대한의 자원을 확보하여 여러 자녀를 건강하게 양육
하기 위한 다양한 전략을 사용한다. 양육해야 할 많은 자녀에 비해
자원이 부족한 상황에 처한 어머니는 다른 자녀의 생존을 위해서
신생아를 버리거나 살해하기도 한다.

요컨대 인류의 조상들은 생존, 번식, 자녀양육을 위한 처절한 투쟁을
해야 했으며 물질적 자원의 확보는 이러한 투쟁에서 살아남기 위한
매우 중요한 과제였다. 인류 조상의 진화과정에서 선택된 심리적
기제 중 하나가 바로 인간의 소유욕이라고 볼 수 있다. 현대인의
삶 역시 소유를 위한 투쟁이라고 할 수 있다. 개인이든 집단이든
인간을 움직이는 중요한 원동력은 더 많은 소유를 위한 자원 경쟁과
지위 경쟁이다. 다만 현대인은 인류의 조상에 비해 좀 더 복잡한
세상에서 좀 더 교묘한 방식으로 생존과 번식을 위한 재물과 권력을
추구하고 있을 뿐이다.

---

7 Hrdy, S. B. (1999). *Mother nature: A history of mothers, infants and natural
selection*. New York: Pantheon. (황의선 역, 『어머니의 탄생』, 사이언스북스, 2010).

2) 자기개념과 소유

소유는 세상과 분리된 나약한 존재인 개인이 타자와 특별한 관계를
형성함으로써 자신을 강화하고 확장하려는 노력이라고 할 수 있다.
소유욕의 핵심에는 불안이 존재한다. 세상은 위험한 곳이고 자신은
취약한 존재라는 인식이 불안의 바탕을 이룬다. 이러한 불안에서
벗어나기 위해서 개인은 위험에 대비할 수 있는 다양한 자원을 확보하
려고 노력한다. 소유는 다양한 자원을 자신의 통제 하에 둠으로써
자신을 어떤 위험에도 대처할 수 있는 강한 존재로 인식하여 심리적
안정감을 얻으려는 노력이라고 할 수 있다.

(1) 자기의식과 소유: 나와 나의 것

소유는 '나'라는 자기의식과 밀접하게 관련되어 있다. 발달심리학자인
Stern[8]에 따르면 어린아이는 생후 18개월 전후에 자기의식이 발달하고
두 살쯤 되면 '내거야'라는 말을 하기 시작하며 3세쯤에는 '내 것'과
'다른 사람의 것'의 차이를 분명하게 이해한다. 이처럼 어린아이는
다양한 대상에 대해 일인칭 소유격(my)을 붙여 지칭하면서 자신이
그러한 대상과 특별한 관계에 있음을 주장하며 자기개념의 범위를
확대해 나간다.

소유의 개념은 우리가 소유격을 붙여 '내 것'이라고 지칭할 수 있는
모든 것으로 확대될 수 있다. 우리가 일인칭 소유격을 붙여 지칭하는
대상은 매우 다양하다. 우리 자신의 육체(내 손, 발, 몸 등)를 비롯하여

---

8 Stern, D. N. (1985). *The interpersonal world of the infant: A view from
psychoanalysis and developmental psychology*. New York: Basic Books.

물질적 대상(내 옷, 신발, 음식, 자동차, 돈 등), 심리적 자원(내 능력,
지식, 기술 등), 사회적 대상(내 가족, 친구, 연인 등), 심지어 영적인
대상(내 영혼, 나의 하나님)에도 일인칭 소유격 대명사를 붙여 지칭함으
로써 자신과 밀접한 관계임을 주장한다.

　이처럼 소유는 개인이 타자와 특별한 관계를 맺음으로써 자신을
강화하고 확장하는 삶의 방식이라고 할 수 있다. 인간은 독립적 존재라
는 자기의식(self-awareness)이 싹트면서 자신의 욕망을 충족시킬 수
있는 대상을 '내 것(mine)'이라고 말하며 그것에 대한 소유권을 주장한
다. 소유의 권리를 통해서 개인은 특정한 대상을 자신만이 독점적으로
소유하고 사용할 수 있다고 다른 사람들에게 주장하는 것이다.

(2) 소유를 통한 자기개념의 확장

소유는 개인이 소유물을 자신과 특별한 관계로 연결하는 행위다.
상점의 진열대에 전시된 수많은 상품 중에서 '나'의 선택에 의해 구매한
상품은 '내 것'이라는 특별한 관계로 전환된다. '내 것'은 다른 사람에
의해 통제될 수 없으며 오직 나에 의해서만 사용되고 처분될 수 있는
것으로서 나의 통제권에 포섭된 특별한 존재가 되어 나의 일부로
인식된다. 즉 인간은 소유물을 자신의 일부로 동일시함으로써 소유를
통해 자신을 강화하고 확장하는 것이다.

　마치 소라게가 소라껍질을 자신의 일부로 여기듯이, 우리는 소유물
을 자신의 일부로 여기고 집착하게 된다. 소라게는 연약한 복부를
지니고 있으며 포식자로부터 자신을 보호하기 위해 우연히 접한 소라
껍질을 뒤집어쓰고 다닌다. 소라게는 점차 소라껍질을 자신의 일부로

여기며 평생 무거운 소라껍질을 힘겹게 짊어지고 다닌다. 이처럼 소유물은 생존수단의 의미를 넘어 자기개념의 중요한 일부를 이룬다.

자기개념(self-concept)은 '자기 자신에 대한 주관적인 인식과 평가를 반영하는 인지적 관념'으로서 '나'와 '나 아닌 것'을 구분하게 해줄 뿐만 아니라 자기정체감의 바탕을 이룬다.[9] 이러한 자기개념은 경험에 의해 변화되는 역동적인 기억체계로서 개인이 성장함에 따라 다면적이고 다차원적으로 발전한다.

자기개념은 매우 복잡하고 다면적인 심리적 구조를 지니고 있지만, James[10]를 비롯한 여러 심리학자들은 자기개념이 크게 세 영역, 즉 물질적 자기, 정신적 자기, 사회적 자기로 구분될 수 있다고 여긴다. 물질적 자기(material self)는 자기와 관련된 물질적 측면과 소유물로 구성되어 있으며, 그 가장 핵심부에는 자신의 육체가 존재하고 주변부에 의복, 집, 자동차, 가구와 같은 소유물들이 위치한다. 정신적 자기(spiritual self)는 개인이 지닌 심리적 능력과 성향을 의미하며 성격, 지적 능력, 직업적 성취, 지식, 인생관, 가치관 등이 포함된다. 사회적 자기(social self)는 다른 사람들과의 관계를 뜻하며 가족, 연인이나 배우자, 친구, 직장동료들과의 관계와 그들로부터 받는 사랑, 명성, 명예 등으로 구성된다. 이러한 자기개념의 구조를 도식적으로 제시하면 〈그림 1〉과 같다.[11,12]

9 Epstein, 3. (1990). Cognitive-experiential self-theory. In L. A. Pervin (Ed.), *Handbook of personality: Theory and research* (pp.165-192). New York: Guilford Press.

10 James, W. (1890). *Principles of psychology*. New York: Holt.

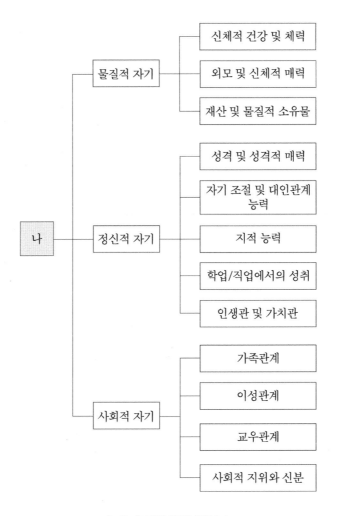

〈그림 1〉 자기개념의 구성요소

11 권석만, 「자기개념의 발달과 구조 그리고 심리장애와의 관련성」(김종욱 편,
『나, 버릴 것인가 찾을 것인가』, 운주사, 2008), pp.337~382.

12 Marsh, H. W., Relich, J. D., & Smith, I. D. (1983). Self-concept: The construct
validity of interpretations based upon the SDQ. *Journal of Personality and
Social Psychology, 45*, 173-187.

소유의 의미를 좁게 규정하면 물질적 자기 중에서 '재산 및 물질적 소유물'을 '나의 소유'라고 지칭할 수 있다. 그러나 우리는 일상적으로 자기개념의 모든 구성요소에 대해서 일인칭 소유격을 붙여 지칭한다. 이처럼 소유의 개념을 확대하면 물질적 자기뿐만 아니라 정신적 자기와 사회적 자기를 구성하는 모든 요소들을 '나의 소유'에 포함시킬수 있다. 즉 소유는 자신을 강화하고 확장하기 위한 행위로서 개인이자신의 일부로 여기는 모든 것은 소유의 대상이 될 수 있다.

(3) 자존감의 바탕

인간의 삶은 자기를 강화하고 확장하려는 노력이다. 인간은 수시로자신을 평가하고 점검한다. 자존감(self-esteem)은 자기평가의 산물이며 자신을 가치 있는 존재로 여기는 자기 자신에 대한 긍정적 정서를의미한다. 달리 말하면 자존감은 긍정적인 자기개념, 즉 자기를 구성하는 요소들에 대한 긍정적인 자기평가에 근거한다.

자기평가(self-evaluation)는 다양한 차원에서 복잡한 비교과정을통해 이루어진다. 우선 자기개념을 구성하는 각 요소를 중요하게여기는 정도가 사람마다 다르다. 개인이 중시하는 자기 구성요소(예: 신체적 매력, 물질적 소유, 지적 능력, 가족관계)에 대한 평가가 부정적일수록 그의 자존감은 낮아질 것이다. 물질적 자기, 특히 재산과 물질적소유물을 중요하게 여기는 사람은 자신의 소유에 대한 자기평가에따라 자존감이 크게 변화할 것이다.

자기평가는 다양한 차원에서 복잡한 비교과정을 통해 이루어진다. 자기 구성요소의 현재 상태를 나타내는 현실적 자기(real self)에 대한 평가뿐만 아니라 자신이 이상적 목표로 추구하는 이상적 자기(ideal self), 주변 사람들의 기대를 반영하는 의무적 자기(ought self), 노력하면 이룰 수 있다고 믿는 가능한 자기(possible self)와의 비교를 통해 다양한 방식으로 자기평가가 이루어진다.[13,14,15] 예컨대 이상적 자기와 의무적 자기의 수준이 지나치게 높은 사람은 현실적 자기의 수준이 다른 사람들보다 높더라도 이상적·의무적 자기의 수준에 미치지 못하면 만족하지 못한다. 반면에 현실적 자기의 수준은 낮지만 가능한 자기의 수준을 높게 인식하는 사람은 미래에 대한 희망을 느끼며 열심히 노력하게 된다. 이처럼 개인의 자존감은 현실적 자기의 객관적 상태보다 자기평가의 주관적 과정을 통해서 결정된다. 이상적 자기와 의무적 자기의 높은 기준을 지니고 있지만 현실적 자기와 가능한 자기의 수준을 낮게 인식하는 사람이 가장 낮은 자존감을 경험할 수 있다.

요컨대 자존감은 자기개념을 구성하는 모든 요소에 대한 자기평가의 총합에 의해 결정된다. 우리의 자존감은 자기 구성요소 중 어떤 것을 중요하게 여기며 자기평가 차원 중 어떤 것과 비교하느냐에 따라 달라질 수 있다. 물질적 소유를 중시하는 사회일수록 재산과 물질적 소유물이 개인의 자존감을 지탱하는 중요한 바탕이 될 수 있다. 특히

---

13 Higgins, E. T. (1987). Self-discrepancy: A theory relating self and affect. *Psychological Review, 94*, 319-340.

14 Markus, H. R. (1990). Unsolved issues of self-representation. *Cognitive Therapy and Research, 14*, 241-253.

15 Rogers, C. R. (1951). *Client-centered therapy.* Boston: Houghton Mifflin.

물질적 소유를 중시하는 개인에게는 더욱 그러할 수 있다. 그러나 무엇을 자기 자존감의 바탕으로 삼느냐는 것은 개인마다 현저하게 다르며 그에 따라 그들의 인생이 현저하게 달라진다.

3) 관계방식으로서의 소유

소유는 개인이 타자와 관계를 맺는 독특한 방식으로 이해될 수 있다. 소유는 개인이 타자를 일방적으로 지배하려는 삶의 방식이자 관계방식이라고 할 수 있다. 우리는 나의 소유물, 즉 '내 것'에 대해서는 내 마음대로 처분할 수 있다는 의식을 지닌다. 우리가 일상적으로 사용하는 소유의 의미를 좀 더 확장하여 이해하면, 소유는 '물건'에 대한 지배행위를 넘어 개인이 인간을 포함한 모든 대상을 자신의 의지대로 통제하고 지배하려는 자기중심적인 관계방식이라고 할 수 있다.

(1) 자기중심적 관계방식으로서의 소유

소유의 개념은 소유자가 소유물을 지배하고 통제하는 수직적 주종관계를 내포한다. 즉 소유자는 소유물을 자신의 마음대로 통제하고 처분할 수 있는 권력을 지닌다. 이런 점에서 소유는 타자의 입장을 고려하지 않는 자기중심적이고 일방적인 관계방식으로서 폭력성을 지닐 수 있다.

에릭 프롬[16]이 저서인 『소유냐 존재냐(To have or to be)』에서 주장한 바 있듯이, 현대인은 사유재산제도에 익숙해져서 재산, 지식, 지위,

---

16 Fromm, E. (1976). *To have or to be?* New York: Harper & Row. (김진홍 역, 『소유냐 삶이냐』, 홍성사, 1978).

권력뿐만 아니라 타인까지도 자신의 의도대로 통제하려는 소유적인 삶의 방식을 취하며 살고 있다. 이처럼 소유는 타자에 대한 존중과 배려가 결여된 자기중심적이고 일방적인 지배적 관계방식으로 전락할 수 있다. 특히 소유권이 물건뿐만 아니라 생명을 지닌 존재로 확대될 경우에 많은 문제가 발생한다. 인류의 역사에는 인간을 소유물로 간주하여 노예나 하인으로 학대했던 불행한 과거가 있다. 현대사회에서도 자녀나 반려동물을 자신의 마음대로 처분할 수 있는 소유물로 간주하며 학대하는 반인륜적 행위들이 일어나고 있다.

소유의 관계방식은 현대인의 인간관계에 널리 확산되어 있다. 소유적 인간관계에서는 타인을 자신의 소유물로 여기고 그들의 자유를 구속하며 자신의 의도대로 행동하기를 강요한다. 또한 상대방이 자신의 뜻대로 행동하지 않을 경우에는 강렬한 분노를 느끼며 공격적 학대를 하게 된다. 우리사회에는 자녀를 자신의 소망에 따라 일방적으로 양육하는 부모들이 있고, 제자를 자신의 연구를 위한 노예처럼 부리는 교수들이 있으며, 하급자의 인격을 침해하는 부당한 행동을 서슴지 않는 상급자들이 있다. 매스컴에 보도된 일부의 악덕 고용주처럼, 소유적 인간관계에서는 타인을 마치 상품 구입하듯 돈으로 고용하여 자신의 마음대로 통제하는 소유물로 여기고, 마음에 들지 않으면 언제든 해고하거나 다른 사람으로 교체할 수 있다고 생각하며 타인의 인격을 무시하고 침해하는 '갑질행동'의 폭력성이 나타날 수 있다.

마틴 부버(Martin Buber)의 표현에 따르면 소유적 인간관계에서는 상대방을 인격적 존재로 여기며 '나와 당신(I-Thou)'의 관계맥락에서 대하는 것이 아니라 수단적 존재로서 '나와 그것(I-It)'의 관계대상으로

대하게 된다. 상대방에 대한 존중과 배려가 결여된 소유적 인간관계는
필연적으로 상대방의 불만과 저항을 초래하여 불행과 갈등을 유발한
다. 또한 소유적 관계방식은 상대방을 자신의 독점적 소유물로 집착함
으로써 과도한 통제와 요구를 가하게 되거나 상실의 불안과 배신의
의심을 유발함으로써 불행한 인간관계를 초래하게 된다.

(2) 개인주의 문화와 집단주의 문화에서의 소유

자기와 소유에 대한 개념은 사람마다 다를 뿐만 아니라 문화에 따라
현저한 차이를 나타낸다. 네덜란드 사회심리학자인 Hofstede[17,18]는
실증적 자료에 근거하여 여러 국가의 문화가 개인주의-집단주의
(individualism-collectivism)의 차원에서 구분될 수 있다고 주장했다.
개인주의-집단주의는 개인이 심리적으로 집단과 연결되어 통합된
정도를 의미하며 사회의 문화적 특성을 반영하는 중요한 요인으로
여겨지고 있다.

　개인주의 문화는 개인들 간의 연계성이 느슨할 뿐만 아니라 개인이
집단에 통합되어 있는 정도가 낮으며 개인의 독립성과 자립성을 강조
하고 성취, 경쟁, 쾌락 추구의 가치를 중요하게 여긴다. 이러한 문화에
서는 대다수 사람들이 자기 자신과 자신의 직계가족만을 돌보면 되는

---

17 Hofstede, G. (1980). *Culture's consequence: International differences in work-related values.* Beverley Hills, CA: Sage.

18 Hofstede, G. (1991). *Cultures and organizations: software of the mind. Intercultural cooperation and its importance for survival.* London: McGraw-Hill International.

것으로 생각하며 그 이상의 사회구성원에 대해서는 깊은 관심을 갖지
않는다.

반면에 집단주의 문화에서는 개인이 출생하면서부터 강한 응집력을
지닌 집단(흔히 확대가족)에 통합되어 보호받는 대신 집단에 대한
강한 소속감과 책임의식이 요구된다. 이러한 문화에서는 개인의 사회
적 관계가 중요하며 상호의존성, 가족통합, 공동체 의식이 강조된다.
세계의 여러 문화는 이러한 개인주의-집단주의의 연속성 상에서 구분
될 수 있다.

개인주의-집단주의는 그 문화의 구성원들이 자신을 바라보는 관점
에 영향을 미친다. Markus와 Kitayam[19]에 따르면 개인주의 문화에서는
구성원들이 독립적 자기관을 지니는 반면, 집단주의 문화에서는 상호
의존적 자기관을 갖는다. 개인주의 문화에서는 개인을 자율적이고
독립적이며 자유와 자기이익을 추구하는 존재로 여기는 반면, 집단주
의 문화에서는 개인을 타인과 밀접하게 연결되어 있는 상호의존적인
존재로서 사회적 관계와 조화를 중시한다. 개인주의-집단주의는 구성
원들이 '나(I)'의 자기개념을 지니는가 아니면 '우리(we)'의 자기개념
을 지니는가와 관련되어 있다. 집단주의 문화에서는 '우리'라는 일인칭
복수대명사를 자주 사용하는 반면, 개인주의 문화에서는 '나'라는 일인
칭 단수대명사를 많이 사용한다.[20]

---

19 Markus, H. R., & Kitayama, S. (1991). Culture and the self: Implications
for cognition, emotion, and motivation. *Psychological Review, 98,* 224-253.

20 Triandis, H. C., & Suh, E. M. (2002). Cultural influences on personality.
Annual Review of Psychology, 53, 133-160.

　소유의 개념에 있어서 개인주의 문화는 사유私有를 중시하는 반면, 집단주의 문화는 공유公有를 바람직한 것으로 여긴다. 개인주의 문화에서는 '내 것'과 '네 것'의 구분이 명료하고 타인이 '내 것'을 침범하면 강력하게 반발할 뿐만 아니라 타인의 소유에 대해서 함부로 접근하지 않는다. 반면에 집단주의 문화에서는 소유권의 경계가 모호하고 공유의 개념이 일반화되어 소유물에 대한 독점적 집착이 느슨하다. 개인주의 문화에서는 구성원이 자신의 이익 추구를 위해 이기적으로 행동하는 것을 당연한 것으로 여기는 반면, 집단주의 문화에서는 이러한 행동이 비도덕적인 것으로 지탄의 대상이 된다.

　개인주의-집단주의는 구성원들의 인간관계와 교환방식에도 영향을 미친다. 집단주의 문화에서는 구성원들이 친밀하고 장기적인 관계를 형성하는 반면, 개인주의에서는 단기적이고 덜 친밀한 관계를 형성하는 경향이 있다.[21] 집단주의 문화의 구성원들은 장기적인 시간전망을 가지고 상대방과 조화로운 관계를 추구하며 상대방에 대한 신뢰에 기초하여 소유물의 가치가 동등하지 않더라도 융통성 있게 교환이 이루어진다. 반면에 개인주의 문화의 구성원들은 단기적인 시간 전망을 가지고 공정한 관계나 자기이익 추구라는 관점에서 합의된 계약에 기초하여 동등한 가치를 지닌 소유물을 교환한다.

　일반적으로 전통적인 동양사회는 집단주의가 우세한 문화에 속하는 반면, 영미의 서양사회는 개인주의가 지배적인 문화로 여겨지고 있다.

---

21 Verma, J. (1992). Allocentrism and relational orientation. In S. Iwawaki, Y. Kashima, & K. Leung (Eds.), *Innovations in cross-cultural psychology* (pp.152-163). Lisse, Netherlands: Swets & Zeitlinger.

그러나 지난 반세기 동안 한국사회는 서구문물의 유입이 활발해지면서 집단주의 문화에서 개인주의 문화로 급격하게 변화하고 있다. 소득수준은 낮지만 행복도가 높은 사회(예: 부탄, 네팔, 중남미 국가)의 특징 중 하나는 친밀한 가족관계를 비롯하여 집단주의 문화가 잘 유지되고 있다는 점이다.

4) 돈의 심리적 의미

현대인이 소유하기를 가장 원하는 것은 돈이다. 현대와 같은 자본주의 시장경제 사회에서 돈은 거의 모든 물건과 서비스를 구입하여 소유하거나 소비할 수 있는 강력한 교환수단이기 때문이다. 이러한 점에서 현대인은 돈이 막강한 마술적인 권능을 지닌 것으로 인식한다. 돈은 마치 요술램프처럼 우리가 원하는 모든 것을 만들어내는 마술적 기능을 지닌다. 따라서 돈을 소유한다는 것은 그러한 마술적 권능을 갖게 되는 셈이다.

돈은 지폐 다발이거나 신용카드로 인출할 수 있는 통장의 숫자에 불과하지만 그 심리적 의미는 매우 다양하다. "돈에 대한 심리적 상처가 있는 사람은 돈을 원래의 목적대로 사용하지 못한다."는 Forman[22]의 말처럼, 돈의 심리적 의미는 사람마다 다르다. 배고픔과 굶주림의 상처를 지닌 사람들에게 돈은 잠재적 식량일 수 있으며, 사랑을 받지 못해 애정결핍을 지닌 사람에게 돈은 애정의 대체물로 여겨질 수 있다. 사람들이 돈을 벌어들이고 보유하고 지출하는 일상적 행위에는

---

22 Forman, N. (1987). *Mond over money: Curing your financial headaches with money sanity*(p.2). Toronto, Ontario: Doubleday.

개인마다 각기 다양한 심리적 의미가 내포되어 있다.

심리학자들은 실증적인 연구뿐만 아니라 돈과 관련된 임상적 사례를 통해서 돈이 지니는 심리적 의미를 탐색해왔다. 특히 정신분석적 입장을 지닌 심리학자들은 돈과 관련된 정신병리와 심리치료의 사례에 근거하여 돈이 다양한 심리적 의미를 지닌다고 주장한다. 이들의 주장에 따르면 돈은 안전, 권력, 애정 그리고 자유를 의미한다.[23,24]

(1) 안전

지갑에 돈이 두둑하면 마음도 든든해진다. 돈은 재정적 안전뿐만 아니라 심리적 안전감을 제공한다. 인간의 삶에는 다양한 위험과 위협이 존재하기 때문에 많은 사람들이 미래에 대한 불안을 지니고 살아간다. 돈은 어떤 위험이나 위협(예: 질병, 실직)이 닥치더라도 그것에 대처할 수 있는 심리적 구명조끼와 같은 기능을 지닌다. 따라서 돈이 많을수록 더 확고한 안전감을 느낄 수 있다. 돈은 미래에 대한 불확실성과 불안감을 완화하는 치료제와 같다. 더구나 가족관계를 비롯한 인간관계가 취약하고 사회의 안전망이나 복지제도마저 미흡한 사회에서는 돈이 안전을 보장하는 가장 중요한 수단이다. 우리나라와 같이 타인과 사회에 대한 불신감이 높은 사회에서 믿을 수 있는 것은 돈밖에 없는 것이다.

---

23 Goldberg, H., & Lewis, R. (1978). *Money madness: The psychology of saving, spending, loving and hating money.* London: Springwood.

24 Furnham, A., & Argyle, M. (1998). *The psychology of money.* London. Routledge.

그러나 돈을 안전기지로 과도하게 신봉하는 경우, 사람의 소중함을 경시하는 위험이 발생할 수 있다. 삶의 안전을 위해서 사람보다 돈을 더 중시함으로써 인간관계를 훼손할 수 있기 때문이다. 돈을 중시하는 사람들은 가족이나 친구를 비롯한 중요한 사람들을 안전의 자원으로 여기지 않을 뿐만 아니라 오히려 자신의 자원을 빼앗아 가는 위협의 대상으로 여긴다. 이러한 사람들에게 돈은 안전감과 자존감을 유지하는 유일한 대상이기 때문에 돈을 저축하는 것 자체가 중요한 심리적 보상이 된다. 그러나 이들은 어떤 액수의 돈도 안전을 제공하기에 충분하다고 여기지 못하기 때문에 돈을 쓰지 못하는 구두쇠의 삶을 살게 된다. 또한 이들은 재정적 손실에 대한 경계심과 공포를 지니기 때문에 주변 사람들을 신뢰하지 못하고 심리적인 장벽을 설치함으로써 스스로 고립과 소외를 초래할 수 있다.

돈을 안전수단으로 집착하는 극단적인 경우는 돈을 쓰지 못하는 구두쇠나 강박적 수집가들이다. 그 대표적인 사례가 찰스 디킨스의 소설 『크리스마스 캐롤』에 나오는 스크루지 영감이다. 돈을 비롯하여 다양한 종류의 물건을 수집하는 강박적 수집가들은 사람보다 물질적 소유물을 안전과 애정의 원천으로 여기며 점점 더 많은 것을 수집하고 버리지 못한다. 이들은 돈과 소유물이 우월감과 권력감을 제공할 뿐만 아니라 사람처럼 골치 아픈 요구를 하지 않기 때문에 소유물에 더욱 집착하게 된다. 이러한 유형의 사람들은 인생의 목표를 돈과 소유물의 수집으로 여기며 그것을 통해 외로움과 고립감을 회피한다.

(2) 권력

'돈이 장사'라는 말이 있듯이, 돈은 힘이자 권력을 의미한다. 돈이 있으면 사람을 움직일 수 있기 때문에 돈은 타인을 자신의 뜻대로 조종하는 지배력이자 통제권을 의미한다. 돈이 있어야 사람들을 움직여 큰 집단에서든 작은 집단에서든 정치적 권력을 잡을 수 있을 뿐만 아니라 돈으로 권력자를 회유하여 자신에게 유리한 결정을 유도할 수 있다. '유전무죄, 무전유죄'라는 말이 있듯이, 돈은 유능한 변호사를 고용하여 유죄를 무죄를 만들 수 있는 힘을 지닌다. 심지어 돈으로 적을 회유할 수도 있고 추진하는 사업의 장애물을 해결할 수도 있다. 자본주의 사회에서 돈은 그야말로 만능의 권력이다.

돈을 권력으로 여기는 사람들은 자신이 어떤 일이든 할 수 있다는 전능감(omnipotence)의 유아적 환상에 빠져 퇴행적인 행동을 나타낼 수 있다. 이들은 돈을 사용하여 다른 사람을 지배하고 조종하려 할 뿐만 아니라 돈만 있으면 누구든 자신이 원하는 대로 조종할 수 있다고 믿는다. 이들은 다른 사람에 대한 지배감과 우월감을 느끼기 위해서 돈으로 사람을 매수하고 달래며 충성과 헌신을 요구한다. 이러한 유형의 사람들 중에는 다른 사람들의 허영과 탐욕을 예리하게 포착하여 채워줌으로써 그들을 조종하고 지배하는 탁월한 능력을 지닌 사람들이 있다.

돈을 권력으로 여기는 사람들은 공적인 상황에서 다른 사람들로부터 존중받거나 찬양받는 것을 중시하는 반면, 무시나 모욕을 당하는 것에 민감하다. 따라서 이들은 자신을 주인이나 두목으로 추앙하며 헌신하는 아첨꾼들에게 둘러싸이게 된다. 또한 이들은 자신이 돈으로 조종하는 사람들을 하인이나 부하로 여기며 내면적으로 무시하고 멸시하기 때문에 자신의 뜻대로 따르지 않는 사람에 대해서 강렬한 분노를 느끼며 공격적인 행동을 하게 된다. 대부분의 경우 이러한 유형의 사람들은 타인과 진정한 친밀감과 신뢰감을 경험하지 못하며, 그들의 권력이 쇠퇴하는 말년에 사람들로부터 소외되거나 고립되는 경향이 있다.

(3) 애정

현대사회에서 돈은 사랑과 애정의 대체물로 기능한다. 우리는 고급 음식점에서 맛난 음식을 대접하며 좋아하는 사람에게 호의와 애정을 표현한다. 부모는 자녀에게 용돈을 주며 사랑을 전달한다. 연인들은 선물을 주고받으며 사랑을 교환하고 확인한다. 나아가서 돈의 액수와 선물의 가격은 사랑의 크기를 반영한다. 값비싼 선물을 받을수록 자신에 대한 상대방의 사랑이 크다고 여긴다. 이처럼 돈은 많은 사람들에게 사랑과 애정의 대체물로 여겨지고 있다.

돈은 사랑을 표현하고 전달하는 수단인 동시에 사랑을 이끌어내는 수단이기도 하다. 선물을 받은 사람은 그 대가로 상대방에게 무언가 보답을 해야 한다고 느끼는 상호성의 원리가 작동하기 때문이다. 다양한 서비스가 상품화되어 판매되고 있는 현대사회에서 돈은 애정의 매매수단이 되고 있다. 돈을 지불하면 타인으로부터 관심, 친절, 배려, 보살핌, 존중과 같은 애정을 받을 수 있다. 돈이 있으면 사랑을 살 수 있을 뿐만 아니라 돈을 위해서 사랑을 파는 사람도 있다. 극단적인 경우지만, 매춘은 돈을 매개로 육체적 애정을 사고파는 행위라고 할 수 있다.

우리사회에는 돈으로 애정과 존경을 사려고 하는 사람들이 드물지 않다. 주변 사람들과 진정한 애정을 경험하지 못하는 사람들이 특히 그러하다. 예컨대 부자인 남편에게 사랑받지 못하는 여자들이 백화점에서 비싼 물건을 사면서 직원들의 친절과 존중을 받거나 친구들에게 고가품을 과시하며 결핍된 애정을 채우려 한다. 고급 음식점에서 큰돈을 지불하며 종업원의 친절한 서비스를 구매하고 많은 팁을 주면서 특별한 대접을 구입한다. 공개적으로 많은 기부금을 내면서 다른 사람들의 칭찬과 존경을 구매하기도 한다. 특히 자신이 다른 사람들로부터 사랑받기 어려운 존재라고 느끼거나 사랑을 주고받는 일에 미숙한 사람들이 돈을 사용하여 호의를 베풀고 그 대가로 사랑을 얻으려고 노력한다.

친밀한 인간관계에서도 돈은 애정의 대체물로 거래될 수 있다. 자녀를 사랑하기 때문에 돈을 주는 부모가 있는 반면, 자녀에게 사랑 대신 돈을 주는 부모가 있다. 돈을 벌기 위해 바쁜 부모들은 자녀와 함께 시간을 보내면서 그들의 이야기를 귀 기울여 경청하고 공감과 지지를 보내는 사랑 대신에 지갑에서 돈뭉치를 꺼내주면서 자녀에게 사랑을 표현하며 거래한다. 부모와 자녀의 관계뿐만 아니라 남편과 아내의 관계, 상사와 부하의 관계, 심지어 종교지도자와 신도의 관계에서도 돈은 애정을 사고파는 수단으로 사용되고 있는 것이 현실이다.

(4) 자유

인간은 자신의 바람대로 행동하고자 하는 자율성(autonomy)의 욕구를 지닌다. 그러나 현대인은 돈을 벌기 위해 시간과 노력을 투여하며 자신의 자유를 희생한다. 돈이 있으면 직장이라는 구속으로부터 자유를 누릴 수 있다. 또한 돈이 있어야 자신이 원하는 일을 할 수 있는 시간과 수단을 확보하여 더 큰 자유와 즐거움을 향유할 수 있다. 많은 사람들이 돈을 버는 이유는 자유로운 삶을 누리기 위한 것이다. 이처럼 돈은 자유를 의미한다.

돈은 자유를 사는 수단이 될 수 있다. 자유 구매자(freedom buyers)라고 지칭되는 사람들은 규율, 명령, 억압과 같이 자율성과 독립성을 제약하는 것으로부터 탈출하기 위해서 돈을 쓴다. 이들은 조직이나 타인에게 구속되는 것을 싫어하며 자신의 호기심과 관심사를 추구하는 일에 몰두하는 경향이 있다. 몇 달 동안 열심히 일을 해서 돈을 저축한 후에 여행을 하거나 자유로운 삶을 누리는 데에 돈을 사용한다. 이러한 유형의 사람들은 자유를 사기 위해서 돈을 번다. 따라서 이들은 직장생활을 지속적으로 하지 못하고 퇴직과 재취업을 반복하는 불안정한 생활을 하는 경향이 있으며 주변 사람들로부터 신뢰할 수 없고 무책임한 '자유로운 영혼'으로 여겨질 수 있다.

3. 소유, 인간을 행복하게 만드는가?

현대사회에는 소유가 행복의 필수조건이라는 믿음이 존재한다. 대다수의 사람들은 돈이 많으면 행복해질 것이라고 생각한다. 또한 현대의 자본주의 사회는 돈이 행복을 증진해 줄 것이라는 메시지를 끊임없이 전달하고 있다. 그래서 행복의 조건을 물으면 많은 사람들이 '돈과 경제적 여유'라고 응답한다. 돈과 경제적 여유는 더 큰 집, 더 좋은 차, 더 잦은 휴가를 갖도록 해줄 뿐만 아니라 일상생활의 여러 걱정을 줄여주고 예기치 못한 재난으로부터 보호해 줄 수 있다. 따라서 돈은 안전, 권력, 애정, 자유에 대한 욕구를 충족시켜 주는 중요한 수단으로 간주되고 있다.

그렇다면 정말 돈이 많은 사람일수록 자신의 삶에 만족하며 더 행복하게 살고 있을까? 소유와 재산이 많을수록 더 행복해지는 것일까? 소득수준이 높아지면 행복도도 함께 증가하는 것일까? 과연 돈이 많을수록 우리의 삶이 행복해지는 것일까?

1) 소득과 행복의 관계

심리학자들은 많은 연구를 통해서 소득과 행복의 관계를 여러 측면에서 조사했다. 예컨대 소득수준이 다른 국가들의 행복도 비교, 한 국가에서 시대별 소득증가에 따른 행복도 변화, 한 국가 내에서 소득수준이 다른 개인들 간의 행복도 비교에 초점을 맞추어 많은 연구들이 진행되었다.

부유한 국가의 국민일수록 행복도가 더 높을까? 연구결과에 따르면 그렇다. 국가 간 비교에서 부유한 국가의 국민은 가난한 국가의 국민보다 훨씬 더 행복했다. 국가의 1인당 GDP는 국민의 주관적 행복도와 상관계수가 .50 수준으로 높게 나타내는 것으로 보고되고 있다.[25,26]

---

25 Diener, E., Diener, M., & Diener, C. (1995). Factors predicting the subjective well-being of nations. *Journal of Personality and Social Psychology, 69,* 653-663.

그러나 연구결과를 좀 더 자세히 살펴보면 소득과 행복의 관계는 그렇게 단순하지 않다. 가난한 국가의 국민이 부유한 국가의 국민보다 행복도가 더 높은 경우도 드물지 않기 때문이다. 예컨대 아일랜드의 국민소득은 미국의 절반에도 미치지 못하지만 아일랜드 국민은 미국인보다 행복도가 더 높은 것으로 나타났다. 세계에서 최빈국에 속하는 네팔의 국민은 상당히 높은 행복도를 보고하고 있다. 또한 미국에서 이루어진 연구[27]에 따르면 1950년부터 1990년대에 이르는 기간 동안 미국인의 소득수준은 3배 이상 증가했지만 행복수준은 거의 증가하지 않았다.

그렇다면 한 국가 내에서 소득수준이 높은 사람일수록 자신의 삶에 대한 주관적 행복도가 더 높을까? 연구결과에 따르면 그렇다. 개인의 소득이 가난수준을 넘어서기까지는 그렇다. 그러나 그 이상의 소득증가액은 행복에 그다지 영향을 미치지 않는다. 낮은 소득수준에서는 소득이 증가할수록 행복도가 함께 증가하지만, 높은 소득수준에서는 소득과 행복의 상관관계가 미미한 것으로 나타났다.[28]

미국에서 진행된 한 연구[29]에서는 10년간의 월급 증가가 행복수준과

26 Diener, E. & Biswas-Diener, R. (2002). Will money increase subjective well-being? A literature review and guide to needed research. *Social Indicators Research, 57,* 119-169.

27 Myers, D. G. (2000). The funds, friends, and faith of happy people. *American Psychologist, 55,* 56-67.

28 Diener, E., Horwitz, J., & Emmons, R. A. (1985). Happiness wealthy. *Social Indicators, 16,* 263-274.

29 Diener, E., Sandvik, E., Seidlitz, L., & Diener, M. (1993). The relationship

유의미한 상관을 나타내지 않는 것으로 나타났다. 대박을 터뜨린 복권당첨자들을 대상으로 한 연구[30]에 따르면 복권에 당첨된 초기에는 행복도가 급증하지만, 이렇게 증가된 행복도는 오래 지속되지 않았으며 대부분 6개월 후에 당첨 이전의 수준으로 복귀했다. 일부의 복권 당첨자들은 갑작스런 재산증가로 인한 삶의 혼란으로 인해 행복수준이 오히려 떨어지는 것으로 나타났다.[31]

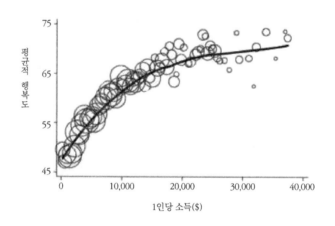

〈그림 2〉 소득증가에 따른 행복도의 변화

between income and subjective well-being: Relative or absolute? *Social Indicators Research, 28*, 195-223.

30 Brickman, P., Coates, D., & Janoff-Bulman, R. (1978). Lottery winners and accident victims: Is happiness relative? *Journal of Personality and Social Psychology, 36*, 917-927.

31 Argyle, M. (1999). Causes and correlates of happiness. In D. Kahneman, E. Diener, & N. Schwartz (Eds.), *Well-being: The foundation of hedonic psychology.* New York: Russell Sage Foundation.

요컨대 소득은 가난수준을 넘어 의식주와 질병치료의 기본적 욕구가
충족될 때까지는 행복에 중요한 영향을 미치지만, 그 수준을 넘어서면
영향력이 미미해진다. 〈그림 2〉에서 볼 수 있듯이, 1인당 소득이
약 15,000불 수준에 도달할 때까지는 소득증가에 따라 행복도가 증가
하지만 그 이상을 넘어서면 소득은 행복에 영향을 미치지 못하는
것으로 나타났다.[32,33,34] 즉 소득수준에 비례해서 행복도가 증가하는
것은 아니다. 행복감은 소득의 절대적 액수보다 소득의 증가액에
더 많은 영향을 받지만, 사람들은 증가된 소득에 곧 익숙해지기 때문에
소득증가 역시 행복에 미치는 영향은 일시적일 뿐이다. 1인당 소득수준
이 15,000불을 넘어서면 행복에 더 강력한 영향을 미치는 것은 소득보
다 삶의 방식(life style)이다.[35] 행복한 삶을 위해서는 가족을 비롯한
주변 사람들과의 따뜻하고 신뢰 있는 인간관계, 몸과 마음을 편안하게
쉬게 할 수 있는 휴식과 여가활동, 자신의 인생에 대한 의미와 가치를

---

32 Easterlin, R. A. (1974). Does economic growth improve the human lot?
In Paul A. David & Melvin W. Reder (Eds). *Nations and households in
economic growth: Essays in honer of Moses Abramovitz.* New York: Academic
Press.

33 Deaton, A. (2008). Income, health and well-being around the world: Evidence
from the Gallup World Poll. *Journal of Economic Perspectives, 22*, 53-72.

34 Senik, C. (2014). Wealth and happiness. *Oxford Review of Economic Policy,
30*(1), 92-108.

35 Inglehart, R., Foa, R., Peterson, C., & Welzel, C. (2008). Development,
freedom, and rising happiness: A global perspective (1981-2007). *Perspectives
on Psychological Science, 3*(4), 264-85.

발견하고 추구하는 노력이 중요하다.

2) 소유가 행복을 증진하지 못하는 이유

대다수의 현대인들은 돈이 많을수록 행복해질 것이라고 믿으며 돈을
벌기 위해 치열하게 노력한다. 돈이 많을수록 다양한 욕구를 더 잘
충족시킬 수 있기 때문에 삶에 대한 만족도가 증가하여 더 행복해질
것이다. 그런데 실증적인 연구에서는 소득증가가 행복에 미치는 영향
이 제한적인 것으로 나타났다. 왜 그러한 결과가 나타난 것일까?
일정한 수준을 넘어서면 왜 소득증가가 행복에 영향을 미치지 못하는
것일까?

(1) 소유의 적응과정

인간은 새로운 자극, 즉 변화에 민감하다. 그러나 지속적인 자극에는
둔감하다. 쾌락적인 자극을 제시하면 초기에는 큰 쾌감을 느끼지만
그러한 자극을 지속적으로 제시하면 쾌감이 점차적으로 감소한다.
아무리 긍정적인 자극이라도 반복되는 것에는 둔감화가 일어나는데,
심리학에서는 이러한 현상을 적응(adaptation)이라고 지칭한다. 소득
증가가 행복에 미치는 영향이 제한적인 이유 중 하나는 이러한 적응현
상 때문이다.

　월급이 올랐거나 복권에 당첨되었을 때, 사람들은 변화를 인식하고
주의를 기울이며 행복감을 느낀다. 소득증기로 인해서 그들의 다양한
욕구가 더 잘 충족될 것이라고 기대하기 때문이다. 복권에 당첨된
사람들이 초기에 강렬한 행복감을 느끼는 이유는 그들의 미래가 훨씬

더 편안하고 즐거울 것이며 걱정과 불안을 느끼게 했던 삶의 문제들이 모두 해결될 것이라고 예상하기 때문이다.

그러나 이러한 행복감은 오래가지 않는다. 사람들은 새로운 변화에 곧 적응하기 때문이다. 적응과정이 일어나면 행복감은 시들해지고 증가된 소득수준이 새로운 기준점이 되어 당연한 것으로 여겨진다. 대부분의 고소득자들은 자신의 월급이 많다고 여기지 않으며 그저 '보통수준'이라고 생각한다.[36] Diener와 Lucas[37]에 따르면 인간은 인생에서 일어나는 대부분의 변화에 대해서 대략 3개월 이내에 적응하게 된다.

(2) 소유의 사회적 비교

인간은 자신을 항상 다른 사람과 비교하는 존재다. 인간은 다른 사람에 비해 자신이 우월하다고 여길 때 만족감을 느끼는 반면, 그렇지 못하면 상대적 결핍감과 불행감을 느낀다. 사회적 비교(social comparison)는 소득증가에도 불구하고 행복감을 느끼지 못하는 중요한 원인이다. 소득에 대한 만족은 누구를 비교대상으로 선택하느냐에 달려있다. 인생의 역설적 현상 중 하나지만, 고소득자일수록 자신의 소득에 불만족을 느끼는 사람들이 많다. 이들은 더 많은 소득을 올리고 더

---

36 Sirgy, M. J. (1998). Materialism and quality of life. *Social Indicators Research,* *43,* 227-260.

37 Diener, E., & Lucas, R. E. (2000). Explaining differences in societal levels of happiness: Relative standards, need fulfillment, culture, and evaluation theory. *Journal of Happiness Studies, 1,* 41-78.

많은 재산을 지닌 사람들과 어울리며 그들과 비교하기 때문이다.

많은 사람들은 경제성장이 국민의 소득을 증가시켜 국민을 행복하게 해줄 것으로 믿었다. 그러나 경제성장으로 인한 소득증가에도 불구하고 국민의 행복도가 증대되지 않는다는 것이 여러 연구에서 밝혀졌다. 이러한 현상을 최초로 발견한 경제학자 Easterlin의 이름을 따서 '이스털린의 역설(Easterlin's paradox)'이라고 부른다. Hirsch[38]는 이러한 역설적 현상을 설명하기 위해서 물질재와 지위재를 구분했다. 물질재(material good)는 기본적인 의식주의 욕구를 충족시키는 데 필요한 재화로서 많은 사람들이 소유하거나 사용할 수 있는 반면, 지위재(positional good)는 사회적 지위를 나타내기 위한 것으로서 상대적으로 희소하여 일부의 사람들만이 소유하거나 사용할 수 있다. 경제성장의 초기단계에서는 물질재의 공급이 늘어나면서 사람들의 만족감과 행복감이 커지지만, 경제성장이 일정 수준을 넘어서면 점차 지위재가 더 중요해진다. 집단구성원의 상대적 서열을 나타내는 지위재는 상대적으로 희귀하기 때문에 제로섬게임의 경쟁을 통해서 습득할 수 있다. 따라서 물질재의 공급을 늘어나더라도 지위재를 획득하지 못한 많은 사람들의 불만이 쌓인다는 점에서 풍요의 역설이 발생한다.[39]

세계가 부러워하는 경제성장을 이루었음에도 한국인의 행복도가 낮은 이유 중 하나는 지위재에 대한 욕구가 급격히 증가했기 때문이다. 한국의 고도성장기는 물질재의 확대 과정이었다. 그러나 고도성장기

38 Hirsch, F. (1976). *Social limits to growth*. Cambridge: Harvard University Press.

39 이재열, 「사회의 질, 경쟁, 그리고 행복」 『아시아리뷰』 4(2), 2015, pp.3~29.

가 끝나고 물질재에 대한 욕구가 충족된 상태에 이르면서 지위재에 대한 욕구(고급 주택, 고급 승용차, 명품, 전문직, 높은 학벌 등)가 증가했다. 이러한 지위재는 다른 사람과의 비교가 중요하다는 점에서 그 가치는 상대적이다. 즉 누구와 비교하느냐에 따라 지위재에 대한 만족도는 달라진다.

최근에 한국인의 비교성향과 행복의 관계를 조사한 흥미로운 연구가 보고되었다. 한국인 성인 중 20~69세에 속하는 3,000명을 대상으로 조사한 김희삼[40]의 연구 결과에 따르면 한국인은 비교성향이 강한 것으로 나타났다. 한국인 중에서도 특히 여성과 젊은 층, 자녀가 있는 사람, 고소득층이 상대적으로 강한 비교성향을 나타냈다. 지역별로는 서울의 강남 3구에 거주하는 사람들의 비교성향이 가장 강한 것으로 나타났다. 이 연구의 주요한 결과를 요약하면 다음과 같다. ①비교성향은 물질주의 및 목표지상주의 가치관과 관련되어 있다. ②비교성향이 강할수록 집단추종, 극대주의, 이기주의 성향이 강하다. ③비교성향이 강할수록 경제적 소득과 소비성향이 높다. ④비교성향이 강할수록 정신건강과 행복감 및 삶의 만족도가 낮다. ⑤비교성향이 강할수록 한국인이 불행한 이유를 상대적 박탈감에서 찾는다.

(3) 물질주의의 역기능

소득과 행복의 관계에 대한 일관된 연구결과 중 하나는 소득수준이 증가할수록 물질에 대한 욕구도 증가한다는 점이다.[41] 달리 말하면

---

40 김희삼, 「비교성향의 명암과 시사점」『KDI 포커스』44, 2014, pp.1~8.

41 Brickman, P., & Campbell, D. T. (1971). Hedonic relativism and planning

소득수준이 증가할수록 행복해지기 위해 '소유해야만 하는 필요한 것들'의 기대수준이 상승한다. 소득수준이 높아지면 소비욕구, 특히 사회적 비교를 통한 지위재의 욕구가 증가함으로써 더 많은 소득과 재산을 원하게 된다. 많이 가진 자일수록 더 많은 것을 원하는 이유가 여기에 있다.

일반적으로 소득증가로 풍요로운 소비생활에 익숙해지면 물질주의 성향이 증가한다. 물질주의(materialism)는 물질적 재화를 소유하거나 소비하려는 과도한 성향으로서 인간적 가치나 사회적 지위는 물질적 소유로 평가되며 행복은 물질적 소비를 통해서 얻을 수 있다는 믿음을 동반한다. 물질주의 성향이 강한 사람일수록 행복도와 삶의 만족도가 낮을 뿐만 아니라 우울증, 자기애, 피해의식과 같은 심리적 문제를 더 많이 나타내는 것으로 여러 연구에서 확인되고 있다.[42]

물질주의 성향이 행복도를 저하시키는 이유는 무엇일까? 첫째, 물질적 가치의 과도한 추구는 인간의 기본적 욕구(친밀한 인간관계, 여가, 자유 등)를 경시하거나 희생시킨다. 둘째, 재화를 얻기 위한 추구는 필연적으로 타인과의 경쟁과 비교를 초래하여 끊임없는 긴장을 유발한다. 셋째, 물질주의는 인간의 가치를 재화로 계산하고 타인을 수단적인 존재로 여기는 탈인격화를 초래함으로써 인간관계를 훼손한

---

the good society. In M. H. Appley (Ed.), *Adaptation level theory: A symposium* (pp.287 304). New York: Academic Press.

42 Kasser, T., & Ryan, R. M. (1993). A dark side of the American dream: Correlates of financial success as a life aspiration. *Journal of Personality and Social Psychology, 65,* 410-422.

다. 넷째, 물질적 소유로 인한 행복감은 적응과정으로 인해 지속되지 않으며 시간의 흐름과 함께 감소한다. 다섯째, 물질적 가치는 더 많은 소유물을 지닌 사람과의 사회적 비교를 통해서 만족감이 쉽게 저하된다. 아울러 물질적 소유가 많아질수록 오히려 더 많은 소유에 대한 욕구가 증가하여 자신이 소유한 것에 대한 주관적 만족도가 감소하는 경향이 있다.[43]

Belk[44]는 물질주의를 하나의 성격적 특성으로 간주하고 그 구성요소를 세 가지로 분석하여 제시한 바 있다. 그 첫째는 소유욕(possessive-ness)으로서 자신이 지닌 소유물의 상실을 걱정하며 소유물에 대한 통제력을 강화하려는 욕구를 뜻한다. 둘째는 비관대성(nongenerosity)으로서 자신의 소유물을 다른 사람에게 주거나 함께 공유하지 않으려는 이기적인 인색함을 의미한다. 셋째는 시기(envy)로서 다른 사람의 소유물이나 우월함에 대한 불쾌감과 적대적 동기를 지니고 더 나은 소유물을 갖고자 하는 경쟁적 성향을 뜻한다. 이러한 물질주의 성향은 이기성과 경쟁심을 강화하여 긴장과 불안을 증가시킬 뿐만 아니라 타인과의 갈등을 증폭시켜 인간관계를 훼손하게 된다.

한국사회에도 물질주의가 확산되고 있다. 돈이 많아야 행복해질 수 있다는 믿음, 즉 돈이 최고의 가치라는 믿음이 새로운 신앙처럼 널리 퍼지고 있다. 근래에 이루어진 실증적 연구에서도 한국인은

---

43 Sirgy, M. J. (1998). Materialism and quality of life. *Social Indicators Research*, *43*, 227-260.

44 Belk, R. W. (1985). Materialism: Trait Aspects of Living in the Material World. *Journal of Consumer Research, 12*, 265-279.

물질주의 성향이 높은 것으로 나타났다. Diener[45]는 한국, 미국, 일본, 덴마크, 짐바브웨 5개국을 대상으로 조사한 결과, 한국인의 물질주의 성향이 가장 높은 것으로 나타났다. 즉 한국인은 다른 국가의 국민들에 비해서 돈을 다른 가치보다 더 중요하게 여길 뿐만 아니라 돈을 벌기 위해 더 많은 시간을 쓰고 있으며 다양한 가치를 돈의 액수로 환산하는 경향이 더 강했다.

　물질주의 확산은 한국인의 개인적 불행뿐만 아니라 많은 사회적 문제를 유발하고 있다. 돈을 위해서는 도덕을 무시하고 불법을 자행할 뿐만 아니라 친구를 배신하고 사랑을 버리기도 한다. "피는 물보다 진하고, 돈은 피보다 진하다."는 말이 회자되고 있듯이, 돈을 위해 형제가 처절한 싸움을 벌일 뿐만 아니라 유산을 받기 위해 부모를 살해하는 일까지 벌어지고 있다. 심지어 세속적 가치의 초월을 추구해야 할 종교지도자들마저 고매한 언행과 달리 내밀하게는 돈을 더 소중하게 신봉하는 경우가 드물지 않으니 가히 '돈세상'이라 할만하다.

(4) 외재적 가치의 한계

인간은 외부적 보상을 얻기 위해 행동하기보다 그 자체로 만족감을 느낄 수 있는 행동을 할 때 더 행복하다. 돈을 벌기 위해 일을 하는 것보다 그 자체에서 즐거움을 느낄 수 있는 일을 할 때 더 행복하다. 심리학의 연구에 따르면 돈, 타인의 인정, 명예, 권력 등과 같은 외재적

---

45 Diener, E., Suh, E. M., Kim-Prieto, C., Biswas-Diener, R., & Tay, L. S. (2010). Unhappiness in South Korea: Why it is high and what might be done about it. 『2010년 한국심리학회 연차학술대회 국제심포지엄 발표자료집』(pp.1~23).

가치(extrinsic value)를 추구하기보다 유능감, 친밀감, 자율성, 재미, 자유를 추구하는 내재적 가치(intrinsic value)를 추구할 때 행복도가 높아진다.[46,47]

돈과 같은 외재적 가치는 행복한 삶을 위한 수단이 될 수 있지만 그 자체로는 우리에게 행복을 주지 않는다. 대부분의 사람들은 돈이 많아서 걱정과 불안의 원천이 줄어들면 자동적으로 행복해질 것이라고 생각한다. 그러나 걱정, 불안, 우울을 예측하는 요인들은 행복, 만족, 기쁨을 예언하는 요인들과 다르다. 소득증가는 부채 부담, 자녀 교육비 걱정, 퇴직 이후의 노후생활에 대한 걱정을 감소시킬 수는 있지만 행복과 만족을 증진시키지는 못한다. 또한 소득이 증가한다고 해서 모든 걱정과 염려로부터 해방될 것이라는 믿음은 잘못된 것이다. 외재적 가치의 추구는 오히려 행복을 잠식할 수 있다. 외재적 가치를 지나치게 중시하게 되면 기본적인 심리적 욕구(자율성, 관계성, 유능성)를 경시할 위험성이 있기 때문이다. 또한 외재적 가치는 경쟁을 부추긴다. 재화를 얻기 위한 추구는 필연적으로 타인과의 경쟁과 비교를 유발하여 끊임없는 긴장을 초래한다. 아울러 재물을 지나치게 중시하는 사람은 모든 것을 재화로 계산하고 타인을 수단적인 존재로 여기게 되어 타인과 진정한 애정을 경험하기 어렵다.

심리학의 여러 연구에 따르면 소유가 행복을 증가시키는 것은 아니

---

46 권석만, 『긍정심리학: 행복의 과학적 탐구』, 학지사, 2008.

47 Ryan, R. M., & Deci, E. L. (2000). Self-determination theory and the facilitation of intrinsic motivation, social development, and well-being. *American Psychologist, 55,* 68-78.

다. 많은 재물을 지니고 있다고 해서 행복해지는 것은 아니다. 그보다는 재물을 통해서 무엇을 경험하느냐에 따라 행복도가 달라진다. 구매행위는 물질적 구매와 체험적 구매로 구분될 수 있다. 물질적 구매 (material purchase)는 돈을 지급하고 물질적 소유물을 획득하려는 의도의 구매행위를 뜻하는 반면, 체험적 구매(experiential purchase)는 삶의 다양한 경험을 습득하려는 의도의 구매행위를 말한다. 물질적 구매를 하는 사람보다 체험적 구매를 하는 사람의 행복도가 높은 것으로 보고되었다.[48]

Van Boven[49]는 체험적 구매가 물질적 구매보다 행복도를 증진하는 이유를 제시한 바 있다. 첫째, 체험적 구매는 체험한 것에 대한 회상과 의미부여를 통해 다양한 긍정적 재해석이 가능하기 때문에 만족감이 감소하는 적응과정이 잘 일어나지 않는다. 물질적 구매는 시간의 흐름과 함께 만족도가 감소하는 반면, 체험적 구매는 오히려 만족도가 증가하는 경향이 있다. 둘째, 체험적 구매는 사회적 비교로 인해서 행복감이 훼손되지 않는다. 더 나은 것을 소유한 사람과의 비교를 통해서 만족감이 감소하는 물질적 구매와 달리, 체험적 구매는 각자 체험한 내용과 의미가 다르기 때문에 사회적 비교를 통해서 행복감이 감소하지 않는다. 마지막으로, 체험적 구매는 인간관계를 촉진함으로써 행복감을 증가시킨다. 체험적 구매는 다른 사람과 함께 하는 사회적

48 Van Boven, L,, & Gilovich, T, (2003). To do or to have? That is the question. *Journal of Personality and Social Psychology, 85*(6), 1193-1202.

49 Van Boven, L. (2005). Experientialism, materialism, and the pursuit of happiness. *Review of General Psychology, 9*(2), 132-142.

속성을 지니고 있을 뿐만 아니라 새로운 경험과 배움을 공유하는 과정에서 인간관계를 확장시키고 심화하게 된다. 이러한 연구결과는 우리의 삶에서 무엇을 소유하느냐보다 무엇을 체험하느냐가 행복에 더 중요함을 시사한다.

4. 소유, 어떻게 탐욕을 부추기는가?

오늘날 우리가 살고 있는 자본주의 사회는 인간의 재물욕을 동력으로 움직이는 사회다. 소유 열망을 지닌 현대인들은 돈을 벌기 위해 자유를 희생하며 노동을 하고 그 대가로 얻은 소득으로 원하는 것을 구매하여 소비한다. 자본주의 사회는 구성원으로 하여금 소비를 유혹할 뿐만 아니라 소비를 위한 소득 행동, 즉 노동을 장려한다. 이러한 사회적 상황에서 개인은 적절한 소유 열망을 지니고 건전한 방식의 노동으로 소득을 획득하여 소비 행동을 통해 자신의 욕망을 적절히 충족하면서 남은 돈으로 저축을 하며 미래의 위험과 노후생활에 대비하는 것이 건강한 삶이다.

그러나 많은 현대인들이 돈과 소유에 대한 스트레스를 겪고 있다. 우리사회에는 많은 젊은이들이 취업 실패와 구직난으로 고통받고 있으며, 중년들은 자녀교육비 부담과 실직 불안으로 시달리고 있으며, 노인들은 노후 준비의 부족으로 빈궁한 삶에 빠져들고 있다. 재산이 많은 사람들은 서로의 비교와 경쟁으로 인해 자신의 소유에 만족하지 못한 채 더 많은 재산을 갖기 위해 치열하게 살아간다. 돈이 되는 일이라면 부도덕하고 불법적인 행위도 마다하지 않는다. 형제간 재산다툼으로 법적 소송이 벌어지고 재산상속과 관련된 갈등으로 가족관계의 파탄이 일어나는 경우가 드물지 않다. 유사 이래 최고의 물질적 풍요를 누리고 있는 한국인들이 행복하지 못한 이유 중 하나는 과도한 물질적 소유욕, 즉 탐욕 때문이다.

1) 탐욕이란 무엇인가?

인간은 욕망하는 존재다. 욕망은 인간의 기본적 속성이자 삶을 유지하는 기본적 원동력이다. 대부분의 현대인은 많은 돈을 갖고자 하는 욕망을 지닌다. 재물욕은 현대인의 가장 보편적 욕망이자 가장 강력한 욕망이라고 할 수 있다. 재물욕을 지닌 구성원들이 왕성하게 생산 활동에 전념하는 사회와 국가가 경제적으로 번영한다.

그러나 이러한 욕망이 과도하면 역기능을 일으켜 우리 자신을 불행으로 인도한다. 인간을 고통과 불행으로 인도하는 삼독三毒의 첫째가 탐욕이다. 우리가 탐욕을 경계하는 이유는 그러한 욕망이 우리 자신과 타인의 삶을 불행하게 만들기 때문이다. 그렇다면 탐욕은 건강한 욕망과 어떻게 다른가?

불교뿐만 아니라 기독교에서도 탐욕을 7대 죄악의 하나로 여기며 경계하고 있다. 과연 탐욕이란 무엇인가? 탐욕(貪慾, Greed)은 '지나치게 탐하는 욕심'으로써, 식탐을 위시한 여러 욕망을 포함하는 다양한 정의가 존재한다. 특히 탐욕을 의미하는 라틴어 'Avaritia'는 재물을 지나치게 탐하고 아끼며 재물 모으기에 급급하여 지니치게 인색함을 나타내는 소유욕에 초점을 맞추고 있다. 그러나 탐욕은 정의하기가 어렵다. '과도함'의 구분이 모호하기 때문이다. 구체적인 경우에 개인의 욕망이 탐욕인지 아닌지를 판단하기란 매우 어렵다.

탐욕은 욕망의 속성 자체로 정의할 수 없으며 욕망을 충족하는 과정과 그 결과에 의해서 잠정적으로 규정할 수 있을 뿐이다. 즉 탐욕은 그 충족과정이 자신의 전반적 행복을 손상시킬 만큼 자기 파괴적이거나 타인의 이익과 권리를 침해할 만큼 비도덕적 또는 불법적인 경우로서 결과적으로 자신과 타인을 고통과 불행으로 인도하는 욕망을 의미한다. 재물적 탐욕은 자신의 능력이나 현실적 여건에 비추어 과도한 재물을 갈망하는 경직된 욕망으로서 필연적으로 치열한 경쟁을 치루기 위한 자기 혹사, 타인 희생, 불법 행위를 유발하여 결과적으로 자신과 타인을 고통과 불행으로 몰아가게 된다. 탐욕(貪)을 지닌 사람들은 자신의 이익을 추구하려는 과도한 자기중심적 행동으로 인해서 필연적으로 타인과 심각한 갈등을 경험하게 됨으로써 분노를 중심으로 한 격렬한 부정 감정(瞋)을 경험하게 된다. 탐욕은 분노 감정과 연결되어 현실에 대한 냉철한 판단력을 훼손하여 어리석은 행동을 유발한다. 이러한 불행한 결과는 자신의 탐욕과 충족과정이 자신과 타인에게 어떤 부정적 결과를 초래하게 되는지에 대한 인식 부족, 즉 무지(痴)에 바탕을 두고 있다.

2) 탐욕이 발생하는 심리적 과정

동서고금을 막론하고, 많은 재물을 차지하기 위한 인간의 욕망은 강렬하다. 현대사회는 그 어느 시대보다도 재물에 대한 욕망이 강렬한 사회다. 현대인의 삶에 있어서 돈을 벌고 쓰고 보유하는 소득·소비·저축의 재무 행동(financial behavior)은 매우 중요하다. 이러한 재무 행동은 개인의 재무 상태뿐만 아니라 인생의 다른 영역에도 강력한 영향을 미친다. 개인이 나타내는 재무 행동의 심리적 과정을 소유 열망, 소득 행동, 소비 행동, 재산 평가의 측면에서 살펴보면 〈그림 3〉과 같이 이해될 수 있다.

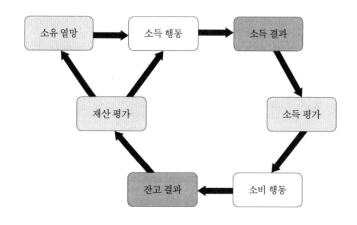

〈그림 3〉 재무 행동의 심리적 과정에 대한 순환모델

(1) 소유 열망

소유 열망은 돈과 재산을 얻기 위해 행동하는 동기를 의미하며 소유욕, 재물욕, 돈 욕심으로 표현될 수 있다. 달리 말하면 소유 열망은 현재 또는 미래에 자신이 소유하기를 열망하는 돈과 재산의 규모와 기대수준을 의미하며 그러한 돈과 재산으로 누리고자 하는 물질적 풍요와 소비활동의 수준을 포함한다. 이러한 소유 열망은 사람마다 각기 다르며 그 결과 그들의 삶이 현저하게 달라진다. 소유 열망이 강한 사람들은 다음과 같은 특성을 지니는 경향이 있다.

첫째, 어린 시절에 돈과 관련된 마음의 상처가 소유 열망에 영향을 미칠 수 있다. 어린 시절에 처절한 가난을 겪거나 돈이 없어 학업을 중단했거나 가족의 질병을 치료하지 못하거나 가난 때문에 다른 사람으로부터 심한 수모를 당하는 경험을 하게 되면 돈의 중요성을 마음 깊이 각인하게 된다. 이러한 결핍 경험은 돈에 대한 집착을 유발할 뿐만 아니라 내면적인 분노와 연결되어 강렬한 공격적 소유 열망을 불러일으킬 수 있다.

둘째, 소유 열망은 부모의 재무활동과 기대수준에 의해 영향을 받는다. 개인은 부모의 사회경제적 수준과 재정 상태, 돈에 대한 태도, 소비 패턴, 자신에 대한 기대수준 등을 내면화하여 그에 적합한 소유 열망을 갖게 된다. 돈과 재물에 대해서 부모와 동일하거나 유사한 태도를 내면화하는 경우가 흔하지만, 부모의 재무적 태도를 반면교사로 삼아 그들과 반대되는 태도를 지니는 경우도 있다.

셋째, 소유 열망은 개인이 속한 집단과 사회의 영향을 받는다. 돈을 중시하는 물질주의가 강한 집단에서 성장하고 생활하는 사람은 강렬한 소유 열망을 갖게 된다. 자주 접촉하며 서로 비교하게 되는 동료집단은 개인의 소유 열망과 소비 행동에 강력한 영향을 미친다. 특히 현대사회는 자본주의 시장경제 소비광고문화가 주도하는 사회다. 과거의 어느 시대보다도 현대사회에서는 인간의 모든 욕망(예: 식욕, 성욕, 권력욕, 명예욕, 지식욕 등)을 더 잘 충족시킬 수 있는 물건과 서비스가 상품화되어 판매되고 있기 때문에 돈만 있으며 손쉽게 구입하여 욕망을 충족시킬 수 있다. 더구나 현대인은 다양한 매체를 통해서 다양한 상품에 대한 소유욕을 자극하는 유혹적인 광고문화 속에서 살아가고 있다. 매스컴을 통해서 세계의 부유한 사람들이 살아가는 모습과 소유물을 목격하게 되면서 상대적 결핍감이 더욱 커지는 동시에 소유에 대한 욕망도 더욱 증가하게 된다. 현대사회는 재물욕이 다른 욕망을 제패하고 가장 강렬한 욕망의 왕좌에 오른 시대라고 할 수 있다.

넷째, 현실적 필요도 소유 열망에 영향을 미치는 중요한 요인이다. 많은 돈이 필요한 절박한 현실(예: 많은 가족의 부양, 여러 자녀의 교육비, 가족의 질병을 치료하기 위한 비용)은 소유 열망을 자극할 수 있다. 현실적 필요는 매우 주관적일 수 있다. 소비 수준이 높은 사람일수록 현실적 필요를 높게 지각하여 강한 소유 열망을 지니게 된다. 또한 소유와 소비에 대한 만족감은 적응하여 둔감화되기 때문에 점점 더 강한 만족감을 느끼기 위해 더 많은 소유와 소비를 원하게 된다.

다섯째, 소유 열망은 개인의 자존감과 밀접하게 연결되어 있다. 자존감이 불안정한 사람들, 즉 자신의 인간적 가치와 삶의 방식에 대한 자신감이 부족한 사람들은 타인의 평가와 인정에 의존하기 때문에 물질적 소유와 과시적 소비를 통해서 자존감을 유지하려고 한다. 자존감이 낮거나 불안정한 사람들은 자신과 타인의 소유에 대한 비교를 더 많이 하고 경쟁심과 시기심을 강하게 느끼며 돈과 소유물을 통해 자신을 과시하면서 인정과 애정을 이끌어내려는 경향이 강하다. 반면에 안정된 자존감을 지닌 사람들은 자기 존재와 자신의 삶에 대한 가치를 확신하기 때문에 타인의 평가와 인정으로부터 자유로울 뿐만 아니라 돈과 재물에 대해서 실용적이고 유연한 태도를 지니게 된다.

소유 열망이 높은 사람은 돈을 중시하는 물질주의적 태도를 지니게 된다. 이들은 돈으로 행복을 얻을 수 있으며 돈이 없으면 결코 행복할 수 없다고 믿는다. 돈만 많으면 삶의 모든 문제가 해결되어 행복해질 것이라고 믿을 뿐만 아니라 많은 돈과 재물을 지니는 것이 바로 개인의 인간적 가치와 사회적 성공을 의미한다고 여긴다.

(2) 소득 행동

소득 행동은 돈을 벌고 재물을 얻기 위한 모든 행동을 의미한다. 현대사회에서 돈을 벌 수 있는 주된 방법은 취업이나 사업 또는 투자를 하는 것이다. 소유 열망이 강한 사람들은 돈 버는 일과 재테크에 깊은 관심을 지닐 뿐만 아니라 돈을 벌기 위해서 치열하게 노력한다.

돈을 많이 벌기 위해서는 연봉이 높은 직장이나 전문직에 취업하는 것이 중요하다. 소유 열망이 강한 사람들이 직장을 선택하는 주된 기준은 기업문화나 업무의 내용과 강도보다 연봉과 성과급의 액수다. 일반적으로 연봉이 높은 직장일수록 업무 강도가 세고 업무 스트레스가 많다. 또한 이들은 고속승진으로 고액연봉을 받기 위해 동료들과 경쟁하고 업무에 몰두함으로써 가족관계와 여가를 희생하게 된다.

취업을 하게 되면 직장에 얽매이게 되어 출퇴근과 업무의 부담을 짊어지고 상사의 지시와 압박에 시달릴 뿐만 아니라 일정한 월급으로 단기간에 많은 재산을 모을 수 없다. 그 대안은 자신의 사업, 즉 자영업을 하는 것이다. 자영업은 자신이 원하는 일을 자유롭게 할 수 있고 잘만 되면 단기간에 많은 돈을 벌 수 있기 때문이다. 그러나 자영업을 하려면 남다른 기술과 초기의 투자금이 필요하며 실패할 위험성도 높다. 소유 열망이 강한 사람들은 직장생활에 만족하지 못하고 사업에 진출하여 일시적으로 성공을 거두기도 한다. 그러나 사업은 경제적 상황에 따라 부침이 심할 뿐만 아니라 경쟁이 치열하여 실패하는 경우가 더 많다. 특히 사업에 실패할 경우에는 투자금의 손실과 더불어 채무까지 떠안게 되어 불행한 삶에 빠져들 수 있다.

큰돈을 벌 수 있는 또 다른 방법은 주식이나 부동산에 투자하는 것이다. 소유 열망이 강한 사람들은 단기간에 많은 이익을 낼 수 있는 투기성 투자에 강한 흥미를 느끼며 관여하게 된다. 투기성 투자는 초기 투자금이 필요할 뿐만 아니라 손실의 위험성이 높다. 주식 투자를 통해 많은 돈을 번 사람들이 극소수 존재하지만, 대다수의 주식투자자들은 손해를 보거나 심지어 채무자로 전락하게 된다. 부동산 투자는 한국인의 가장 중요한 재테크 방법이었다. 고급정보를 통해 선택만 잘하면 큰 이익을 낼 수 있는 가장 안정된 투자방법이기 때문이다. 많은 사람들이 은행융자를 받아 부동산에 투자함으로써 막대한 가계부채로 인한 국가적인 경제적 불안요인이 되고 있다. 또한 부동산 투자는 집값 상승을 부추겨 주택 실수요자들에게 피해를 줄 수 있다. 과도한 부동산 투자로 인해서 막대한 손해를 보거나 채무에 시달리는 사람들이 드물지 않다.

(3) 소득 결과와 소득 평가

소득 결과는 취업이나 사업 또는 투자의 방법을 통해 벌어들인 소득의 금액을 의미한다. 매월 또는 매년 벌어들인 소득의 총액을 뜻한다. 소득액이 많다고 해서 자신의 소득에 대한 만족도가 증가하는 것은 아니다.

소득 평가는 자신이 벌어들인 소득을 소유 열망, 즉 소득에 대한 기대수준과 비교함으로써 이루어진다. 자신의 소득이 기대수준을 초과할 경우에는 만족하게 되지만, 미달할 경우에는 불만족을 느끼게 된다.

소유 열망이 강한 사람들은 소득의 기대수준이 높기 때문에 자신의 소득 결과에 대해 불만족과 좌절감을 느끼게 된다. 이들은 동일한 연봉을 받는 동료들에 비해서 직장에 대한 불만족도가 높고 동료에 대한 경쟁심을 더 많이 느끼게 된다. 또한 이들은 더 많은 소득을 올린 친구나 동료들과 비교함으로써 자신의 소득에 대한 불만족을 증폭시킬 뿐만 아니라 상대적 결핍감과 열등감을 경험하게 된다.

자신의 소득에 만족하지 못하는 사람들은 더 많은 소득을 얻기 위해 소득 행동에 더욱 몰두하거나 더 나은 직장으로의 이직을 고려하거나 새로운 사업을 추구하게 된다. 소유 열망이 강한 사람들은 만족하지 못한 채 돈벌이에 매진하기 때문에 항상 바쁘다. 일에 대한 과도한 몰두나 일중독 증세를 나타내고 촉박한 업무와 경쟁으로 스트레스에 시달리며 가족관계와 여가활동을 희생하게 된다. 그 결과 가족관계나 동료들과의 관계에서 갈등을 겪게 되거나 신체적·정신적 건강에 문제가 발생할 수 있다. 또한 이들은 많은 돈을 벌 수 있다는 유혹에 쉽게 빠져듦으로써 비도덕적이거나 불법적인 행위를 관여할 수 있다.

(4) 소비 행동

돈을 버는 이유는 돈을 쓰기 위한 것이다. 우리의 여러 가지 욕망을 충족시키기 위해서 돈을 버는 것이다. 현대사회에는 돈으로 구입할 수 있는 제품과 서비스가 무궁무진하다. 더구나 우리는 소비를 유혹하고 조장하는 광고문화 속에서 살고 있다. 돈을 건강한 방식으로 버는 것이 중요하지만 돈을 잘 쓰는 일, 즉 현명한 소비 또한 매우 중요하다. 소유 열망이 강한 사람들은 소비 행동의 측면에 있어서 과소비형과 절약형으로 구분될 수 있다.

소유 열망이 강한 사람들은 대부분 소비 욕구도 강하다. 과소비형은 많이 벌어 많이 쓰고자 하는 사람들이다. 이들은 자신의 다양한 욕구를 충족시키기 위한 소비활동에 많은 돈을 사용한다. 의식주의 기대수준이 높기 때문에 지출이 많을 뿐만 아니라 타인의 인정을 받기 위해서 '지위재'의 구입에 과감하게 투자한다. 고급차나 명품에 대한 관심이 높으며 이를 구입하기 위해 많은 돈을 사용하고 때로는 빚을 내서 구입하기도 한다. 따라서 이들은 소비로 인한 지출이 많기 때문에 자신의 재무 상태에 대해서 만족하지 못하고 돈 문제나 채무로 스트레스를 받게 된다.

절약형은 많이 벌어 적게 쓰고 많이 저축하고자 하는 사람들이다. 이들은 소비를 통한 욕구충족이나 과시적 행동보다 저축을 통한 재산 증식에 더 많은 관심을 지닌다. 소비를 최대한 억제하고 절약하여 저축을 하거나 투자를 통해 재산을 불리는 데 집중한다. 이러한 유형의 사람들은 미래의 위험에 대한 불안 수준이 높기 때문에 그러한 상황에 대비하여 소비보다 저축에 집착한다. 그러나 이들이 두려워하는 미래의 위험은 다양할 뿐만 아니라 추상적인 것이기 때문에 결코 만족하지 못한 채 더 많은 재산을 모으는 일에 끊임없이 집착하게 된다. 절약형은 악착같이 저축하여 상당한 재산을 축적하는 '물질적 부자'가 될 수 있지만 항상 결핍감과 불안을 느끼는 '심리적 빈자'라고 할 수 있다. 이러한 대표적인 경우가 구두쇠로서 이들은 과도한 소비억제로 인해 가족이나 주변 사람들과 갈등을 겪게 되며 소비를 통해 행복한 삶을 향유하지 못하는 바보, 즉 '부자로 죽기 위해 빈자로 살아가는 사람들'이라고 할 수 있다.

소비 행동은 무엇에 돈을 쓰느냐에 따라 물질적 구매와 체험적 구매로 구분된다. 앞에서 소개한 바 있듯이, 물질적 구매는 소유물(주택, 자동차, 가구, 보석, 장식품, 의복 등)을 구입하기 위한 소비를 뜻하는 반면, 체험적 구매는 행복한 체험(여행, 취미활동, 예술 감상 등)을 하기 위한 소비를 말한다. 일반적으로 물질적 소비는 소유물에 대한 적응으로 인해 만족감이 지속되지 못하는 반면, 체험적 소비는 즐거운 추억을 회상하고 대화의 소재가 됨으로써 행복감을 오래도록 지속시키는 것으로 알려져 있다.

또한 소비 행동은 누구를 위해서 돈을 쓰느냐에 따라 자기 지향적 소비와 타인 지향적 소비로 구분할 수 있다. 자기 지향적 소비는 자신의 욕구충족을 위해서 돈을 쓰는 행위를 말하는 반면, 타인 지향적 소비는 가족과 지인들 그리고 사회를 위해서 돈을 쓰는 행위를 의미한다. 과소비형은 주로 자기 지향적 소비에 집중하는 사람들인 반면, 절약형은 자기 지향적 소비와 타인 지향적 소비를 모두 억제하는 사람들이라고 할 수 있다. '거지처럼 벌어 정승처럼 쓰라.'는 말은 자기 지향적 소비를 절제하여 재산을 모아 사회공동체를 위한 타인 지향적 소비에 활용하라는 뜻으로 이해할 수 있다.

(5) 잔고 결과와 재산 평가

잔고 결과는 매월 또는 매년 자신의 소득 중에서 소비에 지출하고 남은 돈의 액수를 말한다. 또는 다년간의 재무활동과 저축을 통해서 자신이 소유하고 있는 재산의 총액을 의미한다. 재산의 총액이 많은 사람을 '부자'라고 부르지만, 부자라고 해서 모두 자신의 재산에 만족하는 것은 아니다.

자신의 소유에 대한 만족 여부는 재산 평가를 통해서 이루어진다. 재산 평가는 자신의 재산을 소유 열망과 비교함으로써 이루어진다. 소유 열망이 강한 사람들은 재산에 대한 기대수준이 높기 때문에 자신의 재산에 만족하기 어렵다. 또한 이들은 주변의 더 큰 부자들과 비교하여 상대적 열등감을 느낌으로써 자신의 재산에 대한 불만족을 경험하게 된다.

대부분의 사람들은 객관적인 재산 평가를 통해서 자신의 소득 행동과 소비 행동을 건강한 방식으로 수정할 뿐만 아니라 소유 열망을 현실적으로 조절한다. 소유 열망이 강하지만 뜻대로 충족되지 않을 때는 자신의 소득 행동을 좀 더 효과적으로 변화시키거나 소비를 줄이는 노력이 필요하다. 또는 소득과 재산에 대한 기대수준, 즉 소유 열망을 축소함으로써 좌절감을 줄이고 현실을 수용하며 만족하는 것이 현명하다.

탐욕은 만족할 줄 모르는 욕망이다. 소유 열망이 강한 일부의 사람들은 재산이 늘어남에도 불구하고 결코 만족하지 못한 채 끊임없이 더 많은 재산을 원한다. 더 많은 소득, 더 고급스러운 소비, 그리고 더 증가된 재산을 원하며 소유 열망을 증폭시켜 탐욕으로 발전시킨다.

탐욕은 충족을 위해 물불을 가리지 않은 욕망이다. 탐욕스러운 사람은 도덕과 법을 무시한 채 더욱 공격적인 방법으로 재산을 증식하려는 이기적인 노력을 기울이게 된다. 탐욕의 결과는 지금이나 옛날이나 다르지 않은 듯하다. 탐욕을 경계하며 지족지지知足知止의 지혜를 배우라는 노자老子의 가르침은 지금도 여전히 유효하다. "만족할 줄 알면 욕되지 않고, 멈출 줄 알면 위태롭지 않으니, 오래도록 편안할 수 있다(知足不辱 知止不殆 可以長久)."[50]

3) 탐욕스러운 사람의 심리적 특성

유난히 욕심이 많은 사람들이 있다. 충분히 소유하고 있음에도 불구하고 끊임없이 더 많은 것을 추구할 뿐만 아니라 타인의 소유까지도 넘보는 탐욕을 성격 특징으로 지닌 사람들이 있다. 최근에 Seuntjens[51]는 성향적 탐욕(dispositional greed)의 심리적 특징을 분석하여 실증적으로 검증하였다.

Seuntjens에 따르면 탐욕(greed)은 항상 더 많은 것을 원하고 현재 가지고 있는 것에 결코 만족하지 않는 경향성을 뜻한다. 탐욕은 돈과 물질에 대한 허기뿐만 아니라 섹스, 음식, 권력, 지위 등에 대한 비물질적 욕망을 포함한다. 탐욕은 경제성장과 발전을 추진하는 긍정적인 동력이 될 수 있지만 이기적인 이익을 추구를 통해 타인에게 피해를

---

50 老子 道德經 第四十四章(장석만 역, 『도덕경』, 돈을새김, 2017).

51 Seuntjens, T. G., Zeelenberg, M., van de Ven, N., & Breugelmans, S. M. (2015). Dispositional greed. *Journal of Personality and Social Psychology, 108*(6), 917-933.

줄 수 있기 때문에 부정적인 평가를 받기도 한다. 탐욕은 다음과 같은 네 가지 심리적 특성과 밀접히 관련되어 있다.

첫째, 탐욕을 지닌 사람들은 최대화(maximization)의 전략을 사용하는 경향이 있다. 최대화 전략이란 다양한 대안 중에서 최대 또는 최고의 이익을 얻을 수 있는 대안을 선택하고 그에 따라 행동하는 경향성을 의미한다. 이러한 전략을 사용하는 사람들은 자신의 선택이 최선의 선택이라는 확신을 갖지 못한 채 항상 더 많은 이익의 가능성을 생각하며 자신의 선택에 만족하지 못한다. 이에 반해 보통사람들은 선택과정에서 최대화의 전략보다 적정화(optimalization)의 전략을 사용하는 경향이 있다. 즉 최대의 이익을 얻기 위해 악착같이 집착하기보다 '그만하면 좋은 것(something good enough)', 즉 수용 가능한 최소의 기준을 넘으면 만족하는 경향이 있다.

둘째, 탐욕은 자기이익(self-interest)의 일방적 추구와 연관되어 있다. 탐욕스러운 사람들은 자기이익에 과도하게 집착하며 더 많은 것을 얻기 위해 집요하게 행동한다. 이들은 자신의 이익만을 중시할 뿐 다른 사람의 손실이나 피해에는 무관심하다. 이러한 자기중심적인 이익추구 성향은 쉽게 변하지 않은 개인의 특성으로 알려져 있다.

셋째, 탐욕은 시기(envy)의 감정에 의해서 촉발된다. 시기는 자신보다 많은 것을 가진 사람과의 비교를 통해서 체험되는 불안과 분노가 혼합된 부정적 감정으로서 탐욕을 촉진한다. 탐욕을 지닌 사람들은 사신이 나른 사람들보나 우월하거나 더 많은 것을 소유한 상황을 자주 상상하는 경향이 있다. 따라서 이들은 현실과 이상의 괴리로 인해 현재 상황에 대한 불만을 경험하고 더 많은 것을 원함으로써 탐욕을 강화하게 된다.

넷째, 탐욕은 물질주의와 밀접하게 관련되어 있다. 물질주의 (materialism)는 돈과 재물의 획득이 삶의 중요한 가치이자 성공의 상징이라는 믿음이며 행복을 위해서 더 많은 물질을 추구하는 심리적 태도를 의미한다. 이러한 물질주의적 태도가 강한 사람일수록 자신의 소유에 만족하지 못하고 탐욕적 성향을 나타낸다.

이 밖에도 탐욕을 지닌 사람들은 충동적인 경향이 있어서 더 쉽게 돈을 쓰고 낭비벽이 있을 뿐만 아니라 위험을 경시하는 무모성과 반사회적 성향을 지니고 있어서 자신의 이익추구 행동이 다른 사람에게 미칠 부정적 영향을 무시하는 경향이 있다. 아울러 탐욕을 지닌 사람들은 자신이 다른 사람들보다 우월하거나 우월해야 한다는 특권의식을 지니며 다른 사람에 대한 공감능력이 부족한 것으로 알려지고 있다.[52]

5. 소유, 어떤 심리적 장애를 초래하는가?

소유는 인간의 삶을 유지하는 필수적 조건으로서 생존과 행복의 중요한 수단이다. 그러나 인간사회는 더 많은 소유를 위한 투쟁과 갈등의 연속이다. 이처럼 소유는 인간 삶의 중요한 문제이기 때문에 인간이 경험하는 고통과 갈등은 대부분 소유의 문제와 직간접적으로 관련되어 있다. 열망하는 돈이나 재물을 얻지 못한 좌절감, 소유물을 획득하는

---

[52] 권석만, 『현대 성격심리학』, 학지사, 2015.

과정에서의 고난과 역경, 재물을 분배하는 과정에서의 갈등과 같은 문제들이 인간의 삶을 고통스럽게 만든다. 또한 인간관계 갈등 역시 대부분 돈이나 재물을 주고받는 과정에서의 불균형이나 견해 차이에 근거한다.

특히 소유에 과도한 욕망, 즉 탐욕은 여러 가지 심리적 장애를 초래할 수 있다. "대박을 좇다가 쪽박을 찬다."는 말이 있듯이, 탐욕은 필연적으로 무리한 투자행동을 유발하고 그 과정에서 겪게 되는 실패와 상실은 우울증을 초래할 수 있으며 극단적인 경우에는 자살을 초래할 수도 있다. 매스컴에 흔히 보도되듯이, 탐욕은 많은 돈을 손쉽게 벌 수 있는 불법적 행동을 촉발하여 범죄로 처벌되는 경우도 드물지 않다. 돈을 벌기 위한 치열한 경쟁은 인간관계를 훼손할 수 있으며 일에 대한 과도한 몰두와 스트레스는 건강문제를 유발할 수 있다. 뿐만 아니라 명품을 비롯한 재물에 대한 탐욕은 과도한 소비를 촉발하여 사람들을 채무로 전락시킨다. 이런 점에서 소유는 매우 다양한 정신장애를 유발하는 삶의 문제라고 할 수 있다.

1) 저장 장애

현재 세계적으로 가장 널리 사용되고 있는 정신장애 분류체계는 미국 정신의학회에서 발간하는 『정신장애의 진단 및 통계 편람(Diagnostic and Statistical Manual of Mental Disorders)』[53]이다. 2013년에 5번째의 개정판(DSM-5)이 출간되면서 '저장 장애'라는 흥미로운 새로운 정신장

---

53 American Psychiatric Association. (2013). *Diagnostic and statistical manual of mental disorders* (5th ed.). Washington, DC: Author.

애가 추가되었다.

저장 장애(hoarding disorder)는 언젠가 필요할지 모른다는 생각에 집착하여 버려야 할 물건들을 집안에 무질서하게 쌓아둠으로써 여러 가지 부적응 문제를 초래하는 경우를 말한다. 이렇게 쌓아놓은 물건들은 가족이 생활해야 할 공간을 심각하게 침해할 뿐만 아니라 안전이나 건강의 문제를 야기하게 된다. 그 결과 자신뿐만 아니라 가족을 비롯한 주변 사람들이 심각한 불편을 겪게 되거나 일상생활의 여러 영역에서 부적응 문제를 초래하게 된다.[54]

저장 장애의 핵심증상은 불필요한 물건을 수집하여 집안으로 끌어들이는 강박적 수집(compulsive collecting)과 불필요한 물건을 버리지 못하고 보관하는 강박적 저장(compulsive hoarding)이다. 강박적 수집은 너무 많은 물건을 구입하거나 무료로 제공되는 물건을 과도하게 모으는 행동을 뜻한다. 강박적 저장은 물건을 없애는 것에 대한 어려움으로 인해서 쓸모없는 낡은 것들을 버리지 못할 뿐만 아니라 다른 사람에게 주거나 팔지도 못하고 보관하게 된다. 이렇게 버리지 못하는 대표적인 물건은 옷과 신문이다.

저장 장애를 지닌 사람들은 너무 많은 물건을 모으고 그것을 버리지 못하는 문제와 더불어 수집된 물품을 가지런히 정리하지 못하고 무질서하게 보관하는 문제를 나타낸다. 그 결과 가치 있는 것들과 쓸모없는 것들이 뒤섞인 채로 집안에 쌓이게 된다. 이들은 이러한 저장행동으로 인한 문제의 심각성을 인식하지 못한다.

---

54 권석만, 『현대 이상심리학(2판)』, 학지사, 2013.

저장 장애를 지닌 사람들은 물건을 보관하고자 하는 강한 충동을 느끼며 물건을 버리는 것을 고통으로 여긴다.[55] 이들은 자신의 소유물이 자신의 연장이라고 여기며, 다른 사람들이 만지거나 옮겼을 때 이를 폭력으로 느낀다. 이들은 소유물에 대해서 강한 정서적 애착을 느끼고 소유물을 과거의 중요한 사건과 관련된 의미 있는 추억으로 여긴다.

저장 장애를 지닌 사람들은 의사결정의 곤란과 우유부단성을 지니고 있어서 무엇을 모으고 무엇을 버릴 것인지에 대한 결정(어떤 물건을 버려야할지 말아야 할지, 훗날 쓸모가 있을지 없을지, 물건을 버리고 나서 후회를 하게 될지, 버린 물건으로 인해 손해를 보게 될지)을 내리지 못한 채 소유물을 보관한다. 이들은 자신의 기억에 대한 확신이 부족하기 때문에 물건을 보관해 두어야 자신의 기억과 정보가 잊히지 않는다고 믿는다. 또한 이들은 손실에 대한 과장된 평가와 두려움을 지니고 있어서 물건을 저장해둠으로써 언젠가 필요할 때 사용할 수 있을 뿐만 아니라 중요한 손실을 회피할 수 있다고 믿는다. 이러한 증상으로 인해서 이들은 집, 직장, 개인적 공간(예: 사무실, 차, 마당)을 수많은 물건들로 채우고 어지럽혀 공간을 정상적인 용도로 사용하지 못한다.

2) 도박 장애

DSM-5에 제시된 정신장애 중에서 소유와 밀접히 관련된 장애로는 도박 장애(gambling disorder)가 있다. 도박 장애는 노름이나 도박을

---

55 유성진, 『저장 장애-물건에 대한 강박적 집착』, 학지사, 2017.

하고 싶은 충동으로 반복적인 도박을 함으로써 사회적·직업적 부적응을 초래하는 경우로서 병적 도박(pathological gambling)이라고도 한다. 도박 장애는 대박을 꿈꾸거나 더 많은 돈을 얻기 위해 도박에 집착하지만 결과적으로 많은 돈을 잃게 되는 장애로서 '대박을 노리다 쪽박을 차게 되는' 대표적인 경우라고 할 수 있다.

도박 장애를 지닌 사람들이 나타내는 대표적인 증상들은 다음과 같다.[56] ①원하는 흥분을 얻기 위해서 점점 더 많은 액수의 돈을 가지고 도박을 하려는 욕구를 지닌다. ②도박을 줄이거나 중단하려고 시도할 때는 안절부절 못하거나 신경이 과민해진다. ③도박을 통제하거나 줄이거나 중단하려는 노력이 거듭 실패로 돌아간다. ④도박에 집착한다(예: 과거의 도박경험을 계속 떠올리고, 다음번에 돈을 걸었을 때 승산을 예상하거나 계획하고, 도박을 해서 돈을 벌 수 있는 방법을 생각한다). ⑤정신적인 고통(예: 무기력감, 죄책감, 불안감, 우울감)을 느낄 때마다 도박을 하게 된다. ⑥도박으로 돈을 잃고 나서 이를 만회하기 위해 다음날 다시 도박판으로 되돌아간다. ⑦도박에 빠져 있는 정도를 숨기기 위해서 거짓말을 한다. ⑧도박으로 인해서 중요한 대인관계, 직업, 교육이나 진로의 기회를 위태롭게 하거나 상실한다. ⑨도박으로 인한 절망적인 경제 상태에서 벗어나기 위해 다른 사람에게 돈을 빌린다.

도박 장애를 지닌 사람들은 모험을 즐기고 도박이 흥미, 활동, 생각의 대부분을 차지하며 자신이 돈을 딸 것이라는 낙관주의로 가득

---

56 권석만, 『현대 이상심리학(2판)』, 학지사, 2013.

차 있고 자신이 실패할 가능성을 계산하지 못한다.[57] 이들은 돈을 따고 있을 때 적당한 시점에서 도박을 그만두지 못하고, 돈을 계속 따면 나중에는 그 돈을 한꺼번에 몽땅 걸며, 도박을 하는 동안에 즐거운 긴장감과 스릴을 만끽한다. 이들은 경쟁적이고 독립적이며 자만심이 강하여 권위적인 사람의 간섭을 싫어하고 대부분 다른 사람에 의해 강제로 치료기관에 끌려온다.

도박 장애를 지닌 사람들은 인지적 왜곡 성향을 지니는 것으로 알려져 있다. 이들은 자신이 돈을 따게 될 주관적 확률을 객관적 확률보다 현저하게 높게 평가한다. 즉 자신의 능력이나 운이 게임의 결과에 작용하여 자신이 돈을 딸 확률이 현저하게 높다는 비현실적인 낙관주의에 빠져 있는 경우가 많다. 병적 도박자들이 지니고 있는 또 다른 전형적인 비합리적 생각은 돈을 계속 잃었기 때문에 나쁜 운이 끝나고 이를 보상할 수 있는 행운이 곧 찾아올 것이라는 믿음이다. 이러한 비현실적인 생각과 인지적 왜곡이 도박 장애에서 벗어나지 못하게 한다. 도박 장애는 주로 카지노, 경마, 경륜과 같은 사행성 도박게임에 몰두하는 사람들에게 흔히 발생하지만 단기간에 큰 이익을 얻기 위해 위험감수 행동을 하는 주식거래자나 투기성 사업자에게도 유사한 문제가 유발될 수 있다.

3) 강박적 구매 장애

강박적 구매 장애(compulsive buying disorder)는 물건에 대한 구매행동

---

57 Bergler, E. (1958). *The psychology of gambling*. London: Hanison.

과 쇼핑에 과도하게 집착하여 부적응적인 결과를 초래하는 경우를 의미하며 쇼핑중독 또는 강박적 소비장애라고 불리기도 한다.[58] 이러한 장애를 지닌 사람들은 물건을 사고 싶은 충동을 자주 느낄 뿐만 아니라 그러한 충동을 억제하거나 조절하지 못하여 값비싼 물건을 구매하는 행동을 반복적으로 나타낸다. 그 결과 재정 상태가 악화되거나 채무자로 전락하게 된다. 이러한 구매행동과 재무문제로 인해서 개인이 어려운 상황에 빠질 뿐만 아니라 가족갈등을 겪게 되며 기혼자의 경우 이혼의 사유가 되기도 한다.

강박적 구매 장애를 지닌 사람들은 자신의 재무능력에 비해 과도한 물건을 충동적으로 구입하는 행동을 나타낼 뿐만 아니라 쇼핑에 과도하게 많은 시간을 허비하거나 결코 물건은 사지 않으면서 물건 구매에 대해 지속적으로 생각하여 시간을 허비하는 경우도 있다.[59] 이 장애는 10대 후반부터 20대 초반에 시작되며 만성화되는 경향이 있다. 강박적 구매 장애는 이러한 장애를 지닌 사람들이 쇼핑과 구매에 집착한다는 점에서 강박 장애와 관련성을 지니지만 구매의 충동을 조절하지 못한다는 점에서는 충동조절 장애에 속한다고 볼 수 있다.

강박적 구매 장애를 지닌 사람들은 우울증, 불안 장애, 섭식 장애, 물질 중독과 같은 심리적 장애를 함께 지니는 경우가 많으며 흔히 부정적 감정에 의해서 구매행동이 촉발된다. 이들은 낮은 자존감을

---

58 Black, D. W. (2007). A review of compulsive buying disorder. *World Psychiatry*, *6*(1), 14-18.

59 Kellett, S., & Bolton, J. V. (2009). Compulsive buying: A cognitive-behavioral model. *Clinical Psychology and Psychotherapy*, *16*(2), 83-99.

지니고 자신의 감정 상태를 잘 인식하지 못하며 불쾌한 심리적 상태를 잘 견디지 못하는 경향이 있다. 강박적 구매행동을 통해서 불쾌한 심리상태를 회피할 뿐만 아니라 낮은 자존감을 회복하려고 노력한다.

강박적 구매행동은 환경적 요인에 의해서도 강화될 수 있다. 소비를 미덕으로 장려하는 소비문화와 매스컴을 통해 상품의 구매를 현란하게 유혹하는 광고문화는 강박적 구매를 촉발할 수 있다. 또한 자신의 재무 상태를 초과하는 구매행동을 가능하게 하는 신용카드도 강박적 구매행동을 유발하는 환경적 요인 중 하나다. 또한 가정에서 손쉽게 구매할 수 있는 온라인 쇼핑 역시 불쾌한 감정을 회피하려는 사람들에게 강박적 구매를 유발할 수 있다. 강박적 구매는 구매 욕구를 조절할 수 없으며 그 무리한 구매의 결과로 부정적 결과를 초래하는 행동이 지속적으로 나타난다는 점에서 건강한 구매와 구별된다.

4) 재정적 곤란을 초래하는 돈 장애

돈 문제는 가족갈등, 이혼, 스트레스의 주요 원천이다. 재정적 곤란은 인간관계의 만족도를 감소시킬 뿐만 아니라 심신건강과 직업적 수행에도 부정적인 영향을 미친다. 미국의 임상심리학자이자 재무치료(financial therapy)의 전문가인 Klontz[60]는 임상적 사례에 근거하여 3가지 유형의 돈 장애를 제시하고 있다. 그에 따르면 돈 장애(money disorder)는 지속적으로 나타나는 자기 파괴적이고 자기구속적인 재정적 행위로서 돈에 관한 왜곡된 신념에 기인한다. 이러한 왜곡된 신념은

---

60 Klontz, B. R., & Britt, S. L. (2012). How clients' money scripts predict their financial behaviors. *Journal of Financial Planning, 25*(11), 33-43.

흔히 돈과 관련된 어린 시절의 충격적 경험과 관련된다. 또한 돈에 관한 신념은 아동기에 부모로부터 내면화되어 이후의 삶에 지속적인 영향을 미친다.

(1) 돈 회피 장애

돈 회피 장애(money avoidance disorder)는 돈의 중요성을 부정하거나 돈에 대한 혐오적 태도를 지님으로써 경제적으로 무능한 상태가 되거나 극단적인 저소비 상태를 나타내는 경우를 뜻한다. 이러한 장애를 지닌 사람들은 돈이 나쁜 것이며 공포, 불안, 혐오의 근원이라고 여길 뿐만 아니라 부자는 탐욕스러운 사람이거나 부정한 방법으로 돈을 번 사람이라고 인식한다. 따라서 돈에 무관심하거나 적은 돈으로 가난하게 사는 것을 미덕이라고 생각한다. 이러한 사람들은 당연히 재정적으로 가난한 상태에 머물게 되며 자신의 부정적 재정 상태를 부인하거나 타인에게 재정적으로 의존하는 부적응적인 삶을 살게 된다.

(2) 돈 숭배 장애

돈 숭배 장애(money worshipping disorder)는 돈이 모든 문제의 해결책이자 행복의 유일한 수단이라는 믿음을 지니고 돈을 벌기 위한 과도한 노력(일중독, 과도한 투자, 병적 도박)과 과소비를 나타내어 재정적 곤란에 빠지는 경우를 뜻한다. 이들은 행복과 모든 문제를 해결하는 관건은 많은 돈을 갖는 것이라고 믿는다. 또한 이들은 누구도 충분한 돈을 가질 수 없으며 그들이 원하는 것을 결코 충분히 누릴 수 없을 것이라고 생각한다. 더 많은 돈과 소유가 행복하게 만들 것이라는 생각과 누구도 충분한 돈을 가질 수 없다는 생각은 현재의 행복을 사기 위해 만성적인 과소비를 유발하게 된다. 돈 숭배자는 적은 재산을 지니며 카드빚의 늪에 빠지는 경향이 있다. 이들은 강박적으로 소비하고, 소유물을 저장하며, 가족관계보다 일을 우선시하며, 자신의 재정상태를 무시하거나 망각하고, 다른 사람에게 자신이 감당할 수 없는 돈을 주거나 다른 사람에게 전적으로 재정을 의존하기도 한다.

(3) 관계적 돈 장애

관계적 돈 장애(relational money disorder)는 인간의 가치가 그가 가진 돈의 액수에 비례한다는 믿음에 근거하여 인간관계에서 자신의 재정상태를 과장하거나 거짓말을 하고 과시적 과소비를 통해서 인간관계 갈등과 재정적 곤란을 초래하는 경우를 뜻한다. 이러한 장애를 지닌 사람은 재산을 인간적 가치와 동의어로 생각한다. 이들은 저소득 계층의 가족에서 성장하고 소득수준이 낮지만 실제보다 더 많은 돈을 가진 것처럼 허세를 부릴 뿐만 아니라 그들이 재정적으로 성공한 사람이라는 것을 다른 사람들에게 보여주기 위해서 과시적 소비를 한다. 이들은 자신의 소비를 배우자나 가족에게 속이는 행동을 나타내고 큰 액수의 돈을 얻기 위해 대박을 기대하며 도박에 집착하거나 다른 사람에게 재정적으로 의존하는 행동을 나타낸다.

이밖에도 재무상담가인 Cazzin[61]은 소유와 관련된 문제로 인해 초래하는 다양한 부적응적 장애를 7가지로 요약하여 다음과 같이 제시하고 있다. 첫째는 저장 장애로서 불필요한 물건을 지나치게 많이 수집하여 저장하는 행동이 핵심증상이다. 둘째는 강박적 구매 장애로서 충동적이고 무모한 구매행동이 주된 문제이다. 셋째는 과도한 절약 장애로서 소비에 대한 공포로 인한 저소비 행동으로 가족에게 가난을 강요하는 경우다. 넷째는 재정적 거짓말 장애로서 자신의 재정 상태를 과장하기 위한 거짓말을 하거나 과시적 소비로 인한 지출을 숨기는 문제행동을 뜻한다. 다섯째는 재정적 의존 장애로서 부모는 자녀를 재정적으로 과잉보호하고 그로 인해 자녀는 경제적 자립을 이루지 못한 채 부모에게 의존하는 상태를 말한다. 여섯째는 일중독 장애로서 돈을 벌기 위해 과도하게 일에 몰두함으로써 가족, 건강, 여가를 희생하는 경우를 뜻한다. 일곱째는 재정적 학대 장애로서 어린 자녀에게 경제적 책임을 부과하여 돈을 벌어오도록 강요하는 경우이며, 이러한 가정에서 자란 사람은 타인을 돌봐야 한다는 의무감에 시달리며 과도하게 자기희생적인 삶을 살게 된다.

6. 소유, 어떻게 지혜롭게 활용할 것인가?

우리는 21세기의 자본주의 시장경제 소비광고문화 속에서 살고 있다. 현대인의 소유 열망은 생존을 위한 뿌리 깊은 본능적 욕망일 뿐만 아니라 현대사회의 물질주의 문화에 의해서 더욱 강렬해지고 있다. Graaf[62]는 저서인 『풍요의 시대, 소비중독 바이러스 어플루엔자』를

---

61 Cazzin, J. (2011). Seven deadly money disorders. http://www.moneysense
.ca/spend/shopping/seven-deadly-money-disorders/

통해서 현대사회는 과도한 물질주의와 소비문화로 인해서 현대인은 더욱 불행해지고 있을 뿐만 아니라 많은 사회적 문제가 발생하고 있다고 경고하고 있다. 그에 따르면 현대사회에는 '어플루엔자(Affluenza)'라는 풍요병 바이러스가 창궐하고 있어서, 이러한 바이러스에 전염된 사람들은 소비가 행복과 사회적 지위를 높여준다고 믿게 되고 소비를 하지 않으면 뒤처져 경쟁에서 낙오할 것 같은 불안감을 느낀다. 따라서 과도한 소비를 하게 되고 쇼핑 중독, 낭비와 채무, 돈 걱정, 일중독, 스트레스, 외로움, 삶의 공허감과 같은 다양한 심리적 문제를 겪게 될 뿐만 아니라 경쟁 심화, 환경오염, 자원 고갈과 같은 사회적·환경적 문제를 유발하고 있다. 이러한 사회적 질병에 전염되어 불행한 삶에 빠져들지 않으려면 개인적으로 예방과 치료의 노력을 기울여야 할 뿐만 아니라 현대사회의 물질주의와 과소비문화를 개선하는 사회적 노력이 필요하다.

1) 무소유의 삶, 가능한가?

현대사회를 살아가는 우리는 '소유'라는 삶의 문제를 어떻게 풀어가야 할까? 대부분의 종교는 소유에 대한 탐욕을 경계한다. 소유의 욕망은 자칫 거친 불길처럼 탐욕으로 타올라 우리의 삶을 고통과 불행의 불구덩이에 빠뜨릴 수 있기 때문이다. 물질주의가 만연한 이 시대에 무소유의 삶을 강조했던 법정法頂 스님의 말씀이 죽비소리처럼 우리의

---

62 Graaf, J. de., Wann, D., Naylor, T. H. (2002). *Affluenza: The all-consuming epidemic.* Oakland, CA: Berrett-Koehler Publishers. (박웅희 역, 『풍요의 시대, 소비중독 바이러스 어플루엔자』 한숲출판사, 2004).

삶을 되돌아보게 한다.

> 우리들이 필요에 의해서 물건을 갖게 되지만, 때로는 그 물건 때문에
> 적잖이 마음이 쓰이게 된다. 그러니까 무엇인가를 갖는다는 것은
> 다른 한편 무엇인가에 얽매인다는 것이다. …… 그러므로 많이
> 갖고 있다는 것은 흔히 자랑거리로 되어 있지만, 그마만큼 많이
> 얽히어 있다는 측면도 동시에 지니고 있는 것이다.[63]

> 행복의 척도는 필요한 것을 얼마나 많이 갖고 있는가에 있지 않다.
> 불필요한 것으로부터 얼마나 벗어나 있는가에 있다. 홀가분한 마
> 음, 여기에 행복의 척도가 있다. …… 무소유란 아무것도 갖지
> 않는다는 것이 아니라 불필요한 것을 갖지 않는다는 것이다.[64]

참으로 옳은 말씀이다. 그러나 행동으로 실천하기는 참으로 어려운
말씀이다. 현란한 물질문명이 유혹하는 현대사회에서 과연 무소유의
삶이 가능할까? 종교인과 수행자도 실천하기 어려운 청빈한 삶을
우리와 같은 보통사람들이 실천할 수 있을까? 또한 우리의 삶에서
'필요한 것'과 '불필요한 것'을 구분하기란 참으로 어려운 일이다. 어쩌
면 현대인은 저장 장애의 증상을 일부분 지니고 살아가는 환자인지
모른다. 우리가 집으로 사들고 들어오는 모든 것들은 다 필요하다고
생각하기 때문이다. 또한 우리가 버리지 못하고 집안 구석구석에

---

63 법정, 『무소유』, 범우사, 1976, p.31.
64 법정, 『산에는 꽃이 피네』, 문학의숲, 2009, p.79~80.

저장하는 모든 것들은 다 언젠가 필요할 것이라고 생각하기 때문이다. 과연 우리의 삶에서 '필요한 것'은 어떤 것이고 '불필요한 것'은 어떤 것일까?

2) 내 마음속의 소유 열망 바라보기

소유의 욕망은 뿌리 깊고 집요하며 강렬하다. 소유욕은 다른 욕망과 마찬가지로 우리의 삶을 활기차게 이끌어가는 원동력이지만 야생마와 같아서 잘 길들이지 않으면 우리를 낭떠러지로 이끌 수 있다. 소유욕이라는 야생마의 고삐를 잘 휘어잡고 우리가 소망하는 행복한 삶으로 나아가는 것이 바람직하다.

불교와 심리학은 우리가 삶에서 겪는 고통과 불행의 원인을 마음 안에서 찾는다. 고통과 불행의 해결방법도 우리의 마음 안에서 찾고자 한다. 소유의 문제를 지혜롭게 해결하기 위해서는 자신의 마음을 깊이 들여다보며 스스로 물어보아야 한다. 나는 진정 행복한가? 나의 삶은 편안하고 여유로운가? 주변 사람들과 원만한 관계를 맺고 있는가? 나의 재산과 소유에 만족하는가? 더 많은 돈을 벌기 위해 늘 시간에 쫓기며 스트레스에 시달리고 있지는 않은가?

만약 자신의 삶이 행복하지 않거나 돈과 관련된 어려움을 지니고 있다면 소유에 대한 자신의 마음을 좀 더 구체적으로 살펴볼 필요가 있다. 우선 자신의 소유 열망에 대해서 찬찬히 살펴보는 것이 필요하다. 나의 소유 열망은 어떠한가? 어느 정도의 소득을 원하며 어떤 규모의 재산을 지니고자 하는가? 그러한 소득과 재산으로 어떤 삶을 살고자 꿈꾸는가? 그러한 소유 열망과 미래의 소망은 얼마나 실현 가능한

것인가? 그러한 소유 열망은 현재 잘 충족되고 있는가? 나의 소유
열망을 충족시키려면 앞으로 어떤 삶을 살아야 할까?

　진정한 부자는 자신의 소유에 만족하는 사람이다. 그러나 우리사회
에 진정한 부자는 드물다. 대부분의 사람들이 자신의 소유에 만족하지
못하고 더 많은 것을 원하기 때문이다. 더 많은 돈과 더 큰 재산을
원하는 소유 열망의 근원은 무엇일까? 나는 무엇을 위해서 많은 소유를
열망하는 것일까? 어린 시절의 뼈저린 가난과 그로 인한 마음의 상처가
재물에 대한 강한 집착을 갖게 한 것일까? 주변 사람들과 비교하며
그들에 뒤처져 무시당하지 않기 위해서 더 많은 재산을 추구하는
것은 아닐까? 미래의 위험과 노후 생활에 대비하기 위한 것이라면
과연 얼마나 많은 돈이 있어야 그러한 불안에서 벗어날 수 있을까?
소비를 부추기는 '어플루엔자' 바이러스에 감염되어 끊임없이 더 많은
것을 소비하고 소유하려는 것은 아닐까? 과연 나는 무엇을 위해 어디에
쓰려고 더 많은 돈과 재물을 원하는 것일까?

　자본주의 사회에서 더 많은 부를 원하는 소유 열망은 잘못된 것이라
고 할 수는 없다. 자본주의 시장경제는 구성원의 재물욕을 동력으로
움직이는 사회이기 때문이다. 문제는 어떻게 돈을 버는가이다. 나는
어떤 일을 하며 어떤 방식으로 돈을 벌고 있는가? 나의 소득에 만족하는
가? 나는 내가 좋아하는 일을 하며 정당한 방법으로 돈을 벌고 있는가?
돈을 벌기 위해서 더 소중한 것들(가족, 인간관계, 건강, 여가, 휴식
등)을 소홀히 하거나 희생하고 있지는 않은가? 더 많은 소득을 얻을
수 있다는 유혹에 빠져 불법적이거나 부도덕한 일을 하고 있지는
않은가? 이처럼 자신의 소득 행동에 대해서 자문해볼 필요가 있다.

직장인이든 자영업자든 많은 돈을 벌고자 할수록 그 과정이 더 힘들고 고통스럽다. 더 많은 돈을 벌기 위해 고통을 감수할 것인지 아니면 소득이 줄더라도 좀 더 즐겁고 편안한 일을 하며 살 것인지 깊이 숙고해 보아야 한다.

우리가 열심히 돈을 버는 이유는 소중한 일에 사용하기 위해서다. 과연 우리는 무엇을 위해 어떤 일에 돈을 지출하는 것일까? 우리 자신의 소비행동을 다양한 측면에서 점검해볼 필요가 있다. 나는 소비형인가 절약형인가? 소득에 비해서 지출이 많은 편인가 아니면 지출을 최소화하여 저축을 많이 하는 편인가? 내가 가장 많은 돈을 지출하는 것은 주로 무엇을 사기 위한 것인가? 나는 실용적인 상품을 선호하는가 아니면 품위 있는 명품을 선호하는가? 나는 물질적 구매와 체험적 구매 중 어떤 것을 많이 하는가? 나 자신의 욕구충족을 위한 자기 지향적 소비에 더 많은 돈을 사용하는가 아니면 가족, 지인 또는 공동체를 위한 타인 지향적 소비에 더 많은 돈을 사용하는가? 나의 과도한 소비 또는 과도한 절약이 가족이나 다른 사람들을 불편하게 만들고 있지는 않은가?

돈을 잘 버는 것도 중요하지만 돈을 잘 쓰는 것도 중요하다. 건강한 재무생활을 위해서는 소득과 소비의 적절한 균형이 필요하다. 많이 벌어 많이 쓸 것인가, 적게 벌어 적게 쓸 것인가, 아니면 많이 벌어 적게 쓰며 많이 소유할 것인가? 어떤 삶을 선택할 것인지는 각자의 몫이다. 어떤 선택의 경우든 자신의 소유 열망, 소득 행동, 소비 행동, 재산 평가, 그리고 다시 소유 열망으로 이어지는 순환적 연결고리를 잘 살펴보는 것이 중요하다.

소유는 삶의 수단일 뿐 삶의 목적이 아니다. 돈과 재물은 우리가 추구하는 소중한 가치의 실현을 위한 효과적인 수단이 될 수 있다. 소유를 늘이는 것, 즉 많이 벌어 많이 소유하는 것이 중요한 것이 아니라 소중한 가치를 위해서 소유를 지혜롭게 사용하는 것이 중요하다. 소유에 의해 지배되는 삶이 아니라 소유를 지혜롭게 다스리는 삶을 살아야 한다. 법정 스님의 말처럼 '풍요로운 감옥'에서 벗어나려면 무엇보다도 정신이 늘 깨어 있어야 한다.

3) 물질적 부자와 심리적 부자

행복을 탐구하는 긍정심리학자들은 물질적 재산이 행복을 증진하는 데에 한계가 있음을 입증했다. 또한 물질적 재산에 대한 과도한 추구는 오히려 행복을 훼손한다는 것도 입증했다. Diener[65]와 같은 긍정심리학자는 진정 행복하기 위해서는 다양한 심리적 재산을 지닌 심리적 부자가 되라고 권한다. 심리적 재산(psychological wealth)은 행복한 삶을 누리는 데 필요한 심리적 자원을 의미한다. 심리적 재산에 속하는 중요한 것들을 소개하면 행복감과 만족감, 긍정적인 태도와 감정, 사랑에 근거한 인간관계, 흥미로운 활동과 직업, 심신의 건강, 영성과 삶의 의미 등이다.

행복한 삶을 살아가는 심리적 부자는 이러한 여러 가지 심리적 재산을 보유하고 인생을 향유한다.[66] 우선 심리적 부자는 행복감과

---

65 Diener, E., & Biswas-Diener, R. (2008). *Happiness: Unlocking the mysteries of psychological wealth.* Malden, MA: Blackwell Publishing. (오혜경 역, 『모나리자 미소의 법칙』, 21세기북스, 2009).

만족감이라는 긍정 감정을 심리적 재산으로 지닌다. 자신이 가지고 있는 것에 만족하고 감사하며 일상생활 속에서 행복감을 쌓아간다. 이러한 긍정 감정은 삶에 활기와 의욕을 불어넣어 줄 뿐만 아니라 주변 사람들과의 긍정적인 인간관계를 만들어낸다. 삶의 만족은 마음의 여유를 낳고, 마음의 여유는 타인에 대한 따뜻한 배려를 낳고, 따뜻한 배려는 긍정적인 관계를 낳는다. 긍정적인 인간관계는 행복한 삶을 위한 가장 중요한 심리적 재산이다.

심리적 부자들이 지니고 있는 또 다른 중요한 재산은 자신과 인생에 대한 긍정적인 태도다. 있는 그대로 자신의 모습을 사랑할 뿐만 아니라 인생의 우여곡절 속에서도 희망을 발견하며 긍정적인 자세로 삶을 수용하고 사랑한다. 이러한 긍정적 태도는 실패와 좌절이라는 인생의 위기를 도전과 희망으로 전환시킬 수 있는 심리적 재산으로 성공적인 삶을 위한 기초자금이기도 하다.

또한 심리적 부자는 자신이 좋아하며 즐길 수 있는 직업과 여가활동을 지니고 있다. 이러한 활동에 몰두하며 즐거움과 성취감을 누린다. 진정 행복한 사람은 물질적 보상이나 타인의 인정에 연연하지 않으면서 자신이 좋아하는 일에서 스스로 보람과 행복감을 느끼는 사람이다. 즐거움과 보람을 느낄 수 있는 활동은 중요한 심리적 재산이다.

심리적 부자는 자신의 삶을 행복하고 가치 있게 만드는 것에 대한 나름대로의 신념을 지니고 있다. 소박한 것이든 심오한 것이든 나름대로의 인생관과 가치관을 지니고 살아간다. 자신의 삶뿐만 아니라

---

66 권석만, 『하루 15분 행복산책』, 메디치미디어, 2013.

다른 사람의 삶을 세속적인 가치에 따라 함부로 평가하지 않으며, 자신의 신념에 따라 자기만의 행복한 삶을 소신 있게 가꾸어 나간다.

심리적 재산은 그것을 얻기 위해서 다른 사람과 경쟁하거나 다툴 필요가 없다. 심리적 재산은 누구나 자신의 마음과 인생에서 마음껏 채광할 수 있는 무한한 것이기 때문이다. 심리적 부자는 심리적 재산을 발굴하여 자신의 삶을 행복하게 할 뿐만 아니라 주변 사람들까지 행복하게 만든다. 물질적 재산의 추구는 우리사회를 경쟁과 투쟁으로 몰아가지만, 심리적 재산의 추구는 우리 자신과 사회를 행복과 성장으로 이끈다. 심리적 부자는 자신의 삶에 대한 만족감과 더불어 자신의 삶이 의미로 충만하다는 느낌, 흥미 있는 활동에의 몰입, 소중한 목표의 추구, 긍정적인 감정의 체험, 자신보다 더 큰 존재와 연결되어 있다는 영적 체험을 누리며 살아간다. 과연 인생의 마지막 순간인 죽음의 자리에 섰을 때 무엇이 우리의 삶을 가치 있는 것으로 느끼게 할 것인지 곰곰이 생각해볼 일이다.

참고문헌

곽윤직, 『물권법』, 박영사, 1984.

권석만, 『긍정심리학: 행복의 과학적 탐구』, 학지사, 2008.

_____, 「자기개념의 발달과 구조 그리고 심리장애와의 관련성」 (김종욱 편, 『나, 버릴 것인가 찾을 것인가』, 운주사, 2008).

_____, 『하루 15분 행복산책』, 메디치미디어, 2013.

_____, 『현대 이상심리학(2판)』, 학지사, 2013.

_____, 『현대 성격심리학』, 학지사, 2015.

김희삼, 「비교성향의 명암과 시사점」, 『KDI 포커스』 44, 2014.

老子 道德經 第四十四章(장석만 역, 『도덕경』, 돋을새김, 2017).

법정, 『무소유』, 범우사, 1976.

____, 『산에는 꽃이 피네』, 문학의숲, 2009.

유성진, 『저장 장애-물건에 대한 강박적 집착』, 학지사, 2017.

이재열, 「사회의 질, 경쟁, 그리고 행복」, 『아시아리뷰』 4(2), 2015.

American Psychiatric Association. (2013). *Diagnostic and statistical manual of mental disorders* (5th ed.). Washington, DC: Author.

Argyle, M. (1999). Causes and correlates of happiness. In D. Kahneman, E. Diener, & N. Schwartz (Eds.), *Well-being: The foundation of hedonic psychology*. New York: Russell Sage Foundation.

Belk, R. W. (1985). Materialism: Trait Aspects of Living in the Material World. *Journal of Consumer Research, 12*, 265-279.

Bergler, E. (1958). *The psychology of gambling.* London: Hanison.

Black, D. W. (2007). A review of compulsive buying disorder. *World Psychiatry, 6*(1), 14-18.

Brickman, P., & Campbell, D. T. (1971). Hedonic relativism and planning the good society. In M. H. Appley (Ed.), *Adaptation level theory: A symposium* (pp.287-304). New York: Academic Press.

Brickman, P., Coates, D., & Janoff-Bulman, R. (1978). Lottery winners and accident victims: Is happiness relative? *Journal of Personality and Social Psychology, 36*, 917-927.

Buss, D. M. (2004). *Evolutionary psychology: The new science of the mind* (2nd). New York: Person. (김교헌·권선중·이홍표 역, 『마음의 기원: 진화심리학』, 나노미디어, 2005).

Cazzin, J. (2011). Seven deadly money disorders. http://www.moneysense.ca/spend/shopping/seven-deadly-money-disorders/

Deaton, A. (2008). Income, health and well-being around the world: Evidence from the Gallup World Poll. *Journal of Economic Perspectives, 22*, 53-72.

Diener, E. & Biswas-Diener, R. (2002). Will money increase subjective well-being? A literature review and guide to needed research. *Social Indicators Research, 57*, 119-169.

Diener, E., & Biswas-Diener, R. (2008). *Happiness: Unlocking the mysteries of psychological wealth.* Malden, MA: Blackwell Publishing. (오혜경 역, 『모나리자 미소의 법칙』, 21세기북스, 2009)

Diener, E., & Biswas-Diener, R. (2008). *Happiness: Unlocking the mysteries of psychological.*

Diener, E., & Lucas, R. E. (2000). Explaining differences in societal levels of happiness: Relative standards, need fulfillment, culture, and evaluation theory. *Journal of Happiness Studies, 1*, 41-78.

Diener, E., Diener, M., & Diener, C. (1995). Factors predicting the subjective well-being of nations. *Journal of Personality and Social Psychology, 69*, 653-663.

Diener, E., Horwitz, J., & Emmons, R. A. (1985). Happiness of the very wealthy. *Social Indicators, 16*, 263-274.

Diener, E., Sandvik, E., Seidlitz, L., & Diener, M. (1993). The relationship between income and subjective well-being: Relative or absolute? *Social Indicators*

Research, 28, 195-223.

Diener, E., Suh, E. M., Kim-Prieto, C., Biswas-Diener, R., & Tay, L. S. (2010). Unhappiness in South Korea: Why it is high and what might be done about it. 『2010년 한국심리학회 연차학술대회 국제심포지엄 발표자료집』(pp.1~23).

Eagly, A. H., & Wood, W. (1999). The origins of sex differences in human behavior: Evolved dispositions versus social roles. *American Psychologist, 54*(6), 408-423.

Easterlin, R. A. (1974). Does economic growth improve the human lot? In Paul A. David & Melvin W. Reder (Eds). *Nations and households in economic growth: Essays in honer of Moses Abramovitz.* New York: Academic Press.

Epstein, S. (1990). Cognitive-experiential self-theory. In L. A. Pervin (Ed.), *Handbook of personality: Theory and research* (pp.165-192). New York: Guilford Press.

Forman, N. (1987). *Mond over money: Curing your financial headaches with money sanity*(p.2). Toronto, Ontario: Doubleday.

Fromm, E. (1976). *To have or to be?* New York: Harper & Row. (김진홍 역, 『소유냐 삶이냐』, 홍성사, 1978).

Furnham, A., & Argyle, M. (1998). *The psychology of money.* London. Routledge.

Goldberg, H., & Lewis, R. (1978). *Money madness: The psychology of saving, spending, loving and hating money.* London: Springwood.

Graaf, J. de., Wann, D., Naylor, T. H. (2002). *Affluenza: The all-consuming epidemic.* Oakland, CA: Berrett-Koehler Publishers. (박웅희 역, 『풍요의 시대, 소비중독 바이러스 어플루엔자』 한숲출판사, 2004)

Higgins, E. T. (1987). Self-discrepancy: A theory relating self and affect. *Psychological Review, 94*, 319-340.

Hirsch, F. (1976). *Social limits to growth.* Cambridge: Harvard University Press.

Hofstede, G. (1980). *Culture's consequence: International differences in work-related values.* Beverley Hills, CA: Sage.

Hofstede, G. (1991). *Cultures and organizations: software of the mind. Intercultural cooperation and its importance for survival*. London: McGraw-Hill International.

Hrdy, S. B. (1999). *Mother nature: A history of mothers, infants and natural selection*. New York: Pantheon. (황의선 역, 『어머니의 탄생』, 사이언스북스, 2010).

Inglehart, R., Foa, R., Peterson, C., & Welzel, C. (2008). Development, freedom, and rising happiness: A global perspective (1981-2007). *Perspectives on Psychological Science, 3*(4), 264-85.

James, W. (1890). *Principles of psychology*. New York: Holt.

Kasser, T., & Ryan, R. M. (1993). A dark side of the American dream: Correlates of financial success as a life aspiration. *Journal of Personality and Social Psychology, 65*, 410-422.

Kellett, S., & Bolton, J. V. (2009). Compulsive buying: A cognitive-behavioral model. *Clinical Psychology and Psychotherapy, 16*(2), 83-99.

Klontz, B. R., & Britt, S. L. (2012). How clients' money scripts predict their financial behaviors. *Journal of Financial Planning, 25*(11), 33-43.

Looy, H. (2001). Sex differences: Evolved, constructed, and designed. *Journal of Psychology and Theology, 29*, 301-313.

Markus, H. R. (1990). Unsolved issues of self-representation. *Cognitive Therapy and Research, 14*, 241-253.

Markus, H. R., & Kitayama, S. (1991). Culture and the self: Implications for cognition, emotion, and motivation. *Psychological Review, 98*, 224-253.

Marsh, H. W., Relich, J. D., & Smith, I. D. (1983). Self-concept: The construct validity of interpretations based upon the SDQ. *Journal of Personality and Social Psychology, 45*, 173-187.

Myers, D. G. (2000). The funds, friends, and faith of happy people. *American Psychologist, 55*, 56-67.

Rogers, C. R. (1951). *Client-centered therapy*. Boston: Houghton Mifflin.

Ryan, R. M., & Deci, E. L. (2000). Self-determination theory and the facilitation of intrinsic motivation, social development, and well-being. *American*

Psychologist, 55, 68–78.

Senik, C. (2014). Wealth and happiness. *Oxford Review of Economic Policy, 30*(1), 92–108.

Seuntjens, T. G., Zeelenberg, M., van de Ven, N., & Breugelmans, S. M. (2015). Dispositional greed. *Journal of Personality and Social Psychology, 108*(6), 917–933.

Sirgy, M. J. (1998). Materialism and quality of life. *Social Indicators Research, 43*, 227–260.

Sirgy, M. J. (1998). Materialism and quality of life. *Social Indicators Research, 43*, 227–260.

Stern, D. N. (1985). *The interpersonal world of the infant: A view from psycho-analysis and developmental psychology.* New York: Basic Books.

Triandis, H. C., & Suh, E. M. (2002). Cultural influences on personality. *Annual Review of Psychology, 53*, 133–160.

Trivers, R. L. (1972). Parental investment and sexual selection. In B. Campbell (Ed.), *Sexual selection and the descent of man*, 1871–1971 (pp.136–179). Chicago: Aldine.

Van Boven, L. (2005). Experientialism, materialism, and the pursuit of happiness. *Review of General Psychology, 9*(2), 132–142.

Van Boven, L., & Gilovich, T. (2003). To do or to have? That is the question. *Journal of Personality and Social Psychology, 85*(6), 1193–1202.

Verma, J. (1992). Allocentrism and relational orientation. In S. Iwawaki, Y. Kashima, & K. Leung (Eds.), *Innovations in cross-cultural psychology* (pp.152–163). Lisse, Netherlands: Swets & Zeitlinger.

■ 책을 만든 사람들

박찬욱 (밝은사람들연구소장)

윤희조 (서울불교대학원대학교 불교와심리연구원장)

한자경 (이화여자대학교 철학과 교수)

정준영 (서울불교대학원대학교 불교학과 교수)

황금연 (동국대학교 불교학술원 교수)

이진경 (서울과학기술대학교 교수)

김영식 (서울대학교 경제학부 교수)

권석만 (서울대학교 심리학과 교수)

'밝은사람들연구소'에서 진행하는 학술연찬회에 관심이 있으신 분은
전화(02-720-3629)나 메일(happybosal@hanmail.net)로 연락하시면
관련 소식을 받아보실 수 있습니다.

소유, 행복의 터전인가 굴레인가

초판 1쇄 인쇄 2017년 11월 6일 | **초판 1쇄 발행** 2017년 11월 13일
집필 권석만 외 | **펴낸이** 김시열
펴낸곳 도서출판 운주사

　　　(02832) 서울시 성북구 동소문로 67-1 성심빌딩 3층
　　　전화 (02) 926-8361 | 팩스 0505-115-8361
ISBN 978-89-5746-499-1　94000　　값 22,000원
ISBN 978-89-5746-411-3　(세트)
http://cafe.daum.net/unjubooks 〈다음카페: 도서출판 운주사〉